新世纪高职高专道路桥梁工程类课程规划教材
浙江省教育厅2010年度高校重点建设教材（高职高专）

道路建筑材料

DAOLU JIANZHU CAILIAO

新世纪高职高专教材编审委员会 组编
主 编 康忠寿
副主编 赵艳艳 徐建虎
杜玉林 杜素云
参 编 钱树波 张征文
主 审 黄志义

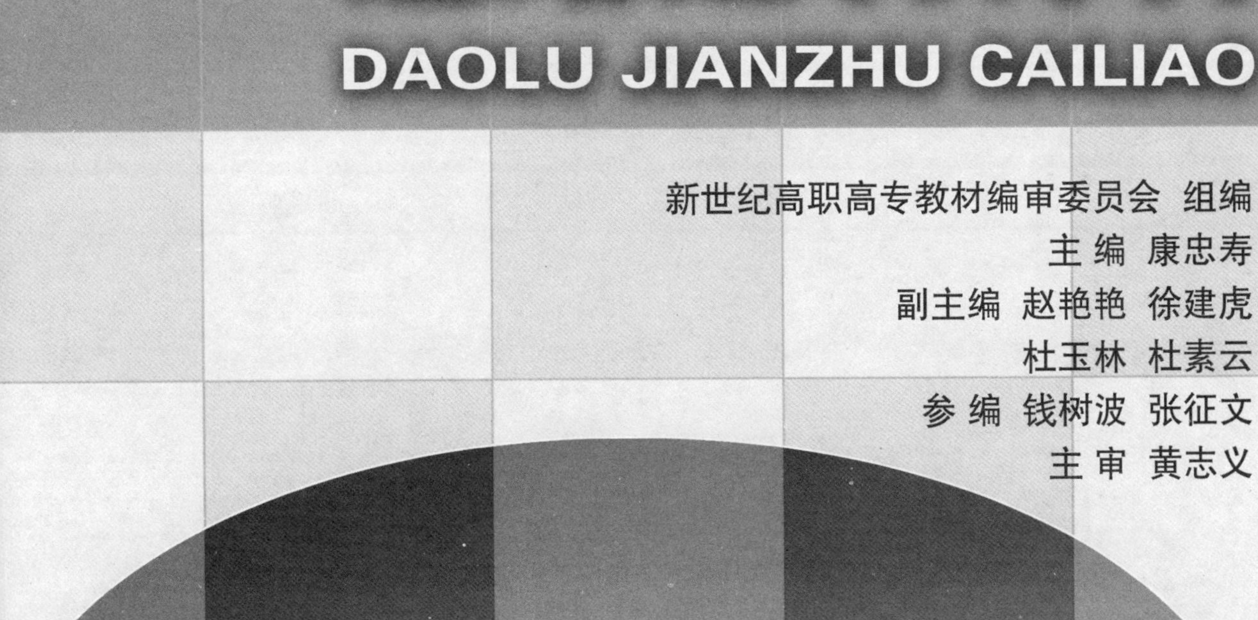

大连理工大学出版社
DALIAN UNIVERSITY OF TECHNOLOGY PRESS

图书在版编目(CIP)数据

道路建筑材料 / 康忠寿主编. — 大连 : 大连理工大学出版社，2011.12(2016.6 重印)
新世纪高职高专道路桥梁工程类课程规划教材
ISBN 978-7-5611-6639-0

Ⅰ. ①道… Ⅱ. ①康… Ⅲ. ①道路工程－建筑材料－高等职业教育－教材 Ⅳ. ①U414

中国版本图书馆 CIP 数据核字(2011)第 253693 号

大连理工大学出版社出版

地址:大连市软件园路 80 号　邮政编码:116023

发行:0411-84708842　邮购:0411-84708943　传真:0411-84701466

E-mail:dutp@dutp.cn　URL:http://www.dutp.cn

大连美跃彩色印刷有限公司印刷　　大连理工大学出版社发行

幅面尺寸:185mm×260mm　　印张:18　　字数:424 千字

2011 年 12 月第 1 版　　2016 年 6 月第 3 次印刷

责任编辑:康云霞　　责任校对:吴楠楠

封面设计:张　莹

ISBN 978-7-5611-6639-0　　定　价:38.00 元

总序

我们已经进入了一个新的充满机遇与挑战的时代，我们已经跨入了21世纪的门槛。

20世纪与21世纪之交的中国，高等教育体制正经历着一场缓慢而深刻的革命，我们正在对传统的普通高等教育的培养目标与社会发展的现实需要不相适应的现状作历史性的反思与变革的尝试。

20世纪最后的几年里，高等职业教育的迅速崛起，是影响高等教育体制变革的一件大事。在短短的几年时间里，普通中专教育、普通高专教育全面转轨，以高等职业教育为主导的各种形式的培养应用型人才的教育发展到与普通高等教育等量齐观的地步，其来势之迅猛，发人深思。

无论是正在缓慢变革着的普通高等教育，还是迅速推进着的培养应用型人才的高职教育，都向我们提出了一个同样的严肃问题：中国的高等教育为谁服务，是为教育发展自身，还是为包括教育在内的大千社会？答案肯定而且唯一，那就是教育也置身于其中的现实社会。

由此又引发出高等教育的目的问题。既然教育必须服务于社会，它就必须按照不同领域的社会需要来完成自己的教育过程。换言之，教育资源必须按照社会划分的各个专业（行业）领域（岗位群）的需要实施配置，这就是我们长期以来明乎其理而疏于力行的学以致用的问题，这就是我们长期以来未能给予足够关注的教育目的问题。

如所周知，整个社会由其发展所需要的不同部门构成，包括公共管理部门如国家机构、基础建设部门如教育研究机构和各种实业部门如工业部门、商业部门等等。每一个部门又可作更为具体的划分，直至同它所需要的各种专门人才相对应。教育如果不能按照实际需要完成各种专门人才培养的目标，就不能很好地完成社会分工所赋予它的使命，而教育作为社会分工的一种独立存在就应受到质疑（在市场经济条件下尤其如此）。可以断言，按照社会的各种不同需要培养各种直接有用人才，是教育体制变革的终极目的。

新世纪

随着教育体制变革的进一步深入，高等院校的设置是否会同社会对人才类型的不同需要一一对应，我们姑且不论。但高等教育走应用型人才培养的道路和走研究型(也是一种特殊应用)人才培养的道路，学生们根据自己的偏好各取所需，始终是一个理性运行的社会状态下高等教育正常发展的途径。

高等职业教育的崛起，既是高等教育体制变革的结果，也是高等教育体制变革的一个阶段性表征。它的进一步发展，必将极大地推进中国教育体制变革的进程。作为一种应用型人才培养的教育，它从专科层次起步，进而应用本科教育、应用硕士教育、应用博士教育……当应用型人才培养的渠道贯通之时，也许就是我们迎接中国教育体制变革的成功之日。从这一意义上说，高等职业教育的崛起，正是在为必然会取得最后成功的教育体制变革奠基。

高等职业教育还刚刚开始自己发展道路的探索过程，它要全面达到应用型人才培养的正常理性发展状态，直至可以和现存的(同时也正处在变革分化过程中的)研究型人才培养的教育并驾齐驱，还需要假以时日，还需要政府教育主管部门的大力推进，需要人才需求市场的进一步完善发育，尤其需要高职教学单位及其直接相关部门肯于做长期的坚忍不拔的努力。新世纪高职高专教材编审委员会就是由全国100余所高职高专院校和出版单位组成的旨在以推动高职高专教材建设来推进高等职业教育这一变革过程的联盟共同体。

在宏观层面上，这个联盟始终会以推动高职高专教材的特色建设为己任，始终会从高职高专教学单位实际教学需要出发，以其对高职教育发展的前瞻性的总体把握，以其纵览全国高职高专教材市场需求的广阔视野，以其创新的理念与创新的运作模式，通过不断深化的教材建设过程，总结高职高专教学成果，探索高职高专教材建设规律。

在微观层面上，我们将充分依托众多高职高专院校联盟的互补优势和丰裕的人才资源优势，从每一个专业领域、每一种教材入手，突破传统的片面追求理论体系严整性的意识限制，努力凸现高职教育职业能力培养的本质特征，在不断构建特色教材建设体系的过程中，逐步形成自己的品牌优势。

新世纪高职高专教材编审委员会在推进高职高专教材建设事业的过程中，始终得到了各级教育主管部门以及各相关院校相关部门的热忱支持和积极参与，对此我们谨致深深谢意，也希望一切关注、参与高职教育发展的同道朋友，在共同推动高职教育发展、进而推动高等教育体制变革的进程中，和我们携手并肩，共同担负起这一具有开拓性挑战意义的历史重任。

新世纪高职高专教材编审委员会

2001年8月18日

前 言

《道路建筑材料》是新世纪高职高专教材编审委员会组编的道路桥梁工程类课程规划教材之一。

本教材根据交通土建行业的发展和不同岗位的典型工作任务，从“高职道路桥梁工程技术专业工作任务与职业能力分析表”中的材料试验与检测能力分析出发，以学生职业能力和基本知识的培养为主线进行编写。本教材以国家标准、行业规范和规程为依据，以职业岗位工作任务为切入点。

本教材是浙江省教育厅 2010 年度高校重点建设教材（高职高专），同时也是国家示范性高职院校建设工作协作委员会道路桥梁工程技术专业课程开发与教学资源建设协作组建设课程“道路建筑材料”的配套建设教材。

本教材具有以下特点：

1. 多校联合、校企联合、集体编写。参加本教材编写的有 4 家学校和 1 家企业，分工明确。

2. 教材编写以行动为导向，将原有分散的知识与技能体系情境化，实现了所学知识与职业岗位技能相对接，突出培养学生的职业能力，充分体现基于职业岗位分析和职业岗位技术应用能力培养的课程设计理念。

3. 以教学项目为单元进行课程知识、能力设计，培养学生独立决策、计划、实施、检查和评估的能力。

4. 采用现行的国家标准和行业规范规程。如《公路桥涵施工技术规范》（JTG/T F50—2011）、《普通混凝土配合比设计规程》（JGJ 55—2011）和《砌筑砂浆配合比设计规程》（JGJ 98—2010）。

本教材共分 5 个学习情境，10 个项目：项目 1 由浙江交通职业技术学院康忠寿和钱树波编写；项目 2 由浙江交通职业技术学院张征文编写；项目 3 和项目 4 由浙江工业职业技术学院杜素云编写；项目 5 和项目 6 由浙江交通职业技术学院徐建虎编写；项目 7 和项目 8 由石家庄铁路职业技术学院杜玉林编写；项目 9 由南京交通职业技术学院赵艳艳编写；项目 10 由浙江交通职业技术学院康忠寿编写。浙江交通职业技术学院康忠寿负责全书的统稿工作。

浙江大学黄志义教授审阅了全书，并提出了许多宝贵的意见和建议，在此深表感谢！本教材在编写过程中得到了浙江省交通工程建设有限公司葛黎明高级工程师的大力支持和帮助，在此一并表示感谢！

由于时间仓促，水平有限，教材中难免有错误之处，敬请广大读者批评指正，并将意见和建议及时反馈给我们，以便修订时完善。

为方便教师授课和学生自学，本教材配有课件，请登录我们的网站下载。

所有意见和建议请发往：dutpgz@163.com

欢迎访问我们的网站：http://www.dutpbook.com

联系电话：0411-84706676　84707424

编　者

2011 年 12 月

目　录

学习情境一　钢筋水泥混凝土材料 ······ 1

项目 1　水泥混凝土 ······ 2

项目 2　钢筋混凝土用钢材 ······ 89

复习思考题 ······ 104

学习情境二　砌体工程材料 ······ 107

项目 3　砌筑石料 ······ 108

项目 4　砂　浆 ······ 113

复习思考题 ······ 120

学习情境三　路基填筑材料 ······ 121

项目 5　路基填筑土 ······ 122

项目 6　土工合成材料 ······ 136

复习思考题 ······ 154

学习情境四　路面基层材料 ······ 155

项目 7　半刚性基层材料 ······ 156

项目 8　柔性基层材料 ······ 190

复习思考题 ······ 196

学习情境五　路面面层材料 ······ 199

项目 9　沥青路面材料 ······ 200

项目 10　水泥路面材料 ······ 265

复习思考题 ······ 273

参考文献 ······ 278

学习情境一

钢筋水泥混凝土材料

知识目标

1. 掌握水泥、集料、水泥混凝土和钢材的生产、结构、构造和技术性质；
2. 了解水泥、集料、水泥混凝土和钢材的技术标准；
3. 掌握普通混凝土配合比的设计步骤。

能力目标

1. 能对水泥、集料、水泥混凝土、钢筋和钢绞线的常规性能指标进行检测和数据处理，并能正确判断；
2. 能按规范进行普通混凝土配合比的设计。

引　言

1824 年，英国的泥水匠阿斯普丁发明了波特兰水泥；1856 年，转炉炼钢获得了成功，这些为钢筋混凝土结构打下了充分的物质基础，并逐渐取代泥土、石、木等天然材料而成为现代土木工程的主要建筑材料。2010 年全国水泥产量 18.68 亿吨，2010 年中国粗钢产量达 62 665 万吨，均居世界第一位。

钢筋混凝土是指通过在混凝土中加入钢筋与之共同工作来改善混凝土力学性质的一种复合材料。

项目1　水泥混凝土

水泥混凝土是以水泥和水组成的水泥浆体为黏结介质，将分散其间的不同粒径的粗、细集料胶结起来，在一定条件下硬化成为具有一定力学性能的一种人工石材。

一、水泥

基础知识

水泥的历史可追溯到古罗马人在建筑工程中使用的石灰和火山灰的混合物。1796年，英国人帕克用泥灰岩烧制一种棕色水泥，称为罗马水泥或天然水泥。1824年，英国人阿斯普丁用石灰石和黏土烧制成水泥，硬化后的颜色与英格兰岛上波特兰用于建筑的石头相似，所以被命名为波特兰水泥，并取得了专利权。20世纪初，随着人民生活水平和对建筑工程要求的日益提高，在不断改进波特兰水泥的同时，也研制成功一批适用于特殊建筑工程的水泥，如高铝水泥、硫铝酸盐水泥等，水泥品种已发展到100多种。

水泥按其用途和性能分为：

1. 通用水泥

一般土木建筑工程通常采用的水泥。通用水泥主要是指现行行业标准《通用硅酸盐水泥》(GB 175—2007)规定的六大类水泥，即硅酸盐水泥、普通硅酸盐水泥、矿渣硅酸盐水泥、火山灰质硅酸盐水泥、粉煤灰硅酸盐水泥和复合硅酸盐水泥等。

2. 专用水泥

专门用途的水泥。如G级油井水泥、道路硅酸盐水泥等。

3. 特性水泥

某种性能比较突出的水泥。如快硬硅酸盐水泥、低热矿渣硅酸盐水泥、膨胀硫铝酸盐水泥等。

水泥按其主要水硬性物质名称分为：

1. 硅酸盐水泥，即国外通称的波特兰水泥；
2. 铝酸盐水泥；
3. 硫铝酸盐水泥；
4. 铁铝酸盐水泥；
5. 氟铝酸盐水泥；
6. 以火山灰或潜在水硬性材料及其他活性材料为主要组分的水泥。

(一)水泥的组成及生产

1. 通用硅酸盐水泥

(1)通用硅酸盐水泥的定义

通用硅酸盐水泥是以硅酸盐水泥熟料和适量的石膏及规定的混合材料制成的水硬性胶凝材料。

(2)通用硅酸盐水泥的分类

通用硅酸盐水泥按混合材料的品种和掺量分为硅酸盐水泥、普通硅酸盐水泥、矿渣硅酸盐水泥、火山灰质硅酸盐水泥、粉煤灰硅酸盐水泥和复合硅酸盐水泥等。

(3)通用硅酸盐水泥的组分与材料

①组分：通用硅酸盐水泥的组分应符合表 1-1 的规定。

表 1-1　通用硅酸盐水泥的组分表

品种	代号	组分(质量分数)/%				
		熟料＋石膏	粒化高炉矿渣	火山灰质混合材料	粉煤灰	石灰石
硅酸盐水泥	P·I	100	—	—	—	—
	P·Ⅱ	≥95	≤5	—	—	—
		≥95	—	—	—	≤5
普通硅酸盐水泥	P·O	≥80 且<95	>5 且≤20①			—
矿渣硅酸盐水泥	P·S·A	≥50 且<80	>20 且≤50②	—	—	—
	P·S·B	≥30 且<50	>50 且≤70②	—	—	—
火山灰质硅酸盐水泥	P·P	≥60 且<80	—	>20 且≤40③	—	—
粉煤灰硅酸盐水泥	P·F	≥60 且<80	—	—	>20 且≤40④	—
复合硅酸盐水泥	P·C	≥50 且<80	>20 且≤50⑤			

注：①本组分材料为活性混合材料，其中允许用不超过水泥质量 8% 的非活性混合材料或不超过水泥质量 5% 的窑灰代替。

②本组分材料为活性混合材料，其中允许用不超过水泥质量 8% 的活性混合材料或非活性混合材料或窑灰中的任一种材料代替。

③本组分材料为活性混合材料。

④本组分材料为活性混合材料。

⑤本组分材料为由两种(含)以上的活性混合材料或非活性混合材料组成，其中允许用不超过水泥质量 8% 的窑灰代替。掺矿渣时混合材料掺量不得与矿渣硅酸盐水泥重复。

②材料：硅酸盐水泥熟料是由主要含 CaO、SiO_2、Al_2O_3、Fe_2O_3 的原料，按适当比例磨成细粉烧至部分熔融，并以硅酸钙为主要矿物成分的水硬性胶凝物质。其中，硅酸钙矿物含量(质量分数)不小于 66%，氧化钙和氧化硅质量比不小于 2.0。

活性混合材料是指在常温条件下，能与氢氧化钙或水泥发生水化反应的混合材料。常用的活性混合材料有粒化高炉矿渣、粒化高炉矿渣粉、粉煤灰、火山灰质混合材料。

非活性混合材料是指在常温条件下，不能与氢氧化钙或水泥发生水化反应的混合材料。磨旧石灰石、石英砂、黏土等都属于非活性混合材料。

(4)硅酸盐水泥的生产

生产硅酸盐水泥熟料的原料主要是石灰质原料和黏土质原料两大类。石灰质原料(如石灰石、白垩、石灰质凝灰岩等)主要提供 CaO，黏土质原料(如黏土、黏土质页岩、黄土等)主要提供 SiO_2、Al_2O_3 和 Fe_2O_3。当两种原料化学组成不能满足要求时，还要加入少量校正原料(如硅藻土、黄铁矿渣等)加以调整。

硅酸盐水泥的生产工艺可概括为“两磨一烧”。

①生料的磨细：各种原料按适当的比例配合，在磨机中磨细成生料。

②生料的煅烧：将生料入窑进行煅烧至 1 450 ℃左右，生料中的 CaO、SiO_2、Al_2O_3、Fe_2O_3 经过复杂的化学反应，生成以硅酸钙为主要成分的硅酸盐水泥熟料。

③熟料的磨细：为延缓水泥的凝结速度，在硅酸盐水泥熟料中加入质量分数约为 3%的石膏共同磨细，即为硅酸盐水泥。

水泥的生产工艺过程见图 1-1。

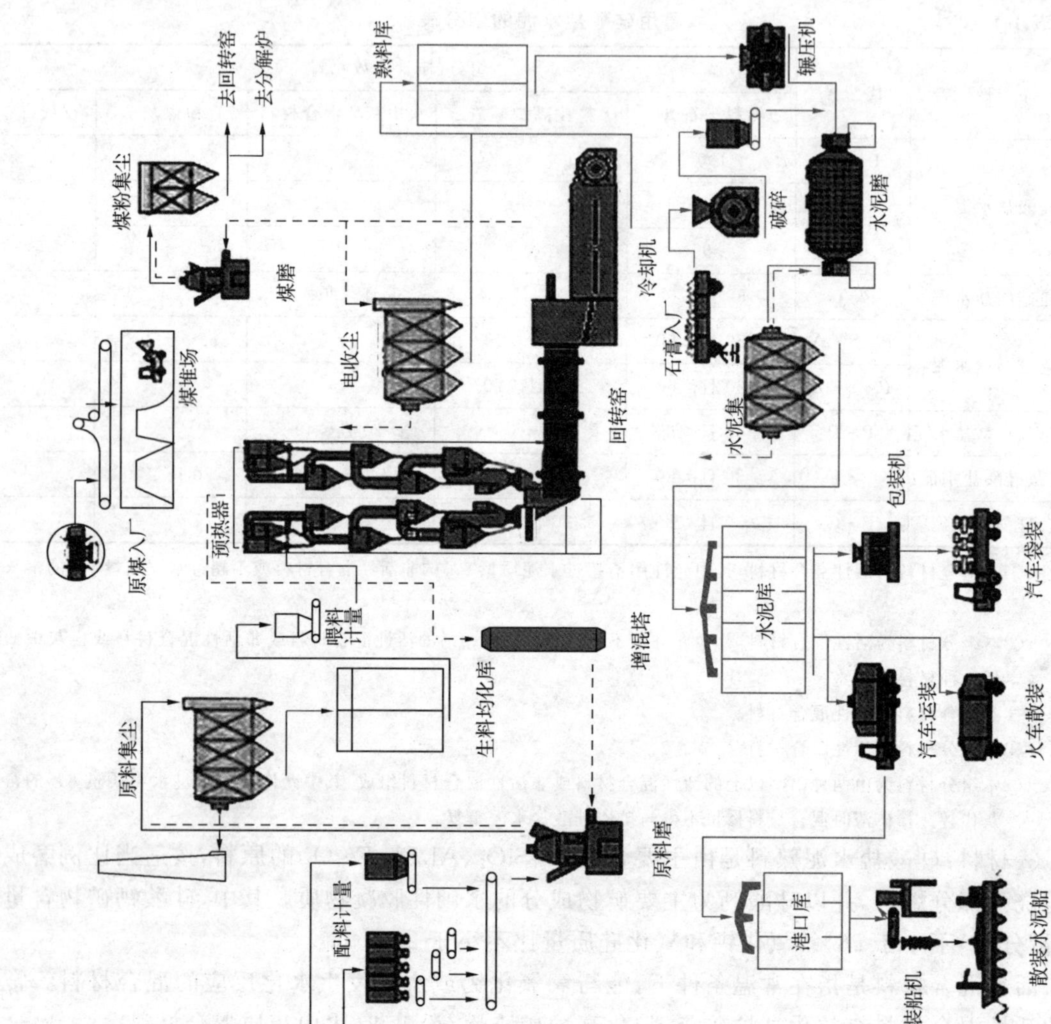

图 1-1　水泥的生产工艺过程

(5)硅酸盐水泥熟料的矿物组成和特性

硅酸盐水泥熟料主要由四种矿物组成，其矿物组成和特性见表 1-2。

表 1-2　　硅酸盐水泥熟料的矿物组成和特性

矿物组成	化学组成	简　式	质量分数/%	与水反应速度	水化热	抗压强度	
						早期	后期
硅酸三钙	$3CaO \cdot SiO_2$	C_3S	35～65	快	较大	最高	
硅酸二钙	$2CaO \cdot SiO_2$	C_2S	10～40	最慢	最小	低	高
铝酸三钙	$3CaO \cdot Al_2O_3$	C_3A	0～15	最快	最大	低	
铁铝酸四钙	$4CaO \cdot Al_2O_3 \cdot Fe_2O_3$	C_4AF	5～15	较快	中	低	

水泥是由多种矿物组成的，改变各矿物组分之间的比例，则可生产各种性能特异的水泥。例如，提高 C_3S 含量可以制得强度较高的高强水泥；降低 C_3A 和 C_3S 含量，提高 C_2S 含量则可制得低热大坝水泥；提高 C_4AF 和 C_3S 含量则可制得抗弯拉强度高的道路水泥。

(6)硅酸盐水泥的水化、凝结硬化

①硅酸盐水泥的水化：硅酸盐水泥颗粒与水接触后，立即发生水化反应，生成各种水化产物并放出一定热量。C—S—H 在高温高压下可由凝胶状态转变为晶体状态，在常温下 C—S—H 须经长期硬化才能转变成为晶体。CFH 的胶凝性较差，在有石膏存在时，生成三硫型水化铁铝酸钙和单硫型水化铁铝酸钙。

硅酸盐水泥的主要水化产物有水化硅酸钙、水化铁酸钙、氢氧化钙、水化铝酸钙和水化硫铝酸钙晶体。在充分水化的水泥浆体中，C—S—H 凝胶约占 70%，CH 晶体约占 20%，AFt 和 AFm 约占 7%，其余是未水化的水泥和次要组分。

硅酸盐水泥的水化过程如图 1-2 所示。

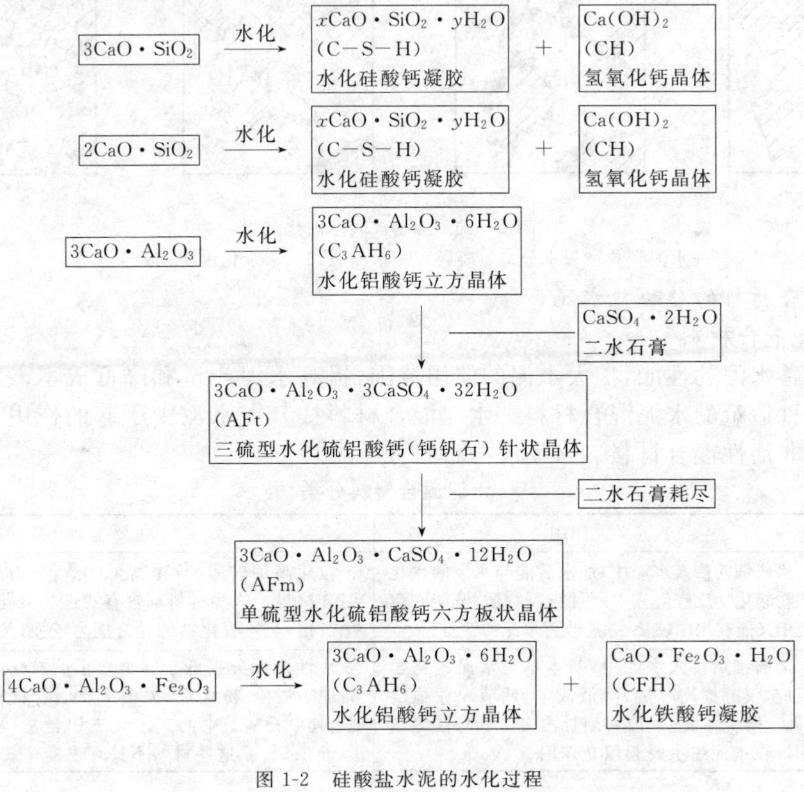

图 1-2　硅酸盐水泥的水化过程

②硅酸盐水泥的凝结硬化：水泥加水拌和后立即发生水化反应，成为可塑性的水泥浆。随着时间的推延，具有塑性的水泥浆体经过凝结硬化，逐渐成为具有一定强度的水泥石。一般把硅酸盐水泥的凝结硬化过程分为四个阶段，见表 1-3。硅酸盐水泥凝结硬化过程如图 1-3 所示。

表 1-3　　硅酸盐水泥凝结硬化的划分阶段

凝结硬化阶段	放热速度/($J \cdot g^{-1} \cdot h^{-1}$)	水泥加水后持续时间	主要的物理化学变化
初始反应期	168	5～10 min	初始溶解和水化：C_3A、C_3S 先后开始水化，生成的 C－S－H 凝胶中交织着 CH、C_3AH_6 和 AFt 的晶体，包裹在水泥颗粒表面
潜伏期	4.2	10 min～1 h	凝胶体膜层围绕水泥颗粒成长：水泥颗粒表面形成以 C－S－H 凝胶为主的渗透膜，从而减缓了水分向内渗入和水化产物向外扩散的速度，使水化速度减慢。此阶段水泥浆体基本保持塑性
凝结期	6 h 内增加到 21	1～6 h	膜层破裂，水泥颗粒进一步水化：由于水分渗入膜层内部的速度大于水化产物通过膜层向外扩散的速度，因而产生了渗透压。当渗透压达到极限，使膜层破裂，水泥颗粒进一步水化。随着水化产物不断增加，凝胶体膜层向外增厚和延伸，被水溶液占据的空间逐渐缩小，而包有凝胶体的颗粒逐渐接近，相互黏结并形成网状结构。因此，水泥浆体逐渐失去塑性并开始凝结。此阶段约 15%的水泥水化
硬化期	24 h 内降低到 4.2	6 h～若干年	凝胶体填充毛细孔：水泥继续水化，C_4AF 的水化产物也开始形成。当石膏耗尽，AFt 转变为 AFm。硅酸钙继续进行水化，长纤维 C－S－H 凝胶形成短纤维状。随着时间的推移，水化产物进一步填充毛细孔，水泥浆体逐渐产生强度。在适当的温度和湿度条件下，水泥强度随时间不断增长，水泥的硬化可持续几年甚至几十年

图 1-3　硅酸盐水泥凝结硬化过程

1—水泥颗粒；2—水分；3—凝胶；4—水泥石；5—未水化水泥；6—毛细孔

2. 掺混合材料的硅酸盐水泥

(1)水泥混合材料

为了改善水泥的性能，扩大水泥的使用范围，提高水泥产量和降低成本，经常在生产水泥时掺加各种适量的水泥混合材料。水泥混合材料按其在水泥中所起的作用，可分为活性混合材料和非活性混合材料。水泥混合材料分类见表 1-4。

表 1-4　　水泥混合材料分类

分　类	定义及作用	主要包括
活性混合材料	磨成细粉掺入水泥中，加水后能与水泥的水化产物起化学反应生成水硬性胶凝物质，既能在空气中又能在水中硬化，并能改善水泥的性质	粒化高炉矿渣、粒化高炉矿渣粉、粉煤灰、火山灰质混合材料。这些材料都含有活性二氧化硅和活性三氧化二铝，与氢氧化钙的化合能力较强，具有较高的活性
非活性混合材料	经磨细后掺入水泥中，基本不与水泥起化学反应，仅起提高产量、降低成本、调节水泥强度等级、降低水化热、改善新拌混凝土和易性等作用。在水泥中主要起填充作用	活性指标分别低于标准要求的粒化高炉矿渣、粒化高炉矿渣粉、粉煤灰、火山灰质混合材料；石灰石和砂岩，其中石灰石中的三氧化二铝含量(质量分数)应不大于 2.5%。这些材料不具有或具有微弱的化学活性

(2)掺混合材料的硅酸盐水泥的定义

在硅酸盐水泥熟料中掺加适量的各种混合材料与石膏共同磨细制得的水硬性胶凝材料,称为掺混合材料的硅酸盐水泥,简称混合材水泥。常用的混合材水泥包括矿渣硅酸盐水泥、火山灰质硅酸盐水泥、粉煤灰硅酸盐水泥。

(3)混合材水泥的水化和硬化

混合材水泥水化的特点是二次水化。反应分以下两步进行:

①熟料矿物水化,水化产物与硅酸盐水泥的水化产物相同。

②水化产物 CH 与活性混合材料中的活性二氧化硅和活性三氧化二铝发生二次水化,生成水硬性胶凝物质(水化硅酸钙、水化铝酸钙等水化产物)。

由于二次反应消耗了水泥熟料的水化生成物,因此又加速了熟料的水化反应。但总体凝结硬化速度比普通硅酸盐水泥慢。

(二)水泥的技术性质

水泥的技术性质包括化学和物理力学性质两种。

1.化学性质

水泥的化学性质主要是控制水泥中有害化学成分的含量,为了保证水泥的使用质量,要求其不超过一定的限量。

(1)氧化镁含量

在水泥熟料中,常含有少量未与其他矿物结合的游离氧化镁,这种氧化镁是高温时形成的方镁石,它水化为氢氧化镁的速度很慢,常在水泥硬化以后才开始水化,产生体积膨胀,可导致水泥石结构产生裂缝甚至破坏。

(2)三氧化硫含量

水泥中的三氧化硫主要是在生产时为调节凝结时间加入石膏而产生的。石膏超过一定限量后,水泥的性能会变坏,甚至引起硬化后水泥石体积膨胀,导致结构破坏。

(3)烧失量

水泥煅烧不佳或受潮后,均会导致烧失量增加。水泥烧失量的测定方法是将水泥试样在 950～1 000 ℃下灼烧 15～20 min 后冷却至室温并称量,如此反复灼烧直至恒重,水泥试样灼烧后质量损失率即为水泥烧失量。

(4)不溶物含量

水泥中不溶物含量的测定方法是将水化用盐酸溶解后滤去不溶残渣,经碳酸钠处理后再用盐酸中和,高温灼烧至恒重后称量,灼烧后不溶物质量占试样总质量的比例即为不溶物含量。

(5)氯离子含量

水泥中氯离子含量不大于 0.06%。

2.物理力学性质

(1)细度

细度是指水泥颗粒的粗细程度。水泥颗粒越细,水化面积越大,水化速度越快,水化越充分,凝结速度也越快,早期强度越高,析水量越少。但颗粒过细,标准稠度用水量增大,在空气中的硬化收缩也增大,使水泥混凝土发生裂缝的可能性增加;且粉磨能耗增加,成本增高,不宜长期贮存。

水泥细度有如下两种表示方法：

①筛析法：以 80 μm(45 μm)方孔筛上的筛余量百分率(%)表示。

②比表面积法：以每千克水泥总表面积(m^2)表示。

(2)水泥净浆的标准稠度

为使水泥凝结时间和安定性的测定结果具有可比性，必须采用标准稠度的水泥净浆。标准稠度用水量可采用标准法(试杆法)和代用法(试锥法)测定。试杆法是采用维卡仪测定，以试杆沉入净浆并距底板 6 mm±1 mm 的水泥净浆作为标准稠度的水泥净浆。其拌和用水量为该水泥的标准稠度用水量 P，以水泥质量的百分比(%)表示。

影响水泥标准稠度用水量的因素主要有水泥的品种、细度、矿物组成以及混合材料的掺量等。

(3)凝结时间

水泥的凝结时间分为初凝时间和终凝时间。初凝时间是从水泥全部加入水中到水泥浆体开始失去塑性的时间；终凝时间是从水泥全部加入水中到水泥浆体完全失去塑性的时间。

水泥的凝结时间对水泥混凝土的施工有重要意义。初凝时间太短，将影响混凝土混合料的运输和浇筑；终凝时间过长，则影响混凝土工程的施工进度。

(4)体积安定性

水泥体积安定性是指水泥在凝结硬化过程中体积变化的均匀性。各种水泥在凝结硬化过程中，若产生不均匀的体积变化，将在混凝土内部产生破坏应力，降低混凝土的强度，严重者可导致混凝土产生裂缝或崩溃，即水泥体积安定性不良。

影响体积安定性的因素主要为：熟料中游离氧化钙的含量过多；熟料中游离氧化镁的含量过多；水泥中掺入的石膏过多。这些成分在水泥硬化后继续水化，体积膨胀，造成水泥石开裂。

由游离氧化钙造成的体积安定性不良的检验方法可采用沸煮法，采用雷氏法为标准法，试饼法为代用法。当有矛盾时，以标准法为准。

(5)强度

水泥的强度是在外力作用下，抵抗破坏的能力。水泥强度是确定水泥强度等级的主要依据，强度越高，承受荷载的能力越强，胶结能力也越大。

我国采用水泥胶砂强度来表示水泥强度。按《水泥胶砂强度检验方法(ISO 法)》(JTG E30—2005)规定，水泥胶砂强度是以 1∶3 的水泥和中国 ISO 标准砂，按 0.5 的水灰比，用标准方法制成 40 mm×40 mm×160 mm 的标准试件。在标准养护条件下，达到规定龄期(3 d,28 d)时，测定其抗弯拉强度和抗压强度，按规定龄期的抗弯拉强度和抗压强度来划分水泥强度等级。各强度等级水泥的各龄期强度不得低于国家标准规定的数值。

(三)水泥的技术标准

通用硅酸盐水泥的技术标准，按国标《通用硅酸盐水泥》(GB 175—2007)的规定列于表 1-5。

硅酸盐水泥的强度等级分为 42.5、42.5R、52.5、52.5R、62.5、62.5R 六个等级。普通硅酸盐水泥的强度等级分为 42.5、42.5R、52.5、52.5R 四个等级。

矿渣硅酸盐水泥、火山灰质硅酸盐水泥、粉煤灰硅酸盐水泥和复合硅酸盐水泥的强度等级分为 32.5、32.5R、42.5、42.5R、52.5、52.5R 六个等级。

按早期(3 d)强度的大小又将水泥分为普通型和早强型(或称 R 型)。早强型水泥 3 d 的抗压强度较同强度等级的普通型水泥提高 10%～24%。

不同品种不同强度等级的通用硅酸盐水泥，其不同龄期的强度应符合表 1-5 的规定。

表 1-5　　　　通用硅酸盐水泥的技术指标(GB 175—2007)

品　种	细　度	凝结时间 初凝/min	凝结时间 终凝/min	安定性(沸煮法)	强度/MPa	不溶物含量(质量分数)/% Ⅰ型	不溶物含量(质量分数)/% Ⅱ型	水泥中氧化镁含量(质量分数)/%	水泥中三氧化硫含量(质量分数)/%	烧失量/% Ⅰ型	烧失量/% Ⅱ型
硅酸盐水泥	比表面积(>300)/($m^2 \cdot kg^{-1}$)	≥45	≤390	必须合格	表1-6	≤0.75	≤1.5	5.0①	≤3.5	≤3.0	≤3.5
普通硅酸盐水泥	比表面积(>300)/($m^2 \cdot kg^{-1}$)	≥45	≤600			—		5.0①	≤3.5	≤5.0	
矿渣硅酸盐水泥	80 μm方孔筛筛余(≤10)/%或45 μm方孔筛筛余(≤30)/%							P·S·A ≤6.0② / P·S·B —	≤4.0	≤5.0	
火山灰质硅酸盐水泥								≤6.0②	≤3.5	≤10.0	
粉煤灰硅酸盐水泥											
复合硅酸盐水泥	GB/T 8074 GB/T 1345	GB/T 1346			GB/T 17671	GB/T 176					

注:①如果水泥压蒸试验合格,则水泥中氧化镁的质量分数允许放宽到6.0%。

②如果水泥中氧化镁的质量分数大于6.0%时,需进行水泥压蒸试验安定性试验并合格。

③水泥中氯离子的质量分数不大于0.06%。当有更低要求时,该指标由买卖双方确定。

④水泥中碱含量按 $Na_2O+0.658K_2O$ 计算值表示。若使用活性集料,用户要求提供低碱水泥时,水泥中的碱含量应不大于0.60%或由买卖双方协商确定。

不同品种不同强度等级的通用硅酸盐水泥,其不同龄期的强度应符合表1-6的规定。

表 1-6　　　　通用硅酸盐水泥的强度指标(GB 175—2007)

品　种	强度等级	抗压强度/MPa 3 d	抗压强度/MPa 28 d	抗弯拉强度/MPa 3 d	抗弯拉强度/MPa 28 d
硅酸盐水泥	42.5	≥17.0	≥42.5	≥3.5	≥6.5
	42.5R	≥22.0		≥4.0	
	52.5	≥23.0	≥52.5	≥4.0	≥7.0
	52.5R	≥27.0		≥5.0	
	62.5	≥28.0	≥62.5	≥5.0	≥8.0
	62.5R	≥32.0		≥5.5	
普通硅酸盐水泥	42.5	≥17.0	≥42.5	≥3.5	≥6.5
	42.5R	≥22.0		≥4.0	
	52.5	≥23.0	≥52.5	≥4.0	≥7.0
	52.5R	≥27.0		≥5.0	
矿渣硅酸盐水泥 火山灰质硅酸盐水泥 粉煤灰硅酸盐水泥 复合硅酸盐水泥	32.5	≥10.0	≥32.5	≥2.5	≥5.5
	32.5R	≥15.0		≥3.5	
	42.5	≥15.0	≥42.5	≥3.0	≥6.5
	42.5R	≥19.0		≥4.0	
	52.5	≥21.0	≥52.5	≥4.0	≥7.0
	52.5R	≥23.0		≥4.5	

合格品与不合格品水泥的判断规则：检验结果符合化学指标、凝结时间、安定性、强度的规定为合格品；检验结果不符合化学指标、凝结时间、安定性、强度中的任何一项技术要求为不合格品。

(四)水泥材料的应用

1. 硅酸盐水泥和普通硅酸盐水泥的特性和应用

(1)硅酸盐水泥的特性和应用

硅酸盐水泥与其他通用水泥相比，具有如下特性和应用：

①硬化快、强度高

硅酸盐水泥凝结硬化快，早期、后期强度都很高，所以适用于早期强度要求高和重要结构的高强混凝土、预应力钢筋混凝土和耐磨混凝土工程。

②水化热高

硅酸盐水泥中 C_3S 和 C_3A 含量高，混合材料少，且比表面积大，因此早期放热量大，放热速度快，所以适用于冬季施工的混凝土工程。但不适用于大体积混凝土工程。

③抗冻性好

硅酸盐水泥石具有很高的密实度，且具有对抗冻性有利的孔隙特征，因此适用于严寒地区、遭受反复冻融和有抗冻性要求的混凝土工程。

④耐热性差

当温度为 100～250 ℃时，水泥石的强度并不降低；当温度为 250～300 ℃时，水化物开始脱水，水泥石强度开始下降；当温度为 700～1 000 ℃时，水泥石结构几乎完全破坏。所以硅酸盐水泥不适用于有耐热、耐高温要求的混凝土工程。

⑤耐蚀性差

硅酸盐水泥石中含有很多的氢氧化钙和水化铝酸钙，所以不适用于有流动、压力水作用的混凝土工程，也不适用于受海水、矿物水、硫酸盐等侵蚀介质作用的混凝土工程。

(2)普通硅酸盐水泥的特性和应用

由于普通硅酸盐水泥掺加混合材料的数量少，性质与硅酸盐水泥相近。它的特性和应用与硅酸盐水泥基本相同。

2. 掺混合材料硅酸盐水泥的应用

由于掺混合材料硅酸盐水泥都掺入了大量的混合材料，因此有很多共性和相同的应用。但由于掺入混合材料的品种和数量不同，它们又各有个性。

(1)矿渣、火山灰质、粉煤灰硅酸盐水泥的共性和应用

①凝结硬化慢、早期强度低、后期强度高

由于三种水泥熟料的含量少，且混合材水泥的水化首先是熟料的水化，然后混合材料参加二次水化反应，所以凝结硬化慢，早期(3 d)强度低，但后期(28 d 以后)强度将超过相同强度等级的硅酸盐水泥。因此，三种水泥不适用于早强的混凝土工程。

②水化对温度、湿度敏感

提高养护温度和湿度，有利于强度发展。若采用蒸汽养护或蒸压养护，强度增长较普通硅酸盐水泥快，且后期强度仍能很好地增长。因此，三种水泥适用于蒸汽或压蒸养护的预制构件。

③水化热低

三种水泥中熟料含量少，降低了 C_3S 和 C_3A 的含量，且二次水化反应速度慢，所以水化热比硅酸盐水泥小，适用于大体积混凝土工程。

④抗冻性差

由于这三种水泥掺入了大量的混合材料，使水泥需水量增加，水分蒸发后形成毛细孔通道或粗大的孔隙，其水泥石的密实度较低，所以抗冻性差。不适用于受冻融作用或干湿交替作用的混凝土工程。

⑤耐蚀性好

三种水泥熟料含量少，水化产物氢氧化钙和水化铝酸钙也减少，且二次水化反应后水泥石中的氢氧化钙就更少了，因此提高了耐淡水及硫酸盐侵蚀的能力。但因起缓冲作用的氢氧化钙较少，三种水泥抵抗酸性水和镁盐侵蚀的能力不如硅酸盐水泥。所以，三种水泥适用于受淡水和硫酸盐侵蚀的水工或海港等混凝土工程。

(2)矿渣、火山灰质、粉煤灰硅酸盐水泥的个性和应用

①矿渣硅酸盐水泥的耐热性好、保水性差、干缩性大、抗渗性差

矿渣硅酸盐水泥中的氢氧化钙含量较少，且矿渣本身又耐热，故具有较好的耐热性，适用于受热的混凝土工程。矿渣硅酸盐水泥中磨细的矿渣有尖锐棱角，故标准稠度需水量较大，且矿渣亲水性差，在拌制混凝土时保水性差、泌水性大，易形成孔隙，在空气中硬化时干缩性较大，如养护不当，则易产生裂缝，因此抗渗性差。

②火山灰质硅酸盐水泥的抗渗性好、干缩性大

火山灰质硅酸盐水泥在硬化过程中形成了大量的水化硅酸钙凝胶；火山灰质硅酸盐水泥的密度小，在同样水灰比的条件下，其需水量比矿渣硅酸盐水泥大，泌水性小，水泥石的密实度较高，抗渗性较好，适用于有抗渗要求的混凝土工程。火山灰质硅酸盐水泥在干燥环境中将由于失水而使水化反应停止，且水化硅酸钙凝胶会逐渐干燥，产生体积收缩，使水泥石产生裂缝，不宜用于干燥地区的混凝土工程。

③粉煤灰硅酸盐水泥的干缩性小、抗裂性好

粉煤灰中有许多球状颗粒，比表面积较小，吸附水的能力较弱，干缩性小，抗裂性好。

硅酸盐水泥、普通硅酸盐水泥、矿渣硅酸盐水泥、火山灰质硅酸盐水泥、粉煤灰硅酸盐水泥是目前土建工程中应用最广的水泥品种。由于各种混合材料性质的差异，各种掺混合材料水泥和不掺混合材料水泥都各有其特点，在实际中应适当选用。

为了便于比较，现将上述五种水泥的主要特性及适用范围列于表1-7。

表1-7　　五种水泥的主要特性及适用范围

名称		硅酸盐水泥	普通硅酸盐水泥	矿渣硅酸盐水泥	火山灰质硅酸盐水泥	粉煤灰硅酸盐水泥
特性	硬化速度	快	较快	慢	慢	慢
	早期强度	高	较高	低	低	低
	水化热	高	高	低	低	低
	抗冻性	好	好	差	差	差
	耐热性	差	较差	好	较差	较差
	干缩性	小	小	较大	较大	较小
	抗渗性	较好	较好	差	较好	较好
	耐蚀性	较差	较差	较强	除混合材料含三氧化二铝较多者抗硫酸盐腐蚀性较弱外，一般均较强	
	泌水性	较小	较小	明显	小	大

(续表)

名　称	硅酸盐水泥	普通硅酸盐水泥	矿渣硅酸盐水泥	火山灰质硅酸盐水泥	粉煤灰硅酸盐水泥
适用条件	一般地上工程，无腐蚀、无压力水作用工程； 要求早期强度较高和低温施工无蒸汽养护的工程； 有抗冻性要求的工程		一般地上、地下和水中工程； 有硫酸盐侵蚀的工程； 大体积混凝土工程； 有耐热性要求的工程； 有蒸汽养护的工程	除不适于有耐热性要求的工程外，其他与矿渣硅酸盐水泥相同	与火山灰质硅酸盐水泥相同
不适用条件	大体积混凝土工程； 有腐蚀作用和压力水作用的工程		要求早期强度高的工程； 有耐冻性要求的工程	与矿渣硅酸盐水泥各项相同； 干热地区和耐磨性要求较高的工程	与矿渣硅酸盐水泥各项相同； 有抗碳化要求的工程

(五)水泥石的腐蚀

1. 水泥石腐蚀的定义

在正常环境中，用硅酸盐类水泥配制成的混凝土中水泥石强度将不断增大，但在某些环境中水泥石的强度反而降低，甚至引起混凝土结构的破坏，这种现象称为水泥石的腐蚀。

2. 水泥石腐蚀的类型

水泥石的腐蚀一般有以下几种类型：

(1)溶析性侵蚀

又称溶出侵蚀或淡水侵蚀，即硬化后混凝土中的水泥水化产物被淡水溶解并带走的一种侵蚀现象。

在水泥的水化产物中，氢氧化钙在水中的溶解度最大，首先被溶出。在水量小、静水或无压情况下，由于氢氧化钙的迅速溶出，周围的水很快饱和，溶出作用也就终止。但在水量大、流动或有压力的水中，由于氢氧化钙不断被溶析，不仅降低混凝土的密度和强度，还导致水化硅酸钙和水化铝酸钙的分解，从而引起结构的破坏。

(2)硫酸盐侵蚀

海水、沼泽水和工业污水中常含有硫酸盐，如硫酸钠、硫酸钾，它们与水泥石中的氢氧化钙反应生成硫酸钙。在硫酸盐浓度较高时，硫酸钙在水泥石孔隙中结晶体积膨胀，导致水泥石破坏；在硫酸盐浓度较低时，硫酸钙与水泥中的水化铝酸钙作用，生成水化硫铝酸钙(钙矾石)，其体积可增大 1.5 倍，使水泥石产生很大的内应力，造成膨胀开裂以至破坏。

(3)镁盐侵蚀

在海水、地下水中常含有镁盐，如氯化镁、硫酸镁。镁盐与水泥石中的氢氧化钙反应，生成无胶结能力的氢氧化镁和易溶于水的氯化钙，或生成硫酸钙而引起硫酸盐的破坏。因此，硫酸镁对水泥石起着镁盐和硫酸盐的双重腐蚀作用。

(4)碳酸侵蚀

在工业污水或地下水中常溶解较多的二氧化碳，碳酸与水泥石中的氢氧化钙作用，生成不溶于水的碳酸钙，碳酸钙再与水中的碳酸作用生成易溶于水的碳酸氢钙，使水泥石的强度下降。

3. 水泥石腐蚀的防护

(1)根据腐蚀环境特点合理选用水泥品种

选用混合材水泥，减少水泥石中氢氧化钙和水化铝酸钙的含量，可提高抗淡水侵蚀和硫酸盐侵蚀的能力。

(2)提高水泥石的密实度

合理设计混凝土配合比、降低水灰比、合理选择集料、掺加外加剂及采用机械施工等方法,可以提高水泥石的密实度,增强其抗腐蚀能力。

(3)敷设耐蚀保护层

当腐蚀作用较强时,可在混凝土表面敷设耐腐蚀性强的保护层。保护层可采用耐酸石料、耐酸陶瓷、玻璃、塑料或沥青等。

职业活动训练　水泥试验与检测

实训1　水泥细度检验方法(负压筛法)

(一)试验目的与适用范围

本方法规定了用80 μm和50 μm筛检验水泥细度的测试方法。通过水泥细度的检测,确定水泥颗粒的粗细程度,作为评定水泥技术性质的选择性指标。

本方法适用于硅酸盐水泥、普通硅酸盐水泥、矿渣硅酸盐水泥、火山灰质硅酸盐水泥、粉煤灰硅酸盐水泥、复合硅酸盐水泥及指定采用本方法的其他品种水泥和粉状物料。

(二)试验仪器设备

1.负压筛:孔径为0.080 mm的方孔筛。

2.负压筛析仪:由筛座、负压筛、负压源及吸尘器组成。

3.天平:量程应大于100 g,感量小于0.05 g。

三、试验操作方法和步骤

本实训的试验操作方法和步骤见表1-8。

表1-8　试验操作方法和步骤

序号	项目	内容及要求
1.试验准备		
(1)	样品处理	水泥样品应充分拌匀,过0.9 mm方孔筛,记录筛余物情况,要防止过筛时混入其他水泥
(2)	调负压	把负压筛置于筛座上,盖上筛盖;接电源,调负压至4 000~6 000 Pa
2.试验步骤		
(1)	称样	称取试样25 g
(2)	筛析	试样置于负压筛中,盖上筛盖,筛析2 min
(3)	称量	用天平称量筛余物
3.试验结果整理		
(1)	筛余百分数	$F=\frac{R_S}{m}\times 100\%$ 式中　F——水泥试样的筛余百分数(%),计算结果精确到0.1%; R_S——水泥筛余物的质量(g); m——水泥试样的质量(g)
(2)	合格评定	每个样品应称取两个试样分别筛析,取筛余平均值作为筛析结果。若两次筛析结果绝对误差大于0.5%(筛余值大于5.0%时可放至1.0%),应再做一次试验,取两次相近结果的算术平均值作为最终结果

(四)注意事项

1. 当工作负压小于 4 000 Pa 时，应清理吸尘器内水泥。

2. 筛析时如有试样附着在筛盖上，可轻轻地敲击筛盖使试样落下。

(五)试验记录

试验记录及结果整理填入相应的实训报告中。

实训 2 水泥标准稠度用水量、凝结时间、安定性检验方法(GB/T 1346—2011)

(一)试验目的与适用范围

本方法规定了水泥标准稠度用水量、凝结时间和体积安定性的测试方法。水泥标准稠度用水量的测定是为了在进行水泥凝结时间和安定性试验时，对水泥净浆在标准稠度的条件下测定，使不同水泥具有可比性；凝结时间的测定是为了检验水泥的初凝时间和终凝时间是否符合技术要求，并为水泥混凝土的施工提供水泥的初凝时间和终凝时间；体积安定性的测定是为了检验水泥的安定性是否合格。

本方法适用于硅酸盐水泥、普通硅酸盐水泥、矿渣硅酸盐水泥、火山灰质硅酸盐水泥、粉煤灰硅酸盐水泥、复合硅酸盐水泥、道路水泥及指定采用本方法的其他品种水泥。

(二)试验仪器设备

1. 水泥净浆搅拌机。

2. 标准法维卡仪：由标准稠度测定用试杆、凝结时间测定用初凝针和终凝针、试模等组成。

3. 湿气养护箱：温度为 20 ℃±1 ℃，相对湿度>90%。

4. 雷氏夹：由两根指针(尖端距离 10 mm)和环模(切口<1 mm)组成。

5. 雷氏夹膨胀值测定仪：由底座、测弹性标尺、测膨胀值标尺和悬臂组成。

6. 沸煮箱：能在 30 min±5 min 将水加热至沸腾并可以保持沸腾状态 3 h 以上，试验过程中不需加水。

7. 天平(量程 1 000 g，感量 1 g)、量水器(分度值为 0.1 mL，精度 1%)、玻璃板、小刀、计时表、机油。

8. 试验室、试样、饮用水的温度为 20 ℃±2 ℃，试验室相对湿度≥50%。

(三)试验操作方法和步骤

1. 标准稠度用水量测定(标准法)

本实训的标准稠度用水量测定方法(标准法)见表 1-9。

表 1-9　标准稠度用水量测定(标准法)

序号	项目	内容及要求
(1)试验准备		
①	称试样	水泥样品应充分拌匀，过 0.9 mm 方孔筛，记录筛余物情况，要防止过筛时混入其他水泥。称 500 g 水泥
②	调零点	调整试杆，使其接触玻璃板时指针对准零点
(2)试验步骤		
①	拌制净浆	湿布擦搅拌锅和叶片，将水倒入搅拌锅中，将水泥加入水中；搅拌锅升至搅拌位置，自动搅拌。在自动搅拌过程中勿触碰叶片

（续表）

序　号	项　目	内容及要求
②	标准稠度用水量的测定	拌和结束后，立即取适量水泥净浆，一次性将其装入已置于玻璃底板上的试模中，水泥浆体超过试模上端。用宽约 25 mm 的直边刀轻轻拍打超出试模部分的浆体 5 次，以排除浆体中的孔隙，然后在试模上表面约 1/3 处，略倾斜于试模分别向外轻轻锯掉多余净浆，再从试模边沿轻抹顶部一次，使净浆表面光滑。在锯掉多余净浆和抹平的操作过程中，注意不要压实净浆。试模移到维卡仪上，降低试杆与净浆表面接触，拧紧螺丝 1～2 s 后放松；在试杆停止下沉或释放 30 s 时读数。以试杆沉入净浆距底板 6 mm±1 mm 为标准稠度净浆。其拌和水量为标准稠度用水量
③	调整	试杆距底板超出 6 mm±1 mm 时，适当减水或加水，重新拌制测定
（3）试验结果整理		
①	计算	$$P=\frac{V\cdot\rho_w}{500}\times100\%$$ 式中　P——标准稠度用水量（%）； V——用水量的毫升数（mL）； ρ_w——水在 4 ℃时的密度（g/cm³）； 500——水泥试样的质量（g）

2. 凝结时间测定

本实训的凝结时间测定方法见表 1-10。

表 1-10　凝结时间测定

序　号	项　目	内容及要求
（1）试验准备		
①	调零点	调整试针，使其接触玻璃板时指针对准零点
②	制备试件	将试模置于涂油的玻璃板上，将标准稠度净浆（记录水泥全部加入水中的时间）装满试模，振动刮平，放入养护箱中
（2）试验步骤		
①	初凝时间测定	加水 30 min 后第一次测定；试模置于初凝针下，初凝针与净浆表面接触，拧紧螺丝 1～2 s 后放松；观察初凝针停止下沉或释放 30 s 时指针的读数。临近初凝时，每隔 5 min 测定一次。当初凝针沉至距底板 4 mm±1 mm 时，水泥达到初凝状态。到达初凝时应立即重复测一次，当两次结论相同时才能确定到达初凝状态。 水泥全部加入水中至初凝状态的时间为初凝时间（min）
②	终凝时间测定	将试模和浆体翻转 180°，继续养护；临近终凝时，每隔 15 min 测定一次。当终凝针沉入试体 0.5 mm 时，即附件不能在试体上留下痕迹时为水泥达到终凝状态。到达终凝时，需要在试体另外两个不同点测试，结论相同时才能确定到达终凝状态。 水泥全部加入水中至终凝状态的时间为终凝时间（min）

3. 安定性测定（标准法）

本实训的安定性测定方法见表 1-11。

表 1-11　安定性测定

序　号	项　目	内容及要求
（1）试验准备		
①	测弹性	检测雷氏夹的弹性：一根指针挂在金属丝上，另一根挂上砝码，针尖距离在 17.5 mm±2.5 mm，去掉砝码后能复原

（续表）

序号	项目	内容及要求
②	涂油	每个试样成型两个试件。每个雷氏夹需配两个边长或直径约80 mm、厚度4～5 mm的玻璃板，凡与净浆接触的玻璃板和雷氏夹内壁都要涂油
(2)试验步骤		
①	制备试件	雷氏夹置于涂油的玻璃板上，将标准稠度净浆装满雷氏夹。小刀插捣刮平，盖上涂油的玻璃板，养护箱养护24 h±2 h
②	测量A，沸煮	测量雷氏夹指针尖端的距离A，精确到0.5 mm；调整沸煮箱的水位，将试件指针朝上放入，沸煮3 h±5 min
③	测量C	放掉热水，试件冷却至室温，测量雷氏夹指针尖端的距离C
(3)试验结果判断		
当两个试件煮后增加距离的平均值不大于5.0 mm时，安定性合格； 当两个试件的$C-A$超过4.0 mm时，应重做试验，再如此，安定性不合格		

（四）注意事项（表1-12）

表1-12　注意事项

项目	注意事项
标准稠度用水量	用湿布擦拭搅拌锅和搅拌叶片时，不能有水存留； 将水和水泥加入搅拌锅时，要注意加料顺序； 要控制好操作时间，整个操作在1.5 min内完成
凝结时间	在最初测定时，应轻轻扶持金属柱，使其缓缓下降，以防试针撞弯，但结果以自由下落为准； 在整个测试过程中，试针沉入的位置至少要距试模内壁10 mm，且每次测定不能让试针落入原针孔； 每次测试完毕，须将试针擦净并将试模放回养护箱内，整个测试过程要防止试模振动
安定性	调整好沸煮箱内的水位，使之在整个沸煮过程中都能淹没试件，不需中途添水，保证在30 min±5 min内水能沸腾

（五）试验记录

试验记录及结果整理填入相应的实训报告中。

实训3　水泥胶砂强度检验方法（ISO法）

（一）试验目的与适用范围

本方法规定了水泥胶砂强度检验基准方法的仪器、材料、胶砂组成、试验条件、操作步骤和结果整理。试验目的是为了确定水泥的强度等级，为混凝土配合比设计提供水泥的实际强度。本方法适用于硅酸盐水泥、普通硅酸盐水泥、矿渣硅酸盐水泥、火山灰质硅酸盐水泥、粉煤灰硅酸盐水泥、复合硅酸盐水泥、道路水泥以及石灰石硅酸盐水泥的抗弯拉强度和抗压强度的检验。

（二）试验仪器设备

1. 胶砂搅拌机：由搅拌锅和搅拌叶片组成。
2. 振实台：由电动机、凸轮、台盘、卡具和模套等组成。
3. 试模：由隔板、端板、底座等组成，各接触面应相互垂直。可成型三条40 mm×40 mm×160 mm的棱柱体试件。
4. 播料器（大小各一个）、金属直尺、天平、滴管。
5. 材料：水泥、ISO标准砂、饮用水。

6. 试件成型试验室温度为 20 ℃±2 ℃，相对湿度>50%。水泥、ISO 标准砂、拌和水及试模与室温相同。

7. 双杠杆式抗折试验机和抗折夹具。

8. 抗压试验机和抗压夹具：抗压夹具受压面积为 40 mm×40 mm。

(三)试验操作方法和步骤

本实训试验操作方法和步骤见表 1-13。

表 1-13 试验操作方法和步骤

序 号	项 目	内容及要求
1. 试件成型		
(1)	组装试模	试模擦净，内壁刷一薄层机油
(2)	称料	每成型 3 条试件：水泥 450 g±2 g；ISO 标准砂 1 350 g±5 g；水 225 mL±1 mL
(3)	搅拌	饮用水加入搅拌锅里，再加水泥，将 ISO 标准砂装入漏斗。搅拌锅升至固定位置，自动搅拌（低速搅拌 30 s，第二个 30 s 加 ISO 标准砂，高速搅拌 30 s，停拌 90 s，将叶片和搅拌锅壁上的胶砂刮入搅拌锅中，高速搅拌 60 s）
(4)	振实台成型	试模和模套固定在振实台上，分两层装料，每层振实 60 次。然后取下试模，用刮尺刮平，编号
2. 试件养护		
(1)	脱模前	试模在 20 ℃±1 ℃，相对湿度>90%的养护箱养护 24 h 后脱模
(2)	脱模后	试件在 20 ℃±1 ℃水中养护
3. 强度试验		
(1)	抗弯拉强度试验	取出试件；试验前调配重砣使杠杆水平；试件成型侧面放入夹具内，调整夹具使杠杆在试件折断时接近水平；加荷直至折断；计算或读取抗弯拉强度，精确至 0.1 MPa
(2)	抗压强度试验	清除试件受压面与加压板间的杂物，以试件成型时的侧面为受压面，夹具对准压板中心，加荷直至破坏
4. 试验结果整理		
(1)	抗弯拉强度	读取抗弯拉强度，精确至 0.1 MPa
(2)	抗压强度	$R_c=\frac{F_c}{A}$ 式中 R_c——抗压强度(MPa)，精确至 0.1 MPa； F_c——破坏荷载(N)； A——受压面积，40 mm×40 mm=1 600 mm^2
5. 试验结果评定		
(1)	抗弯拉强度	抗弯拉强度结果取 3 个试件的平均值，精确至 0.1 MPa。当 3 个强度值中有超出±10%的平均值，应剔除后再取平均值作为试验结果
(2)	抗压强度	抗压强度结果取一组 6 个强度值的平均值，精确至 0.1 MPa。如 6 个强度值中有一个超出±10%的平均值，应剔除后以剩下 5 个的平均值作为试验结果。如 5 个中再有超过它们±10%的平均值，此组结果作废

(四)注意事项

1. 胶砂在制备时，要注意加料顺序。

2. 试件在制备组装试模时，要紧密装配，防止漏浆。

3. 抗压强度的测定要严格控制加荷速度(2 400 N/s±200 N/s)。

(五)试验记录

试验记录及结果整理填入相应的实训报告中。

实训 4　水泥胶砂流动度检验方法

(一)试验目的与适用范围

本方法通过测量一定配合比的水泥胶砂在规定振动状态下的扩展范围来衡量其流动性。试验目的是确定水泥胶砂流动度。本方法适用于硅酸盐水泥、普通硅酸盐水泥、矿渣硅酸盐水泥、火山灰质硅酸盐水泥、粉煤灰硅酸盐水泥、复合硅酸盐水泥、道路水泥以及石灰石硅酸盐水泥的胶砂流动度的检验。

(二)试验仪器设备

1. 水泥胶砂流动度测定仪(简称跳桌),如图 1-4 所示。

2. 水泥胶砂搅拌机。

3. 试模:用金属材料制成,由截锥圆模和模套组成。截锥圆模内表面加工光滑。圆模尺寸:高度 60 mm±0.5 mm;上口内径 70 mm±0.5 mm;下口内径 100 mm±0.5 mm;下口外径 120 mm;模壁厚>5 mm。

4. 捣棒:用金属材料制成,直径为 20 mm±0.5 mm,长度约 200 mm,捣棒底面与侧面成直角,其下部光滑,上部手柄滚花。

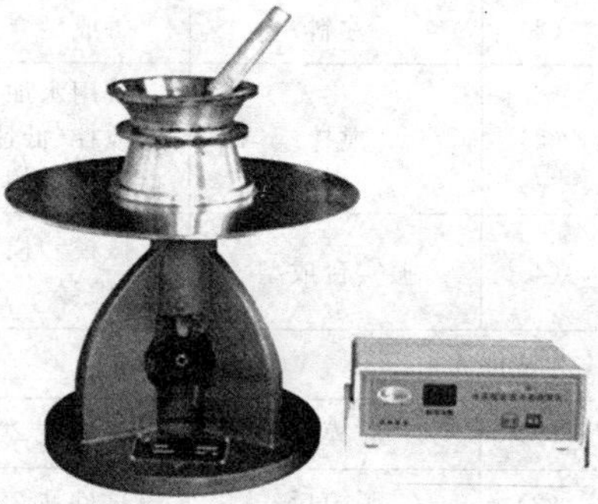

图 1-4　水泥胶砂流动度测定仪

5. 卡尺:量程≥300 mm,分度值≤0.5 mm。

6. 小刀:刀口平直,长度>80 mm。

7. 天平:量程≥1 000 g,分度值≤1 g。

8. 材料:水泥、ISO 标准砂、饮用水。

9. 试件成型试验室温度为 20 ℃±2 ℃,相对湿度>50%。水泥、ISO 标准砂、拌和水及试模与室温相同。

(三)试验操作方法和步骤

本实训试验操作方法和步骤见表 1-14。

表 1-14　　**试验操作方法和步骤**

序　号	项　目	内容及要求
1. 试验准备		
(1)	跳桌调试	如跳桌在 24 h 内未被使用,先空跳一个周期,即 25 次
(2)	制备胶砂	按 ISO 法制备胶砂。制备胶砂的同时,用潮湿棉布擦拭跳桌台面、试模内壁、捣棒以及与胶砂接触的用具,将试模放在跳桌台面中央并用潮湿棉布覆盖
2. 试验步骤		
(1)	胶砂装模	将拌好的胶砂分两层迅速装入试模,第一层装至截锥圆模高度约 2/3 处,用小刀在相互垂直两个方向各划 5 次,用捣棒由边缘至中心均匀捣压 15 次;随后,装第二层胶砂,装至高出截锥圆模约 20 mm,用小刀在相互垂直两个方向各划 5 次,再用捣棒由边缘至中心均匀捣压 10 次。捣压后胶砂应略高于试模。捣压深度:第一层捣至胶砂高度的 1/2;第二层捣实不超过已捣实底层表面。装胶砂和捣压时,用手扶稳试模,不要使其移动

（续表）

序　号	项　目	内容及要求
(2)	开动跳桌	捣压完毕，取下模套，将小刀倾斜，从中间向边缘分两次以近水平的角度抹去高出截锥圆模的胶砂，并擦去落在桌面上的胶砂。将截锥圆模垂直向上轻轻提起，立刻开动跳桌，以每秒钟一次的频率，在 25 s±1 s 内完成 25 次跳动
3. 试验结果整理		
(1)	胶砂流动度	用卡尺测量胶砂底面互相垂直的两个方向直径，计算平均值，取整数，单位为 mm。该平均值即为该水量的水泥胶砂流动度

(四)注意事项

流动度试验从胶砂加水开始到测量扩散直径结束，应在 6 min 内完成。

(五)试验记录

试验记录及结果整理填入相应的实训报告中。

二、混凝土用集料

基础知识

(一)集料的定义及分类

1. 集料的定义

集料也称骨料，是指在混合料中起骨架或填充作用的粒料，包括碎石、卵石、石屑、人工砂、天然砂等。

2. 集料的分类

(1)集料按来源可分为天然采集集料、人工轧制集料以及工业冶金矿渣等。

(2)工程上按照集料粒径的大小和所起的作用，一般将集料分为细集料和粗集料两类。

在混凝土中，粒径小于 4.75 mm 的天然砂、人工砂为细集料；粒径大于 4.75 mm 的碎石、卵石和破碎卵石为粗集料。在沥青混合料中，粒径小于 2.36 mm 的天然砂、人工砂和石屑为细集料；粒径大于 2.36 mm 的碎石、破碎卵石、筛选卵石和矿渣等为粗集料。

(3)集料品种

碎石是指经开采并按一定尺寸加工而成的有棱角的岩石颗粒。

卵石是指岩石经自然风化、水流搬运和堆积而成的，粒径在 2～60 mm 的岩石颗粒。

天然砂是指由自然风化、水流冲刷、堆积形成的，粒径小于 4.75 mm 的岩石颗粒，按生存环境分为山砂、河砂和海砂等。

河砂的颗粒表面圆滑，比较洁净，质地较好，产地广泛。海砂虽然具有河砂的特点，但因其形成在海中，所以常混有贝壳碎片和盐等有害杂质。山砂的颗粒表面粗糙有棱角，含泥量和有机质含量较大。人工砂是指经人为加工处理得到的符合规格要求的细集料，通常指岩石加工过程中采取真空抽吸等方法除去大部分土和细粉，或将石屑水洗得到的洁净的细集料。从广义上分类，机制砂、矿渣砂和煅烧砂都属于人工砂。机制砂是由碎石及卵石经制砂机反复破碎加工至粒径小于 2.36 mm 的人工砂，也称破碎砂。石屑是采石场加工碎石时通过最小筛孔(通常为 2.36 mm 或 4.75 mm)的筛下部分，也称筛屑。混合砂是由天然砂、人工砂、机制砂或石屑等按一定比例混合形成的细集料的统称。

我们对不同规格的集料用不同的名字。在工程中通俗的叫法及其含义为：

寸半子是指最大公称粒径约为 40 mm，最小颗粒粒径约为 20 mm 的集料；

寸子是指最大公称粒径约为 31.5 mm，最小颗粒粒径约为 10 mm 的集料；

瓜子片是指最大公称粒径约为 10 mm，最小颗粒粒径约为 2.5 mm 的集料。

(二)集料的技术性质

1.物理性质

(1)密度

密度是指在一定条件下测量的单位体积的质量，单位为 kg/m^3 或 g/cm^3，通常以 ρ 表示。对材料内部没有孔隙的匀质材料，测定的密度只有一种。但对于工程上用的粗集料，由于其状态及测定条件的不同，便衍生出各种各样的“密度”。计算密度用的质量有干燥质量与潮湿质量，计算用的体积由于所包含集料内部的孔隙情况不同(图 1-5)，因而计算结果就不一样，由此得出不同的密度定义，如真实密度(真密度)、表观密度(视密度)、毛体积密度(绝干毛体积密度)、表干密度(表干毛体积密度)和堆积密度等。

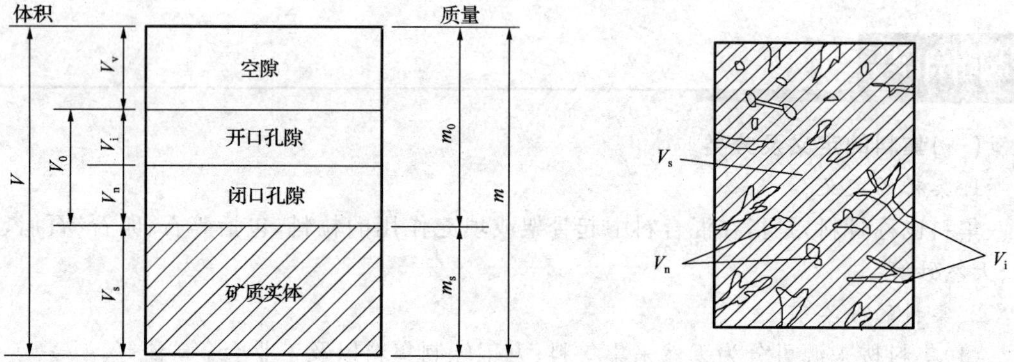

图 1-5　集料内部组成示意图

工程上常用相对密度而少用密度，相对密度是密度与试验温度水的密度的比值，是一个无量纲的物理量。

如图 1-5 所示，有：

m——集料的总质量(g)；

m_0——集料中孔隙及空隙部分的质量(g)；

m_s——集料中矿质实体质量(g)；

V——集料的总体积(cm^3)；

V_s——集料中矿质实体的体积(cm^3)；

V_n——集料中闭口孔隙的体积(cm^3)；

V_i——集料中开口孔隙的体积(cm^3)；

V_v——集料中空隙的体积(cm^3)；

V_0——集料中孔隙的体积(cm^3)。

①真实密度：集料的真实密度是粗集料在规定条件(105 ℃±5 ℃烘干至恒重，试验温度 20 ℃)下，单位真实体积(不含孔隙的矿质实体的体积)的质量。

恒重是指在相邻两次称量间隔时间大于 3 h(通常不少于 6 h)的情况下，前后两次称量之差小于该项试验所要求的称量精密度。

集料的真实密度可以用下式进行计算：

$$\rho_t=\frac{m_s}{V_s} \tag{1-1}$$

式中 ρ_t——集料的真实密度(g/cm^3)；

m_s——集料的矿质实体质量(g)；

V_s——集料的矿质实体体积(cm^3)。

真实相对密度的测定原理：在测定有孔隙的集料密度时，应把集料磨成细粉以排除其内部孔隙，在 105 ℃±5 ℃烘干至恒重，冷却后称得其质量；然后在密度瓶中加水煮沸后，使水充分进入闭口孔隙中，冷却后再将水注满，称得其质量；倒出集料与水的混合液，洗净后注满水，再称取质量，集料的真实相对密度为

$$\gamma=\frac{m_2}{m_1+m_2-m_3} \tag{1-2}$$

式中 γ——集料的真实相对密度，即集料的密度与 4 ℃的纯水密度之比；

m_1——烘干集料的质量(g)；

m_2——密度瓶与水的总质量(g)；

m_3——密度瓶、水与集料的总质量(g)。

②表观密度：集料的表观密度是在规定条件(105 ℃±5 ℃烘干至恒重)下，单位表观体积(包括矿质实体和闭口孔隙的体积)的质量。

集料的表观密度可以用下式进行计算：

$$\rho_a=\frac{m_s}{V_s+V_n} \tag{1-3}$$

式中 ρ_a——集料的表观密度(g/cm^3)；

m_s——集料的矿质实体质量(g)；

V_s——集料的矿质实体体积(cm^3)；

V_n——集料的矿质实体中闭口孔隙体积(cm^3)。

③毛体积密度：集料的毛体积密度是材料在规定条件(105 ℃±5 ℃烘干至恒重)下，单位毛体积(包括矿质实体、闭口孔隙和开口孔隙)的质量。

集料的毛体积密度可以用下式进行计算：

$$\rho_b=\frac{m_s}{V_s+V_n+V_i} \tag{1-4}$$

式中 ρ_b——集料的毛体积密度(g/cm^3)；

V_s、V_n和V_i——集料的矿质实体、闭口孔隙和开口孔隙体积(cm^3)；

m_s——集料的矿质实体质量(g)。

④表干密度：集料的表干密度是指其计算单位体积与毛体积密度相同，但计算质量以表干质量(饱和面干状态，包括了吸入开口孔隙中的水)为准。

⑤堆积密度：集料的堆积密度是粗集料装填于容器后，包括材料空隙(颗粒之间的)和孔隙(开口和闭口孔隙)在内的单位体积的质量。根据集料所处的状态不同可以分为自然堆积状态、振实状态和捣实状态下的堆积密度。

集料的堆积密度可以用下式进行计算：

$$\rho=\frac{m}{V} \tag{1-5}$$

式中　ρ——集料的堆积密度(g/cm^3)；

V——容器的体积(cm^3)；

m——填满容器的集料质量(g)。

集料的堆积密度可采用标准漏斗和容量筒测定。

⑥空隙率(间隙率)：空隙率是指集料颗粒之间空隙体积占集料总体积的百分率。水泥混凝土用集料在振实状态下的空隙率可以用下式进行计算：

$$n=(1-\frac{\rho}{\rho_a})\times 100\% \tag{1-6}$$

式中　n——水泥混凝土用集料的空隙率(%)；

ρ_a——集料的表观密度(kg/m^3)；

ρ——集料的堆积密度(kg/m^3)。

(2)含水率

集料的含水率是指集料所含水分与集料烘干(105 ℃±5 ℃烘干至恒重)后的质量之比。

集料的含水率可以用下式进行计算：

$$\omega=\frac{m_1-m_0}{m_0}\times 100\% \tag{1-7}$$

式中　ω——集料的含水率(%)；

m_1——集料烘干前的质量(g)；

m_0——集料烘干后的质量(g)。

(3)级配

级配是指粗集料中各种粒径颗粒在集料中所占的比例，该比例采用标准筛并通过筛分试验确定。

标准筛：对集料进行筛分试验用的符合标准形状和尺寸规格要求的系列筛。标准筛筛孔为正方形(方孔筛)，筛孔尺寸依次为 75 mm、63 mm、53 mm、37.5 mm、31.5 mm、26.5 mm、19 mm、16 mm、13.2 mm、9.5 mm、4.75 mm、2.36 mm、1.18 mm、0.6 mm、0.3 mm、0.15 mm、0.075 mm。

筛分试验就是将集料经过一系列筛孔尺寸的标准筛，测出各个筛上的筛余量，根据各筛孔上筛余量占集料试样总质量的百分比，就可求得一系列与级配有关的参数，即分计筛余百分率(各筛上的筛余量占集料总质量的百分率)、累计筛余百分率(该筛上的分计筛余百分率与大于该筛的各筛上的分计筛余百分率的总和)和质量通过百分率(集料中小于该筛的颗粒质量占总质量的百分率)。根据试验条件不同分为干筛法和水洗法。对水泥混凝土用集料可采用干筛法，对沥青混合料及基层用集料必须采用水洗法。

2. 力学性质

粗集料的力学性质主要有压碎性和磨耗性。另外，路面抗滑表层用的粗集料还必须具备一定的抗磨耗、抗磨光和抗冲击能力。粗集料的力学性质主要为压碎性。

(1)压碎值

按规定方法测得的集料抵抗压碎的能力，以压碎试验后小于规定粒径的集料质量百分率表示。

(2)磨耗值

按规定方法测得的粗集料抵抗磨耗作用的能力，其测定方法有洛杉矶法、狄法尔法和道瑞法。

(3)磨光值

按规定方法测得的粗集料抵抗轮胎磨光作用的能力，即粗集料被磨光后用摆式仪测得的摩擦系数。在公路上，经过一段时间的车辆荷载后，公路最后向汽车提供抗滑能力是以粗集料为主，所以对路面面层用粗集料应检测其磨损后的摩擦系数。粗集料磨光值越高，表示其在车轮作用后的抗滑性越好。

(4)冲击值

冲击值是指粗集料抵抗多次重复荷载作用的性能，可采用冲击试验仪测定。粗集料冲击值试验用以测定路面用粗集料抗冲击的性能，以击碎后粒径小于2.36 mm部分的质量分数表示。

3.坚固性

除将岩石加工成规则试块进行抗冻性和坚固性试验外，对已轧制成的集料也可采用规定级配的各粒级集料，按现行试验规程《公路工程集料试验规程》(JTG E42—2005)选取规定数量，分别装在饱和硫酸钠溶液中进行干湿循环试验。经5次循环后，观察其表面破坏情况，并用质量损失百分率来计算其坚固性(也称安定性)。

(三)矿质混合料的组成设计

矿质混合料是指不同粒径的集料或矿粉组成的混合材料，简称矿料。矿质混合料一般和各种结合料(如水泥或沥青等)组成混合料在工程中使用，如水泥混凝土、砂浆、沥青混凝土和无机结合料稳定土等，但也有单独使用的，如级配碎石。在矿质混合料中各档集料是相互搭配使用的，欲使混合料具备优良的性能，除各种矿质集料的技术性质应符合技术要求外，矿质混合料还必须满足最小空隙率和最大摩擦力的基本要求。

最小空隙率：不同粒径的集料按一定比例搭配，使其组成一种具有最大密实度的矿质混合料。

最大摩擦力：不同粒径的集料在进行比例搭配时，应使不同粒径的集料排列紧密，形成一个多级空间骨架结构且具有最大摩擦力。其摩擦力主要来源于集料间棱角的相互咬合能力。

矿质混合料进行组成设计的主要内容包括级配理论和级配范围的确定以及基本组成的设计方法。

1.级配类型

不同粒径的集料按照一定的比例组合搭配在一起，以达到较高的密实度，根据搭配组成的结果，可得到以下几种不同级配形式。

(1)连续级配

指某种矿料在标准套筛中进行筛分后，矿料的颗粒由大到小连续分布，每一级都占有适当的比例。这种由大到小逐级粒径都有，并按比例互相搭配组成的矿质混合料，称为连续级配混合料，也称密级配。

(2)间断级配

指在矿料颗粒分布的整个区间里，从中间剔除一个或连续几个粒级，形成一种不连续的级配。

(3)连续开级配

整个矿料颗粒分布范围较窄,从最大粒径到最小粒径仅在数个粒级上以连续的形式出现,也称开级配。

2. 级配理论

目前常用的级配理论主要有最大密度曲线理论和粒子干涉理论。前一理论主要描述了连续级配的粒径分布,可用于计算连续级配;后一理论不仅可用于计算连续级配,而且也可用于计算其他级配类型。

(1)最大密度曲线理论

最大密度曲线是通过试验提出的一种理想曲线。富勒和他的同事研究认为:固体颗粒按粒度大小,有规则地组合排列,粗细搭配,可以得到密度最大、空隙最小的混合料。他们经过大量研究后提出抛物线最大密度理想曲线理论。该理论认为:矿质混合料的颗粒级配曲线越接近抛物线,其密度越大。

(2)最大密度曲线的 n 幂公式

最大密度曲线是一种理想的级配曲线。在实际应用中,矿质混合料的级配曲线应该允许在一定范围内波动,级配范围 n 幂常在 0.3~0.7 范围内。

(3)魏茅斯粒子干涉理论

魏茅斯提出的粒子干涉理论认为:颗粒之间的空隙应由次小一级颗粒填充,其所余空隙又由再次小颗粒填充。填隙的颗粒不得大于间隙的距离,否则大小颗粒粒子之间势必发生干涉现象。为避免干涉现象出现,大小粒子之间应按一定数量进行分配。

3. 级配曲线和级配范围

理论级配曲线是以级配理论公式计算出的质量通过百分率(%)为纵坐标,以粒径(mm)为横坐标绘制而成的曲线。由于矿料在轧制过程中的不均匀性,以及混合料配制时的误差等,所以配制的混合料的级配曲线必定在一定范围内波动。

为了直观形象地表示矿料各粒径的颗粒分布状况,常常采用级配曲线来描述矿料级配。以质量通过百分率(%)为纵坐标,以筛孔尺寸(同时也表示矿料的粒径)(mm)为横坐标,将各筛上的质量通过百分率绘制在坐标图中,然后用曲线将各点连接,绘制成不同级配类型的级配曲线,如图 1-6 所示。

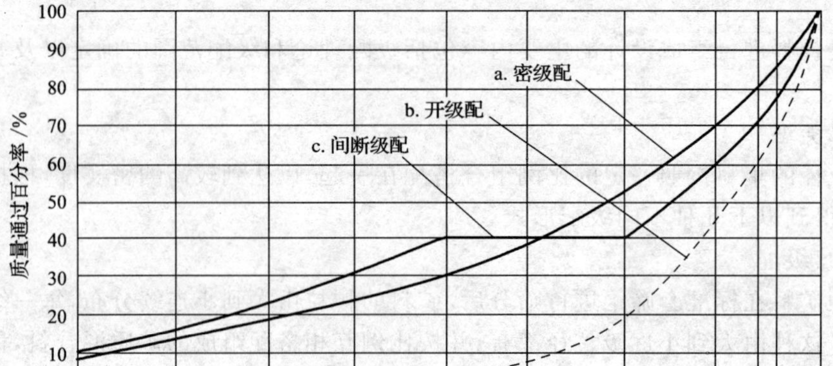

图 1-6　不同级配类型的级配曲线

由于标准套筛的筛孔分布是按 1/2 递减的方式设置，在描绘横坐标的筛孔位置时，会造成前疏后密的问题，以致到小孔径时无法清楚地将其位置确定，所以在绘制级配曲线的横坐标时，采用对数坐标（而相应纵坐标上的质量通过百分率仍采用常数坐标）以方便级配曲线的绘制。级配曲线的绘制采用泰勒曲线，横坐标按 $y=10^{0.45\lg d_i}$ 计算，见表 1-15，纵坐标为普通坐标。

表 1-15　泰勒曲线的横坐标

d_i	0.075	0.15	0.3	0.6	1.18	2.36	4.75	9.5
$x=d_i^{0.45}$	0.312	0.426	0.582	0.795	1.077	1.472	2.016	2.754
d_i	13.2	16	19	26.5	31.5	37.5	53	63
$x=d_i^{0.45}$	3.193	3.482	3.762	4.370	4.723	5.109	5.969	6.452

在级配曲线中，只有理论曲线要求是光滑曲线，以后我们用到的规范标准曲线和实际曲线都是折线。

4. 组成设计方法

在生产中，天然的或人工轧制的单一集料级配一般很难完全符合某一合适级配范围的要求。其中天然的集料往往是通过多种天然集料搭配使集料级配符合规范级配要求，如级配碎石往往是由卵石和砂相互掺配而达到要求。而人工轧制的碎石则往往是通过将碎石加工成几种不同规格（粒度）后再进行掺配，使其混合料的级配符合规范要求。

矿质混合料的组成设计方法主要采用试算法和图解法（修正平衡面积法）。

在应用设计方法时应具备两项条件：各种集料的筛分结果；技术规范（或理论级配）要求的矿质混合料级配范围。

(1)试算法

①建立基本计算方程

以三种规格集料进行级配设计为例，设有 A、B、C 三种集料在某一筛孔上的分计筛余百分率分别为 $a_{A(i)}$、$a_{B(i)}$、$a_{C(i)}$，预配制矿质混合料 M，它在相应筛孔上的分计筛余百分率为 $a_{M(i)}$。设 A、B、C 三种集料在混合料中所占的比例（用量）分别是 X、Y、Z，则得到式(1-8)和式(1-9)。

$$X+Y+Z=100\% \tag{1-8}$$

$$a_{A(i)}X+a_{B(i)}Y+a_{C(i)}Z=a_{M(i)} \tag{1-9}$$

②基本假设

在矿质混合料中，假设某一级粒径的颗粒仅由这三种集料中的一种集料（称为优势材料）来提供，而其他两种集料中不含有这一粒径的颗粒，此时这两种集料相应的分计筛余百分率为零。假设在 i 粒级上仅 A 集料存在分计筛余，其他两个 B 和 C 集料的分计筛余百分率全部是零，从而简化计算过程。

③计算

根据上述假设，式(1-9)为

$$a_{A(i)}X = a_{M(i)} \tag{1-10}$$

则A集料在混合料中所占比例为

$$X = \frac{a_{M(i)}}{a_{A(i)}} \times 100\% \tag{1-11}$$

同理,按此假设可计算C集料在混合料中的比例,假设在 j 粒级上其他两个A和B集料的分计筛余百分率也是零,则有

$$a_{C(j)}Z = a_{M(j)} \tag{1-12}$$

即C集料在混合料中所占比例为

$$Z = \frac{a_{M(j)}}{a_{C(j)}} \times 100\% \tag{1-13}$$

最后根据式(1-8)得到B集料在混合料中所占比例为

$$Y = 100\% - X - Z \tag{1-14}$$

④校核调整

对以上计算得到的各集料比例要进行验算,如得到的合成级配不在所要求的级配范围内,应调整初步配合比重新验算,直到满足级配要求。若经数次调整仍不能达到要求,则应掺加单粒级集料或更换集料。

【例题】 现有碎石、石屑和矿粉三种集料,试计算混合料的配合比。

①原始资料

现有碎石(A)、石屑(B)和矿粉(C)三种集料,筛分结果按分计筛余百分率列于表1-16。

要求的级配范围按通过百分率也列于表1-16。

表1-16 原有集料的分计筛余百分率和混合料要求级配范围通过百分率

筛孔尺寸 d_i/mm	16.0	13.2	9.5	4.75	2.36	1.18	0.6	0.3	0.15	0.075	<0.075
碎石分计筛余百分率 $a_{A(i)}$/%	—	5.2	41.7	49.5	2.6	1.0	—	—	—	—	—
石屑分计筛余百分率 $a_{B(i)}$/%	—	—	—	1.6	24.0	22.5	16.0	12.4	11.5	10.8	1.2
矿粉分计筛余百分率 $a_{C(i)}$/%	—	—	—	—	—	—	—	—	—	13.2	86.8
要求级配范围通过百分率/%	100	90~100	68~88	38~68	24~40	15~38	10~28	7~20	5~15	4~8	—

②计算要求

按试算法确定碎石、石屑和矿粉在混合料中所占的比例。

按例题给出的要求,校核矿质混合料计算结果,确定其是否符合级配范围。

③计算步骤

矿质混合料中各种集料用量配合组成可按下述步骤计算。

- 计算各筛孔分计筛余百分率

先将表1-16中矿质混合料要求的级配范围通过百分率换算为累计筛余百分率,然后再换算成各筛号的分计筛余百分率。计算结果列于表1-17。

表 1-17　　原有集料的分计筛余百分率和混合料要求级配范围通过百分率

筛孔尺寸 d_i/mm	碎石分计筛余百分率 $a_{A(i)}$/%	石屑分计筛余百分率 $a_{B(i)}$/%	矿粉分计筛余百分率 $a_{C(i)}$/%	按累计筛余百分率计级配范围/%	按累计筛余百分率计级配范围中值 $A_M(i)$/%	按分计筛余百分率计级配范围中值 $a_M(i)$/%
16.0	—	—	—	0	0	0
13.2	5.2	—	—	0～10	5.0	5.0
9.5	41.7	—	—	12～32	22.0	17.0
4.75	49.5	1.6	—	32～62	47.0	25.0
2.36	2.6	24.0	—	60～76	68.0	21.0
1.18	1.0	22.5	—	62～85	73.5	5.5
0.6	—	16.0	—	72～90	81.0	7.5
0.3	—	12.4	—	80～93	86.5	5.5
0.15	—	11.5	—	85～95	90.0	3.5
0.075	—	10.8	13.2	92～96	94.0	4.0
<0.075	—	1.2	86.8	—	100	6.0
合计	Σ=100	Σ=100	Σ=100			Σ=100

● 计算碎石(A)在矿质混合料中的用量

由表 1-17 可知，占优势的碎石粒径为 4.75 mm，故计算碎石的配合组成时，假设混合料中 4.75 mm 的粒径全部由碎石组成，则 $a_{B(4.75)}$ 和 $a_{C(4.75)}$ 均等于零。由式(1-9)可得

$$a_{A(4.75)} \cdot X = a_{M(4.75)}$$

所以碎石的用量为

$$X=\frac{a_{M(4.75)}}{a_{A(4.75)}}\times 100\%$$

由表 1-17 可以得到 $a_{M(4.75)}=25.0\%$，$a_{A(4.75)}=49.5\%$，代入上式得

$$X=\frac{25.0}{49.5}\times 100\%=50.5\%$$

● 计算矿粉(C)在矿质混合料中的用量

同理，计算矿粉在混合料中的配合比时，按占优势的矿粉粒径<0.075 mm 计算，即 $a_{A(<0.075)}$ 和 $a_{B(<0.075)}$ 均为零。则由式(1-9)得

$$a_{C(<0.075)} \cdot Z = a_{M(<0.075)}$$

则矿粉的用量为

$$Z=\frac{a_{M(<0.075)}}{a_{C(<0.075)}}\times 100\%$$

由表 1-17 可以得到 $a_{M(<0.075)}=6.0\%$，$a_{C(<0.075)}=86.8\%$，代入上式得

$$Z=\frac{6.0}{86.8}\times 100\%=6.9\%$$

● 计算石屑(B)在矿质混合料中的用量

由式(1-14)得

$$Y=100\%-X-Z$$

已经求得 $X=50.5\%$，$Z=6.9\%$，代入上式得石屑的用量为

$$Y=100\%-50.5\%-6.9\%=42.6\%$$

根据以上计算得到矿质混合料的组成配合比为：

碎石：$X=50.5\%$；

石屑：$Y=42.6\%$；

矿粉：$Z=6.9\%$。

● 校核

按表 1-18 进行计算并校核。校核结果与要求的配合比对照使之符合要求的级配范围。

表 1-18　　矿质混合料组成计算和校核表

筛孔尺寸 d_i /mm	粗集料(碎石)			细集料(石屑)			填料(矿粉)			矿质混合料			规范要求级配范围通过量 /%
	原来级配分计筛余百分率 $a_{A(i)}$/%	采用百分率 X /%	占混合料百分率 $a_{AM(i)}$ /%	原来级配分计筛余百分率 $a_{B(i)}$/%	采用百分率 Y /%	占混合料百分率 $a_{BM(i)}$ /%	原来级配分计筛余百分率 $a_{C(i)}$/%	采用百分率 Z /%	占混合料百分率 $a_{CM(i)}$ /%	分计筛余百分率 $a_{M(i)}$ /%	累计筛余百分率 $A_{M(i)}$ /%	通过百分率 $p_{M(i)}$ /%	
①	②	③	④=②×③	⑤	⑥	⑦=⑤×⑥	⑧	⑨	⑩=⑧×⑨	⑪	⑫	⑬	⑭
16.0	—		—	—		—	—		—	—	—	100	100
13.2	5.2		2.6	—		—	—		—	2.6	2.6	97.4	90～100
9.5	41.7		21.1	—		—	—		—	21.1	23.7	76.3	68～88
4.75	49.5		25.0	1.6		0.7	—		—	25.7	49.4	50.6	38～68
2.36	2.6		1.3	24.0		10.2	—		—	11.5	60.9	39.1	24～40
1.18	1.0	×50.5=	0.5	22.5	×42.6=	9.6	—	×6.9=	—	10.1	71.0	29.0	15～38
0.6	—		—	16.0		6.8	—		—	6.8	77.8	22.2	10～28
0.3	—		—	12.4		5.3	—		—	5.3	83.1	16.9	7～20
0.15	—		—	11.5		4.9	—		—	4.9	88.0	12.0	5～15
0.075	—		—	10.8		4.6	13.2		0.9	5.5	93.5	6.5	4～8
<0.075	—		—	1.2		0.5	86.8		6.0	6.5	100.0	0.0	—
校核	Σ=100		Σ=50.5	Σ=100		Σ=42.6	Σ=100		Σ=6.9	Σ=100	—	—	—

注：如不符合级配范围，应调整配合比再进行计算，经过几次调整，逐步渐进，直到达到要求。如经计算确不能符合级配要求，则应更换或增加集料品种。

(2)图解法

①准备工作

对所使用的各集料进行筛分，并计算出各自的质量通过百分率。明确设计级配要求的级配范围，并计算出该要求级配范围的中值。

②绘制框图

按比例(通常纵、横边各为 100 mm 和 150 mm)绘制一矩形框图，从左下向右上引对角线 $O'O$ 作为合成级配的中值，如图 1-7 所示。纵坐标表示质量通过百分率，按常数标尺在纵坐标上标出质量通过百分率刻度；横坐标则表示筛孔尺寸，而各个筛孔具体位置则根据合成级配要求的某筛孔质量通过百分率中值，在纵坐标上找出该中值的位置，然后从纵坐标引水平线与对角线相交，再从交点处向下作垂线，垂线与横坐标的相交点即为该筛孔的相应位置。依此类推，找出全部筛孔在横坐标上具体的位置。

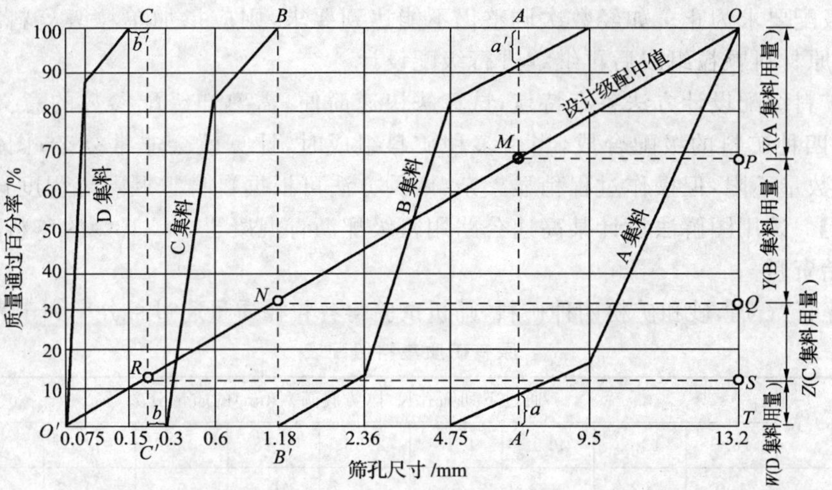

图 1-7　图解法框图

③确定各集料用量

将参与级配合成的各集料的质量通过百分率绘制在框图中,用折线的形式连成级配曲线。假设以四种集料进行级配合成,如图 1-7 所示。根据框图中相邻两条级配曲线的关系,确定各集料在混合料中的掺配比例。

● 重叠关系

相邻两条曲线相互重叠:图 1-7 中 A 集料的级配曲线下部与 B 集料的级配曲线上部搭接。针对这种相邻关系,在两条级配曲线之间引垂线 AA',要求该垂线与 A 集料的级配曲线和 B 集料的级配曲线所截取的截距相等,即 $a=a'$,此时垂线 AA' 与对角线 $O'O$ 相交于点 M,再过点 M 引水平线与纵坐标交于点 P,OP 线段的几何长度和 OT 线段的几何长度比值就是 A 集料的用量(%)。

● 相接关系

相邻两条曲线首尾相接:图 1-7 中 B 集料的末端与 C 集料的首端正好相接。针对这种相邻关系,此时只需从 C 集料的首端向 B 集料的末端引垂线 BB',该垂线与对角线 $O'O$ 相交于点 N,过点 N 引水平线与纵坐标交于点 Q,则 PQ 线段的几何长度和 OT 线段的几何长度比值就是 B 集料的用量(%)。

● 分离关系

相邻两条曲线分离:图 1-7 中 C 集料的级配曲线与 D 集料的级配曲线在水平方向彼此分离。此时引垂线 CC' 平分这段水平距离,要求 $b=b'$。垂线 CC' 与对角线 $O'O$ 交于点 R,过点 R 引水平线与纵坐标交于点 S,则 QS 线段的几何长度和 OT 线段的几何长度比值就是 C 集料的用量(%)。剩余的 ST 线段的几何长度和 OT 线段的几何长度比值就是 D 集料的用量(%)。

框图中相邻集料级配曲线的关系只能是这三种情况之一,但实际操作过程中以第一种关系即重叠关系最为常见。

④合成级配的计算与校核

与试算法相同,根据图解过程求得的各集料的用量,计算出合成级配的结果。当合成级配超出级配范围时,说明图解法得到的比例不是很合适,需要进行各集料的用量调整,直到满足设计级配要求为止。如经数次调整仍不能达到要求，则应掺加单粒级集料或调换其他集料，改变原材料颗粒组成后再继续进行级配设计。

两种矿料级配设计方法各有特点，试算法快速简便，需熟知级配参数的意义，但一般只适用于三、四种矿料的级配合成，当由多种矿料组成时，计算就会非常复杂；图解法易于掌握，且矿料数量不限，但操作过程稍显繁杂，两种方法可根据自身掌握熟练程度选择应用。

【例题】 试用图解法设计某高速公路用密级配沥青混凝土 AC-13C 的矿料配合比。

①原始资料

现有碎石、石屑、砂和矿粉四种矿料，筛析试验得各粒径质量通过百分率列于表 1-19。

表 1-19　原有矿质集料级配表

材料名称	通过下列筛孔尺寸（方孔筛）(mm)的质量分数/%									
	16.0	13.2	9.5	4.75	2.36	1.18	0.6	0.3	0.15	0.075
碎石	100	93	17	0	0	0	0	0	0	
石屑	100	100	100	84	14	8	4	0	0	0
砂	100	100	100	100	92	82	42	21	11	4
矿粉	100	100	100	100	100	100	100	100	96	87

设计级配范围按密级配沥青混凝土 AC-13C 要求，其级配范围和中值列于表 1-20。

表 1-20　矿质混合料要求级配范围和中值表

级配名称		通过下列筛孔尺寸（方孔筛）(mm)的质量分数/%									
		16.0	13.2	9.5	4.75	2.36	1.18	0.6	0.3	0.15	0.075
密级配沥青混凝土 AC-13C	级配范围	100	90～100	68～88	38～68	24～40	15～38	10～28	7～20	5～15	4～8
	级配中值	100	95	76.5	53	32	21.5	19	13.5	10	6

②计算要求

按规范的级配范围和中值（表 1-20），绘出各粒径在横坐标上的位置。

将各原有矿质集料筛析结果（表 1-19）在图上绘出级配曲线。按图解法求出各种集料的用量。

按图解法求得的各种矿质集料用量计算合成级配，并校核合成级配是否符合技术规程的要求，如不符合应调整级配重新计算。

③计算步骤

绘制级配曲线图（图 1-8），在纵坐标上按算术坐标绘出质量通过百分率。

引对角线 $O'O$，表示规范要求的级配中值。在纵坐标上找出规定的密级配沥青混凝土 AC-13C 在某筛孔要求的通过百分率中值，引水平线与对角线 $O'O$ 相交，再从各交点引垂线交于横坐标，相应的位置就是对应的筛孔在横坐标上的位置。

将碎石、石屑、砂和矿粉的级配曲线绘于图 1-8。

在碎石和石屑级配曲线相重叠部分引垂线 AA'，使垂线截取二级配曲线的纵坐标值相等（即 $a=a'$）。自垂线 AA' 与对角线交点 M 引一水平线，与纵坐标交于点 P，OP 的长度所占纵坐标的总长即为碎石用量 $X=31\%$。

同理，求出石屑用量 $Y=30\%$，砂用量 $Z=31\%$，则矿粉用量 $W=8\%$。

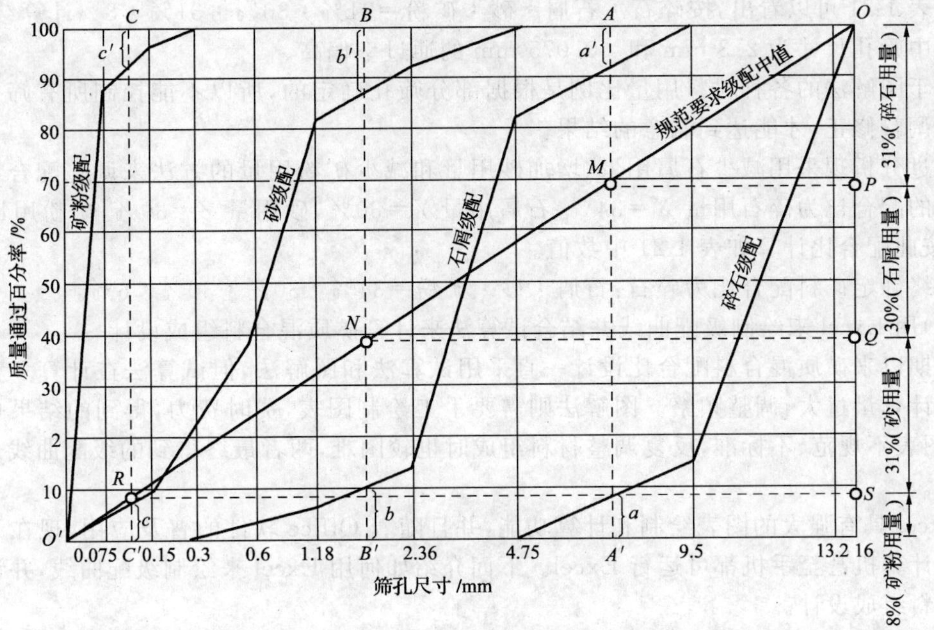

图 1-8　各组成材料和要求混合料级配

根据图解法求得各集料用量，列表进行校核计算，见表 1-21。

表 1-21　　矿质混合料要求级配范围和中值表

材料名称			通过下列筛孔尺寸(方孔筛)(mm)的质量分数/%									
			16.0	13.2	9.5	4.75	2.36	1.18	0.6	0.3	0.15	0.075
原材料级配	碎石	100%	100	93	17	0.0	0.0	0.0	0.0	0.0	0.0	0.0
	石屑	100%	100	100	100	84	14	8	4	0.0	0.0	0.0
	砂	100%	100	100	100	100	92	82	42	21	11	4
	矿粉	100%	100	100	100	100	100	100	100	100	96	87
各种矿粉在混合料中的级配	碎石	31%	31.0	28.8	5.3	0.0	0.0	0.0	0.0	0.0	0.0	0.0
		34%	34.0	31.6	5.8	0.0	0.0	0.0	0.0	0.0	0.0	0.0
	石屑	30%	30.0	30.0	30.0	25.2	4.2	2.4	1.2	0.0	0.0	0.0
		30%	30.0	30.0	30.0	25.2	4.2	2.4	1.2	0.0	0.0	0.0
	砂	31%	31.0	31.0	31.0	31.0	28.5	25.4	13.0	6.5	3.4	1.2
		30%	30.0	30.0	30.0	30.0	27.6	24.6	12.6	6.3	3.3	1.2
	矿粉	8%	8.0	8.0	8.0	8.0	8.0	8.0	8.0	8.0	7.9	7.0
		6%	6.0	6.0	6.0	6.0	6.0	6.0	6.0	6.0	5.8	5.2
合成级配			100	97.8	74.3	58.8	40.7	35.8	22.2	14.5	11.3	8.2
			100	97.6	71.8	61.2	37.8	33.0	19.8	12.3	9.1	6.4
密级配沥青混凝土 AC-13C			100	90～100	68～88	38～68	24～40	15～38	10～28	7～20	5～15	4～8

从表 1-21 可以看出，按碎石：石屑：砂：矿粉=31%：30%：31%：8%计算结果，合成级配中筛孔尺寸为 2.3 mm 和<0.075 mm 的通过率偏高。

由于图解法的各种材料用量比例是根据部分筛孔确定的，所以不能控制所有筛孔。通常需要调整修正，才能达到满意的结果。

通过分析现采用减少石屑用量、增加砂用量和减少矿粉用量的方法来调整配合比。经调整后的配合比为碎石用量 $X=34\%$，石屑用量 $Y=30\%$，砂用量 $Z=30\%$，矿粉用量 $W=6\%$。按此配合比计算如表 1-21 中数值。

最终确定矿料配合比为碎石：石屑：砂：矿粉=34%：30%：30%：6%。

(3)用 Excel 来绘制级配曲线并结合试算法来计算矿质混合料组成设计

长期以来矿质混合料配合比设计一直采用试算法和图解法，但试算法在计算多种矿料组成时计算量过大，调整频繁。图解法则需要手工绘制图表，费时费力，得到的结果也比较粗略，图表不规范、不标准，反复调整材料组成时也较困难，两者最终得到的级配曲线也很难形象化。

Excel 具有强大的图表绘制和计算功能，并且随着 Office 软件的普及应用，现在几乎每台电子计算机甚至手机都可运行 Excel。下面介绍如何用 Excel 来绘制级配曲线，并计算矿质混合料组成设计。

①坐标图的绘制：包括建立原始数据表格(图 1-9)和建立通用的坐标图。

	A	B	C	D	E	F	G	H	I	J	K
1	检测项目	筛孔尺寸/mm	质量通过百分率(%)								
2–3			26.5-16.0(mm)	16-9.5(mm)	9.5-4.75(mm)	4.75-0(mm)	矿粉	级配上限	级配下限	级配中值	检测结果
4	矿料级配试验	0	0	0	0	0	0	0	0	0	0
5		0.075	0.2	1.1	0.2	6.0	82.5	8	4	6.0	6.3
6		0.15	0.8	1.7	0.4	16.5	93.6	14	6	10.0	11.3
7		0.3	0.8	1.8	0.4	22.7	98.1	20	10	15.0	14.0
8		0.6	1.0	1.9	0.4	35.0	100.0	27	15	21.0	19.0
9		1.18	1.2	2.0	0.4	58.3	100.0	34	20	27.0	28.4
10		2.36	1.4	2.1	3.1	82.5	100.0	46	28	37.0	38.6
11		4.75	2.0	2.8	24.6	96.8	100.0	58	38	48.0	47.8
12		9.5	3.8	32.7	99.3	100.0	100.0	72	52	62.0	63.2
13		13.2	15.3	90.2	100.0	100.0	100.0	80	62	71.0	71.7
14		16	55.8	99.6	100.0	100.0	100.0	90	75	82.5	85.6
15		19	94.3	100.0	100.0	100.0	100.0	100	95	97.5	98.1
16		26.5	100.0	100.0	100.0	100.0	100.0	100	100	100.0	100.0
17	矿料组成(%)		32.5	8.0	15.0	40.0	4.5	矿料总百分数			100.0

图 1-9　建立原始数据表格

创建散点图：以图 1-10 中的 B20：B36 为 X 轴，图 1-9 中的 J4：J16 为 Y 轴，如图 1-10 所示。

修改散点图：在“图表选项>坐标轴”中取消“数值 X 轴”的选择，以达到隐藏 X 轴的效果。在图表的“数据源>系列”中添加一个系列作为人工 X 轴，X 值引用图 1-10 的 B20：B36，Y 值引用图 1-10 的 C20：C36，选择新加入的系列，设置“数据系列格式>误差线 Y”为“正偏差”，并修改“误差量>定值”为 100，这样就生成了人为定义的垂直网格线，再选择显示出的数据标志值，设置“数据标志格式>对齐>标志位置>下方”，在同一选项卡中再设置文本方向为 90 度，如图 1-11 所示。

在横坐标上对应的位置填写筛孔尺寸：依次选择每一个数据标志点，在公式栏中输入相应的筛孔尺寸，如图 1-12 所示。

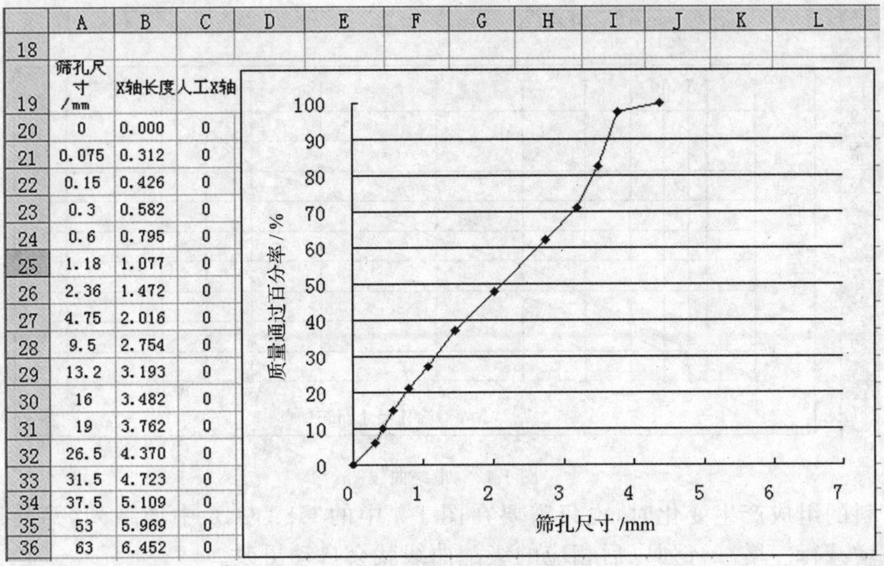

	A	B	C
18			
19	筛孔尺寸/mm	X轴长度	人工X轴
20	0	0.000	0
21	0.075	0.312	0
22	0.15	0.426	0
23	0.3	0.582	0
24	0.6	0.795	0
25	1.18	1.077	0
26	2.36	1.472	0
27	4.75	2.016	0
28	9.5	2.754	0
29	13.2	3.193	0
30	16	3.482	0
31	19	3.762	0
32	26.5	4.370	0
33	31.5	4.723	0
34	37.5	5.109	0
35	53	5.969	0
36	63	6.452	0

图 1-10　创建散点图

最后对图表进行外观修改和增减系列，形成符合标准规范的图表，如图 1-13 所示。

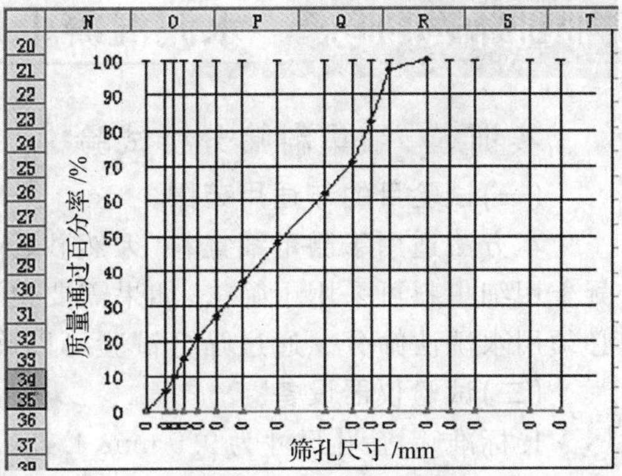

图 1-11　修改散点图

矿料组成百分比计算：采用 Excel 以后，结合试算法的基本原理，有一定经验的专业人员只需要输入一次经验数据后就可以获得一个基本的计算框架。即使没有经验的人员在输入一次数据后，也可以根据图表显示的曲线进行调整。

矿料的级配往往需要经过反复调整，更改图 1-9 中的 C17：G17 中相应的"矿料组成"，更改以后的级配曲线将直接显示在图表上，反复调整级配直至其级配曲线成"S"型曲线。当矿料的级配

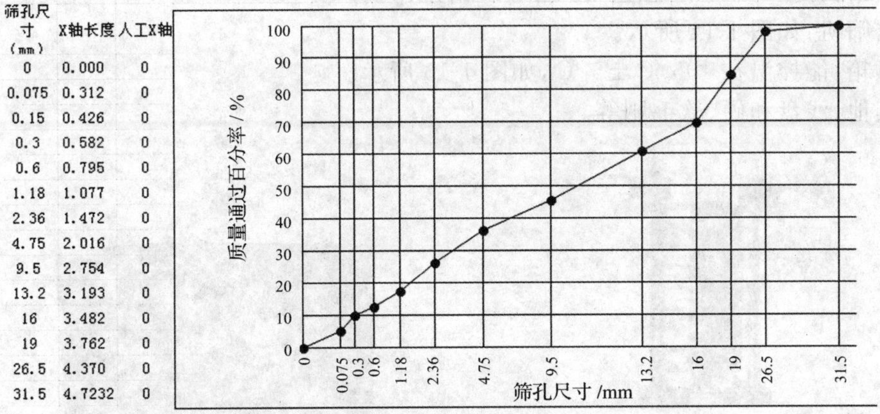

筛孔尺寸(mm)	X轴长度	人工X轴
0	0.000	0
0.075	0.312	0
0.15	0.426	0
0.3	0.582	0
0.6	0.795	0
1.18	1.077	0
2.36	1.472	0
4.75	2.016	0
9.5	2.754	0
13.2	3.193	0
16	3.482	0
19	3.762	0
26.5	4.370	0
31.5	4.7232	0

图 1-12　填写筛孔尺寸

曲线超出规范规定的级配范围后，再对图 1-9 中 K4：K16 的单元格数据设置条件格式，超出范围可以采用特殊的数据格式(红色、带删除线等)显示。

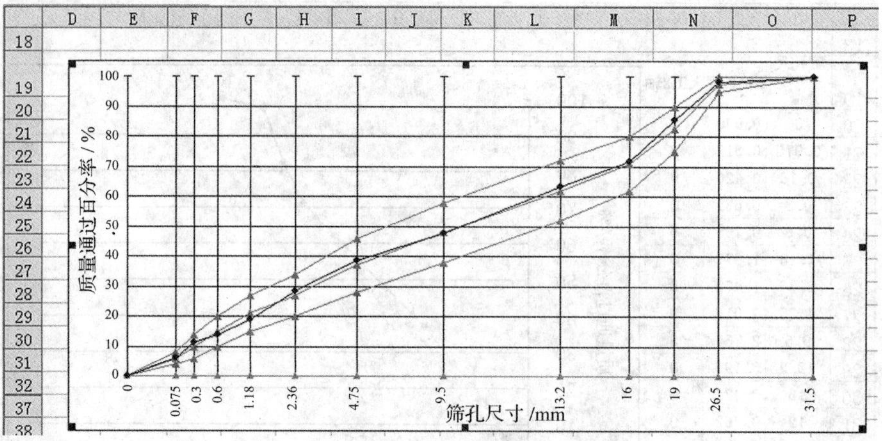

图 1-13　最终曲线图

当矿料的组成产生变化时，也只需要在图 1-9 中的 C4：G16 中增减列，筛孔尺寸变化时只需要增减行。增减行列以后相应的级配曲线就会自动更改。

职业活动训练　水泥混凝土用集料试验

实训 5　细集料筛分析试验

(一)试验目的与适用范围

本方法适用于测定细集料(天然砂、人工砂、石屑等)的颗粒级配及粗细程度。对水泥混凝土用细集料可采用干筛法，如果需要也可采用水洗法筛分；对沥青混合料及基层用细集料必须用水洗法筛分。通过筛分试验可以确定细集料的颗粒级配。

(二)试验仪器设备

1. 标准筛：筛孔尺寸为 9.5 mm、4.75 mm、2.36 mm、1.18 mm、0.6 mm、0.3 mm、0.15 mm、0.075 mm 的方孔筛。
2. 天平：称量 1 000 g，感量不大于 0.5 g。
3. 摇筛机：如图 1-14 所示。
4. 烘箱：能控温在 105 ℃±5 ℃，如图 1-15 所示。
5. 其他：浅盘和硬、软毛刷等。

图 1-14　摇筛机

图 1-15　烘箱

(三)试验操作方法和步骤

本实训的试验操作方法和步骤见表 1-22。

表 1-22 试验操作方法和步骤

序号	项目		内容及要求
1. 试验准备			
(1)	取样		根据样品中最大粒径的大小，选用适宜的标准筛。通常用 9.5 mm 筛（水泥混凝土用天然砂）或 4.75 mm 筛（沥青路面及基层用天然砂、石屑、机制砂等）筛除其中的超粒径材料，然后将样品在潮湿状态下充分拌匀，用分料器法或四分法缩分至每份不少于 550 g 的试样两份
(2)	烘干、冷却		在 105 ℃±5 ℃的烘箱中烘干至恒重，冷却至室温后备用
(3)	准备仪具		将天平归零，标准筛由大到小组装好
2. 试验步骤			
(1)	干筛法	称样	称取烘干试样约 500 g，精确至 0.5 g，记录为 m_1
(2)		摇筛	将试样置于套筛的最上面一只，摇 10 min
(3)		分别筛	从大到小的筛号逐个手筛，直到每分钟的筛出量不超过筛上剩余量的 0.1%时为止，将筛出通过的颗粒并入下一号筛，和下一号筛中的试样一起过筛，以此顺序进行至各号筛全部筛完为止
(4)		称量	称量各筛筛余质量，精确至 0.5 g，记录在相应筛孔尺寸所对应的存留量一栏。所有各筛的分计筛余量和底盘中剩余量的总量与筛分前的试样总量相差不得超过后者的 1%
(1)	水洗法	称样	称取烘干试样约 500 g，精确至 0.5 g，记录为 m_1
(2)		洗料	将试样置一洁净容器中，加入足够数量的洁净水，将集料全部淹没。用搅棒充分搅动集料，将集料表面洗涤干净，使细粉悬浮在水中，但不得有集料从水中溅出。用 1.18 mm 筛及 0.075 mm 筛组成套筛，仔细将容器中混有细粉的悬浮液缓缓倒出，经过套筛流入另一容器中，但不得将集料倒出。不断重复，直至倒出的水洁净，即粒径小于 0.075 mm 的颗粒全部倒出
(3)		烘干	将容器中的集料倒入搪瓷盘中，用少量水冲洗，使容器上黏附的集料颗粒全部进入搪瓷盘中，将筛子反扣过来，用少量的水将筛上集料冲入搪瓷盘中。操作过程中不得有集料散失。将搪瓷盘连同集料一起置于 105 ℃±5 ℃烘箱中烘干至恒重，称取干燥集料试样的总质量为 m_2，精确至总质量的 0.1%。m_1 与 m_2 之差即为通过 0.075 mm 筛的部分
(4)		摇筛	将试样置于套筛的最上面一只，摇 10 min（但不需 0.075 mm 筛，将已经洗去小于 0.075 mm 部分的干燥集料置于套筛上，通常为 4.75 mm 筛）
(5)		分别筛	从大到小的筛号逐个手筛，直到每分钟的筛出量不超过筛上剩余量的 0.1%时为止
(6)		称量	称量各筛筛余质量，记录在相应筛孔尺寸所对应的存留量一栏。所有各筛的分计筛余量和底盘中剩余量的总量与筛分前的试样总量相差不得超过后者的 1%
3. 试验结果整理			
(1)	计算分计筛余百分率		各号筛的分计筛余百分率为各号筛上的筛余量除以试样总量 m_1 的百分率，精确至 0.1%
(2)	计算累计筛余百分率		各号筛的累计筛余百分率为该号筛及大于该号筛的各号筛的分计筛余百分率之和，精确至 0.1%
(3)	计算质量通过百分率		各号筛的质量通过百分率等于 100 减去该号筛的累计筛余百分率，精确至 0.1%
(4)	绘制级配曲线		根据质量通过百分率，绘制级配曲线

（续表）

序　号	项　目	内容及要求
(5)	计算天然砂的细度模数，精确至0.01	$M_x=\frac{A_{0.15}+A_{0.3}+A_{0.6}+A_{1.18}+A_{2.36}-5A_{4.75}}{100-A_{4.75}}$ 式中　M_x——天然砂的细度模数； $A_{0.15},\cdots,A_{4.75}$——分别为0.15 mm、0.3 mm、…、4.75 mm各筛上的累计筛余百分率(%)
精密度和允许差		两次平行试验所得的细度模数之差应不大于0.2，以两次结果的算术平均值作为测定值，否则应重做

(四)注意事项

1.试验前试样总量和各存留量均应精确至0.5 g。

2.采用水洗法时，不可直接将集料倒至0.075 mm筛上，以免集料掉出，损坏筛面。

3.无摇筛机时，可直接用手筛。

4.试样如为特细砂时，试样质量可减少到100 g。

5.两次平行试验所得的细度模数之差应不大于0.2。

6.如试样含泥量超过5%，不宜采用干筛法。

(五)试验记录

试验记录及结果整理填入相应的实训报告中。

实训6　细集料表观密度试验(容量瓶法)

(一)试验目的与适用范围

本方法为水泥混凝土组成设计提供原始数据。

用容量瓶法测定细集料(天然砂、石屑、人工砂等)在23 ℃时对水的表观相对密度和表观密度。本方法适用于含有少量粒径大于2.36 mm部分的细集料。

图1-16　容量瓶

(二)试验仪器设备

1.天平：称量1 kg，感量不大于1 g。

2.容量瓶：容积为500 mL，如图1-16所示。

3.烘箱：能控温在105 ℃±5 ℃。

4.烧杯：容积为500 mL。

5.洁净水。

6.其他：干燥器、浅盘、铝制料勺、温度计等。

(三)试验操作方法和步骤

本实训的试验操作方法和步骤见表1-23。

表1-23　试验操作方法和步骤

序　号	项　目	内容及要求
1.试验准备		
(1)	缩分	将试样缩分至650 g左右
(2)	烘干	在105 ℃±5 ℃的烘箱中烘干至恒重
(3)	冷却	在干燥器内冷却至室温

（续表）

序　号	项　目	内容及要求
（4）	备用	分成两份备用
2.试验步骤		
（1）	称取试样	称取烘干的试样约 300 g，记录为 m_0
（2）	装试样、排气	将试样装入盛有半瓶洁净水的容量瓶中，摇转容量瓶，使试样在已保温至 23 ℃±1.7 ℃的水中充分搅动以排除气泡
（3）	静置并称试样、水和容量瓶总质量 m_2	塞紧瓶塞，在恒温条件下静置约 24 h，然后用滴管添水，使水面与瓶颈刻度线平齐，再塞紧瓶塞，擦干容量瓶外水分，称其总质量 m_2
（4）	称水、容量瓶的总质量 m_1	倒出容量瓶中的水和试样，将容量瓶洗净，再向容量瓶内注入同等温度的洁净水（温差不超过 2 ℃）至瓶颈刻度线，塞紧瓶塞，擦干容量瓶外水分，称其总质量 m_1
3.试验结果整理		
（1）	计算表观相对密度	细集料的表观相对密度按下式计算，精确至小数点后 3 位： $\gamma_a=\frac{m_0}{m_0+m_1-m_2}$ 式中　γ_a——细集料的表观相对密度，无量纲； m_0——试样的烘干质量(g)； m_1——水及容量瓶总质量(g)； m_2——试样、水及容量瓶总质量(g)
（2）	计算表观密度	表观密度按下式计算，精确至小数点后 3 位： $\rho_a=\gamma_a \cdot \rho_T$ 或 $\rho_a=(\gamma_a-\alpha_T)\rho_w$ 式中　ρ_a——细集料的表观密度(g/cm^3)； ρ_w——水在 4 ℃时的密度(g/cm^3)； α_T——试验时水温对水密度影响的修正系数，按表 1-24 取用； ρ_T——试验温度 T 时水的密度(g/cm^3)，按表 1-24 取用
精密度和允许差		表观密度以两次平行试验结果的算术平均值作为测定值，若两次结果之差大于 0.01 g/cm^3 时，应重新取样进行试验

（四）注意事项

1.要用四分法取样，缩分后的试样应具有代表性。

2.向容量瓶中装入试样时，要防止试样损失。装入试样后，排气要充分。

3.两次加水要至瓶颈的同一刻度线，应当以凹液面为准。

4.试验时水的温度应控制在 15～25 ℃范围内。试验的各项称量也应在 15～25 ℃范围内进行。

表 1-24　　不同水温时水的密度 ρ_T 及水温修正系数 α_T

水温/℃	15	16	17	18	19	20
水的密度 $\rho_T/(g \cdot cm^{-3})$	0.999 13	0.998 97	0.998 80	0.998 62	0.998 43	0.998 22
水温修正系数 α_T	0.002	0.003	0.003	0.004	0.004	0.005
水温/℃	21	22	23	24	25	
水的密度 $\rho_T/(g \cdot cm^{-3})$	0.998 02	0.997 79	0.997 56	0.997 33	0.997 02	
水温修正系数 α_T	0.005	0.006	0.006	0.007	0.007	

(五)试验记录

试验记录及结果整理填入相应的实训报告中。

实训 7　细集料堆积密度及紧装密度试验

(一)试验的目的与适用范围

测定砂在自然状态下的堆积密度、紧装密度,以了解细集料的密实程度,为计算空隙率提供必要的数据。

(二)试验仪器设备

1. 台秤:称量 5 kg,感量 5 g。

2. 容量筒:金属制,圆筒形,内径 108 mm,净高 109 mm,筒壁厚 2 mm,筒底厚 5 mm,容积为 1 L。

3. 标准漏斗:如图 1-17 所示。

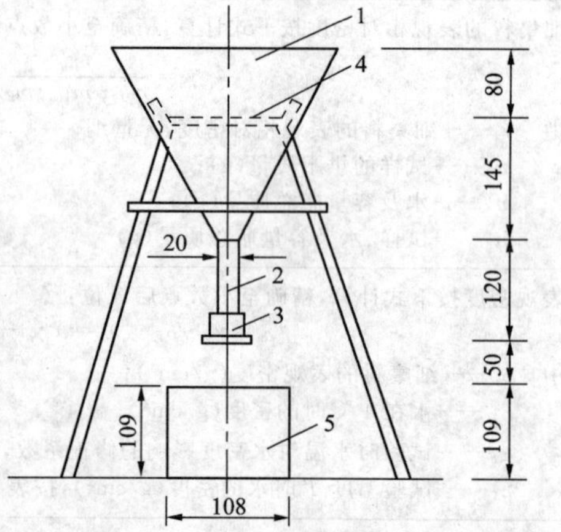

图 1-17　标准漏斗尺寸(单位:mm)

1—漏斗;2—20 mm 管子;3—活动门;4—筛;5—金属量筒

4. 烘箱:能控温在 105 ℃±5 ℃。

5. 其他:小勺、直尺、浅盘等。

(三)试验操作方法和步骤

本实训试验操作方法和步骤见表 1-25。

表 1-25　试验操作方法和步骤

序　号	项　目		内容及要求
1. 试验准备			
(1)	准备试样	取样	用浅盘装试样约 5 kg
(2)		烘干	在 105 ℃±5 ℃的烘箱中烘干至恒重
(3)		冷却	在干燥器内冷却至室温
(4)		备用	分成两份备用

（续表）

序　号	项　目		内容及要求
(1)	容量筒容积的校正	用水装满容量筒	以 20 ℃±5 ℃的洁净水装满容量筒
(2)		称量玻璃板和容量筒质量	用玻璃板沿容量筒口滑移，使其紧贴水面，玻璃板与水面之间不得有空隙，称量玻璃板和容量瓶质量 m_3
(3)		称量水、玻璃板和容量筒质量	擦干容量筒外壁水分，然后称量水、玻璃板和容量筒质量 m_4
(4)		计算容量筒的容积	计算容量筒的容积为 $V=\frac{m_4-m_3}{\rho_w}$ 式中　V——容量筒的容积(mL)； m_3——容量筒和玻璃板总质量(g)； m_4——容量筒、玻璃板和水总质量(g)

2. 试验步骤

(1)	堆积密度试验	称容量筒质量	称容量筒的质量 m_0
(2)		装试样、刮平	将试样装入漏斗中，打开底部的活动门，将砂装入容量筒中。试样装满并超出容量筒筒口后，用直尺将多余的试样沿容量筒口中心线向两个相反方向刮平
(3)		称容量筒和试样的总质量	称容量筒和试样的总质量 m_1
(1)	紧装密度试验	装第一层试样并颠实	取试样 1 份，分两层装入容量筒。装完一层后，在容量筒底垫放一根直径为 10 mm 的钢筋，将容量筒按住，左右交替颠击地面各 25 下。左右颠击 1 回算 1 下
(2)		装第二层试样并颠实	第二层装满后用同样方法颠实(容量筒底所垫钢筋的方向应与第一层放置方向垂直)
(3)		称容量筒和试样的总质量	两层装完并颠实后，若所填试样超出筒口，用直尺将多余的试样沿筒口中心线向两个相反方向刮平，称其质量 m_2

3. 试验结果整理

(1)	计算堆积密度	堆积密度按下式计算，精确至小数点后 3 位： $\rho=\frac{m_1-m_0}{V}$ 式中　ρ——砂的堆积密度(g/cm³)； m_0——容量筒的质量(g)； m_1——容量筒和堆积砂的总质量(g)； V——容量筒的容积(mL)
(2)	计算紧装密度	紧装密度按下式计算，精确至小数点后 3 位： $\rho=\frac{m_2-m_0}{V}$ 式中　ρ——砂的紧装密度(g/cm³)； m_2——容量筒和紧装砂的总质量(g)
(3)	计算空隙率	砂的空隙率按下式计算，精确至 0.1%： $n=\left(1-\frac{\rho}{\rho_a}\right)\times 100\%$ 式中　n——砂的空隙率(%)； ρ——砂的堆积或紧装密度(g/cm³)； ρ_a——砂的表观密度(g/cm³)
精密度和允许差		以两次试验结果的算术平均值作为测定值

（四）注意事项

1. 试样烘干后如有结块，应在试验前捏碎。

2. 测定细集料堆积密度时，从装料起到称量前，不允许碰动容量筒，以免影响试样的质量。

（五）试验记录

试验记录及结果整理填入相应的实训报告中。

实训8 细集料含泥量试验

（一）试验目的与适用范围

本方法通过含泥量的测定，可掌握测定细集料含泥量的方法，为混凝土配合比设计提供数据。

本方法仅用于测定天然砂中粒径小于0.075 mm的尘屑、淤泥和黏土的含量，不适用于人工砂、石屑等矿粉成分较多的细集料。

（二）试验仪器设备

1. 天平：称量1 kg，感量不大于1 g。

2. 烘箱：能控温在105 ℃±5 ℃。

3. 标准筛：孔径为0.075 mm及1.18 mm的方孔筛。

（三）试验操作方法和步骤

本实训的试验操作方法和步骤见表1-26。

表1-26 试验操作方法和步骤

序号	项目	内容及要求
1. 试验准备		
(1)	烘料	用四分法缩分至每份约1 000 g的样品，置于温度为105 ℃±5 ℃的烘箱中烘干至恒重
(2)	称样	称取约400 g冷却后的试样两份，称取质量为m_0
2. 试验步骤		
(1)	浸泡	取试样倒入容器中，加水，水面高出砂面约200 mm，拌匀，浸泡24 h
(2)	淘洗	用手淘洗，缓缓地将浑浊液倒入孔径为1.18 mm和0.075 mm的套筛上，滤去小于0.075 mm的颗粒，反复洗、过筛，直至水清为止
(3)	洗净细粒	用水冲洗筛上的细粒，并将0.075 mm筛放在水中来回摇动
(4)	烘干、冷却，称重	将容器中和两筛上颗粒一并倒入浅盘，放于烘箱中烘干、冷却，称其质量m_1
3. 试验结果整理		
(1)	计算砂的含泥量	$Q_n=\frac{m_0-m_1}{m_0}\times 100\%$ 式中 Q_n——砂的含泥量(%)； m_0——试验前烘干的试样质量(g)； m_1——试验后烘干的试样质量(g)
精密度和允许差		当两次平行试验结果的差值不超过0.5%时，取算术平均值作为测定值，否则应重做

（四）注意事项

1. 试验前筛子的两面应先用水湿润，在整个试验过程中应注意避免砂粒丢失。

2. 不得直接将试样放在0.075 mm筛上用水冲洗，或者将试样放在0.075 mm筛上后在水中淘洗，以免误将粒径小于0.075 mm的砂当做泥冲走。

(五)试验记录

试验记录及结果整理填入相应的实训报告中。

实训9 粗集料筛分析试验

(一)试验目的与适用范围

测定粗集料(碎石、卵石、矿渣等)的颗粒组成,对水泥混凝土用粗集料可采用干筛法筛分。

本方法也适用于同时含有粗集料、细集料、矿粉的集料混合料筛分试验,如未筛碎石、卵石、级配碎石、天然砂砾、级配砂砾、无机结合料稳定基层材料、沥青拌和楼的冷料混合料、热料仓材料、沥青混合料经溶剂抽提后的矿料等。

(二)试验仪器设备

1.标准筛。

2.天平或台秤:感量不大于试样质量的0.1%。

3.其他:盘子、铲子、毛刷等。

(三)试验操作方法和步骤

本实训试验操作方法和步骤见表1-27。

表1-27 试验操作方法和步骤

序号	项目	内容及要求
1.试验准备		
(1)	取样,风干	将样品拌匀,用分料器或四分法缩分,风干后备用
(2)	除颗粒	除去超出粒径部分颗粒
(3)	准备仪具	将天平调平,标准筛由大到小组装好
2.试验步骤		
(1)	称样	按表1-28称量干燥集料试样的质量 m_0
(2)	筛分	用搪瓷盘作筛分容器,按筛孔大小排列顺序逐个将集料过筛。当采用摇筛机筛分时,应在摇筛机筛分后再逐个由人工补筛,直至各号筛全部筛完为止。应确认1 min内通过筛孔的质量确实小于筛上残余量的0.1%
(3)	分两次筛	如果某个筛上的集料过多,影响筛分作业时,可以分两次筛分
(4)	称量并校核	称取每个筛上的筛余量,精确至总质量的0.1%。各筛分计筛余量及筛底存量的总和与筛分前试样的干燥总质量 m_0 相比,相差不得超过 m_0 的0.5%
3.试验结果整理		
(1)	计算损耗和损耗率	计算各筛分计筛余量及筛底存量的总和与筛分前试样的干燥总质量 m_0 之差,作为筛分时的损耗,并计算损耗率,若损耗率大于0.3%,应重新进行试验。 $$m_5=m_0-(\sum m_i+m_{底})$$ 式中 m_5——由于筛分造成的损耗(g); m_0——用于干筛的干燥集料总质量(g); m_i——各号筛上的分计筛余量(g); i——依次为0.075 mm、0.15 mm……至集料最大粒径的排序; $m_{底}$——筛底(0.075 mm以下部分)集料总质量(g)
(2)	计算分计筛余百分率	干筛后各号筛上的分计筛余百分率按下式计算,精确至0.1%: $$P'_i=\frac{m_i}{m_0-m_5}\times 100\%$$ 式中 P'_i——各号筛上的分计筛余百分率(%); m_5、m_0、m_i、i——意义同前

（续表）

序　号	项　目	内容及要求
(3)	计算累计筛余百分率	累计筛余百分率为该号筛以上各号筛的分计筛余百分率之和
(4)	计算质量通过百分率	各号筛的质量通过百分率 P_i 等于 100 减去该号筛累计筛余百分率，精确至 0.1%
(5)	计算 0.075 mm 筛的通过百分率	由筛底存量除以扣除损耗后的干燥集料总质量计算 0.075 mm 筛的通过百分率
精密度和允许差		试验结果以两次试验的平均值表示，精确至 0.1%。当两次试验结果 $P_{0.075\ mm}$ 的差值超过 1%时，试验应重新进行

表 1-28　　筛分用的试样质量

公称最大粒径/mm	75	63	37.5	31.5	26.5	19	16	9.5	4.75
试样质量(≥)/kg	10.0	8.0	5.0	4.0	2.5	2.0	1.0	1.0	0.5

（四）注意事项

1. 试验前应检查各号筛是否按从大到小的顺序排列。筛分过程中应防止试样损失。

2. 当筛余颗粒的粒径大于 19 mm 时，筛分过程中允许用手指轻轻拨动颗粒，但不得逐粒塞过筛孔。

（五）试验记录

试验记录及结果整理填入相应的实训报告中。

实训 10　粗集料表观密度及吸水率试验

（一）试验目的与适用范围

本方法为水泥混凝土组成设计提供原始数据。适用于测定各种粗集料的表观相对密度和表观密度。

（二）试验仪器设备

1. 天平或浸水天平：可悬挂吊篮测定粗集料的水中质量，称量时应满足试样数量称量要求，感量不大于最大称量的 0.05%，如图 1-18 所示。

2. 吊篮（网篮）：耐锈蚀材料制成，直径和高度约为 150 mm，四周及底部用筛孔为 1～2 mm 的或具有密集孔眼的筛网编制，如图 1-19 所示。

图 1-18　浸水天平

图 1-19　吊篮

3. 溢流水槽：在称量水中质量时能保持水面高度一定。

4. 烘箱：能控温在 105 ℃±5 ℃。

5. 温度计。

6. 标准筛。

7. 盛水容器(如搪瓷盘)。

8. 其他:刷子、毛巾等。

(三)试验操作方法和步骤

本实训试验操作方法和步骤见表 1-29。

表 1-29　　试验操作方法和步骤

序　号	项　目	内容及要求
1. 试验准备		
(1)	过筛,取样	试样过 4.75 mm 或 2.36 mm 筛,用四分法或分料器法缩分取样,分两份备用
(2)	称量	称量试样的质量,应符合表 1-30 规定
(3)	洗净	浸泡试样,搅动,洗净每一份试样
2. 试验步骤		
(1)	试样浸水	将试样浸水 24 h,水面至少应高出试样 20 mm。搅动,使附着在粗集料上的气泡完全逸出
(2)	天平调零	将吊篮挂在天平的吊钩上,水面高度至水槽的溢流孔为止,将天平调零
(3)	调节水温	调节水温在 15~25 ℃范围内
(4)	称粗集料表干质量和水中质量	称粗集料表干质量 m_f,将试样移入吊篮中,称粗集料的水中质量 m_w
(5)	烘干	将粗集料置于浅盘中烘干,冷却
(6)	称量	称取粗集料的烘干质量 m_a
3. 试验结果整理		
(1)	计算粗集料的表观相对密度 γ_a、表干相对密度 γ_s 和毛体积相对密度 γ_b	粗集料的表观相对密度、表干相对密度和毛体积相对密度按下式计算,精确至小数点后 3 位: $\gamma_a=\frac{m_a}{m_a-m_w},\gamma_s=\frac{m_f}{m_f-m_w},\gamma_b=\frac{m_a}{m_f-m_w}$ 式中　γ_a——粗集料的表观相对密度,无量纲; γ_s——粗集料的表干相对密度,无量纲; γ_b——粗集料的毛体积相对密度,无量纲; m_a——粗集料的烘干质量(g); m_f——粗集料的表干质量(g); m_w——粗集料的水中质量(g)
(2)	计算粗集料的表观密度 ρ_a、表干密度 ρ_s 和毛体积密度 ρ_b	按下式计算,精确至小数点后 3 位: $\rho_a=\gamma_a\cdot\rho_T$ 或 $\rho_a=(\gamma_a-\alpha_T)\rho_w$ $\rho_s=\gamma_s\cdot\rho_T$ 或 $\rho_s=(\gamma_s-\alpha_T)\rho_w$ $\rho_b=\gamma_b\cdot\rho_T$ 或 $\rho_b=(\gamma_b-\alpha_T)\rho_w$ 式中　ρ_a——粗集料的表观密度(g/cm^3); ρ_s——粗集料的表干密度(g/cm^3); ρ_b——粗集料的毛体积密度(g/cm^3); ρ_T——试验温度 T 时水的密度(g/cm^3),按表 1-24 取用; α_T——试验温度 T 时的水温修正系数,按表 1-24 取用; ρ_w——水在 4 ℃时的密度(1.000 g/cm^3)
(3)	吸水率	$\omega_x=\frac{m_f-m_a}{m_a}\times100\%$,精确至 0.01%
重复试验的精密度		对表观相对密度、表干相对密度、毛体积相对密度,两次结果相差不得超过 0.02,吸水率不得超过 0.2%

(四)注意事项

1. 要用四分法取样，每次试验应满足一份试样最小质量的要求，见表 1-30。

表 1-30　　测定密度所需要的试样最小质量

公称最大粒径/mm	4.75	9.5	16	19	26.5	31.5	37.5	63	75
每一份试样的最小质量/kg	0.8	1.0	1.0	1.0	1.5	1.5	2.0	2.0	3.0

2. 试样的各项称量应在 15～25 ℃范围内进行。

(五)试验记录

试验记录及结果整理填入相应的实训报告中。

实训 11　水泥混凝土用粗集料针片状颗粒含量试验(规准仪法)

(一)试验目的与适用范围

通过粗集料针片状颗粒含量的测定，掌握如何评价集料的形状及其在工程中的适用性，为路面配合比设计提供原始数据。

本方法适用于测定水泥混凝土使用的粒级为 4.75 mm 以上的粗集料的针状及片状颗粒含量，以%计。

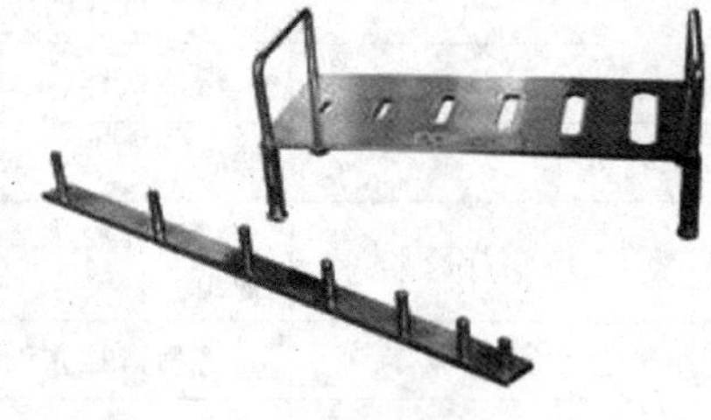

图 1-20　规准仪

(二)试验仪器设备

1. 水泥混凝土集料针状规准仪和片状规准仪(图 1-20)，片状规准仪的钢板基板厚度为 3 mm。水泥混凝土集料针片状颗粒试验的粒级划分及其相应的规准仪孔宽或间距见表 1-31。

表 1-31　　水泥混凝土集料针片状颗粒试验的粒级划分及其相应的规准仪孔宽或间距表

粒级(方孔筛)/mm	4.75～9.5	9.5～16	16～19	19～26.5	26.5～31.5	31.5～37.5
针状规准仪上相对应的立柱之间的间距宽/mm	17.1	30.6	42.0	54.6	69.6	82.8
片状规准仪上相对应的孔宽/mm	2.8	5.1	7.0	9.1	11.6	13.8

2. 天平或台秤：感量不大于称量值的 0.1%。

3. 标准筛：孔径分别为 4.75 mm、9.5 mm、16 mm、19 mm、26.5 mm、31.5 mm、37.5 mm的方孔筛，试验时根据需要选用。

(三)试验操作方法和步骤

本实训试验操作方法和步骤见表 1-32。

表 1-32　　试验操作方法和步骤

序　号	项　目	内容及要求
1. 试验准备		
(1)	风干试样	将试样风干
(2)	缩分试样	用四分法或分料器法缩分
(3)	取试样	按表 1-33 中的质量称取试样的总质量 m_0

（续表）

序　号	项　目	内容及要求
2. 试验步骤		
(1)	挑选针状颗粒	先目测挑选，再用规准仪逐粒鉴定，挑出颗粒长度大于针状规准仪上相应间距而不能通过者，为针状颗粒
(2)	挑选片状颗粒	将通过针状规准仪挑出厚度小于片状规准仪上相应孔宽能通过者，为片状颗粒
(3)	称量	称量所有针状颗粒和片状颗粒的质量 m_1
3. 试验结果整理		
计算针片状颗粒含量		$$Q_c=\frac{m_1}{m_0}\times 100\%$$ 式中　Q_c——针片状颗粒含量(%)； m_1——针片状颗粒的质量(g)； m_0——试验用的集料总质量(g)

表 1-33　　针片状颗粒试验所需的试样最小质量表

公称最大粒径/mm	9.5	16	19	26.5	31.5	37.5
试样的最小质量/kg	0.3	1.0	2.0	3.0	5.0	10.0

（四）试验记录

试验记录及结果整理填入相应的实训报告中。

实训 12　粗集料压碎值试验

（一）试验目的与适用范围

通过本试验的测定，掌握集料在逐渐增加的荷载下抵抗压碎的能力，压碎值是衡量集料力学性质的指标，以评定其在公路工程中的适用性。

本方法适用于测定各种集料的压碎值。

（二）试验仪器设备

1. 集料压碎值试验仪：由两端开口的钢制圆形试筒、压柱和底板组成，如图 1-21 所示。

图 1-21　集料压碎值试验仪

2. 金属棒：直径 10 mm，一端加工成半球形。

3. 天平：称量 2～3 kg，感量不大于 1 g。

4. 标准筛：孔径为 13.2 mm、9.5 mm、2.36 mm 的方孔筛各一个。

5. 压力机：500 kN，应能在 10 min 内达到 400 kN，如图 1-22 所示。

6. 金属筒：圆柱形，内径 112.0 mm，高 179.4 mm，容积 1 767 cm^3。

图 1-22　压力机

(三)试验操作方法和步骤

本实训试验操作方法和步骤见表 1-34。

表 1-34　试验操作方法和步骤

序　号	项　目	内容及要求
1. 试验准备		
(1)	取试样	采用风干集料过筛,取 9.5～13.2 mm 的试样 3 组各 3 000 g,供试验用
(2)	确定试样质量	将试样分 3 次装入金属筒试模中,每次捣实 25 次,最后将表面整平。称取金属筒中试样质量 m_0,以相同质量的试样进行压碎值的平行试验
2. 试验步骤		
(1)	安放试筒	将试筒安放在底板上
(2)	装筒	将要求质量的试样分 3 次装入试筒中,每次捣实 25 次,最后将表面整平
(3)	放试筒于压力机上	将装有试样的试筒放到压力机上,同时加压头
(4)	加压	开动压力机,约至 10 min 达到总荷载 400 kN,稳压 5 s,然后卸载
(5)	取出试样	将试筒从压力机上取下,取出试样
(6)	过筛	用 2.36 mm 标准筛筛分
(7)	称通过量	称取通过 2.36 mm 筛孔的全部细料质量 m_1,精确至 1 g
3. 试验结果整理		
(1)	计算压碎值	计算粗集料压碎值 Q',精确至 0.1%。 $$Q'=\frac{m_0}{m_1}\times 100\%$$ 式中　Q'——粗集料压碎值(%); m_0——试验前试样质量(g); m_1——试验后通过 2.36 mm 筛孔的细料质量(g)
(2)	结果表示	压碎值以 3 次平行试验结果的算术平均值为测定值

(四)注意事项

1. 如试样过于潮湿需加热烘干时,烘箱温度不得超过 100 ℃,烘干时间不超过 4 h。试验前，集料应冷却至室温。

2. 注意使压头摆平，勿楔挤试模侧壁。

3. 压力机加压时，一定要均匀。

4. 用 2.36 mm 标准筛筛分时，需筛到在 1 min 内无明显的筛出物为止。

5. 压碎值的平行试验要以相同质量的试样进行。

(五)试验记录

试验记录及结果整理填入相应的实训报告中。

三、普通混凝土

基础知识

(一)普通混凝土

普通混凝土(简称为混凝土)是以水泥和水组成的水泥浆体为黏结介质，将分散其间的不同粒径的粗集料、细集料胶结起来，在一定条件下硬化成为具有一定力学性能的一种人工石材。在现代混凝土中，为了调节和改善混凝土性能，还加入外加剂和掺合料。

普通混凝土具有许多优点，如抗压强度高、耐久性好、原材料来源广泛、价格低廉和易于成型等。因此，普通混凝土已成为道桥工程的主要建筑材料。但普通混凝土也存在着抗拉强度低、受拉时变形能力小、容易受温度湿度变化影响而开裂和自重大等缺点。

普通混凝土是以通用水泥为胶结材料，以普通砂石为集料，并以水为原材料，经搅拌成型养护而得到的复合材料。其中，水泥和水组成的水泥浆在混凝土凝结硬化前起润滑和填充作用，在混凝土凝结硬化后起胶结作用，将集料牢固地黏结成整体；粗集料主要起骨架作用；细集料起骨架和填充作用。

1. 普通混凝土的分类

普通混凝土可按其干密度、强度等级和稠度等进行分类。

(1)按干密度分类

①普通混凝土：指采用天然砂石为集料配制的混凝土，是道桥工程最常用的混凝土，干密度为 2 000～2 800 kg/m^3。

②轻混凝土：为了减轻结构自重采用各种轻集料配制的混凝土，干密度小于 2 000 kg/m^3。

③重混凝土：为了屏蔽各种射线的辐射采用各种高密度集料配制的混凝土，干密度大于 2 800 kg/m^3。

(2)按强度等级分类

①低强度混凝土：强度等级小于 C30 的混凝土。

②中强度混凝土：强度等级在 C30～C60 范围内的混凝土。

③高强度混凝土：强度等级大于 C60 的混凝土。

(3)按稠度分类

①干硬性混凝土：拌合物坍落度小于 10 mm，且须用维勃时间(s)表示其稠度的混凝土。

②塑性混凝土：拌合物坍落度为 10～90 mm 的混凝土。

③流动性混凝土：拌合物坍落度为 100～150 mm 的混凝土。

④大流动性混凝土：拌合物坍落度不小于160 mm的混凝土。

此外，可根据工程的特殊要求，配制各种特种混凝土，如大体积混凝土、路面混凝土、防水混凝土、高性能混凝土、抗冻混凝土和抗掺混凝土等。

2. 普通混凝土的组成材料

普通混凝土的技术性能主要由原材料的性质及其相对含量决定。要得到优质的普通混凝土，首先要根据《公路桥涵施工技术规范》(JTG/T F50—2011)正确选用原材料。

(1)水泥

①水泥品种的选择：配制混凝土一般可采用硅酸盐水泥、普通硅酸盐水泥、矿渣硅酸盐水泥、火山灰质硅酸盐水泥、粉煤灰硅酸盐水泥和复合硅酸盐水泥，有特殊需要时可采用快硬水泥、抗硫酸盐水泥和低热水泥等。选用水泥时，应注意使其特性不会对混凝土结构的强度、耐久性和工作性能产生不利影响。当混凝土中采用碱活性集料时，宜选用含碱量不大于0.6%的低碱水泥。

采用何种水泥，应根据混凝土工程的特点、环境条件、施工条件和气候等因素，参照表1-35选用。

表1-35　常用水泥品种的选用参考表

项次	混凝土结构环境条件或特殊要求	优先使用	可以使用	不得使用
1	地面以上不接触水流的普通环境	硅酸盐水泥 普通硅酸盐水泥	矿渣硅酸盐水泥 火山灰质硅酸盐水泥 粉煤灰硅酸盐水泥	
2	干燥环境	硅酸盐水泥 普通硅酸盐水泥	矿渣硅酸盐水泥	火山灰质硅酸盐水泥 粉煤灰硅酸盐水泥
3	受水流冲刷或冰冻	硅酸盐水泥 普通硅酸盐水泥	矿渣硅酸盐水泥	火山灰质硅酸盐水泥 粉煤灰硅酸盐水泥
4	处于河床最低冲刷线以下	矿渣硅酸盐水泥 火山灰质硅酸盐水泥 粉煤灰硅酸盐水泥	硅酸盐水泥 普通硅酸盐水泥	
5	严寒地区露天或寒冷地区水位升降范围内	硅酸盐水泥 普通硅酸盐水泥	矿渣硅酸盐水泥 (强度等级>32.5)	火山灰质硅酸盐水泥 粉煤灰硅酸盐水泥
6	严寒地区水位升降范围内	硅酸盐水泥 普通硅酸盐水泥 (强度等级>42.5)		矿渣硅酸盐水泥 火山灰质硅酸盐水泥 粉煤灰硅酸盐水泥
7	厚大体积结构施工时要求水化热低	矿渣硅酸盐水泥 粉煤灰硅酸盐水泥	普通硅酸盐水泥 火山灰质硅酸盐水泥	硅酸盐水泥 快硬水泥
8	要求快速脱模	硅酸盐水泥 快硬水泥	普通硅酸盐水泥	
9	低温环境施工要求早强	硅酸盐水泥 快硬水泥	普通硅酸盐水泥	
10	蒸汽养护	矿渣硅酸盐水泥 火山灰质硅酸盐水泥 粉煤灰硅酸盐水泥	硅酸盐水泥 普通硅酸盐水泥	

（续表）

项　次	混凝土结构环境条件或特殊要求	优先使用	可以使用	不得使用
11	要求抗渗	普通硅酸盐水泥 火山灰质硅酸盐水泥 粉煤灰硅酸盐水泥	硅酸盐水泥	矿渣硅酸盐水泥
12	要求耐磨	硅酸盐水泥 普通硅酸盐水泥	矿渣硅酸盐水泥 （强度等级≥42.5） 快硬水泥	火山灰质硅酸盐水泥 粉煤灰硅酸盐水泥
13	接触侵蚀性环境	根据侵蚀介质种类、浓度等具体条件，按有关规定或通过试验选用		

②水泥强度等级的选择：选用水泥强度等级应与要求配制的混凝土强度等级相适应。如选用的水泥强度等级过高，会使混凝土中水泥用量偏小，影响混凝土的工作性和耐久性；如选用的水泥强度等级过低，则会使混凝土中水泥用量太多，不经济，而且还会降低混凝土的某些技术品质，如收缩率增大等。配制中、低强度等级的混凝土时，水泥强度等级为混凝土强度等级的1.1～1.6倍；配制高强度混凝土时，水泥强度等级为混凝土强度等级的0.7～1.2倍。但是，随着混凝土要求的强度等级不断提高，现代高强混凝土并不受此比例的约束。

(2)细集料

混凝土用细集料一般应采用粒径小于4.75 mm的级配良好、质地坚硬、颗粒洁净的河砂，也可使用其他天然砂或人工砂；不宜采用海砂，不得不采用时，应经冲洗处理。

细集料按技术要求分为Ⅰ类、Ⅱ类和Ⅲ类三种。Ⅰ类宜用于强度等级大于C60的混凝土；Ⅱ类宜用于强度等级为C30～C60及抗冻、抗渗或其他要求的混凝土；Ⅲ类宜用于强度等级小于C30的混凝土或建筑砂浆。

普通混凝土用砂的主要技术性质如下：

①细集料的颗粒级配和细度模数：优质的普通混凝土用细集料具有较小的空隙率并且比表面积也不大，以达到所配制的混凝土有适宜的工作性和硬化后混凝土有较高强度和耐久性，同时又节约水泥的目的。

水泥混凝土用细集料的级配应符合表1-36中任何一个级配区所规定的级配范围，级配范围曲线如图1-23所示。

表1-36　　细集料的分区及颗粒级配范围

筛孔尺寸/mm		级配区		
		Ⅰ区	Ⅱ区	Ⅲ区
		累计筛余百分率/%		
4.75		10～0	10～0	10～0
2.36		35～5	25～0	15～0
1.18		65～35	50～10	25～0
0.6		85～71	70～41	40～16
0.3		95～80	92～70	85～55
0.15	天然砂	100～90	100～90	100～90
	人工砂	100～85	100～80	100～75

注：细集料的实际颗粒级配与表中所列数字相比，除4.75 mm和0.6 mm筛孔外，其余各筛孔可以略有超出，但其超出总量不得大于5%。

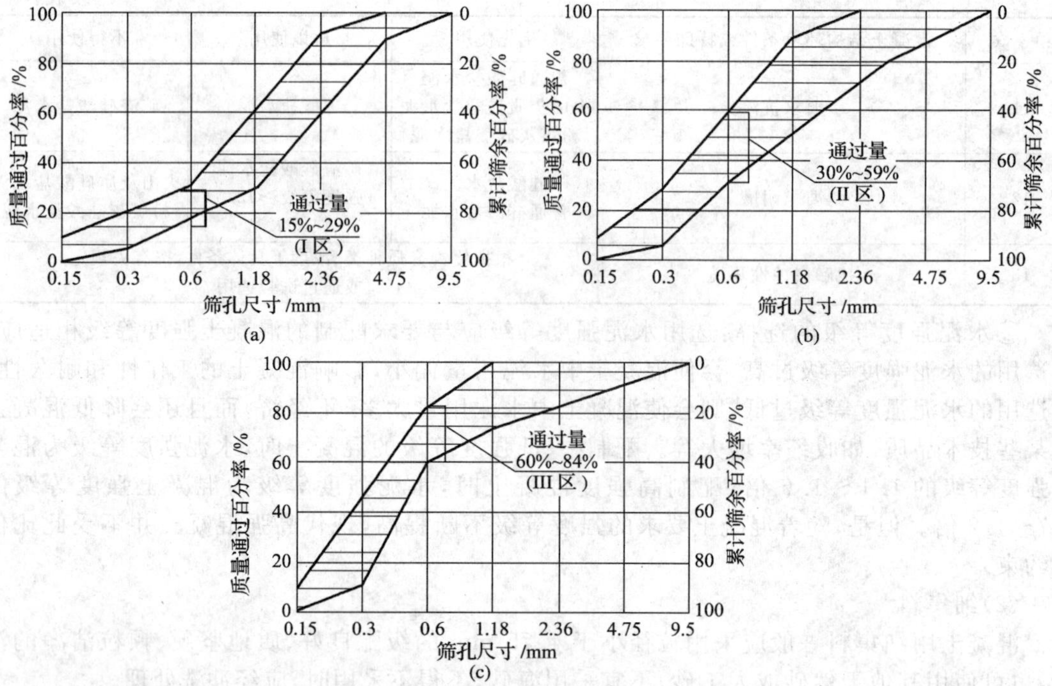

图 1-23　水泥混凝土用天然砂级配范围曲线

混凝土用砂按细度模数可分为粗砂(3.1～3.7 mm)、中砂(2.3～3.0 mm)和细砂(1.6～2.2 mm)。细度模数主要反映全部颗粒的粗细程度,但不完全反映颗粒的级配情况,因此混凝土配制时应同时考虑砂的细度模数和级配情况。

②细集料的含泥量、泥块含量和石粉含量:混凝土用细集料的含泥量是天然砂中粒径小于 0.075 mm 的尘屑、淤泥和黏土的颗粒含量;泥块含量是细集料中原粒径大于 1.18 mm,经水浸洗、手捏后粒径小于 0.6 mm 的颗粒含量;石粉含量是人工砂中粒径小于 0.075 mm 的颗粒含量。

这些细微颗粒或者在集料表面形成包裹层,妨碍集料与水泥石的黏附,或者以松散的颗粒存在,大大地增加了集料的表面积,因而增加了混凝土的需水量,特别是黏土颗粒,其体积不稳定,干燥时收缩,潮湿时膨胀,对混凝土有很大的破坏作用。细集料的含泥量、泥块含量和石粉含量应符合表 1-37 的要求。

表 1-37　　细集料的含泥量、泥块含量和石粉含量

品　种	项　目			指　标		
				Ⅰ类	Ⅱ类	Ⅲ类
天然砂	含泥量(按质量计)/%			≤2.0	≤3.0	≤5.0
	泥块含量(按质量计)/%			≤0.5	≤1.0	≤2.0
人工砂	亚甲蓝试验	MB 值<1.4 或合格	石粉含量(按质量计)/%	≤5.0	≤7.0	≤10.0
			泥块含量(按质量计)/%	≤0.5	≤1.0	≤2.0
		MB 值≥1.4 或不合格	石粉含量(按质量计)/%	≤2.0	≤3.0	≤5.0
			泥块含量(按质量计)/%	≤0.5	≤1.0	≤2.0

注:天然砂包括河砂、湖砂、山砂、淡化海砂,人工砂包括机制砂和混合砂。

③细集料的有害物质含量:细集料中不应混有草根、树叶、树枝、塑料、煤块和炉渣等杂物。集料中含有妨碍水泥水化或能降低集料与水泥石的黏附,以及能与水泥水化产物产生不良化学反应的各种物质称为有害物质。细集料中常含的有害物质主要有云母、轻物质、有机质、硫化物、硫酸盐和氯化物,其含量应符合表1-38的要求。

表1-38　细集料的有害物质含量

项　目	Ⅰ　类	Ⅱ　类	Ⅲ　类
云母含量(按质量计)/%	≤1.0	≤2.0	≤2.0
轻质物含量(按质量计)/%	≤1.0	≤1.0	≤1.0
有机物含量(比色法)	合格	合格	合格
硫化物及硫酸盐含量(按质量计)/%	≤1.0	≤1.0	≤1.0
氧化物(以氯离子)含量(按质量计)/%	<0.01	<0.02	<0.06

④细集料的坚固性:天然砂的坚固性采用5次硫酸钠溶液法进行试验,人工砂采用压碎指标法进行试验,细集料的坚固性应符合表1-39的规定。

表1-39　细集料的坚固性指标

项　目	指　标		
	Ⅰ类	Ⅱ类	Ⅲ类
天然砂(5次硫酸钠试验后质量损失)/%	≤8	≤8	≤8
人工砂(单级最大压碎指标)/%	<20	<25	<30

⑤细集料的表观密度、松散堆积密度和空隙率:细集料的表观密度、松散堆积密度和空隙率应符合如下规定:表观密度大于2 500 kg/m^3;松散堆积密度大于1 350 kg/m^3;空隙率小于47%。

⑥细集料的碱-集料反应:经碱集料反应试验后,由细集料制备的试件无裂缝、酥裂、胶体外溢等现象,在规定的试验龄期膨胀率应小于0.10%。必须采用时应采取抑制碱-集料反应的技术措施。

(3)粗集料

粗集料宜采用质地坚硬、洁净、级配合理、粒形良好、吸水率小的碎石和卵石。碎石是天然岩石或卵石经机械破碎、筛分制成的,且粒径大于4.75 mm的岩石颗粒,表面粗糙且带有棱角,与水泥石黏结比较牢固。卵石是由自然风化、水流搬运和分选、堆积形成的,且粒径大于4.75 mm的岩石颗粒,表面圆润光滑,与水泥石黏结比较差,但混凝土拌合物的工作性较好。

碎石和卵石按技术要求分为Ⅰ类、Ⅱ类和Ⅲ类三种。Ⅰ类宜用于强度等级大于C60的混凝土,Ⅱ类宜用于强度等级为C30～C60及抗冻、抗渗或其他要求的混凝土,Ⅲ类宜用于强度等级小于C30的混凝土。

普通混凝土用粗集料的主要技术要求如下:

①强度和坚固性

强度:为保证普通混凝土的强度,要求粗集料必须具备足够的强度。碎石和卵石的强度可用岩石立方体抗压强度和压碎值指标检验。岩石的抗压强度与混凝土强度等级之比不应小于1.5;对C80及以上的超高强度等级而言,岩石的抗压强度与混凝土强度等级之比可采用1.2；岩石立方体抗压强度为火成岩大于80 MPa、变质岩大于60 MPa、水成岩大于30 MPa。

岩石立方体抗压强度首先应由生产单位提供，工程中可用压碎值指标进行质量控制，具体要求见表1-40。

表1-40　碎石或卵石的压碎值、坚固性、针片状颗粒含量、含泥量和泥块含量

项　目	指　标		
	Ⅰ类	Ⅱ类	Ⅲ类
碎石压碎值（按质量计）/%	<10.0	<20.0	<30.0
卵石压碎值（按质量计）/%	<12.0	<16.0	<16.0
5次硫酸钠循环试验后质量损失/%	<5.0	<8.0	<12.0
针片状颗粒含量（按质量计）/%	<5.0	<15.0	<25.0
含泥量（按质量计）/%	<0.5	<1.0	<1.5
泥块含量（按质量计）/%	0.0	<0.5	<0.7

坚固性：碎石或卵石的坚固性是指集料在气候、环境变化或其他物理因素作用下，抵抗碎裂的能力。为保证混凝土的耐久性，用作混凝土的集料应具有足够的坚固性，以抵抗冻融和自然因素的风化作用。混凝土用粗集料坚固性采用5次硫酸钠溶液法进行检验，其质量损失应符合表1-40规定。

②表面特征及形状

碎石表面粗糙且棱角多，与水泥石黏结比较牢固。卵石表面圆润光滑，与水泥石黏结比较差，但混凝土拌合物的工作性较好。粗集料的颗粒形状以正立方体为佳，不宜含有过多的针片状颗粒，否则，使集料空隙率增加，混凝土拌合物的工作性变差，混凝土强度降低。

针状颗粒是指颗粒长度大于该颗粒所属相应粒级平均粒径2.4倍的颗粒，片状颗粒是指颗粒厚度小于该颗粒所属相应粒级平均粒径0.4倍的颗粒。混凝土用粗集料的针片状颗粒含量应符合表1-40规定。

③含泥量和泥块含量

含泥量是碎石或卵石中粒径小于0.075 mm的尘屑、淤泥和黏土颗粒含量；泥块含量是碎石或卵石中原粒径大于4.75 mm，经水浸洗、手捏后粒径小于2.36 mm的颗粒含量。碎石或卵石的含泥量和泥块含量应符合表1-40规定。

④最大粒径及颗粒级配

最大粒径：随着新拌混凝土最大粒径的增加，集料比表面积相应减小，混凝土单位用水量相应减少，则可提高混凝土的强度和耐久性。通常在结构截面允许的条件下，尽量增大最大粒径可以节约水泥，但受到工程结构及施工条件限制，规范规定：混凝土用粗集料的最大粒径不宜超过结构截面最小边尺寸的1/4，且不得超过钢筋最小净距的3/4；在两层或多层密布钢筋结构中，最大粒径不宜超过钢筋最小净距的1/2，同时不得超过75.0 mm；对混凝土实心板，集料的最大粒径不宜超过板厚的1/3，且不得超过37.5 mm；泵送混凝土除应符合前述规定外，对碎石不宜超过输送管径的1/3，对卵石不宜超过输送管径的2/5。

颗粒级配：普通混凝土用粗集料应具有良好的颗粒级配，以减小空隙率，从而达到所配制的混凝土有适宜的工作性和硬化后较高的强度和耐久性，同时又节约水泥的目的。

粗集料的颗粒级配宜根据最大粒径采用连续两级级配或连续多级级配。在特殊情况下，通过试验证明混凝土无离析现象时，也可采用单粒级或间断级配。粗集料的级配范围应符合表 1-41 的要求。

表 1-41　　碎石和卵石的颗粒级配

级配情况	公称粒级/mm	筛孔尺寸(方孔筛)/mm									
		2.36	4.75	9.5	16	19	26.5	31.5	37.5	63	75
		累计筛余百分率/%									
连续粒径	5～10	95～100	80～100	0～15	0	—	—	—	—	—	—
	5～16	95～100	85～100	30～60	0～10	0	—	—	—	—	—
	5～20	95～100	90～100	40～80	—	0～10	0	—	—	—	—
	5～25	95～100	90～100	—	30～70	—	0～5	0	—	—	—
	5～31.5	95～100	90～100	70～90	—	15～45	—	0～5	—	—	0
	5～40	—	95～100	70～90	—	30～65	—	—	0～5	—	—
单粒粒径	10～20	—	95～100	85～100	—	0～15	0	—	—	—	—
	16～31.5	—	95～100	—	85～100	—	—	0～10	—	—	0
	20～40	—	—	95～100	—	80～100	—	—	0～10	—	—
	31.5～63	—	—	—	95～100	—	—	75～100	45～75	0～10	0
	40～80	—	—	—	—	95～100	—	—	70～100	30～60	0～10

⑤有害物质

粗集料不应混有草根、树叶、树枝、塑料、煤块和炉渣等杂物。粗集料有害物质含量的规定见表 1-42。

表 1-42　　粗集料有害物质含量

项　目	指　标		
	Ⅰ类	Ⅱ类	Ⅲ类
有机质含量(比色法)	合格	合格	合格
硫化物及硫酸盐(含 SO_3)含量(按质量计)/%	<0.5	<1.0	<1.0

⑥表观密度、松散堆积密度和空隙率

碎石和卵石的表观密度、松散堆积密度和空隙率应符合如下规定：表观密度大于 2 500 kg/m^3；松散堆积密度大于 1 350 kg/m^3；空隙率小于 47%。

⑦碱-集料反应

经碱-集料反应试验后，由碎石和卵石制备的试件无裂缝、酥裂、胶体外溢等现象，在规定的试验龄期膨胀率应小于 0.10%。必须采用时应采取抑制碱-集料反应的技术措施。

(4)混凝土拌和用水

混凝土拌和用水水源可分为饮用水、地表水、地下水、海水和经处理后的工业废水。所有饮用水都可以用来拌制混凝土，使用时可不经检验。在拌制混凝土用水中不应含有影响水泥正常凝结与硬化的有害杂质或油脂、糖类及游离酸类等。地表水或地下水在首次使用时，必须进行检验，合格后才能使用。海水只允许用来拌制素混凝土，不得用于拌制钢筋混凝土和预应力混凝土。对混凝土拌和用水的要求见表 1-43。

表 1-43　混凝土拌和用水质量要求

项　目		素混凝土	钢筋混凝土	预应力混凝土
pH	不小于	4.5	4.5	5.0
不溶物/($mg \cdot L^{-1}$)	不大于	5 000	2 000	2 000
可溶物/($mg \cdot L^{-1}$)	不大于	10 000	5 000	2 000
氯化物(以 Cl^- 计)/($mg \cdot L^{-1}$)	不大于	3 500	1 000	500
硫酸盐(以 SO_4^{2-} 计)/($mg \cdot L^{-1}$)	不大于	2 700	2 000	600
碱含量($Na_2O+0.658K_2O$)/($rag \cdot L^{-1}$)	不大于	1 500	1 500	1 500

注:对使用钢丝或热处理钢筋的预应力混凝土中氯化物含量不超过 350 mg/L。

(5)混凝土外加剂

混凝土的外加剂是在拌制混凝土过程中掺入,用以改善混凝土性能的材料。掺入量不大于水泥质量的 5%(特殊情况除外)。外加剂与水泥、矿物掺合料之间应具有良好的相容性。

①外加剂类型:混凝土外加剂品种繁多,通常每种外加剂具有一种或多种功能,其主要功能分类见表 1-44。

表 1-44　外加剂分类

外加剂功能	外加剂类型
改善混凝土拌合物流变性能	减水剂、引气剂、泵送剂、保水剂等
调节混凝土凝结时间、硬化速度	缓凝剂、早强剂、速凝剂等
调节混凝土含气量	引气剂、加气剂、泡沫剂、消泡剂等
改善混凝土耐久性	引气剂、阻锈剂、防水剂、抗渗剂等
为混凝土提供特殊性能	膨胀剂、防冻剂、着色剂、碱-集料反应抑制剂等

②外加剂名称、主要功能及组成材料:外加剂名称、主要功能及组成材料见表 1-45。

表 1-45　外加剂名称、主要功能及组成材料

名　称	主要功能	组成材料
普通减水剂	在混凝土工作性及强度不变的条件下,可节省水泥 5%～10%; 在保证混凝土工作性及水泥用量不变的条件下,可减少用水量约 10%,混凝土强度提高约 10%; 在保持混凝土用水量及水泥用量不变的条件下,可增大混凝土流动性	木质磺酸盐类(木钙、木镁、木钠); 腐殖酸类; 烤胶类
高效减水剂	在保证混凝土工作性及水泥用量不变的条件下,减少用水量约 15%,混凝土强度提高约 20%; 在保持混凝土用水量及水泥用量不变的条件下,可大幅度提高混凝土拌合物流动性; 可节省水泥 10%～20%	多环芳香族磺酸盐类(萘系磺化物与甲醛缩合的盐类); 水溶性树脂磺酸盐类(磺化三聚氰胺树脂、磺化古玛隆树脂)

（续表）

名　称	主要功能	组成材料
引气剂及引气减水剂	提高混凝土耐久性和抗渗性； 提高混凝土拌合物工作性，减少混凝土泌水离析； 引气减水剂还有减水剂的功能	松香树脂类（松香热聚物、松香皂）； 烷基苯磺酸盐类（烷基苯磺酸盐）； 脂肪醇磺酸盐类（脂肪醇聚氧乙烯醚、脂肪醇聚氧乙烯磺酸钠）
早强剂及早强减水剂	提高混凝土的早期强度； 缩短混凝土的蒸养时间； 早强减水剂还有减水剂功能	氯盐类（氯化钙、氯化钠）； 硫酸盐类（硫酸钠、硫代硫酸钠）； 有机胺类（三乙醇胺、三异丙醇胺）
缓凝剂及缓凝减水剂	延缓混凝土的凝结时间； 降低水泥初期水化热； 缓凝减水剂还有减水剂的功能	糖类（糖钙）； 木质素磺酸盐类（木钙、木钠、木镁）； 羟基羧酸及其盐类（柠檬酸、酒石酸钾钠）； 无机盐类（锌盐、硼酸盐、磷酸盐）
膨胀剂	使混凝土体积在水化、硬化过程中产生一定膨胀，减少混凝土干缩裂缝，提高抗裂性和抗渗性能	硫铝酸钙类（明矾石、CSA 膨胀剂）； 氧化钙类（石灰膨胀剂）； 氧化镁类（氧化镁）； 金属类（铁屑）； 复合类（氧化钙、硫铝酸剂）

③各种混凝土工程对外加剂的选择：各种混凝土工程对外加剂的选择见表 1-46。

表 1-46　　各种混凝土工程对外加剂的选择

序　号	工程项目	选用目的	选用剂型
1	自然条件下的混凝土工程和构件	改善工作性，提高早期强度，节约水泥	各种减水剂、常用木质素类
2	太阳直射下施工	缓凝	缓凝减水剂、常用糖蜜类
3	大体积混凝土	减少水化热处理	缓凝剂、缓凝减水剂
4	冬季施工	早强、防寒、抗冻	早强减水剂、早强剂、抗冻剂
5	流态混凝土	提高流动度	非引气减水剂、常用 FDN、UNF
6	泵送混凝土	减少坍落度损失	泵送剂、引气剂、缓凝减水剂、常用 FDNP、UNF-5
7	高强混凝土	C60 以上混凝土	高效减水剂、非引气减水剂、密实剂
8	灌浆、补强、填缝	防止混凝土收缩	膨胀剂
9	蒸养混凝土	缩短蒸养时间	非引气高效减水剂、早强减水剂
10	预制构件	缩短生产周期，提高模具周转率	高效减水剂、早强减水剂
11	滑模工程	夏季宜缓凝	普通减水剂木质素类或糖蜜类
		冬季宜早强	高效减水剂或早强减水剂
12	大模板工程	提高工作性，一天强度能拆模	高效减水剂或早强减水剂
13	钢筋密集构造物	提高工作性，利于浇注	普通减水剂、高效减水剂
14	耐冻融混凝土	提高耐久性	引气高效减水剂
15	灌注桩基础	改善工作性	普通减水剂、高效减水剂
16	商品混凝土	节约水泥，保证运输后的工作性	普通减水剂、缓凝减水剂

④外加剂限制使用规定：有些外加剂含氯、硫及其他杂质，对混凝土的耐久性有影响，应限制使用，其限制规定见表1-47。

表1-47　　外加剂限制使用规定

外加剂名称	不得使用的混凝土工程
氯盐、含氯盐的早强剂、含氯盐的早强减水剂	在高湿度空气环境中使用的结构(排出大量蒸汽的)； 处于水位升降部位的结构； 露天结构或经常受水淋的结构； 有镀锌钢材或铝铁相接触部位的结构，以及有外露钢筋预埋件而无防护措施的结构； 与含有酸、碱或硫酸盐等侵蚀性介质相接触的结构； 使用过程中经常处于环境温度为60 ℃以上的结构； 使用冷拉钢筋、冷扎或冷拔钢丝的结构； 薄壁结构； 预应力混凝土结构； 蒸养混凝土构件
硫酸盐及其复合剂	有活性集料的混凝土； 有镀锌钢材或铝铁相接触部位的结构； 有外露钢筋预埋件而无防护措施的结构

⑤减水剂：减水剂是在混凝土坍落度基本相同的情况下，能减少混凝土拌和用水的外加剂。目前减水剂主要有木质素系、萘磺酸盐系、树脂系、糖蜜系和腐殖酸等几类。

减水剂的作用机理：减水剂是在不改变混凝土工作性能的条件下，具有减水和增强作用的外加剂。大多数减水剂是一种表面活性剂，其分子由亲水基团和憎水基团组成。在水泥浆中，亲水基团吸附水分子，而憎水基团指向水泥颗粒表面，形成吸附水膜层，降低了水与水泥颗粒之间的界面张力，并使水泥颗粒表面均带相同的电荷，在静电斥力作用下，使水泥颗粒分散开来，从而使絮凝结构中的水被释放出来，如图1-24所示。

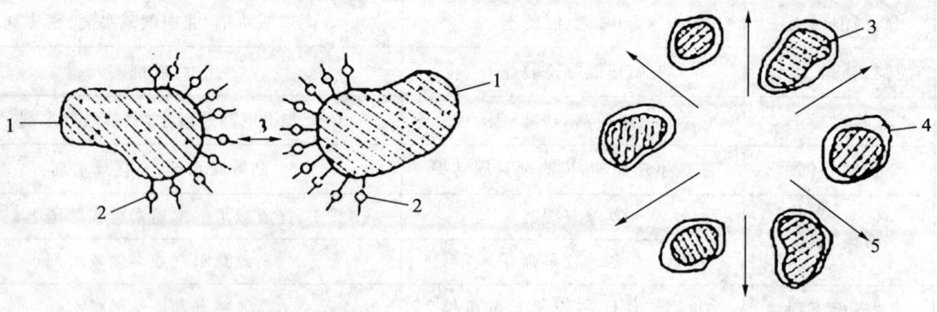

(a) 减水剂定向排列产生电性斥力　　(b) 絮凝结构中的游离水释放

图1-24　减水剂对水泥颗粒的分散作用

1—水泥颗粒；2—减水剂；3—电性斥力；4—溶剂化水膜；5—游离水释放出

减水剂的经济效果：在保持混凝土用水量和水泥用量不变的条件下，减水剂可增大混凝土的流变性，且不影响混凝土的强度；

在保持混凝土工作性和水泥用量不变的条件下，减水剂可以减少用水量，提高混凝土强度，同时也提高了耐久性；

在保持混凝土工作性和强度不变的条件下，减水剂可节约水泥用量。

⑥引气剂：把掺入混凝土中经搅拌能引入大量分布均匀的微小（孔径 0.01～2 mm）而稳定的气泡，并能改善混凝土拌合物工作性和抗冻性等的外加剂，称为引气剂。掺入引气剂的混凝土，其含气量宜为 3.5％～5.5％。

对于新拌混凝土，由于气泡的存在，可改善工作性、减少泌水和离析。

对于硬化后的混凝土，由于气泡彼此隔离，切断毛细孔通道，使水分不易渗入且缓冲水分结冰膨胀的作用，因而提高混凝土的抗冻性、抗渗性和抗蚀性。

由于气泡的存在，混凝土强度有些降低。

⑦早强剂：能提高混凝土早期强度，并对后期强度无明显影响的外加剂，称为早强剂。早强剂对水泥中的硅酸三钙和硅酸二钙等矿物成分的水化有催化作用，能加速水泥的水化和硬化，具有早强作用。常用的早强剂有氯化系早强剂、硫酸盐系早强剂和三乙醇胺系早强剂。

混凝土中掺入早强剂，可缩短混凝土的凝结时间，提高早期强度，常用于混凝土的快速低温施工。但掺加了氯化钙、氯化钠等氯盐早强剂，会加速钢筋的锈蚀，为此，在钢筋混凝土和预应力混凝土中，均不得掺用氯化钙、氯化钠等氯盐。

（6）掺合料

混凝土中需要掺用粉煤灰、磨细矿渣、硅灰等掺合料时，其掺入量应在使用前通过试验确定。掺合料的技术要求分别见表 1-48～表 1-50。

表 1-48　　拌制混凝土和砂浆用粉煤灰的技术要求

名称		粉煤灰等级质量指标		
		Ⅰ	Ⅱ	Ⅲ
细度（45 μm 方孔筛筛余百分率）/％		≤12.0	≤25.0	≤45.0
烧失量/％		≤5.0	≤8.0	≤15.0
需水量比/％		≤95	≤105	≤115
含水率/％		≤1.0		
游离氧化钙/％	F类粉煤灰	≤1.0		
	C类粉煤灰	≤4.0		
SO_3/％		≤3.0		
安定性（雷氏夹沸煮后增加距离）（C类粉煤灰）/mm		≤5.0		

注：F类粉煤灰是指由无烟煤或烟煤煅烧收集的粉煤灰；C类粉煤灰是指由褐煤或次烟煤煅烧收集的粉煤灰。

表 1-49　　　　磨细矿渣技术要求

名　称		级　别		
		S105	S95	S75
密度/(g·cm^{-3})		≥2.8		
比表面积/(m^2·kg^{-1})		≥500	≥400	≥300
活性指数/%	7 d	≥95	≥75	≥55
	28 d	≥105	≥95	≥75
流动度比/%		≥95		
含水率/%		≤1.0		
SO_3/%		≤4.0		
氯离子/%		≤0.06		
烧失量/%		≤3.0		
玻璃体含量/%		≥85		
放射性		合格		

表 1-50　　　　硅灰技术要求

名　称		质量指标
比表面积(BET 氮吸附法)/(m^2·kg^{-1})		≥15 000
烧失量/%		≤6
含水率/%		≤3
氯离子/%		≤0.02
Si_2O/%		≥85
混合砂浆性能	需水量比/%	≤125
	28 d 活性指数/%	≥85

3.普通混凝土的技术性能

普通混凝土在尚未凝结硬化之前,称为混凝土拌合物或混凝土拌合物。普通混凝土的主要技术性能包括混凝土拌合物的工作性,硬化后混凝土的力学性质、变形和耐久性。

(1)混凝土拌合物的工作性(和易性)

新拌混凝土具有良好的工艺性质,称之为工作性或和易性。

①混凝土拌合物工作性的定义:混凝土拌合物的工作性是指混凝土拌合物易于施工操作(拌和、运输、浇注和振捣)并获得质量均匀密实的性能。实际上,混凝土拌合物的工作性是一项综合技术性能,包括流动性、可塑性、稳定性和易密性。优质的混凝土拌合物应该具有在自重或机械振捣作用下能产生流动,并均匀密实地填满模板的流动性;不为外力作用产生脆断的可塑性;不产生分层、泌水的稳定性和易于浇捣密致的密实性。

②混凝土拌合物工作性的测定方法:目前国际上还没有一种能够全面表征混凝土拌合物工作性的测定方法,通常是测定混凝土拌合物的流动性,并辅以其他方法或直观经验综合评定混凝土拌合物的工作性。按我国行业标准《公路工程水泥及水泥混凝土试验规程》

(JTG E30—2005)规定，混凝土拌合物的稠度试验方法主要有坍落度仪法和维勃仪法两种。

坍落度仪法：坍落度仪法适应于集料公称最大粒径不大于 31.5 mm，坍落度大于 10 mm 的混凝土拌合物稠度测定。方法是将混凝土拌合物按规定方法分三层装入坍落度筒内，每层装入高度稍大于筒高的 1/3，用捣棒在每一层的截面上均匀插捣 25 次，装满刮平后，立即垂直地提起坍落度筒，此时，混凝土拌合物在自重作用下的下沉量(mm)即为坍落度，如图 1-25 所示。当混凝土拌合物的坍落度大于 220 mm 时，应测定坍落度扩展度。在坍落度试验的同时，还必须用目测方法评定混凝土拌合物的棍度、含砂情况、黏聚性和保水性等性质。

维勃仪法：维勃仪法是适应于集料公称最大粒径不大于 31.5 mm，维勃时间为 5～30 s 的干稠性混凝土拌合物稠度测定。方法是将坍落度筒放在直径为 240 mm、高为 200 mm 的圆筒中，圆筒安装在专用的振动台上，按坍落度仪法将混凝土拌合物装入坍落度筒内，小心垂直地提起坍落度筒，并在混凝土拌合物顶上置一透明圆盘。开动振动台并记录时间，从开始振动至透明圆盘底面被水泥浆布满的瞬间，所经历的时间(s)即为混凝土拌合物稠度的维勃时间，如图 1-26 所示。

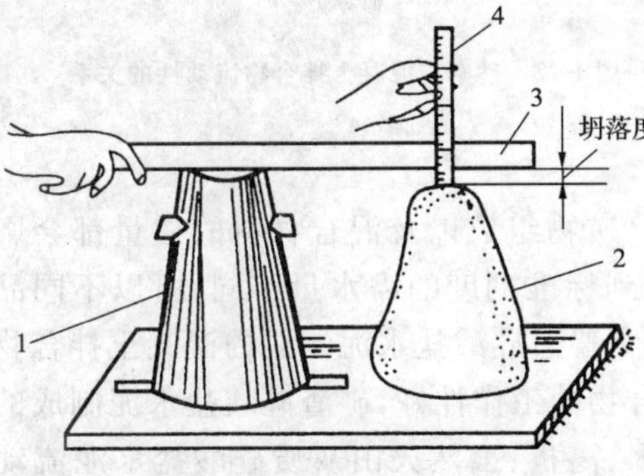

图 1-25　混凝土坍落度测定

1—坍落度筒；2—拌合物试体；3—木尺；4—钢尺

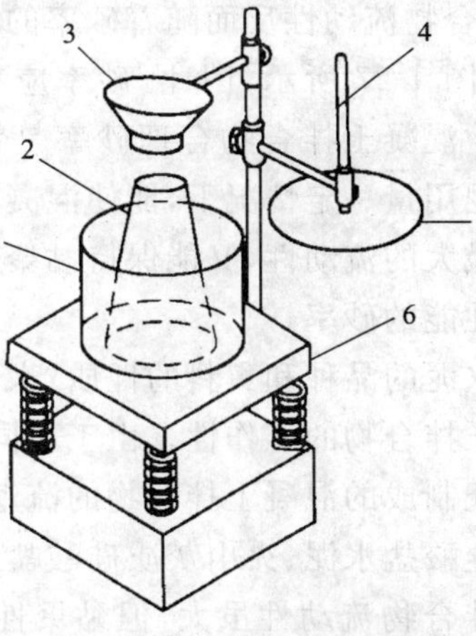

图 1-26　混凝土维勃稠度仪

1—容器；2—坍落度筒；3—漏斗；4—滑杆；5—透明圆盘；6—振动台

③影响工作性的主要因素

影响混凝土拌合物工作性的主要因素有内因与外因，内因是组成材料的质量及其用量，外因是环境条件(温度、湿度和风速)与搅拌时间等。

水泥浆的数量和集浆比：正常情况下混凝土拌合物中的水泥浆除了充满集料空隙外，应包裹在集料表面并略有富余，使拌合物有一定的流动性；在水灰比保持不变的条件下，水泥浆数量越多，拌合物的流动性越大。但水泥浆的数量过多，即集浆比小，会造成流浆现象，不仅浪费水泥，而且会影响混凝土的强度和耐久性；若水泥浆数量过少，不足以填满集料的空隙和包裹集料表面，则拌合物黏聚性变差，甚至会产生崩坍现象。在满足混凝土拌合物工作性、强度和耐久性要求前提下，尽量采用大集浆比，以节约水泥。

水泥浆的稠度：水泥浆的稠度取决于水灰比。在固定用水量的条件下，水灰比小，可使水泥浆变稠，但拌合物流动性小；若加大水灰比，可使水泥浆变稀，流动性增大，但易产生流浆、离析，甚至影响混凝土的强度。因此，要合理选择水灰比。

实践证明，无论是水泥浆的影响还是水灰比的影响，实际上都是用水量的影响。因此，影响混凝土拌合物工作性的决定性因素是单位用水量。增加单位用水量，流动性增大，但硬化后混凝土会产生较大的孔隙，从而降低了混凝土的强度和耐久性。另外，用水量过多，会使混凝土拌合物产生分层、泌水现象，反而降低了混凝土的工作性。

砂率：砂率是指混凝土中砂（或细集料）的质量占砂石（或粗细集料）总质量的百分率。砂率反映了粗细集料的相对比例，它影响混凝土集料的空隙和总表面积。砂率对混凝土拌合物的工作性影响很大，一方面是细集料与水泥浆形成的砂浆在粗集料间起润滑作用，在一定砂率范围内随着砂率的增大，润滑作用明显，混凝土拌合物流动性增大；另一方面，在砂率增大的同时，集料的总表面积随之增大，需要润滑的水分增多，在水泥浆用量一定时，包裹砂子的水泥浆变薄，混凝土拌合物流动性降低。所以，当砂率超过一定范围后，拌合物流动性反而随着砂率的增大而降低，如图 1-27 所示，因此，砂率应有一个合理值。混凝土拌合物合理砂率是在用水量和水泥用量一定情况下，能使混凝土拌合物获得最大的流动性，又能保持黏聚性和良好保水性能的砂率。

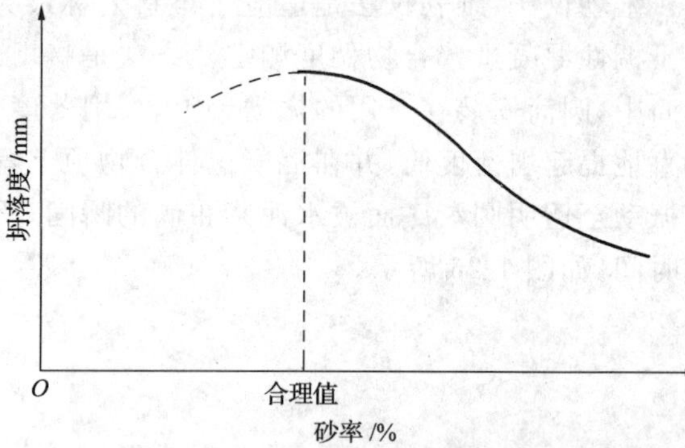

图 1-27　砂率与混凝土拌合物流动性的关系

水泥的品种和集料的性质：水泥的品种、细度、矿物组成以及混合材料的掺量都会影响混凝土拌合物的工作性。由于不同品种的水泥达到标准稠度的需水量不同，所以不同品种水泥配制成的混凝土拌合物的流动性也不同。通常普通硅酸盐水泥制成的混凝土拌合物比矿渣硅酸盐水泥、火山灰质硅酸盐水泥制成的拌合物的工作性好，矿渣硅酸盐水泥制成的混凝土拌合物流动性虽大，但黏聚性差，易产生泌水、离析；虽然火山灰质硅酸盐水泥流动性小，但黏聚性最好。此外，水泥的细度对拌合物的工作性也有很大的影响，提高水泥的细度可改善混凝土拌合物黏聚性和保水性，减少泌水和离析现象，但流动性会变差。

集料对混凝土拌合物工作性影响的主要因素有集料级配、颗粒形状、表面特征及粒径大小等。一般情况下，级配好的集料，其流动性较大，黏聚性和保水性较好；表面光滑的集料，总表面积减小，其流动性较大；集料棱角较少者，其流动性较大。

外加剂：外加剂对混凝土拌合物工作性的影响较大，在混凝土拌合物中加入少量的外加剂，如减水剂等，可在不增加用水量和水泥用量的前提下，有效地改善混凝土拌合物的工作性。

环境条件与搅拌时间：环境条件对混凝土拌合物工作性影响的主要因素有温度、湿度和风速。在组成的材料性质和配合比例一定的条件下，混凝土拌合物工作性变化主要受水泥的水化率和水分的蒸发率的影响。混凝土拌合物的流动性随着温度的升高而减小，夏季施工必须注意。

混凝土拌合物搅拌时间不足，拌合物的工作性就会变差，质量也会不均匀。

④混凝土拌合物工作性的选择

混凝土拌合物工作性的选择应根据结构物的断面尺寸、钢筋配置疏密以及捣实的机械类型和施工方法来选择。对无筋厚大结构，钢筋配置稀疏易于施工的结构，尽量选较小坍落度，以节约水泥；反之，对断面尺寸较小、形状复杂或配筋特密的结构，则应选用较大的坍落度，易于浇捣密实，以保证施工质量。

公路桥涵用混凝土拌合物的工作性，应根据有关公路桥涵施工技术规范选择。表1-51可供工程施工中选用参考。

表 1-51　　公路桥涵用混凝土拌合物的坍落度

项　次	结构种类	坍落度/mm
1	桥涵基础、墩台、挡土墙及大型制块等便于灌筑捣实的结构	0～20
2	上列桥涵墩台等工程中较不便施工处	10～30
3	普通配筋的钢筋混凝土结构，如钢筋混凝土板、梁、柱等	30～50
4	钢筋较密、断面较小的钢筋混凝土结构(梁、柱、墙等)	50～70
5	钢筋配置特密、断面高而狭小，极不便灌筑捣实的特殊结构部位	70～90

注：①使用高频振捣器时，其混凝土坍落度可适当减小；

②用人工捣实时，坍落度宜增加 20～30 mm；

③曲面或斜面结构的混凝土，其混凝土坍落度应根据实际需要另行选定；

④需要配置大坍落度混凝土时，应掺加外加剂；

⑤轻集料混凝土的坍落度，应比表中数值减少 10～20 mm。

⑤改善混凝土拌合物工作性的主要措施

在保证混凝土强度、耐久性和经济性的前提下，适当调整混凝土的材料组成以提高工作性。

掺加各种外加剂(如减水剂等)，提高混凝土拌合物的工作性，同时提高混凝土强度和耐久性。

提高振捣机械的效能，可降低施工条件对混凝土拌合物工作性的要求，因而保持原有工作性也能达到捣实的目的。

(2)硬化后混凝土的强度

强度是硬化后混凝土的主要力学性质，主要有立方体抗压强度、棱柱体抗压强度、抗弯拉强度和劈裂抗拉强度等。

①抗压强度标准值和强度等级：设计钢筋混凝土和预应力混凝土桥梁结构时，混凝土材料的强度是用强度等级作为设计依据的。在结构设计时，混凝土各种力学强度的标准值均可由强度等级换算出，所以强度等级是混凝土各种力学强度的基础。

立方体抗压强度(f_{cu})：按照标准的制作方法制成边长为 150 mm 的正立方体试件，在标准养护条件下，养护至 28 d 龄期，按照标准方法测定其抗压强度值，称为混凝土的立方体抗压强度，可按公式(1-16)计算。

$$f_{cu}=\frac{F}{A} \tag{1-16}$$

式中　f_{cu}——混凝土立方体抗压强度(MPa)；

F——极限荷载(N)；

A——试件受压面积(mm^2)。

使用非标准尺寸试件测得的立方体抗压强度，应乘以尺寸换算系数，折算为标准试件的立方体抗压强度。当混凝土强度等级<C60 时，边长为 200 mm 的试件换算系数为1.05；边长为 100 mm 的试件换算系数为 0.95。当混凝土强度等级≥C60 时，宜采用标准试件，使用非标准尺寸试件时，换算系数由试验确定。

立方体抗压强度标准值($f_{cu,k}$)：立方体抗压强度标准值是按照标准的制作方法制作和养护的边长为 150 mm 的正立方体试件，养护至 28 d 龄期，按照标准方法测定的抗压强度总体分布中的一个值，强度低于该值的百分率不超过 5%(即具有 95%保证率)，单位为 N/mm^2。

从以上定义可知，立方体抗压强度只是一组混凝土试件抗压强度的代表值，并未涉及数理统计、保证率的概念。而立方体抗压强度标准值是按数理统计方法确定，为不低于 95%保证率的立方体抗压强度。

强度等级：混凝土强度等级是根据立方体抗压强度标准值来确定的。强度等级用符号“C”和“立方体抗压强度标准值”两项内容来表示，如 C30 即表示混凝土立方体抗压强度标准值为 30 MPa。我国现行规范规定，普通混凝土按立方体抗压强度标准值划分为 C15、C20、C25、C30、C35、C40、C45、C50、C55、C60、C65、C70、C75 和 C80 等 14 个等级。

②轴心抗压强度(f_{cp})：混凝土立方体试件在进行抗压强度试验时，由于材料试验机的承压板对试件端部的摩阻效应，使其强度有较大的提高。为了使混凝土试件在抗压强度试验时的受力状态更接近其在结构中的承压状态，通常用棱柱体(高宽比 $h/b=2$)或圆柱体(长径比 $h/d=2$)试件测定其轴心抗压强度。我国现行规范规定，采用 150 mm×150 mm×300 mm 的棱柱体或ϕ150 mm×300 mm 的圆柱体作为标准试件，测定其轴心抗压强度。混凝土的轴心抗压强度可按公式(1-17)计算。

$$f_{cp}=\frac{F}{A} \tag{1-17}$$

式中 f_{cp}——混凝土轴心抗压强度(MPa)；

F——极限荷载(N)；

A——试件受压面积(mm^2)。

当混凝土强度等级<C60 时，非标准尺寸试件测得的抗压强度应乘以尺寸换算系数；当混凝土强度等级≥C60 时，宜采用标准试件，使用非标准尺寸试件时，换算系数由试验确定。

关于混凝土的轴心抗压强度与立方体抗压强度的关系，通过许多试验表明，在立方体抗压强度为 10～50 MPa 时，轴心抗压强度与立方体抗压强度之比约为 0.7～0.8。

③抗弯拉强度(f_{cf})：道路路面或机场跑道用混凝土，以抗弯拉强度(也称抗折强度)为主要强度指标，抗压强度作为参考指标。混凝土抗弯拉强度是以标准方法制备成 150 mm×150 mm×550 mm 的梁形试件，在标准条件下，经 28 d 养护后，按三分点加荷方式(图 1-28)测定其抗弯拉强度，可按公式(1-18)计算。

$$f_{cf}=\frac{FL}{bh^2} \tag{1-18}$$

式中 f_{cf}——混凝土抗弯拉强度(MPa)；

F——极限荷载(N)；

L——支座间距离(mm)；

b——试件宽度(mm);

h——试件高度(mm)。

采用100 mm×100 mm×400 mm非标准试件时,按三分点加荷的试验方法进行,但所得的抗弯拉强度值应乘以尺寸换算系数0.85。当混凝土强度等级≥C60时,应采用标准试件。

④劈裂抗拉强度(f_{ts}):由于混凝土直接拉伸试验时的对中比较困难,所以采用间接拉伸法(劈裂拉伸)得到混凝土的抗拉强度,一般劈裂抗拉强度高于直接拉伸强度。在结构设计中,抗拉强度是确定混凝土抗裂度的重要指标。

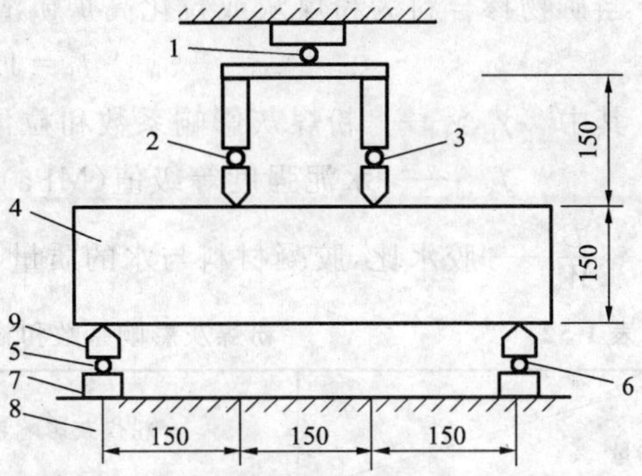

图1-28 混凝土抗弯拉试验装置(单位:mm)

1、2—一个钢球;3、5—两个钢球;4—试件;6—固定支座;7—活动支座;8—机台;9—活动船形垫块

我国行业标准《公路工程水泥及水泥混凝土试验规程》(JTG E30—2005)规定,在立方体或圆柱体试件中心平面内用钢垫条施加两个方向相反、均匀分布的压应力,当压力增大至一定程度时试件就沿此平面劈裂破坏,这样测得的强度称为劈裂抗拉强度,按公式(1-19)计算。

$$f_{ts}=\frac{2F}{\pi A}=0.637\frac{F}{A} \tag{1-19}$$

式中 f_{ts}——混凝土劈裂抗拉强度(MPa);

F——极限荷载(N);

A——试件劈裂面面积(mm^2)。

对立方体试件,劈裂面面积为试件横截面面积;对圆柱体试件,劈裂面面积为试件截面的平均直径×平均长度。

⑤影响混凝土强度的因素:影响硬化后混凝土强度的因素主要有组成材料、养护条件和龄期。

组成材料:组成材料是决定混凝土强度的内因,其质量和数量对混凝土的强度起主要作用。

水泥的强度和水胶比:水泥混凝土强度主要取决于其内部起胶结作用的水泥石的质量,水泥石的质量取决于水泥的特性和水胶比。在配合比相同的条件下,水泥强度等级越高,则配制的混凝土强度越高。当用同一种水泥(品种及强度等级相同)时,混凝土强度主要取决于水胶比的大小。理论上,水泥水化所需的水灰比约为0.23,但在拌制混凝土拌合物时,为了获得必要的流动性,通常加入较多的水,即采用较大的水胶比,当混凝土硬化后,多余的水就残留在混凝土中形成水泡或蒸发后形成气孔,使混凝土的密实度和强度降低。因此,在水泥强度等级相同的情况下,水胶比越小,水泥石的强度越高。但是,如果水胶比太小,混凝土拌合物过于干硬,将出现捣实成型困难,形成较多的孔洞,反而导致混凝土的强度下降。

根据各国混凝土研究和工程实践经验,混凝土强度与水泥实际强度、水胶比三者之间的关系,可用经验公式(1-20)表示。

$$f_{cu,28}=\alpha_a f_b\left(\frac{B}{W}-\alpha_b\right) \tag{1-20}$$

式中　$f_{cu,28}$——混凝土 28 d 的立方体抗压强度(MPa)；

f_b——胶凝材料(水泥和矿物掺合料)28 d 胶砂抗压强度实测值(MPa)，试验方法按 GB/T 17671—1999 执行，当无实测值时，可按下列规定确定：

根据 3 d 胶砂抗压强度或快测抗压强度推定 28 d 胶砂抗压强度；

当矿物掺合料为粉煤灰或粒化高炉矿渣时，或按公式(1-21)推算 f_b 值。

$$f_b = 1.1\gamma_f\gamma_s f_{ce,g} \tag{1-21}$$

其中　γ_f,γ_s——粉煤灰影响系数和粒化高炉矿渣粉影响系数，可按表 1-52 选用，

$f_{ce,g}$——水泥强度等级值(MPa)；

$\frac{B}{W}$——胶水比，胶凝材料与水的质量比；

表 1-52　　粉煤灰影响系数和粒化高炉矿渣粉影响系数

种类 掺量/%	粉煤灰影响系数 γ_f	粒化高炉矿渣粉影响系数 γ_s
0	1.00	1.00
10	0.90～0.95	1.00
20	0.80～0.85	0.95～1.00
30	0.70～0.75	0.90～1.00
40	0.60～0.65	0.80～0.90
50	—	0.70～0.85

注：①本表以 P·O 42.5 为准，如采用普通硅酸盐水泥以外的通用硅酸盐水泥，可将水泥混合材料掺量 20%以上部分计入矿物掺合料中；

②宜采用Ⅰ级或Ⅱ级粉煤灰 0.05：采用Ⅰ级粉煤灰宜取上限值，采用Ⅱ级粉煤灰宜取下限值；

③采用 S75 级粒化高炉矿渣粉宜取下限值，采用 S95 级粒化高炉矿渣粉宜取上限值，采用 S105 级粒化高炉矿渣粉可取上限值；

④当超出表中的掺量时，粉煤灰影响系数和粒化高炉矿渣粉影响系数应经试验确定。

α_a,α_b——集料回归系数，根据工程使用的原材料，通过试验建立的水胶比与混凝土强度关系式来确定。当不具备上述统计资料时，可按表 1-53 选用。该经验公式一般只适应于塑性混凝土和流动性混凝土，对于干硬性混凝土则不适应。

表 1-53　　回归系数 α_a,α_b 选用表

粗集料品种	回归系数	
	α_a	α_b
碎石	0.53	0.20
卵石	0.49	0.13

集料特性：集料的强度不同，使混凝土的破坏机理有所差别，如集料强度大于水泥石的强度，则混凝土由界面强度及水泥石强度所支配，在此情况下，集料强度对混凝土的强度几乎没有影响；如集料强度小于水泥石的强度，则集料强度与混凝土强度有关，会使混凝土强度下降。集料形状以接近球形或立方体为好，针片状颗粒会降低混凝土的强度。表面粗糙、

多棱角的碎石与水泥石的黏结较好。

浆集比：浆集比是混凝土中水泥浆的体积和集料体积之比，对混凝土的强度也有一定的影响。特别是对高强度的混凝土更为明显，在水胶比相同的条件下，在达到最优浆集比后，混凝土的强度随着浆集比的增加而降低。

养护温度和湿度：混凝土拌合物浇捣完毕后，必须保持适当的温度和湿度，使水泥充分水化，保证混凝土强度不断提高。

一般情况下，水泥的水化和混凝土强度发展的速度是随养护温度的高低而增减，如图1-29所示。当温度降至零度时，混凝土中的水大部分结冰，水泥几乎不再发生水化反应，混凝土强度不仅停止增长，严重时由于孔隙内水结冰而引起膨胀，特别在水化初期，混凝土强度较低时，遭遇严寒会引起混凝土的崩溃。

混凝土浇注后，必须有较长时间在潮湿环境中养护，当湿度适当时，水泥水化得以顺利进行，混凝土强度得到充分发展；如果湿度不够，混凝土会失水干燥，影响水泥水化的正常进行，甚至停止水化。这不仅严重降低混凝土的强度，而且因水泥水化作用未能完成，使混凝土结构疏松，渗水性增大，或形成干缩裂缝，从而影响混凝土的耐久性，如图1-30所示。

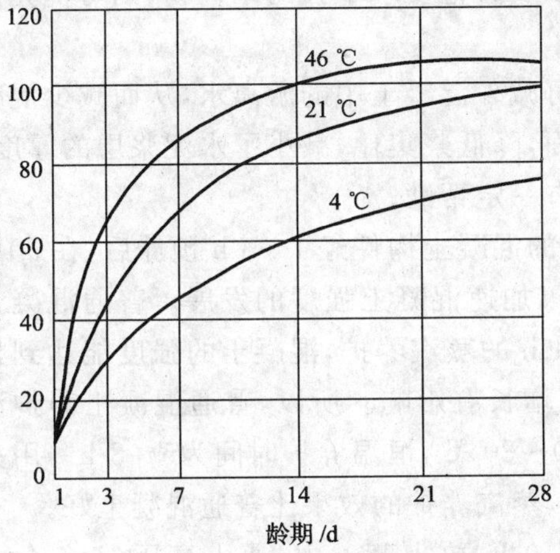

图 1-29　养护温度对混凝土强度的影响

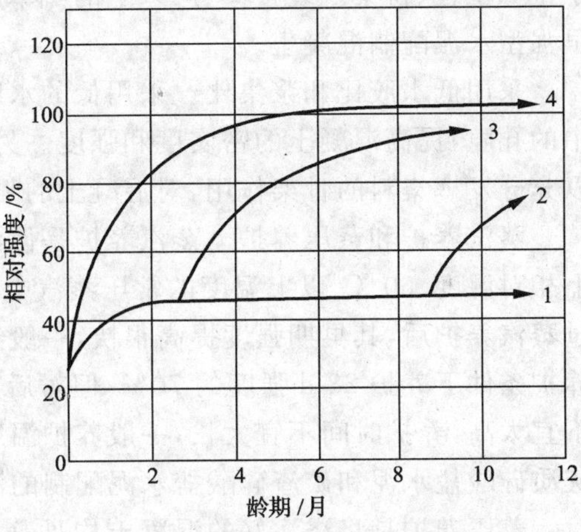

图 1-30　养护湿度对混凝土强度的影响

1—空气养护；2—9个月后水中养护；

3—3个月后水中养护；4—标准湿度养护。

龄期：在正常条件下，混凝土的强度随着龄期的增长而增大，在最初3～7 d内发展较快，28 d达到设计强度规定的数值，以后强度发展缓慢，甚至可持续百年。在相同养护条件下，其混凝土强度增长规律如图1-31所示。

在标准养护条件下，混凝土强度与其龄期的对数大致成正比，工程中常常利用这一关系，根据混凝土早期强度，估算其后期强度，用公式(1-22)表达。

$$f_{cu,n}=f_{cu,a}\frac{\lg n}{\lg a} \tag{1-22}$$

式中　$f_{cu,n}$——n d龄期的混凝土抗压强度(MPa)；

$f_{cu,a}$——a d龄期的混凝土抗压强度(MPa)。

此公式适用于普通硅酸盐水泥拌制的混凝土，且龄期不小于3 d。由于影响混凝土的因素很多，强度发展不可能完全一样，故此公式仅供参考。此外，试件形状和尺寸、加载速度和

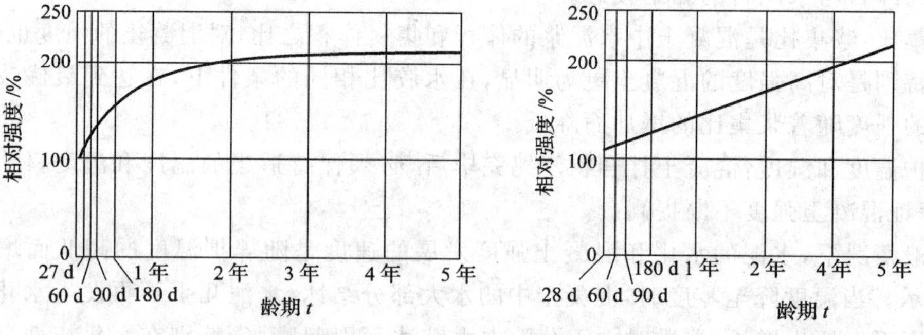

(a) 龄期为常数坐标　　(b) 龄期为对数坐标

图 1-31　水泥混凝土强度发展规律

试件表面平整度等对混凝土试件强度也有一定的影响。

⑥提高混凝土强度的措施

采用高强度的水泥和早强型水泥。为了提高混凝土的强度可采用高强度等级水泥，对于抢修工程、桥梁拼装接头、严寒下的冬季施工，以及其他要求早强的结构物，则可优先选用早强型水泥配制混凝土。

采用低水胶比和浆集比。采用低的水胶比，可减少混凝土中的游离水，从而减少混凝土中的孔隙，提高混凝土的密实度和强度。另一方面，降低浆集比，减小了水泥浆层的厚度，可以充分发挥集料的骨架作用，对混凝土的强度也有一定帮助。

蒸汽养护和蒸压养护。蒸汽养护是使浇注好的混凝土构件经 1～3 h 预养后，在 90%以上相对湿度、60 ℃ 以上温度的常压蒸汽中养护，以加速混凝土强度的发展。普通混凝土经过蒸汽养护后，其早期强度提高很快，一般经过 24 h 的蒸汽养护，混凝土的强度能达到标准养护条件下养护 28 d 强度的 70%，但对后期强度增长有影响。所以，普通混凝土养护温度不宜太高，养护时间不宜太长，一般养护温度为 60～80 ℃，恒温养护时间为5～8 h。用火山灰质硅酸盐水泥和矿渣硅酸盐水泥配制的混凝土，蒸汽养护的效果比普通混凝土好。

蒸压养护是将浇注好的混凝土构件静置 8～10 h，放入蒸釜内，通入高压（≥8 个大气压）、高温（≥175 ℃）饱和蒸汽进行养护。在高温高压的蒸汽养护下，水泥水化析出的氢氧化钙不仅能与活性氧化硅充分结合，而且也能与结晶状态的氧化硅结合而生成含水硅酸结晶，从而加速水泥的水化和硬化，提高了混凝土的强度。

掺加外加剂。在混凝土中掺加外加剂，可改善混凝土的技术性能。掺早强剂，可提高混凝土的早期强度；掺减水剂，在不改变流动性的条件下，可减小水胶比，从而提高混凝土的强度。

采用机械搅拌和振捣。混凝土拌合物在强力搅拌和振捣下，水泥浆的凝聚结构暂时受到破坏，因而降低了水泥浆的黏度和集料间的摩阻力，提高了拌合物的流动性，使混凝土拌合物能更好地、更均匀地、密实地充满模型，提高混凝土的强度。

（3）硬化后混凝土的变形

硬化后混凝土的变形，包括非荷载作用下的化学收缩、干湿变形（湿胀干缩）和温度变形（热胀冷缩）等，以及荷载作用下的弹-塑性变形和徐变（蠕变）。

①非荷载作用下的变形

化学收缩：混凝土拌合物由于水泥水化产物的体积比反应前物质的总体积要小，因而产生收缩，称为化学收缩。这种收缩随龄期增长而增加，40 d以后渐趋稳定，化学收缩是不能恢复的，一般对结构没有影响。

干湿变形：这种变形主要表现为湿胀干缩。混凝土在干燥空气中硬化时，随着水分的逐渐蒸发，体积也将逐渐发生收缩，如在水中或潮湿条件下养护时，混凝土的干缩将随之减少或略产生膨胀。混凝土的干缩值较膨胀值大，混凝土的干缩往往是表面处较大，常在混凝土表面产生细微裂缝。

混凝土干缩主要由水泥石产生，因此尽量降低水泥用量、减小水灰比是减少混凝土干缩的关键。另外，调节集料级配、增大粗集料的粒径、适当选择水泥品种、采用振动捣实和早期养护等也可减少混凝土的干缩。

温度变形：混凝土具有热胀冷缩的性能，对大体积及大面积混凝土工程极为不利。因为混凝土是不良导体，水泥水化初期放出大量热量难于散发，浇注后大体积混凝土内部温度远远高于外部，温差有时可达50～70 ℃，这将使内部混凝土产生显著的体积膨胀，而外部混凝土却随气温降低而冷却收缩。内部膨胀和外部收缩互相制约，将产生很多应力。当外部混凝土所受拉应力超过混凝土当时的极限抗拉强度时，就将产生裂缝。因此，对大体积混凝土工程，应设法降低混凝土的发热量，如采用低热水泥、减少水泥用量、采用人工降温等措施。对于纵长的钢筋混凝土结构物，应每隔一段长度设置伸缩缝，在结构物内配置温度钢筋。

②荷载作用下的变形

弹-塑性变形和弹性模量：材料在外力作用下产生变形，当取消外力后，能完全恢复到原形状的性质称为弹性；这种能完全恢复的变形，称为弹性变形。

材料在外力作用下产生变形，当取消外力后，仍保持变形后的形状和尺寸的性质称为塑性；这种不能恢复的变形，称为塑性变形。

混凝土是一种弹-塑性体，在持续荷载作用下会产生可以恢复的弹性变形和不可恢复的塑性变形，其应力-应变关系曲线如图1-32所示。当卸载后，其变形并未恢复到原点。

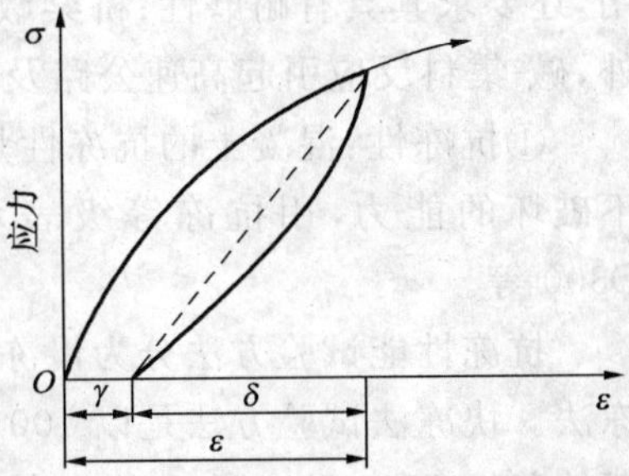

图1-32　混凝土的应力-应变关系曲线

在应力-应变关系曲线上任意一点的应力σ与应变ε的比值为混凝土在该应力下的弹性模量。但混凝土在短期荷载作用下，其应力-应变关系并非线性关系，故弹性模量有三种表示方法，如图1-33所示。初始切线弹性模量：此值不易测准，实际意义不大；切线弹性模量：仅适应于很小的荷载范围；割线弹性模量：在应力小于极限抗压强度30%～40%时，应力-应变关系曲线接近直线。

在桥梁工程中，以应力为棱柱体极限抗压强度40%时的割线弹性模量，作为混凝土的弹性模量；在道路路面及机场跑道工程中，以混凝土取抗弯拉强度50%时的割线弹性模量，作为混凝土的弹性模量。

徐变。混凝土在持续荷载作用下，随时间增长的变形称为徐变，也称为蠕变。混凝土的徐变在早期增长很快，然后逐渐减慢，一般要2～3年才可能基本趋于稳定。当混凝土卸载后，一部分变形瞬时恢复，还有一部分要若干天才能逐渐恢复，称为徐变恢复，剩下不可恢复部分称为残余变形。混凝土的徐变与荷载作用时间的关系曲线如图 1-34 所示。

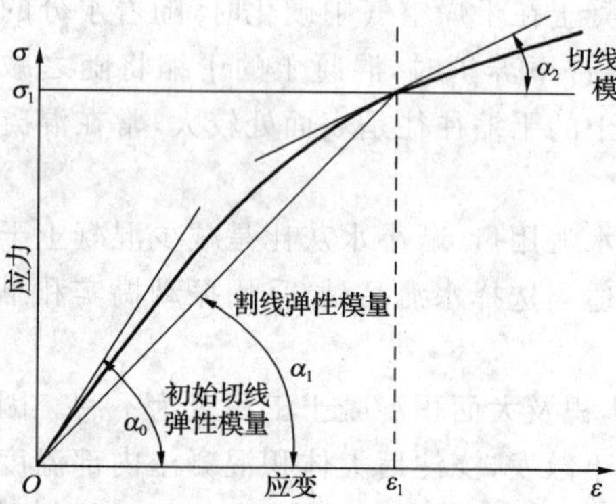

图 1-33　混凝土弹性模量表示方法

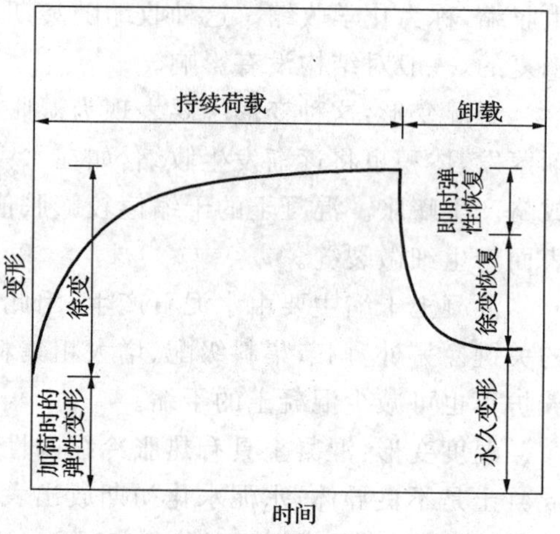

图 1-34　混凝土的徐变与荷载作用时间的关系曲线

在预应力钢筋混凝土中，混凝土的徐变可造成预应力损失。但是，徐变也能消除钢筋混凝土内的部分应力集中，对于大体积混凝土，能消除一部分由温度变化所产生的破坏应力。

(4)硬化后混凝土的耐久性

材料的耐久性是指材料在使用过程中，能抵抗周围各种介质的侵蚀而不破坏，也不失去其原有性能的性质。它是一项综合性质，而且因材料的组成和构造不同，其耐久性的内容也不相同。混凝土的耐久性首先要求其具有抗冻性；其次，对于道路混凝土，因受车辆轮胎作用，还要求其具有耐磨性；桥梁墩台混凝土受海水或污水的侵蚀，还要求其能抗化学侵蚀；此外，碱-集料反应引起高速公路及桥梁的破坏，也应受到人们的关注。

①抗冻性：混凝土的抗冻性是指混凝土在饱水状态下遭受冰冻时，抵抗冻融循环作用而不破坏的能力，用抗冻等级表示，抗冻等级分为 D25、D50、D100、D150、D200、D250 和 D300 等。

抗冻性能试验方法分为慢冻法和快冻法两种，对于道路与桥梁混凝土的抗冻性采用快冻法。快冻法试验方法是以 100 mm×100 mm×400 mm 棱柱体混凝土试件，经过 28 d 龄期的养护，于−18 ℃和 5 ℃条件下快速冻结和融化循环，每 25 次冻融循环，对试件进行一次横向基频的测试并称重。当冻融循环至 300 次，或混凝土相对动弹性模量下降至 60%以下，或质量损失率达 5%时，即可停止试验，此时的循环次数即为混凝土的抗冻等级。

②耐磨性：耐磨性是道路路面和桥梁工程用混凝土的最重要的性能之一。作为高级路面的混凝土，必须具有抵抗车辆轮胎磨耗和磨光的性能；作为大型桥梁的墩台用混凝土，也需要具有抵抗湍流空蚀的能力。

混凝土的耐磨性评价是以试件磨损面上单位面积的磨损作为评定混凝土耐磨性的相对指标。测定方法是以 150 mm×150 mm×150 mm 立方体标准试件养护至 27 d 龄期，自然干燥12 h 后，再放入 60 ℃烘箱中烘 12 h 至恒重，将试件放至混凝土磨耗机的水平转盘上，在 200 N 负荷下磨 30 转，取下试件刷净表面粉尘称重，记录试件的初始质量 m_1；然后在 200 N 负荷下磨 60 转，取下试件刷净表面粉尘称重，记录试件磨损后的质量 m_2。按公式

(1-23)计算试件的磨损量。

$$G_c=\frac{m_1-m_2}{0.0125} \tag{1-23}$$

式中 G_c——单位面积的磨损(kg/m^2)；

m_1——试件磨 30 转后的质量(kg)；

m_2——试件磨 60 转后的质量(kg)；

0.012 5——试件磨损面积(m^2)。

提高混凝土抗磨损能力的措施应是提高混凝土的硬度、韧性,降低脆性,减少原生缺陷及降低弹性模量。

③碱-集料反应:混凝土中水泥的碱与某些碱活性集料发生化学反应,可引起混凝土膨胀、开裂,甚至破坏,这种化学反应称为碱-集料反应。碱-集料反应会导致高速公路路面或大型桥梁墩台开裂和破坏,并且这种破坏会继续发展下去,难以补救。

碱-集料反应机理不仅非常复杂,而且影响因素很多,但是发生碱-集料反应必须具备三个条件:混凝土中的集料具有活性;混凝土中含有一定量可溶性碱;有一定的湿度。

为防止碱-集料反应的危害,按现行规范规定,应使用含碱量小于 0.6%的水泥或采用抑制碱-集料反应的掺合料;当使用钾、钠离子的混凝土外加剂时,必须进行专门试验,符合要求才能使用。

提高混凝土耐久性应合理选用水泥品种(如选用硅酸盐水泥、普通硅酸盐水泥);合理选用水灰比和水泥用量,对最大水灰比和最小水泥用量加以控制;合理选用材料的质量,改善集料级配;掺入减水剂、引气剂;加强搅拌、振捣和养护等。

(二)普通混凝土的配合比设计

普通混凝土配合比设计的任务包括两方面:原材料选择和原材料配合比。根据混凝土的强度等级、工作性和工程所处环境条件,合理地选择水泥、粗集料、细集料、水和外加剂等原材料的品种和等级,根据选定的原材料,按照现行普通混凝土配合比设计规范进行初步配合比、基准配合比、试验室配合比和工地配合比设计计算,同时对普通混凝土的工作性和强度等性能进行检验。

1.概述

(1)混凝土配合比设计的基本资料

①混凝土设计强度等级;

②工程特性(工程所处环境、结构断面、钢筋最小净距等);

③耐久性要求(如抗冻性、抗侵蚀、耐磨和碱-集料反应等);

④水泥品种和强度等级;

⑤砂石的种类、石子最大粒径和密度等;

⑥施工方法等。

(2)混凝土配合比表示方法

混凝土配合比表示方法有两种:单位用量表示法和相对用量表示法。

①单位用量表示法

以 1 m^3 混凝土中各种材料的用量表示。如水泥∶水∶细集料∶粗集料=300 kg∶175 kg∶720 kg∶1 200 kg。

②相对用量表示法

以水泥质量为 1,并按水泥:细集料:粗集料;水灰比的顺序表示,如 1 ∶ 2.14 ∶ 3.85;$W/C=0.45$。

(3)配合比设计应满足的基本要求

道路和桥梁工程用混凝土的配合比设计,应满足下列四项基本要求。

①满足结构物设计强度的要求

无论是混凝土路面还是桥梁,在设计时都会对不同的结构部位提出不同的设计强度要求。为了保证结构物的可靠性,采用一个比设计强度高的配制强度,才能满足设计强度的要求。但是配制强度的高低一定要适宜,定得太低结构物不安全,定得太高会造成浪费。

②满足施工工作性的要求

按照结构物断面尺寸和形状、配筋的疏密、施工方法及设备等,合理确定混凝土拌合物的工作性。

③满足环境耐久性的要求

根据结构物所处的环境条件,如严寒地区的路面、桥梁墩台所处的水位升降范围等,为保证结构的耐久性,在设计水泥混凝土的配合比时,应考虑允许的最大水灰(胶)比和最小水泥用量。

④满足经济性的要求

在满足混凝土设计强度、工作性和耐久性的前提下,设计配合比时要尽量降低高价材料的用量,节约水泥,合理使用当地材料和工业废料(如粉煤灰),以降低成本。

(4)混凝土配合比设计的三参数

由水泥、水、细集料和粗集料组成的普通混凝土配合比设计,其中有三个重要的参数:水胶比、砂率和单位用水量。

①水胶比:水、水泥和矿物掺合料组成的浆体,在混凝土配合比设计中起着决定作用。在水、水泥和矿物掺合料性质一定的条件下,浆体的性能决定于水与胶凝材料的比例,即水胶比。

②砂率:砂率是指砂的质量占砂石总质量的百分比,实质上表征砂与石之间的相对含量。在砂石性质固定的条件下,砂与石之间的用量比例影响混凝土的工作性。

③单位用水量:单位用水量是指 1 m^3 混凝土拌合物中水的用量(kg)。在水胶比固定的条件下,用水量如果确定,则胶凝材料用量也随之确定,当然集料的总用量也能确定。

(5)混凝土配合比设计的基本原理

①绝对体积法:该法是假定混凝土拌合物的体积等于各组成材料绝对体积与混凝土拌合物所含空气体积之和。

②假定表观密度法:该法是先假定混凝土的表观密度为一定值,混凝土拌合物各组成材料的单位用量之和即为其表观密度。通常普通混凝土的表观密度为 2 350~2 450 kg/m^3。

③查表法:根据大量试验结果进行整理,将各种配合比列成表,使用时根据相应条件查表,选取适当的配合比。因为它是直接从工程实际中总结的结果,在工程中应用较广泛。

2.混凝土配合比设计步骤

(1)初步配合比的计算

①确定混凝土的配制强度 $f_{cu,o}$

当混凝土的设计强度等级小于 C60 时,确定混凝土的配制强度 $f_{cu,o}$,首先应根据设计要求的混凝土强度等级和施工单位质量管理水平，再按《普通混凝土配合比设计规程》(JGJ 55—2011)的规定，根据公式(1-24)计算。

$$f_{cu,o} \geqslant f_{cu,k} + 1.645\sigma \tag{1-24}$$

式中 $f_{cu,o}$——混凝土的配制强度(MPa)；

$f_{cu,k}$——混凝土立方体抗压强度标准值(MPa)；

σ——混凝土强度标准差(MPa)。

混凝土强度标准差可根据近期(1～3 个月)的同一品种和同一强度等级混凝土的强度资料求得，其试件组数不应少于 30 组。对于强度等级不大于 C30 的混凝土，若强度标准差计算值小于 3.0 MPa 时，则计算配制强度时的标准差取 3.0 MPa；对于强度等级大于 C30 且不大于 C60 的混凝土，若强度标准差计算值小于 4.0 MPa 时，则计算配制强度时的标准差取 4.0 MPa。当无近期统计资料时，混凝土强度标准差可根据强度等级按表 1-54 规定取用。

表 1-54　　混凝土强度标准差 σ

强度等级/MPa	≤C20	C25～C45	C50～C55
标准差/MPa	4.0	5.0	6.0

当混凝土的设计强度等级等于或大于 C60 时，混凝土的配制强度按 $f_{cu,o} \geqslant 1.15 f_{cu,k}$ 计算。

②确定水胶比

当混凝土强度等级不大于 C60 时，混凝土水胶比按公式(1-25)计算。

$$\frac{W}{B} = \frac{\alpha_a \cdot f_b}{f_{cu,o} + \alpha_a \cdot \alpha_b \cdot f_b} \tag{1-25}$$

式中 α_a，α_b——回归系数，若无试验统计资料时，取值见表 1-53；

f_b——胶凝材料(水泥和矿物掺合料)28 d 胶砂抗压强度实测值(MPa)。

按公式(1-25)计算所得的水胶比，是按强度要求计算得到的结果。在确定采用的水胶比时，还应根据混凝土所处的环境条件，参考 JTJ/T F50－2011 要求的允许最大水胶比(表 1-55)进行校核，从中选择小者。

表 1-55　　混凝土的最大水胶比、最小水泥用量和最大氯离子含量

环境类别	环境条件	最大水胶比	最小水泥用量/(kg·m^{-3})	最大氯离子含量/%
Ⅰ	温暖或寒冷地区的大气环境、与无侵蚀的水或土接触的环境	0.55	275	0.30
Ⅱ	严寒地区的大气环境、使用除冰盐环境、滨海环境	0.50	300	0.15
Ⅲ	海水环境	0.45	300	0.10
Ⅳ	受侵蚀性物质影响的环境	0.40	325	0.10

注：①最小水泥用量包括掺合料；

②配制封底、垫层及其他临时工程的混凝土，可不受本表限制；

③确定每立方米混凝土的用水量和外加剂用量。

水胶比在0.40～0.80范围内的干硬性和塑性混凝土，根据粗集料的品种、最大粒径及施工要求的混凝土拌合物稠度，其用水量可按表1-56、表1-57选取。

表1-56　干硬性混凝土的用水量($kg\cdot m^{-3}$)

拌合物稠度		卵石最大粒径/mm			碎石最大粒径/mm		
项目	指标	10.0	20.0	40.0	16.0	20.0	40.0
维勃稠度/s	16～20	175	160	145	180	170	155
	11～15	180	165	150	185	175	160
	5～10	185	170	155	190	180	165

表1-57　塑性混凝土的用水量($kg\cdot m^{-3}$)

拌合物稠度		卵石最大粒径/mm				碎石最大粒径/mm			
项目	指标	10.0	20.0	31.5	40.0	16.0	20.0	31.5	40.0
坍落度/mm	10～30	190	170	160	150	200	185	175	165
	35～50	200	180	170	160	210	195	185	175
	55～70	210	190	180	170	220	205	195	185
	75～90	215	195	185	175	230	215	205	195

注：①本表用水量系采用中砂时的平均值。采用细砂时，每立方米混凝土用水量可增加5～10 kg；采用粗砂时，每立方米混凝土用水量则可减少5～10 kg；

②掺用各种外加剂或掺合料时，用水量应相应调整。

水胶比小于0.40的干硬性和塑性混凝土以及使用特殊成型工艺的混凝土，用水量应通过试验确定。

流动性和大流动性混凝土的用水量，则以表1-57中坍落度为90 mm的用水量为基础，按坍落度每增加20 mm用水量增加5 kg，计算出未掺外加剂时的混凝土用水量。

掺外加剂时的混凝土用水量，可按公式(1-26)计算。

$$m_{wa}=m_{wo}(1-\beta) \tag{1-26}$$

式中　m_{wa}——掺外加剂时每立方米混凝土的用水量(kg)；

m_{wo}——未掺外加剂时每立方米混凝土的用水量(kg)；

β——外加剂的减水率(%)，应经过试验确定。

每立方米混凝土中外加剂用量应按下式计算：

$$m_{ao}=m_{bo}\cdot\beta_a$$

式中　m_{ao}——每立方米混凝土的外加剂用量(kg)；

m_{bo}——每立方米混凝土的胶凝材料用量(kg)；

β_a——外加剂掺量(%)，应经过试验确定。

④计算单位胶凝材料、矿物掺合料和水泥用量

每立方米混凝土的胶凝材料用量m_{bo}应按公式(1-27)计算。

$$m_{bo}=m_{wo}\frac{B}{W} \tag{1-27}$$

每立方米混凝土的矿物掺合料用量m_{fo}应按下式计算：

$$m_{fo}=m_{bo}\cdot\beta_f$$

式中　β_f——矿物掺合料掺量(%)。

根据混凝土所处的环境条件和耐久性要求，普通混凝土的最小水泥用量应不低于表1-55中的规定，配制C15及以下强度等级的混凝土可不受表1-55的限制。

⑤砂率β_s的选定

当无历史资料可参考时，混凝土砂率的确定应符合下列规定。

坍落度为10～60 mm的混凝土砂率，可根据粗集料的品种、最大粒径及水胶比按表1-58选取。

表1-58　　混凝土的砂率β_s(%)

水胶比(W/B)	卵石最大粒径/mm			碎石最大粒径/mm		
	10.0	20.0	40.0	16.0	20.0	40.0
0.40	26～32	25～31	24～30	30～35	29～34	27～32
0.50	30～35	29～34	28～33	33～38	32～37	30～35
0.60	33～38	32～37	31～36	36～41	35～40	33～38
0.70	36～41	35～40	34～39	39～44	38～43	36～41

注：①本表数值系中砂的选用砂率，对细砂或粗砂可相应地减小或增大砂率；

②采用人工砂配制混凝土时，砂率可适当增大；

③用一个单粒级粗集料配制混凝土时，砂率可适当增大；

④对薄壁构件，砂率宜取偏大值。

坍落度大于60 mm的混凝土砂率，可经试验确定，也可在表1-58的基础上，按坍落度每增加20 mm，砂率增大1%的幅度予以调整。

坍落度小于10 mm的混凝土，其砂率应经试验确定。

⑥计算每立方米混凝土粗、细集料的用量m_{go}和m_{so}

计算每立方米混凝土粗、细集料的用量可用质量法或体积法求得。质量法比较简单，不需要各组成材料的密度资料，如施工单位已积累有当地常用材料所组成的混凝土假定表观密度资料，亦可得到准确的结果。体积法是根据各组成材料实测的密度来进行计算的，所以能获得较为精确的结果。

质量法：质量法又称假定表观密度法，该法是先假定混凝土的表观密度为一定值，则混凝土拌合物各组成材料的单位用量之和即为其表观密度。在砂率已知的条件下，粗、细集料的单位用量可按公式(1-28)计算。

$$m_{co}+m_{fo}+m_{wo}+m_{so}+m_{go}=\rho_{cp}$$

$$\frac{m_{so}}{m_{so}+m_{go}}\times 100\%=\beta_s \tag{1-28}$$

式中　$m_{co},m_{fo},m_{wo},m_{so},m_{go}$——每立方混凝土水泥、矿物掺合料、水、细集料和粗集料的用量(kg)；

β_s——混凝土的砂率(%)；

ρ_{cp}——每立方米混凝土拌合物的湿表观密度(kg)，其值可根据施工单位积累的试验资料确定。当缺乏资料时，可根据集料的表观密度、粒径及混凝土强度等级参考表1-59选定。

表 1-59 **混凝土拌合物的湿表观密度参考表**

混凝土强度等级	C7.5～C15	C20～C35	>C40
假定湿表观密度/($kg\cdot m^{-3}$)	2 300～2 350	2 350～2 400	2 450

体积法：体积法又称绝对体积法，该法是假定混凝土拌合物的体积等于各组成材料绝对体积与混凝土拌合物所含空气体积之和。在砂率已知的条件下，粗、细集料单位用量可按公式(1-29)计算。

$$\frac{m_{co}}{\rho_c}+\frac{m_{fo}}{\rho_f}+\frac{m_{wo}}{\rho_w}+\frac{m_{go}}{\rho_g}+\frac{m_{so}}{\rho_s}+10\alpha=1\ 000$$

$$\frac{m_{so}}{m_{go}+m_{so}}\times 100\%=\beta_s \tag{1-29}$$

式中 ρ_c，ρ_f——水泥密度和矿物掺合料密度(g/cm^3)，应按《水泥密度测定方法》(GB/T 208—1994)测定；

ρ_w——水在4 ℃时的密度(g/cm^3)，可取1.0 g/cm^3；

ρ_s，ρ_g——细集料和粗集料的表观密度(g/cm^3)；

α——混凝土的含气量百分数，在不使用引气型外加剂时，取值为1。

通过以上六个步骤计算，可将水泥、矿物掺合料、水、细集料和粗集料的用量全部求出，得到混凝土的初步配合比，而以上各项计算多数是利用经验公式或经验资料获得，因此，不一定符合实际要求，所以应对配合比进行试配、调整和确定。

(2)试配调整提出基准配合比

①试配

试配材料要求：试配混凝土所用各种原材料，要与实际工程使用的材料相同，粗、细集料的称量均以干燥状态为基准，细集料含水率应小于0.5%，粗集料含水率应小于0.2%。如不是用干燥集料配制，称料时应在用水量中扣除集料中的水，集料称量相应增加。但在以后试配调整时配合比仍应取原计算值，不计该项增减数值。

搅拌方法和拌合物数量：混凝土搅拌方法宜与生产时相同。搅拌时，每盘混凝土数量一般不少于表1-60中的建议值。如需要进行抗弯拉强度试验，则应根据实际需要计算拌和用量。采用机械搅拌时，拌合量不应小于搅拌机额定搅拌量的1/4。

表 1-60 **混凝土试配的最小搅拌量**

粗集料最大公称粒径/mm	搅拌的最小拌合物数量/L
≤31.5	20
40	25

②校核工作性，确定基准配合比

按初步配合比计算出试配所需的材料用量，配制混凝土拌合物。测定混凝土拌合物的稠度，同时观察拌合物的黏聚性和保水性。当不符合要求时，应进行调整。调整的基本原则是：在水胶比不变的条件下增减水泥浆用量或砂率，相应减增粗、细集料的用量，直到符合要求为止。此时，工作性满足要求的配合比称为基准配合比。当试拌调整工作完成后，应测出混凝土拌合物的实际表观密度。

(3)检验强度，确定试验室配合比

①制作试件、检验强度

工作性满足要求的基准配合比，混凝土的强度不一定符合要求，所以应对混凝土强度进行检验。混凝土强度进行检验时至少采用三个不同的配合比，其中一个是基准配合比，另两个配合比的水胶比则分别增加及减少 0.05，用水量应与基准配合比相同，砂率可分别增加及减少 1%。制作混凝土强度试件时，应检验其余两个配合比混凝土拌合物的工作性和实际表观密度，并以此结果作为相应配合比的混凝土拌合物性能。

为检验混凝土强度，每个配合比至少制作一组试件，在标准条件下养护至 28 d 或按照设计强度要求时间测定其抗压强度；也可同时多制作几组试件，按早期数据推定混凝土强度，但最终应满足标准养护 28 d 或设计规定龄期的要求强度。根据试验得出的混凝土强度与其相对应的胶水比关系，用作图法或计算法求出混凝土强度及其相应的胶水比。

②确定试验室配合比

根据强度检验结果修正配合比：混凝土用水量应在基准配合比用水量的基础上，根据制作强度试件时测得的稠度值加以适当调整；胶凝材料用量取用水量乘以图解法或插值法求出的胶水比计算得出；粗、细集料的用量在应用水量和胶凝材料用量调整的基础上进行相应的调整。

根据混凝土拌合物湿表观密度修正配合比：强度复核之后的配合比，还应根据拌合物的表观密度实测值 $\rho_{c,t}$ 进行修正，以确定混凝土中各种组成材料的用量。混凝土拌合物的表观密度计算值 $\rho_{c,c}=m_c+m_f+m_w+m_s+m_g$，按公式(1-30)计算混凝土校正系数 δ。

$$\delta=\frac{\rho_{c,t}}{\rho_{c,c}} \tag{1-30}$$

式中 $\rho_{c,t}$——混凝土拌合物的表观密度实测值(kg)；

$\rho_{c,c}$——混凝土拌合物的表观密度计算值(kg)。

当混凝土拌合物的表观密度实测值与计算值之差的绝对值不超过表观密度计算值的 2%时，按以上原则确定的配合比即为试验室表观密度配合比；当超过表观密度计算值的 2%时，应将配合比中各项材料用量乘以校正系数 δ。

配合比调整后，应测定混凝土拌合物水溶性氯离子含量，并对设计要求的混凝土耐久性进行试验，符合设计规定的氯离子含量和耐久性要求的配合比为试验室配合比。

(4)施工配合比

最后确定的试验室配合比，是按粗、细集料均以干燥状态为基准计算的。而施工现场的砂石材料大多露天堆放，都含有一定的水分。因此，施工现场应根据现场砂石材料实际的含水率变化，将试验室配合比换算为施工配合比。

设施工现场实测砂含水率为 $a\%$，石含水率为 $b\%$，则 1 m³ 混凝土各种材料用量为

$$m_c=m_{cb},m_f=m_{fb},m_s=m_{sb}(1+a\%)$$

$$m_g=m_{gb}(1+b\%)$$

$$m_w=m_{wb}-(m_{sb}\cdot a\%+m_{gb}\cdot b\%) \tag{1-31}$$

式中 $m_{cb},m_{fb},m_{sb},m_{gb},m_{wb}$——1 m³ 混凝土试验室配合比确定的水泥、矿物掺合料、细集料、粗集料和水的用量(kg)；

m_c,m_f,m_s,m_g,m_w——1 m³ 混凝土施工配合比确定的水泥、矿物掺合料细集料、粗集料和水的用量(kg)。

(5)遇有下列情况之一时，应重新进行配合比设计

①对混凝土性能有特殊要求时；

②外加剂或矿物掺合料品种质量有显著变化时；

③该配合比的混凝土生产间断半年以上时。

3. 普通混凝土配合比设计实例

【例题】 试设计钢筋混凝土桥“T”型梁的混凝土配合比。

(1)原始资料

①混凝土强度等级为C35，无强度历史统计资料，要求混凝土拌合物的坍落度为30～50 mm，桥梁所在地无冻害。

②组成材料：可供应强度等级为42.5的普通水泥，实测28 d胶砂强度48.8 MPa，密度为3.1 g/cm^3；砂为中砂，表观密度为2.65 g/cm^3；碎石最大粒径为31.5 mm，表观密度为2.70 g/cm^3。

(2)设计要求

①计算出初步配合比；

②按初步配合比试拌调整后得出试验室配合比和工地配合比。

(3)设计步骤

①初步配合比的计算

确定混凝土的配制强度 $f_{cu,o}$：已知混凝土强度等级为C35，无强度历史统计资料，查表1-54混凝土标准差为5.0 MPa。混凝土的配制强度 $f_{cu,o}$ 为

$$f_{cu,o}=f_{cu,k}+1.645\sigma=35+1.645\times5.0=43.2(\text{MPa})$$

确定初步水灰比：根据工程使用的原材料通过试验确定集料回归系数：$\alpha_a=0.53$，$\alpha_b=0.20$；混凝土水灰比按下式计算：

$$\frac{W}{C}=\frac{\alpha_a\cdot f_{ce}}{f_{cu,o}+\alpha_a\cdot\alpha_b\cdot f_{ce}}=\frac{0.53\times48.8}{43.2+0.53\times0.20\times48.8}=0.53$$

根据混凝土所处的桥梁所在地无冻害环境条件和耐久性要求，允许最大水胶比(表1-55)为0.55，从两值中选择小者即0.53。

确定单位用水量 m_{wo}：根据粗集料的品种为碎石、最大粒径为31.5 mm及施工要求的混凝土拌合物稠度坍落度为30～50 mm，其用水量按表1-57选取，为185 kg/m^3。

计算单位水泥用量 m_{co}：按配制强度要求计算单位水泥用量 m_{co}。

$$m_{co}=m_{wo}\frac{C}{W}=\frac{185}{0.53}=349(\text{kg/m}^3)$$

按耐久性校核单位水泥用量：根据混凝土所处的桥梁所在地无冻害环境条件，查表1-55得最小水泥用量应不低于275 kg/m^3，符合耐久性要求。

砂率 β_s 的选定：根据粗集料的品种为碎石、最大粒径31.5 mm及水灰比0.53，查表1-58选取砂率为0.34。

计算粗、细集料单位用量 m_{go} 和 m_{so} 如下：

质量法：查表1-59每立方混凝土拌合物的湿表观密度为2 400 kg/m^3。粗、细集料单位用量可按下式计算：

$$349+185+m_{so}+m_{go}=2\ 400$$

$$\frac{m_{so}}{m_{so}+m_{go}}=0.34$$

解得：$m_{so}=634\ kg/m^3$，$m_{go}=1\ 232\ kg/m^3$。

按质量法计算得初步配合比为 $m_{co}:m_{wo}:m_{so}:m_{go}=349:185:634:1\ 232$，即 $1:1.82:3.53$；$W/C=0.53$。

体积法：非引气型混凝土 $\alpha=1$，粗、细集料单位用量可按下式计算：

$$\frac{349}{3.1}+\frac{185}{1.0}+\frac{m_{so}}{2.65}+\frac{m_{go}}{2.70}+10\times1=1\ 000$$

$$\frac{m_{so}}{m_{go}+m_{so}}=0.34$$

解得：$m_{so}=632\ kg/m^3$，$m_{go}=1\ 226\ kg/m^3$。

按体积法计算得初步配合比为 $m_{co}:m_{wo}:m_{so}:m_{go}=349:185:632:1\ 226$，即 $1:1.81:3.51$；$W/C=0.56$。

(2)试配调整提出基准配合比

①试配材料用量

按体积法计算得初步配合比试配 20 L，则各种材料用量为

水泥：349×0.02＝6.98(kg)；

砂：632×0.02＝12.64(kg)；

碎石：1 226×0.02＝24.52(kg)；

水：185×0.02＝3.7(kg)。

②校核工作性，确定基准配合比

按试配材料用量拌制混凝土拌合物，测其坍落度为 10 mm，不能满足例题的施工工作性要求，为此保持水灰比不变，增加5%水泥浆后测其坍落度为 40 mm，黏聚性和保水性也满足要求，此时混凝土拌合物的材料用量为

水泥：6.98×(1＋5%)＝7.33(kg)；

砂：12.64(kg)；

碎石：24.52(kg)；

水：3.7×(1＋5%)＝3.89(kg)。

③提出基准配合比

混凝土基准配合比为 $m_{co}:m_{wo}:m_{so}:m_{go}=7.33:3.89:12.64:24.52$，即 $1:1.72:3.35$；$W/C=0.53$。

(3)检验强度，确定试验室配合比

①制作试件、检验强度

混凝土强度进行检验时采用三个不同的水灰比。其中一个 0.53，另两个水灰比则分别为 0.46 和 0.56，用水量与基准配合比相同。检验混凝土拌合物的工作性均满足要求。为检验混凝土强度，每个配合比至少制作一组(3 块)试件，在标准条件下养护至 28 d 测定其抗压强度，分别为 43.5 MPa、48.7 MPa 和 39.8 MPa。根据试验结果，绘出的混凝土强度与其

相对应的水灰比关系如图 1-35 所示。由图 1-35 确定，与混凝土强度 43.2 MPa 对应的水灰比为 0.53。

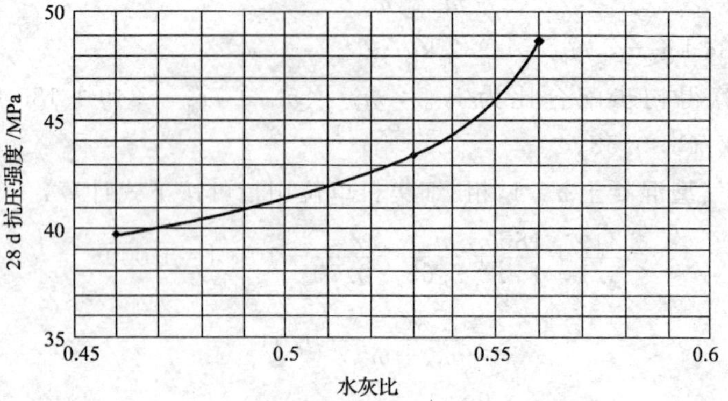

图 1-35　混凝土 28 d 抗压强度与水灰比关系

②确定试验室配合比

按强度检验结果修正配合比，各种材料用量为

水：185×(1+5%)=194(kg)；

水泥：349×(1+5%)=366(kg)；

砂：632(kg)；

碎石：1 226(kg)。

拌合物的表观密度计算值 $\rho_{c,c}$=366+194+632+1 226=2 418(kg/m^3)，拌合物的表观密度实测值 $\rho_{c,t}$ 为 2 400(kg/m^3)，混凝土拌合物的表观密度实测值与表观密度计算值之差的绝对值为表观密度计算值的 0.74%，不需进行修正，按以上原则确定的配合比即为试验室配合比。

(4)施工配合比

根据施工现场实测砂含水率为 3.5%，石含水率为 1.0%，则各种材料用量为

水泥：366(kg/m^3)；

砂：632×(1+3.5%)=654(kg/m^3)；

碎石：1 226×(1+1.0%)=1 238(kg/m^3)；

水：194−(632×3.5%+1 226×1.0%)=160(kg/m^3)。

因此，施工配合比为 $m_{co}:m_{wo}:m_{so}:m_{go}$=366：160：654：1 238，即 1：1.79：3.38；W/C=0.44。

(三)掺减水剂的普通混凝土配合比设计

1.掺减水剂的普通混凝土配合比设计步骤

(1)确定试配强度和水灰比，确定试配强度和水灰比与前述普通混凝土配合比设计方法相同。

(2)计算掺减水剂的混凝土单位用水量

掺减水剂的混凝土单位用水量按公式(1-32)计算。

$$W_{OW}=W_O\left(1-\frac{\beta}{100}\right) \tag{1-32}$$

式中　W_{OW}——减水剂的混凝土单位用水量(kg/m³)；

W_{O}——不掺减水剂的混凝土单位用水量(kg/m³)；

β——所用减水剂剂量的实测减水率(%)。

(3)计算单位水泥、粗集料和细集料用量、试拌调整等与前述普通混凝土配合比设计方法相同。

(4)掺减水剂普通混凝土配合比设计实例

2.掺减水剂普通混凝土配合比设计例题

【例题】 掺减水剂普通混凝土配合比设计。

(1)原始资料

①某桥梁立柱混凝土设计强度等级为C30，强度标准差为3.0 MPa。要求由机械拌和、振捣，施工要求混凝土拌合物坍落度为75～90 mm，属于夏炎热冬温暖桥梁。

②组成材料：可供应强度等级32.5 MPa复合硅酸盐水泥，实测28 d抗压强度为36.8 MPa；中砂(天然砂)；粒径为4.75～37.5 mm碎石；自来水。

③掺加高效减水剂(水剂)，掺加量0.5%，减水率$\beta=10\%$，外加剂含固量23.9%。

(2)设计要求

按所给资料计算出初步配合比。

(3)设计步骤

①计算初步配合比

确定混凝土配制强度$f_{cu,o}$：已知设计要求混凝土强度为30 MPa，标准差为3.0 MPa。则混凝土配制强度为

$$f_{cu,o}=f_{cu,k}+1.645\sigma=30+1.645\times3=34.9(\text{MPa})$$

计算水灰比(W/C)：按强度要求计算水灰比，已知混凝土配制强度为34.9 MPa，水泥实际强度为36.8 MPa。集料回归系数经试验确定为$\alpha_a=0.46$、$\alpha_b=0.07$，则水灰比为

$$\frac{W}{C}=\frac{\alpha_a f_{ce}}{f_{cu,o}+\alpha_a\alpha_b f_{ce}}=\frac{0.46\times36.8}{34.9+0.46\times0.07\times36.8}=0.47$$

按耐久性校核水灰比：根据混凝土所处环境属于夏炎热冬温暖地区，查表，允许最大水灰比为0.55，按强度计算的水灰比能满足耐久性要求，所以水灰比采用0.47。

选用单位用水量m_{wo}：由题意已知，要求混凝土拌合物坍落度为75～90 mm，碎石最大粒径为37.5 mm。查表1-55，选用混凝土用水量为195 kg/m³。

计算掺外加剂混凝土的单位用水量$m_{w,ad}$。

$$m_{w,ad}=195\times(1-0.10)=175.5(\text{kg})$$

计算掺外加剂混凝土的单位水泥用量$m_{c,ad}$。

$$m_{c,ad}=175.5/0.47=373.4(\text{kg})$$

按耐久性校核单位水泥用量：根据混凝土所处环境属于夏炎热冬温暖地区，查表1-55，最小水泥用量不得小于275 kg/m³。按强度计算单位水泥用量符合耐久性要求，采用单位水泥用量373.4 kg/m³。

计算外加剂掺量m'_a。

$$m'_a = m_{c,ad} \cdot \beta_a = 373.4 \times 0.5\% = 1.9(\text{kg})$$

计算修正后混凝土用水量 $m'_{w,ad}$。

$$m'_{w,ad} = m_{w,ad} - m'_a(1-\alpha_a) = 175.5 - 1.9 \times (1-0.46) = 174.5(\text{kg})$$

选定砂率 β：按已知集料用碎石，最大粒径 37.5 mm，水灰比为 0.47，查表 1-58，选取砂率为 0.32。

⑨计算砂石用量

已知单位水泥用量为 373.4 kg/m³，单位用水量为 174.1 kg/m³，假设混凝土拌合物湿表观密度为 2 400 kg/m³，砂率为 0.32，得

$$\begin{cases} m_{so} + m_{go} = \rho_{cp} - m_{c,ad} - m'_{w,ad} - m'_a = 2\,400 - 373.4 - 174.1 - 1.9(\text{kg/m}^3) \\ \dfrac{m_{so}}{m_{so} + m_{go}} = 0.32 \end{cases}$$

解得：$m_{so} = 592.2$ kg/m³，$m_{go} = 1\,258.4$ kg/m³。

按质量法计算得初步配合比为 $m_{c,ad} : m'_{w,ad} : m_{so} : m_{go} = 373.4 : 174.5 : 592.2 : 1\,258.4$。

职业活动训练 普通混凝土试验

混凝土从水泥加水起至水泥完全水化的过程分为两个阶段，即水泥凝结硬化前相对应的混凝土拌合物和水泥凝结后相对应的硬化后混凝土。需要测定的混凝土技术性能如下：

1. 混凝土拌合物的拌制、稠度试验（坍落度仪法和维勃仪法）和毛体积密度的测定。
2. 硬化后混凝土立方体抗压强度试验。

在测定混凝土拌合物稠度前必须进行混凝土拌合物拌制，测定混凝土拌合物毛体积密度，为配合比设计提供参数。在强度指标中立方体抗压强度是最重要的强度指标，也是混凝土强度等级的分级指标，其他的强度可以通过立方体抗压强度进行换算得出。

实训 13 混凝土拌合物的拌制

（一）试验目的与适用范围

1. 本方法规定了在常温环境中室内混凝土拌合物的拌制方法。
2. 轻质混凝土、防水混凝土、碾压混凝土等其他特种混凝土的拌和与现场取样方法可以参照本方法。

（二）试验仪器设备

1. 混凝土搅拌机：自由式或强制式。
2. 混凝土振动台：标准振动台。
3. 磅秤：感量满足称量总量 1% 的磅秤。
4. 天平：感量满足称量总量 0.05% 的天平。
5. 其他：铁板、铁铲等。

（三）试验材料

1. 所有材料均应符合有关要求，拌和前材料应放置在温度为 20 ℃±5 ℃的室内。

2. 为防止粗集料的离析，可将粗集料按不同粒径分开，使用时再按一定的比例混合。试样从抽取至试验完毕过程中，不要风吹日晒，必要时应采取保护措施。

(四)试验操作方法和步骤

1. 拌和时保持室温为 20 ℃±5 ℃。

2. 拌合物的总量至少应比所需量高 20%。拌制混凝土的材料用量应以质量计，称量的精确度：集料为±1%；水、水泥、掺合料和外加剂为±0.5%。

3. 粗集料、细集料均以干燥状态为基准，计算用水量时应扣除粗集料、细集料的含水率。

4. 外加剂的加入：对于不溶于水或难溶于水且不含潮解型盐类外加剂，应先和一部分水泥拌和，以保证充分分散；对于不溶于水或难溶于水但含潮解型盐类外加剂，应先和细集料拌和；对于水溶性或液体，应先和水拌和；其他特殊外加剂，应遵守有关规定。

5. 拌制混凝土所用各种用具，如铁板、铁铲、抹刀等，应预先用水润湿，使用完毕后必须清洗干净。

6. 使用搅拌机前，应先用少量砂浆涮膛，再刮出涮膛砂浆，以避免正式拌和混凝土时水泥砂浆黏附筒壁的损失。涮膛砂浆的水灰比，应与正式的混凝土配合比相同。

7. 用搅拌机时，拌合量宜为搅拌机公称容量的 1/4～3/4。

8. 用搅拌机搅拌混凝土：按规定称好原材料，向搅拌机内顺序加入粗集料、细集料、水泥；开动搅拌机，将材料拌和均匀，在拌和过程中缓缓加水，全部加料时间不宜超过 2 min；水全部加入后，继续拌和约 2 min，而后将拌合物倾出在铁板上，再经人工翻拌 1～2 min，务必使拌合物均匀一致。

9. 用人工拌和混凝土：人工拌和时，先用湿布将铁板铁铲润湿，再将称好的砂和水泥在铁板上拌匀，加入石子，再一起拌和均匀，而后将此拌合物堆成长堆，中心扒成长槽，将称好的水倒入约一半，将其与拌合物仔细拌匀；再将材料堆成长堆，扒成长槽，倒入剩余的水，继续进行拌和，来回翻拌至少 6 遍。从加水完毕时起，拌和时间见表 1-61。

表 1-61　　混凝土拌和时间

混凝土拌合物体积/L	拌和时间/min
<30	4～5
31～50	5～9
51～75	9～12

10. 从试样制备完毕到开始做各项性能试验，不宜超过 5 min(不包括试件成型时间)。

实训 14　混凝土拌合物稠度试验方法(坍落度仪法)

(一)试验目的与适用范围

坍落度为表示混凝土拌合物稠度的一种指标。本试验方法适用于坍落度大于 10 mm，集料最大粒径不大于 31.5 mm 的混凝土。集料粒径大于 31.5 mm 的混凝土，允许用加大坍落度筒，但应予以说明。

(二)试验仪器设备

1. 坍落度筒：如图 1-36 所示，尺寸见表 1-62。

表 1-62　　　　坍落度筒尺寸表

集料公称最大粒径/mm	筒的名称	筒的内部尺寸/mm		
		底面直径	顶面直径	高度
<31.5	标准坍落度筒	2 002	1 002	3 002

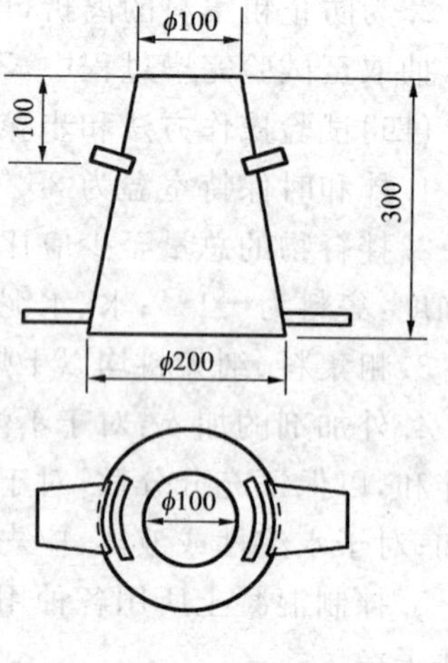

图 1-36　坍落度筒尺寸(单位:mm)

2. 捣棒:直径 16 mm、长约 650 mm 的钢质圆棒。

3. 其他:小铲、小钢尺、镘刀和钢板等。

(三)试验操作方法和步骤

1. 试验前将坍落度筒内外洗净,放在经水润湿过的平板上,踏紧踏脚板。

2. 将代表样分 3 层装入筒内,每层装入高度稍大于筒高的 1/3,用捣棒在每层的横截面上均匀插捣 25 次,插捣在全部面积上进行,沿螺旋线边缘至中心,插捣底层时插至底部,插捣其他两层时,应插透本层并插入下层20～30 mm,插捣须垂直压下(边缘部分除外),不得冲击。在插捣顶层时,装入的混凝土应高出坍落度筒口,随插捣过程随时添加拌合物,当顶层插捣完毕后,用捣棒作锯和滚的动作,以清除多余的混凝土,再用镘刀抹平筒口,刮净筒底周围的拌合物。而后立即垂直地提起坍落度筒,提筒在 5～10 s 内完成,并使混凝土不受横向力及扭力作用。从开始装筒至提起坍落度筒的全过程,不应超过 150 s。装完后表面抹平。

3. 将坍落度筒放在锥体混凝土试样一旁,筒顶平放木尺,用小钢尺量出木尺底面至试样顶面最高点的垂直距离,即为该混凝土拌合物的坍落度,精确至 1 mm。

4. 当混凝土试样的一侧发生崩坍或剪切破坏,则应重新取样另测。如果第二次仍发生上述情况,则表示混凝土工作性不好,应记录。

5. 当混凝土拌合物的坍落度大于 220 mm 时,用钢尺测量混凝土扩展后最终的最大直径和最小直径,在这两个直径之差小于 50 mm 的条件下,用其算术平均值作为坍落扩展度值;否则,此次试验无效。

6. 坍落度试验的同时,可用目测方法评定混凝土拌合物的下列性质,并作记录。

(1)棍度:按插捣混凝土拌合物的难易程度评定,分上、中、下三级。

上:插捣容易;

中:插捣时稍有石子阻滞的感觉;

下:很难插捣。

(2)含砂情况,按拌合物外观含砂多少而评定,分多、中、少三级。

多:用镘刀抹拌合物表面时,一、两次即可使拌合物表面平整无蜂窝;

中:用镘刀抹拌合物表面时,五、六次才使拌合物表面平整无蜂窝;

少:抹面困难,不易抹平,有空隙及石子外露等现象。

(3)黏聚性:观测拌合物各组成成分相互黏聚情况。评定方法是用捣棒在已坍落的混凝土锥体侧面轻打,若锥体在轻打后渐渐下沉,表示黏聚性良好;若锥体突然倒坍,部分崩裂或发生石子离析现象,则表示黏聚性不好。

(4)保水性:指水分从拌合物中析出情况,分多量、少量、无三级评定。

多量:提起坍落度筒后,有较多水分从底部析出;

少量:提起坍落度筒后,有少量水分从底部析出;

无:提起坍落度筒后,没有水分从底部析出。

(四)试验结果整理

混凝土拌合物的坍落度和坍落扩展度均以 mm 为单位,测量精确至 1 mm,结果修约至最接近的 5 mm。用加大坍落度筒测量时,应乘系数 0.67,以换算为标准坍落度筒的坍落度。

实训 15　混凝土拌合物稠度试验方法(维勃仪法)

(一)试验目的与适用范围

维勃时间为表示混凝土拌合物稠度的一种指标。本试验方法适用于集料最大粒径不大于 31.5 mm 的混凝土及维勃时间在 5～30 s 范围内的干稠性混凝土的稠度测定。

(二)试验仪器设备

1.维勃仪:如图 1-37 所示。

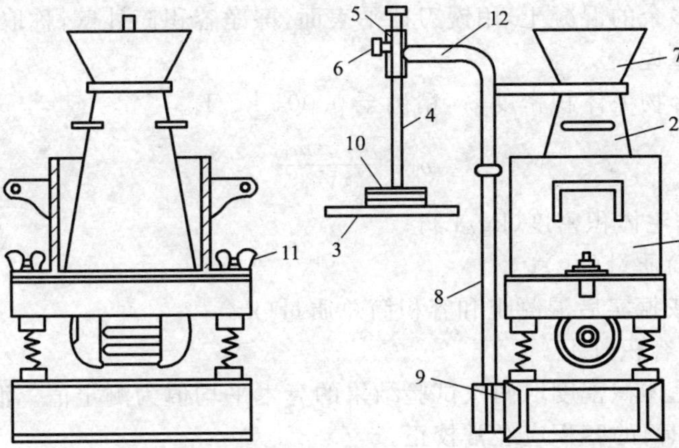

图 1-37　维勃仪

1—容器;2—坍落度筒;3—透明塑料圆盘;4—滑杆;5—套筒;6—螺钉;7—漏斗;8—支柱;9—定位螺丝;10—荷重块;11—元宝螺母;12—旋转架

(1)容器:金属圆筒,内径 240 mm ± 5 mm,高 200 mm ± 2 mm,壁厚 3 mm,底厚7.5 mm。

(2)坍落度筒:如图 1-36 所示,尺寸见表 1-62。

(3)透明塑料圆盘:直径 230 mm±2 mm,厚 10 mm±2 mm,圆盘、滑棒及荷重块总质量 2 750 g±50 g。

2.其他:捣棒、镘刀和秒表等。

(三)试验操作方法和步骤

1.将容器用螺母固定在振动台上,放入润湿的坍落度筒,把漏斗转到坍落度筒上口,拧紧螺丝,使漏斗对准坍落度筒口上方。

2.按坍落度试验步骤,分 3 层经漏斗装入拌合物,用捣棒每层捣 25 次,捣毕第 3 层混凝土,拧松螺丝,把漏斗转回到原先的位置,并将坍落度筒顶上的混凝土刮平,然后轻轻提起筒模。

3. 拧紧螺丝，使透明塑料圆盘可定向地向下滑动，仔细地转圆盘到混凝土上方，并轻轻与混凝土接触。检查圆盘是否可以顺利滑向容器。

4. 开动振动台并按动秒表，通过透明塑料圆盘观察混凝土的振动情况，当圆盘底面刚被水泥浆布满时，迅速按停秒表并关闭振动台，记下秒表所记时间，精确至 1 s。

5. 仪器每测试一次后，必须将容器、筒模及透明塑料圆盘洗净擦干，并在滑杆等处涂抹一层黄油，以备下次使用。

(四)试验结果整理

秒表所记时间即为混凝土拌合物稠度的维勃时间，精确至 1 s。以两次试验结果的平均值作为混凝土拌合物稠度的维勃时间。

实训 16 混凝土拌合物毛体积密度测定

(一)试验操作方法和步骤

1. 试验前用湿布将容积筒内外擦拭干净，称其质量 m_1。

2. 如用振动台振实时，一次将拌合物装满容积筒，立即开始振动，直至拌合物出现水泥浆为止。

3. 用直尺刮去多余的混凝土，用镘刀抹平表面，擦净容积筒外壁，称取质量 m_2。

(二)试验结果整理

计算混凝土拌合物毛体积密度 ρ_h，精确至 0.001 kg/L。

$$\rho_h = \frac{m_2 - m_1}{V}$$

式中 ρ_h——拌合物毛体积密度(kg/L)；

m_1——容积筒质量(kg)；

m_2——捣实或振实后混凝土和容积筒总质量(kg)；

V——容积筒容积(L)。

混凝土拌合物毛体积密度取两次试验结果的算术平均值为测定值。混凝土拌合物毛体积密度测定所用容积筒的容积应经常校正。

实训 17 混凝土立方体抗压强度试验方法

(一)试验目的与适用范围

1. 本方法规定了测定混凝土抗压强度的方法和步骤。可用于确定混凝土的强度等级，作为评定混凝土品质的主要指标。

2. 本方法适于各类混凝土立方体试件的极限抗压强度试验。

(二)试验仪器设备

1. 压力机或万能试验机：压力机除符合《试验机通用技术要求》(GB/T 2611—2007)中的要求外，其测量精度为±1%，试件破坏荷载应大于压力机全量程的 20%且小于压力机全量程的 80%；同时应具有加荷速度指示装置或加荷速度控制装置；上下压板平整并有足够刚度，可以均匀地连续加荷、卸荷，可以保持固定荷载，开机停机均灵活自如，能够满足试件破型吨位要求。

2. 球座：钢质坚硬，面部平整度要求在 100 mm 距离内高低差值不超过 0.05 mm，球面及球窝粗糙度 $R_a = 0.32\ \mu m$，研磨、转动灵活，不应在大球座上做小试件破型，球座最好放置在试件顶面(特别是棱柱试件)，并使凸面朝上，当试件均匀受力后，一般不宜再敲动球座。

3. 混凝土强度等级不小于 C60 时，试验机上、下压板之间应各垫一个钢垫板，平面尺寸应不小于试件的承压面，其厚度至少为 25 mm。钢垫板应机械加工，其平面度允许偏差为±0.04 mm；表面硬度不小于 55 HRC；硬化层厚度约 5 mm。试件周围应设置防崩裂网罩。

(三)试件制备和养护

1. 试件制备和养护应符合相关规定。

2. 混凝土抗压强度试件尺寸和集料公称最大粒径应符合相关规定。

3. 混凝土抗压强度试件应将同龄期者归为一组，每组为 3 个同条件制作和养护的混凝土试块。

(四)试验操作方法和步骤

1. 至试验龄期时，自养护室取出试件，应尽快试验，避免其湿度变化。

2. 取出试件，检查其尺寸及形状，相对两面应平行。量出棱边长度，精确至 1 mm。试件受力截面积按其与压力机上下接触面的平均值计算。在破型前，保持试件原有湿度，在试验时擦干试件。

3. 以成型时侧面为上下受压面，试件中心应与压力机几何对中。

4. 强度等级小于 C30 的混凝土取 0.3～0.5 MPa/s 的加荷速度；强度等级大于 C30 且小于 C60 的混凝土，则取 0.5～0.8 MPa/s 的加荷速度；强度等级大于 C60 的混凝土，取 0.8～1.0 MPa/s 的加荷速度。当试件接近破坏而开始迅速变形时，应停止调整试验机油门，直至试件破坏，记下破坏极限荷载 F(N)。

(五)试验结果整理

1. 混凝土立方体试件抗压强度按下式计算：

$$f_{cu}=\frac{F}{A}$$

式中 f_{cu}——混凝土立方体抗压强度(MPa)；

F——试件极限荷载(N)；

A——受压面积(mm^2)。

2. 以 3 个试件测值的算术平均值为测定值，计算精确至 0.1 MPa。三个测值中的最大值或最小值中如有一个与中间值之差超过中间值的 15%，则取中间值为测定值；如最大值和最小值与中间值之差均超过中间值的 15%，则该组试验结果无效。

3. 混凝土强度等级小于 C60 时，非标准试件的抗压强度应乘以尺寸换算系数(表 1-63)，并应在报告中注明。当混凝土强度等级不小于 C60 时，宜用标准试件，使用非标准试件时，换算系数由试验确定。

表 1-63　　混凝土立方体试件抗压强度尺寸换算系数

试件尺寸/mm	尺寸换算系数	试件尺寸/mm	尺寸换算系数
100×100×100	0.95	200×200×200	1.05

四、其他混凝土

基础知识

在道路与桥梁工程中，除了普通混凝土外，常用的其他功能混凝土有大体积混凝土、流态混凝土、高强混凝土和高性能混凝土等。对这几种混凝土的简述如下。

(一)大体积混凝土

大体积混凝土指的是最小断面尺寸大于或等于 1 m 的混凝土结构，由于其尺寸较大，必须采用相应的技术措施妥善处理温度差及合理解决温度应力并控制裂缝扩展。大体积混凝土与普通混凝土的区别表面上看只是厚度不同，但其实质的区别是混凝土中水泥水化要产生热量，大体积混凝土内部的热量不如表面的热量散失得快，造成内外温差过大，其所产生的温度应力可能会使混凝土开裂。

大体积混凝土在选用原材料和进行配合比设计时，应按照降低水化热温升的原则进行，并应符合如下规定：

1. 宜选用低水化热和凝结时间长的水泥品种。粗集料宜采用连续级配；细集料宜采用中砂。宜掺用可降低混凝土早期水化热的外加剂和掺合料，外加剂宜采用缓凝剂、减水剂，掺合料宜采用粉煤灰、矿渣粉等。

2. 进行水泥混凝土配合比设计时，在保证混凝土强度和工作性要求的前提下，宜采取改善粗集料级配、提高粗集料和掺合料的含量、降低水胶比等措施，减少混凝土的水泥用量。

3. 大体积混凝土进行混凝土配合比设计及质量评定时，可按 60 d 龄期的抗压强度控制。

(二)流态混凝土

在预拌的坍落度为 80～120 mm 的基体混凝土拌合物中，在浇注之前掺入适量的流化剂，经过 1～5 min 的第二次搅拌，使基体混凝土拌合物的坍落度立刻增大至 180～220 mm，能像水一样地流动，这种混凝土称为流态混凝土。在美国、英国、加拿大等国家称为超塑性混凝土，在德国和日本称为流动混凝土。

1. 流态混凝土的特点

流态混凝土自 20 世纪 70 年代初研制成功后，经过 30 多年的不断探索和实践，在国内外的应用范围越来越广泛。归纳起来，流态混凝土主要有以下特点。

(1)流动性大，浇注性好

流态混凝土的坍落度一般在 180 mm 以上，其流动性非常好，能像水一样流动至模板的各部位，不仅可以采用泵送浇注，而且不需要进行捣实。

(2)减少用水量、提高混凝土性能

由于流化剂可使用灰量不变而大幅度减少用水量，则在保证流动性的前提下减小水胶比，因此可提高混凝土的强度和耐久性。

(3)降低集浆比、减少收缩

流态混凝土是依靠流化剂的流化作用来提高其流动性的，如保持原来水胶比不变，则不仅可减少用水量，同时还可以节约水泥用量。这样拌合物中水泥浆的体积减少后，则可减小混凝土硬化后的收缩率，避免收缩裂缝。

(4)不产生离析和泌水

由于流化剂的流化作用，流态混凝土在用水量较小的情况下具有大的流动性，所以它不会像普通混凝土那样产生离析和泌水。

2. 流态混凝土的组成材料

(1)基体混凝土

水泥用量一般不低于 300 kg/m^3，粗集料最大粒径不大于 19 mm，细集料含有一定数量粒径小于 0.3 mm 的粉料，砂率通常可达 45%左右。基体混凝土拌合物的坍落度应与流化后拌合物的坍落度相匹配，通常相差约为 100 mm。

(2)流化剂

流化剂属高效减水剂。流化剂的用量一般为水泥用量的0.5%～0.7%，如超过0.7%，坍落度并无明显增加，但易产生离析现象。

(3)掺合料

在流态混凝土中常掺加优质粉煤灰等，可改善流动性、提高强度、节约水泥。

3.流态混凝土的技术性能

(1)抗压强度

一般情况下，流态混凝土与基体混凝土相比较，同龄期的强度无大差别。但是由于有些流化剂可起到一定早强作用，因而使流态混凝土的强度有所提高。

(2)弹性模量

掺加流化剂后，混凝土的弹性模量与抗压强度一样，未见有明显差别。

(3)与钢筋的黏结强度

由于流化剂使混凝土拌合物的流动性增加，所以流态混凝土较普通混凝土与钢筋的黏结强度有所提高。

(4)徐变和收缩

流态混凝土的徐变较基体混凝土稍大，而与普通大流动性混凝土接近。流态混凝土收缩与流化剂的品种和掺加量有关。掺加缓凝型流化剂时，其收缩比基体混凝土大。

(5)抗冻性

流态混凝土的抗冻性比基体混凝土稍差，与大流动性混凝土接近。

(6)耐磨性

试验表明，流动性混凝土的耐磨性较基体混凝土稍差，作为路面混凝土应考虑提高耐磨性。

4.工程应用

流态混凝土在道路与桥梁工程中应用日益广泛。例如越江隧道的混凝土路面、斜拉桥的混凝土主塔以及地铁的衬砌封顶等均须采用流态混凝土。

(三)高强混凝土

强度等级不低于C60的混凝土称为高强混凝土。为了减轻自重、增大跨径，现代高架公路、立体交叉和大型桥梁等混凝土结构均采用高强混凝土。

1.组成材料技术要求

(1)优质高强水泥

高强混凝土用水泥的矿物成分中含有C_3S和C_3A，其中C_3S含量较高。水泥宜选用强度等级不低于52.5的硅酸盐水泥或普通硅酸盐水泥。

(2)拌和水

采用磁化水拌和。磁化水是普通的水以一定流速流经磁场，由于磁化作用提高了水的活性。用磁化水拌制混凝土，使水泥水化更完全、充分，因而可提高混凝土强度30%～50%。

(3)硬质高强的集料

粗集料应使用质地坚硬、级配良好、无风化颗粒的碎石。形状近似立方体，有棱角和表面粗糙，针片状颗粒含量不宜大于5%，碎石的最大粒径不大于25 mm，配制C80及以上等级混凝土时，最大粒径不大于20 mm。细集料宜选用质地坚硬、级配良好的中砂，细度模数不小于 2.6。

(4)外加剂

高强度混凝土均采用高效减水剂或缓凝高效减水剂，其掺量应经试验确定。

(5)掺合料可选用品质稳定的粉煤灰、磨细矿渣粉或硅灰等。

2. 性能特点

(1)高强度混凝土可有效地减轻结构自重。

(2)可大幅度地提高混凝土耐久性。

(3)在大跨度的结构物中采用高强度混凝土可大大减少材料用量及成本，获得显著的经济效益。

(四)高性能混凝土

高性能混凝土是 20 世纪 80 年代末至 90 年代初，由一些发达国家基于混凝土结构耐久性设计提出的一种全新概念的混凝土，它以耐久性为首要设计指标，这种混凝土有可能为基础设施工程提供 100 年以上的使用寿命。区别于传统混凝土，高性能混凝土由于具有高耐久性、良好工作性、较高强度和高尺寸稳定性等许多优良特性，被认为是目前全世界性能最为全面的混凝土，至今已在不少重要工程中被采用，特别是在桥梁、高层建筑、海港建筑等工程中显示出其独特的优越性，在工程安全使用、经济合理性、环境条件的适应性等方面产生了明显的效益，因此被各国学者所接受，被认为是今后混凝土技术的发展方向。

1. 组成材料技术要求

(1)应选用优质水泥和优质集料，同时应掺加与水泥相匹配的高效减水剂及优质掺合料。

(2)水泥宜选用标准稠度用水量小、强度等级不低于 42.5 的硅酸盐水泥或普通硅酸盐水泥。

(3)细集料宜选用质地坚硬、级配良好、细度模数为 2.6～3.2 的河砂或符合要求的人工砂，不得使用山砂和海砂。

(4)粗集料应使用质地坚硬、粒形良好、级配合理、洁净的碎石或卵石。压碎指标应不大于 10%。

(5)外加剂采用高效减水剂或复合高效减水剂，其掺量应经试验确定。

(6)掺合料可选用品质稳定的粉煤灰、磨细矿渣粉或硅灰等。

2. 高性能混凝土具有的独特性能

(1)高性能混凝土具有较高的强度和高抗渗能力，但不一定具有高强度，中强度亦可。

(2)高性能混凝土具有良好的工作性，混凝土拌合物应具有较高的流动性，混凝土在成型过程中不分层、不离析，易充满模型；泵送混凝土、自密实混凝土还具有良好的可泵性、自密实性能。

(3)高性能混凝土的使用寿命长，对于一些特殊工程的特殊部位，控制结构设计的不是混凝土的强度，而是耐久性。能够使混凝土结构安全可靠地工作 50～100 年，是高性能混凝土应用的主要目的。

(4)高性能混凝土具有高的体积稳定性，即混凝土在硬化早期应具有较低的水化热，硬化后期具有较小的收缩变形。

项目 2 钢筋混凝土用钢材

基础知识

(一)钢材的生产及组成

1. 钢材

钢是以铁为主要元素，含碳量小于 2.06%，并含有其他元素的铁碳合金，由生铁冶炼、脱氧而成。钢经过铸锭加工后成为型材、板材和钢筋，它们统称为钢材。钢材被用于各类混凝土及预应力混凝土结构中。要求其具有较高的强度、良好的塑性、可焊性和冲击韧性，以满足相应结构需要承受的车辆荷载作用和大气等各种自然因素的考验。

本项目只对钢筋混凝土和预应力混凝土结构中所用的钢材进行简单介绍。

(1)钢筋混凝土用热轧光圆钢筋

钢筋混凝土用热轧光圆钢筋是指经热轧成型并自然冷却的成品、横截面为圆形且表面光滑的钢筋混凝土配筋用钢材。

(2)钢筋混凝土用热轧带肋钢筋

钢筋混凝土用热轧带肋钢筋是指钢筋混凝土配筋用的直条或盘条状钢材，通常带有两道纵肋和沿长度方向均匀分布的横肋。此类钢筋在混凝土中主要承受拉应力。

(3)预应力混凝土用钢绞线

钢绞线是由 2 根、3 根和 7 根钢丝捻制的，其中用得最多的是由 7 根圆形断面钢丝捻制而成，做预应力混凝土配筋用的钢绞线，简称预应力钢绞线。钢绞线按左捻制成，并经回火处理，消除内应力。它具有强度高、柔性好、质量稳定、成盘供应、不需接头等优点。适用于大型建筑、公路或铁路桥梁等大跨度预应力混凝土构件。

2. 钢材的特点

钢材具有强度高、塑性好、韧性高、能经受冲击、品种均匀、性能可靠等优点，可以对其进行热处理和冷加工，又可以进行焊接、铆接和切割，便于装配成大型构件和构筑物等。带肋钢筋由于表面肋的作用，和混凝土有较大的黏结能力，因而能更好地承受外力的作用。钢材广泛用于各种建筑结构，几乎所有的混凝土结构物中都有应用，特别是大、中桥梁。其主要缺点是易锈蚀、维护费用高。

3. 钢材的组成

(1)碳

碳是钢中除铁之外含量最多的元素，是决定钢性能的主要元素。含碳量多时，钢的屈服强度、强度极限及硬度相应提高，而伸长率、断面收缩率及冲击韧性则相应降低。

(2)锰

锰是低合金钢的重要合金元素，它可减轻硫的有害作用，消除钢的热脆性，改善加工性能。钢中含锰量增加时，其强度、硬度和耐磨性都提高。碳钢中锰含量一般低于 0.8%。

(3)硅

硅在钢中也是一种有益元素。硅含量少时，仅作为少量杂质存在，对钢的性能无显著影响。随硅含量的增高，钢的强度、弹性及硬度都升高，而韧性、塑性及锻造和焊接性均降低。碳钢中含硅量通常小于0.35%。

(4)硫

硫是由炼钢原料带入钢中的有害元素。硫的含量虽然很低，但它的存在使钢质变脆，并降低抗蚀性，而且对焊接也不利。规定普通碳素钢含硫量不大于0.045%，优质钢含硫量不大于0.035%。

(5)磷

磷是由炼钢原料带入钢中的有害元素。磷会显著降低钢材的塑性、韧性、冷弯性能和可焊性，特别是在低温下冲击韧性下降更为明显，常把这种现象称为冷脆性。但磷可使钢材的强度、耐蚀性提高，因此钢中含磷量要严格控制。规定普通碳素钢含磷量不大于0.040%，优质钢含磷量不大于0.030%。

(6)氧、氮

氧、氮都是钢中的有害元素，可显著降低钢的塑性、韧性、冷弯性能和可焊性。

综上可知，化学元素对钢材的性能影响很大。其中，碳、锰、硅是碳素钢的有益元素，而硫、磷、氧、氮等微量元素则是钢材的有害元素，应严格按照规范控制其含量，以保证钢材的力学性能和工艺性能。

4.钢材的分类

钢材的分类方法很多，常用的分类方法如下：

(1)按化学成分分类

①碳素钢：含少量硫、磷杂质的铁碳合金。根据碳元素在钢中的含量不同，进一步分类如下：

低碳钢——碳含量<0.25%，软韧、易加工，是建筑工程的主要用钢，如Ⅰ级钢筋；

中碳钢——碳含量为0.25%～0.6%，较硬，多用于机械部件，如原Ⅱ级钢筋；

高碳钢——碳含量>0.6%，很硬，是一般工具的主要用钢，如碳素钢丝。

②合金钢：在低碳素钢或中碳素钢冶炼时添加合金元素(锰、硅、钛、铬、铌等)，获得强度高且综合性能好的钢种。其主要牌号有20锰硅和20锰铌的HRB335钢、25锰硅的HRB400钢。根据合金元素掺入的总量，又可分类如下：

低合金钢——合金元素总量 <5%；

中合金钢——合金元素总量为5%～10%；

高合金钢——合金元素总量 >10%。

(2)按质量分类

根据钢中硫、磷杂质元素的含量不同，可分类如下：

普通碳素钢：硫含量≤0.055%，磷含量≤0.040%；

优质碳素钢：硫含量为0.030%～0.040%，磷含量≤0.040%；

高级优质碳素钢：硫含量为0.020%～0.030%，磷含量≤0.035%。

(3)按生产工艺分类

热轧钢筋：钢锭或连铸坯在高温时用轧钢机轧制，而不再经过任何处理的钢筋。

冷拉钢筋：一般在工地上，将热轧钢筋在常温下，拉到屈服点以上、极限强度以下的一定强度，卸荷后可使原钢筋的屈服点、极限强度和硬度都得到提高。

冷拔低碳钢丝：将直径为 6～10 mm 的热轧光圆钢筋，一般在厂内或有条件的工地，通过拔丝模具多次强力冷拔卸荷后，使原钢筋直径减小，塑性降低，极限强度大为提高。

热处理钢筋：将热轧螺纹钢筋经淬火和回火调质热处理而成。调质热处理提高了热轧螺纹钢筋的抗拉强度并改善了其性能，可使热轧普通钢筋的抗拉强度提高到预应力筋所需要的抗拉强度。

碳素钢丝：通称高强钢丝，由含碳量为 0.25%～0.6%，含磷量及含硫量小于 0.05%的优质碳素钢制成。分为矫直回火和冷拉两种，直径为 3～5 mm。

刻痕钢丝：由碳素钢丝经压痕机轧制而成。

钢绞线：一般由 7 根直径为 2.5～5 mm 碳素钢丝编绞而成，成股直径为 9～15 mm。

(4)按用途分类

钢的用途与其形状有关，所以按用途分类实际上是按形状来分类。

桥梁用钢按其形状分类可分为型材、棒材(或线材)和异型材(特种形状)等三类。型材主要包括型钢和钢板，主要用于钢桥建筑；线材主要包括钢筋、预应力钢筋、高强钢丝和钢绞线等，是钢筋混凝土建筑中使用的重要材料之一；异型材是为特殊用途制作的，如预应力混凝土桥梁中的锚具、夹具和大变形伸缩件中使用的异型钢梁等。

(5)按使用性能和力学性能分类

普通钢筋：仅做非预应力钢筋使用；

预应力混凝土用钢筋：目前使用的有热处理钢筋、矫直回火钢丝、冷拉钢丝、刻痕钢丝、钢绞线等，使用最多的是钢绞线。用 7 根钢丝捻制的为标准型钢绞线。

(6)按直径分类

钢丝：直径为 3～5 mm；

细钢筋：直径为 6～10 mm；

中粗钢筋：直径为 12～20 mm；

粗钢筋：直径大于 20 mm。

(7)按供应形式分类

可分为盘圆钢筋(直径为 6～10 mm)和直条钢筋(直径为 6～12 mm)。

(8)按钢筋的轧制外形分类

可分为光面圆钢筋、变形钢筋和刻痕钢筋。

(二)钢材的技术性质

1.钢材的使用性能和工艺性能

(1)使用性能是指能够保证钢筋制成的成品正常使用的能力，如物理性能、力学性能和化学性能等。

①物理性能是指钢材本质不发生变化而表现的性能，包括密度、熔点、强度、硬度、导电性、导热性、磁性、塑性等。

②力学性能是指在外力作用下所表现出的各种特性，包括弹性、塑性、韧性、强度、硬度等。

③化学性能主要是指其化学稳定性，即抵抗周围各种介质腐蚀的能力。

(2)工艺性能是指钢材在生产加工过程中，能承受各种加工制造工艺且不产生疵病或废品而应具备的性能，钢材应具有良好的工艺性能，以满足施工工艺的要求，如冷弯、冷拉、冷拔及焊接性能等。

2.钢筋混凝土结构用钢筋的基本技术性能

(1)强度

强度是钢筋力学性能的主要指标，包括屈服强度和抗拉强度。

①屈服强度：也称屈服极限，它是钢材在承受抗拉试验时，开始失去对变形的抵抗能力，并产生大量塑性变形时所对应的应力。对于低碳钢，在屈服阶段有一锯齿形应力-应变曲线，对应于锯齿形最高点的应力称为上屈服点，对应于锯齿形最低点的应力称为下屈服点。上屈服点与试验过程中的许多因素有关，数据范围变化较大，而下屈服点较为稳定，所以我国现行规范中规定：取低碳钢的下屈服点所对应的应力为屈服强度。由于中碳钢和高碳钢没有明显的屈服阶段，故取中碳钢和高碳钢在受拉过程产生残余应变为0.2%时所对应的应力作为屈服强度。预应力钢筋混凝土用的钢材都无明显的屈服点。

当钢材中的实际应力达到屈服点时，虽未破坏，但却产生了比较明显的、不可恢复的塑性变形，为一般建筑结构的正常使用所不允许，所以屈服强度是确定钢结构容许应力的主要依据。

②抗拉强度：它是钢材所承受的最大拉应力，即当拉应力达到强度极限时，钢材完全丧失了对变形的抵抗能力而断裂。抗拉强度不能直接利用。

③屈强比：是屈服强度和抗拉强度的比值，通常用来比较结构的安全可靠性和钢材有效利用率。屈强比越小，表明钢材越不易发生危险的脆性破坏，结构的安全性、可靠性越高。但太小则钢材强度的有效利用率低，造成浪费。所以，屈服强度和抗拉强度是钢材力学性能的主要检验指标。

建筑结构钢屈强比一般在0.60～0.75范围内较合理。普通碳素结构钢Q235的屈强比在0.58～0.63范围内；低合金结构钢的屈强比在0.65～0.75范围内；对有抗震要求的框架结构纵向受力钢材要求屈强比不应大于0.80。

(2)塑性

塑性是钢材在受力破坏前可以经受永久变形的性能，通常用伸长率和断面收缩率表示。

①伸长率：它是钢材在拉伸试验中发生断裂时所能承受的永久变形的能力。试件拉断后标距长度的增量与原标距长度之比的百分率即为伸长率。

伸长率是衡量钢材塑性的重要指标，伸长率越大，钢材的塑性越好。而有明显屈服点的钢材都有较高的伸长率和较大的塑性，塑性良好的钢材，偶尔遇到超载，将产生塑性变形，使内部应力重新分布，不致由于应力集中造成脆性断裂而发生突然破坏。相反塑性小的钢材，钢质硬脆，超载后易脆断破坏。

伸长率的大小与试件尺寸有关，一般规定试件计算长度为其直径的5倍或10倍，伸长率分别用δ_5、δ_{10}表示。通常以伸长率的大小来区别钢材塑性的好坏，伸长率越大，表明钢材的塑性越好。当$\delta>5\%$时，称为塑性材料，如钢、铁等；当$\delta<5\%$时，称为脆性材料，如铸铁等。

通过拉伸实验可以测得屈服强度、抗拉强度和伸长率。

②断面收缩率：断面收缩率也是反映钢材塑性的指标，它是试件拉断后缩颈处横断面积的最大缩减量占横截面积的百分率。

(3)冲击韧性

冲击韧性是钢材抵抗冲击荷载作用的能力，用冲断试件所需的能量表示。它是衡量钢材抵抗脆性破坏的力学性能指标。将有缺口的试件放在冲击试验机的支座上，用摆锤打断试件，测得试件单位面积上所消耗的功，作为冲击韧性指标。值越大，钢材在断裂时所吸收的能量越多，则冲击韧性越好。

对于重要钢结构及使用时承受动荷载作用的结构，必须对其钢材的冲击韧性予以鉴定。

(4)硬度

钢材表面局部体积内抵抗更硬物体压入而引起塑性变形的抗力称为硬度。常用的测定钢材硬度的方法是布氏法，所测的硬度称为布氏硬度，还有洛氏法和维氏法。

布氏硬度试验是用直径为 D(mm)的硬钢球，在一定荷载 P(N)作用下压入钢材表面，并持续一定时间后卸荷，量出压痕直径 d(mm)，计算每单位压痕球面积所承受的荷载，即为布氏硬度(HB)。硬度的大小，既可判断钢材的软硬程度，也可以近似地估计钢材的抗拉强度。硬度越大，即表明钢材抵抗塑性变形能力越大，钢材产生塑性变形越困难。

(5)耐疲劳性

钢材若在交变应力(随时间作周期性交替变更的应力)的反复作用下，往往在工作应力远小于抗拉强度时发生骤然断裂，这种现象称为疲劳破坏。钢材抵抗疲劳破坏的能力称为耐疲劳性。

(6)冷弯性能

冷弯性能是钢材在常温条件下承受规定弯曲程度的弯曲变形能力，并可在弯曲中显示钢材缺陷的一种工艺性能。钢筋混凝土所用的钢材，多需进行弯曲加工，因此必须满足冷弯性能的要求。

冷弯性能是以规定尺寸试件，在常温下进行弯曲试验，弯曲性能用弯曲角度、弯心的直径与试件的厚度(或直径)比值表示。能承受的弯曲角度越大，弯心直径与试件厚度(或直径)比越小，则表示该钢材的弯曲性能越好。按规定试件弯曲处不产生裂纹、断裂和起层等现象即认为冷弯性能合格。

冷弯是检验钢材塑性的一种方法，并与伸长率存在着必然的联系。伸长率大的钢材，其冷弯性能必然好，但冷弯试验对钢材塑性的评定比拉伸试验更严格、更敏感。冷弯有助于暴露钢材中的气孔、杂质、裂纹等缺陷。钢材的局部脆性及接头缺陷都可在焊接中的冷弯发现，所以钢材的冷弯不仅是评定塑性、加工性能的要求，而且也是评定焊接质量的重要指标之一。对于重要结构和弯曲成型的钢材，冷弯必须合格。

(7)焊接性能

建筑工程中，钢材间的连接90%以上采用焊接方式。因此，要求钢材应有良好的焊接性能。

焊接的质量取决于钢材与焊接材料的可焊性及其焊接工艺。可焊性是指在一定的焊接工艺条件下，在焊缝及附近过热区不产生裂缝及硬脆倾向。可焊性好的钢材，焊接后在焊缝处的力学性能尤其是强度应与母材性质基本相同，以保证焊接牢固可靠。

焊接性受化学成分及其含量的影响。含碳量小的碳素钢具有良好的可焊性，硫、磷及气体杂质使可焊性降低，加入过多的合金元素，也可降低可焊性。一般焊接结构用钢应注意选用含碳量较低的氧气转炉钢或平炉镇静钢。对于高碳钢及合金钢，为了改善焊接性能，焊接时一般要采用焊前预热及焊后热处理等措施。

(8)腐蚀性

钢材因受周围介质的化学作用而逐渐破坏的现象称为腐蚀，也称锈蚀。产生腐蚀的原因有两种，即化学锈蚀和电化学锈蚀。

防治方法有制成合金钢、金属覆盖和涂覆油漆等。

以上几种性能是钢材的基本技术性能，其中常用的指标是强度和塑性，在建筑上使用的钢材主要检测钢材的强度和塑性两项指标。

(三)钢材的技术要求

1.钢材应具备的技术要求

(1)良好的综合力学性能

应具有较高的屈服点与较高的抗拉强度，并有良好的塑性、冷弯、冲击韧性、抵抗振动应力的抗疲劳强度和低温(−40 ℃)冲击韧性。

(2)良好的焊接性

由于近代焊接技术的发展，桥梁钢结构趋向于采用焊接结构代替铆接结构，以加快施工速度和节约钢材，因此要求钢材具有良好的焊接性能。

(3)良好的抗蚀性

桥梁长期暴露于大气中，故要求钢材具有良好的抵抗大气因素腐蚀的性能。

2.钢制品

(1)普通钢筋的力学性能和表面质量要求

钢筋混凝土中的钢筋和预应力混凝土中的非预应力钢筋有光圆钢筋、热轧带肋钢筋、冷轧带肋钢筋、低碳钢热轧圆盘条。在工程中需要做拉伸试验和弯曲试验，其力学性能指标、强度标准见表1-64。常用单根圆钢筋横截面面积和理论质量见表1-65。

表面质量要求：钢筋外表有严重锈蚀、麻坑、裂纹夹砂和夹层等缺陷时，应予剔除，不得使用。

表1-64　普通钢筋的力学性能指标、强度标准(GB 1499.1—2008，GB 1499.2—2007)

钢筋类别	牌号	公称直径/mm	屈服强度 R_{eL}/MPa	抗拉强度 R_m/MPa	断后伸长率 A/%	最大力总伸长率 A_{gt}/%	冷弯试验	
		不小于					弯心直径	弯曲角度/(°)
热轧光圆钢筋	HPB235	6～22	235	370	25	10	d	180
	HPB300		300	420				
热轧带肋钢筋	HRB335 HRBF335	6～25	335	455	17	7.5	3d	180
		28～40					4d	
		>40～50					5d	
	HRB400 HRBF400	6～25	400	540	16		4d	180
		28～40					5d	
		>40～50					6d	
	HRB500 HRBF500	6～25	500	630	15		6d	180
		28～40					7d	
		>40～50					8d	

注：d为钢筋直径。

表 1-65　　单根圆钢筋公称横截面面积和理论质量

公称直径/mm	公称横截面面积/mm²	理论质量/(kg·m⁻¹)	公称直径/mm	公称横截面面积/mm²	理论质量/(kg·m⁻¹)
6	28.27	0.222	22	380.1	2.98
8	50.27	0.395	25	490.9	3.85
10	78.54	0.617	28	615.8	4.83
12	113.1	0.888	32	804.2	6.31
14	153.9	1.21	36	1018	7.99
16	201.1	1.58	40	1 257	9.87
18	254.5	2.00	50	1 964	15.42
20	314.2	2.47			

(2)预应力钢筋的力学性能和表面质量要求

预应力钢筋的种类比较多,包括热处理钢筋、冷拉钢筋、精轧螺纹钢筋、冷拔钢丝、预应力混凝土用钢丝、钢绞线,分别简述如下。

①热处理钢筋:热处理钢筋由热轧螺纹钢筋经淬火和回火的调质处理而成,经热处理后改变了钢筋的内部组织结构,其性能得到改善,抗拉强度提高到预应力钢筋所需要的强度等级。热处理钢筋按其螺纹外形分有纵肋和无纵肋两种。热处理钢筋的力学性能见表 1-66,尺寸及允许偏差和计算数值见表 1-67 和表 1-68。

表面质量要求:钢筋表面不得有肉眼可见的裂纹、结疤、折叠;允许有凸块,但不得有超过横肋高度的凸块;表面允许有不影响使用的缺陷,但不得沾有油污。

表 1-66　　热处理钢筋的力学性能

公称直径/mm	牌　号	屈服强度 $\sigma_{0.2}$/MPa	抗拉强度 σ_b/MPa	伸长率 δ_{10}/%
		不小于		
6	40Si2Mn	1 325	1 470	6
8.2	48Si2Mn			
10	45Si2Cr			

表 1-67　　热处理钢筋(有纵肋)的尺寸及允许偏差和计算数值

公称直径 d/mm	尺寸及允许偏差/mm							截面计算面积 F/mm²	理论质量/(kg·m⁻¹)
	垂直内径 d_1	水平内径 d_2	肋距 L	横肋高 h_1	横肋宽 b_2	纵肋高 h_2	纵肋宽 b_2		
8.2	$8.0^{+0.6}_{-0.2}$	$8.3^{+0.6}_{-0.2}$	$7.5^{+0.5}_{-0.5}$	$0.7^{+0.5}_{-0.2}$	$0.7^{+0.5}_{-0.2}$	$0.7^{+0.5}_{-0.2}$	$1.2^{+0.5}_{-0.5}$	52.81	0.432
10	$9.6^{+0.6}_{-0.2}$	$9.6^{+0.4}_{-0.4}$	$7.0^{+0.5}_{-0.5}$	$1.0^{+0.5}_{-0.5}$	$1.0^{+0.7}_{-0.3}$	$1.0^{+0.5}_{-0.2}$	$1.5^{+0.5}_{-0.5}$	78.54	0.617

表 1-68　　热处理钢筋(无纵肋)的尺寸及允许偏差和计算数值

公称直径 d/mm	尺寸及允许偏差/mm					截面计算面积 F/mm^2	理论质量 /(kg·m⁻¹)
	垂直内径 d_1	水平内径 d_2	肋距 L	横肋高 h_1	横肋宽 b_2		
6	$5.8^{+0.6}_{-0.2}$	$6.3^{+0.6}_{-0.2}$	$7.5^{+0.5}_{-0.5}$	$0.4^{+0.3}_{-0.2}$	$0.7^{+0.5}_{-0.2}$	28.27	0.230
8.2	$7.9^{+0.6}_{-0.2}$	$8.5^{+0.6}_{-0.2}$	$7.5^{+0.5}_{-0.5}$	$0.7^{+0.5}_{-0.2}$	$0.7^{+0.5}_{-0.2}$	52.73	0.424

②冷拉钢筋:冷拉是将钢筋在常温下拉伸超过屈服点,以提高钢筋的屈服极限、强度极限和疲劳极限的一种加工工艺。但经冷拉后会降低钢筋的延伸率、断面收缩率、冷弯性能和冲击韧性。

预应力混凝土结构所用的钢筋,主要要求具有高的屈服极限、变形极限等强度性能,而延伸率、断面收缩率、冷弯性能要求不高,因此这就为采用冷拉加工工艺提供了可能性。冷拉钢筋的力学性能要求见表 1-69。

表面质量要求:钢筋冷拉后,其表面不应发生裂纹。冷弯试验后无裂纹、鳞落或断裂现象。

表 1-69　　冷拉钢筋力学性能

钢筋级别	直径/mm	屈服强度/MPa	抗拉强度/MPa	伸长率 δ_{10}/%	冷　弯	
		不小于			弯心直径	弯曲角度 /(°)
冷拉Ⅳ级钢筋	10~28	700	835	6	$5d$	90

注:表中 d 为钢筋直径(mm);直径大于 25 mm 的钢筋,冷弯弯心直径应增加一个 d。

③精轧螺纹钢筋:精轧螺纹钢筋是用热轧方法直接生产的一种无纵肋的钢筋,钢筋的连接是在端部用螺纹套筒进行连接接长,其力学性能如表 1-70 所示。

表面质量要求:钢筋表面不得有横向裂纹、结疤和机械损伤,钢筋表面允许有不影响力学性能和连接的缺陷。

表 1-70　　精轧螺纹钢筋力学性能

钢筋级别	屈服强度 $\sigma_{0.2}$/MPa	抗拉强度 σ_b/MPa	伸长率 δ_5/%	冷　弯		10 h,松弛率%
	不小于			弯心直径	弯曲角度 /(°)	不大于
JL540	540	835	10	$D=6d$	90	1.5
JL785	785	980	7	$D=7d$	90	
JL930	930	1 080	6			

注:①d 为钢筋直径(mm),其规格一般为 18 mm,25 mm,32 mm,40 mm;D 为弯心直径。

②除非生产厂家另有规定,弹性模量为 2×10^5 MPa。

③冷弯指标不作为交货条件。

④冷拔钢丝:冷拔钢丝是把直径为 6~8 mm 的普通碳素钢筋条用强力拉过比它本身直

径还小的硬质合金拉丝模，这时钢筋同时受到纵向拉力和横向压力的作用，截面变小，长度拉长，经过几次拉丝，其强度有极大提高。冷拔钢丝的力学性能要求如表 1-71 所示。

表面质量要求：钢丝表面不得有裂纹和机械损伤。

表 1-71　　冷拔低碳钢丝力学性能

直径/mm	抗拉强度/MPa 不小于		伸长率 δ_{10}/% 不小于	180°反复弯曲次数
	Ⅰ组	Ⅱ组		
4	700	650	2.5	4
5	650	600	3.0	

注：冷拔低碳钢丝经机械调直后，抗拉强度标准值应降低 50 MPa。

⑤预应力混凝土用钢丝：预应力混凝土用钢丝包括冷拉钢丝、消除应力钢丝和消除应力刻痕钢丝。按《预应力混凝土用钢丝》(GB/T 5223—2002)的规定，钢丝按加工状态分为冷拉钢丝、消除应力钢丝两种。冷拉钢丝是用盘条通过拔丝模或轧辊经冷加工而成；消除应力钢丝是按下述一次性连续处理方法之一生产的钢丝。

钢丝在塑性变形下(轴应变)进行的短时热处理，得到的应是低松弛钢丝，其代号为 WLR；钢丝通过矫直工序后在适当温度下进行的短时热处理，得到的应是普通松弛钢丝，其代号为 WNR。桥涵工程用钢丝一般为低松弛钢丝。

冷拉钢丝的力学性能应符合表 1-72 的规定。规定非比例伸长应力 $\sigma_{p0.2}$ 不小于公称抗拉强度的 75%。除抗拉强度、规定非比例伸长应力外，对压力管道用钢丝还需进行断面收缩率、扭转次数、松弛率的检验；对其他用途钢丝还需进行断后伸长率、弯曲次数的检验。

表 1-72　　冷拉钢丝的力学性能

公称直径/mm	抗拉强度 σ_b(≥)/MPa	规定非比例伸长应力 $\sigma_{p0.2}$(≥)/MPa	最大力下总伸长率 δ_{gt}(≥)(L_0=200 mm)/%	弯曲次数(≥)/(次/180°)	弯曲半径 R/mm	断面收缩率 ψ(≥)/%	每 210 mm 扭矩的扭转次数 n(≥)	初始应力相当于 70% 公称抗拉强度时，1 000 h 后应力松弛率 r(≤)/%
3.00	1 470 1 570 1 670 1 770	1 100 1 180 1 250 1 330	1.5	4	7.5	—	—	8
4.00				4	10	35	8	
5.00				4	15		8	
6.00	1 470 1 570 1 670 1 770	1 100 1 180 1 250 1 330		5	15	30	7	
7.00				5	20		6	
8.00				5	20		5	

消除应力的光圆及螺旋肋钢丝的力学性能应符合表 1-73 的规定。规定非比例伸长应力 $\sigma_{p0.2}$ 值对低松弛钢丝应不小于公称抗拉强度的 88%，对普通松弛钢丝应不小于公称抗拉强度的 85%。

表 1-73　　　　消除应力光圆及螺旋肋钢丝的力学性能

公称直径/mm	抗拉强度 σ_b(≥)/MPa	规定非比例伸长应力 $\sigma_{p0.2}$(≥)/MPa		最大力下总伸长率 δ_{gt}(≥)(L_0=200 mm)/%	弯曲次数(≥)/(次/180°)	弯曲半径 R/mm	松弛		
		WLR	WNR				初始应力相当于公称抗拉强度的百分数/%	1 000 h 后应力松弛率 r(≤)/%	
								WLR	WNR
							对所有规格		
4.00	1 470	1 290	1 250		3	10			
	1 570	1 380	1 330						
4.80	1 670	1 470	1 410		4				
	1 770	1 560	1 500			15			
5.00	1 860	1 640	1 580		4				
							60	1.0	4.5
6.00					4	15			
	1 470	1 290	1 250						
	1 570	1 380	1 330						
6.25					4	20			
	1 670	1 470	1 410						
				3.5			70	2.0	8
	1 770	1 560	1 500						
7.00					4	20			
8.00					4	20			
	1 470	1 290	1 250						
							80	4.5	12
	1 570	1 380	1 330						
9.00					4	25			
10.00					4	25			
	1 470	1 290	1 250						
12.00					4	30			

消除应力的刻痕钢丝的力学性能应符合表 1-74 规定。规定非比例伸长应力 $\sigma_{p0.2}$ 对低松弛钢丝应不小于公称抗拉强度的 88%，对普通松弛钢丝应不小于公称抗拉强度的 85%。钢丝弹性模量为 205 GPa±10 GPa，但不作为交货条件。允许用不少于 100 h 的测试数据推算 1 000 h 的松弛值。

表面质量要求：钢丝表面不得有裂纹、小刺、机械损伤、氧化铁皮及油污；回火成品表面允许有回火颜色。除非另有协议，表面允许有浮锈，但不得锈蚀成目视可见的麻坑。

表 1-74　　　　消除应力的刻痕钢丝的力学性能

公称直径/mm	抗拉强度 σ_b(≥)/MPa	规定非比例伸长应力 $\sigma_{p0.2}$(≥)/MPa		最大力下总伸长率 δ_{gt}(≥)(L_0=200 mm)/%	弯曲次数(≥)/(次/180°)	弯曲半径 R/mm	松弛		
		WLR	WNR				初始应力相当于公称抗拉强度的百分数/%	1 000 h 后应力松弛率 r(≤)/%	
								WLR	WNR
							对所有规格		
	1 470	1 290	1 250						
	1 570	1 380	1 330						
≤5.0	1 670	1 470	1 410			15	60	1.0	4.5
	1 770	1 560	1 500						
	1 860	1 640	1 580	3.5	3		70	2.0	8
	1 470	1 290	1 250						
	1 570	1 380	1 330				80	4.5	12
>5.0	1 670	1 470	1 410			20			
	1 770	1 560	1 500						

⑥钢绞线：钢绞线是钢厂用优质碳素结构钢经过冷加工、回火和绞捻等加工而成的，塑性好、无接头、使用方便，专供预应力混凝土结构使用。桥涵工程常用为 1×7 结构钢绞线，

其力学性能要求见表 1-75，尺寸、允许偏差和每米参考质量如表 1-76 所示。钢绞线弹性模量为 195 GPa±10 GPa，但不作为交货条件。允许用不少于 100 h 的测试数据推算 1 000 h 的松弛值。

表面质量要求：钢绞线表面不得带有降低钢绞线与混凝土黏结力的润滑剂、油渍等物质，允许有轻微的浮锈，但不得锈蚀成肉眼可见的麻坑。

表 1-75　　1×7 结构钢绞线力学性能

钢绞线结构	钢绞线公称直径 D/mm	抗拉强度 R_m(≥)/MPa	整根钢绞线的最大力 F_m(≥)/kN	规定非比例延伸力 $F_{p0.2}$(≥)/kN	最大力总伸长率 A_{gt}(≥)(L_0≥500 mm)/%	应力松弛性能	
						初始负荷相当于公称最大力的百分数/%	1 000 h 后应力松弛率 r(≤)/%
1×7	9.50	1 720	94.3	84.9	3.5	60	1.0
		1 860	102	91.8			
		1 960	107	96.3			
	11.10	1 720	128	115			
		1 860	138	124			
		1 960	145	131			
	12.70	1 720	170	153			
		1 860	184	166			
		1 960	193	174			
	15.20	1 470	206	185		70	2.5
		1 570	220	198			
		1 670	234	211			
		1 720	241	217			
		1 860	260	234			
		1 960	274	247		80	4.5
	15.70	1 770	266	239			
		1 860	279	251			
	17.80	1 720	327	294			
		1 860	353	318			
(1×7)C	12.70	1 860	208	187			
	15.20	1 820	300	270			
	18.00	1 720	384	346			

注：规定非比例延伸力 $F_{p0.2}$ 不小于整根钢绞线公称最大负荷的 90%。

表 1-76　　1×7 结构钢绞线尺寸、允许偏差和每米参考质量

钢绞线结构	公称直径 D_n/mm	直径允许偏差 /mm	钢绞线参考截面积 S_n/mm²	每米钢绞线参考质量/(g·m⁻¹)	中心钢丝直径 d_0 加大范围(≥)/%
1×7	9.50	+0.30 −0.15	54.8	430	2.5
	11.10		74.2	582	
	12.70	+0.40 −0.20	98.7	775	
	15.20		140	1 101	
	15.70		150	1 178	
	17.80		191	1 500	
(1×7)C	12.70	+0.40 −0.20	112	890	
	15.20		165	1 295	
	18.00		223	1 750	

(四)各类钢筋区别

1.热轧钢筋

热轧钢筋是钢筋混凝土结构或预应力混凝土结构的主要材料，共有四个牌号，其中Ⅰ级钢筋的强度较低，但塑性及焊接性能较好，便于加工，因而广泛用于普通钢筋混凝土构件，多用于中小型构件受力钢筋及其他构件的构造钢筋。在使用前一般经过冷拉处理，以达到调直、除锈及节约钢材的目的。盘圆Ⅰ级钢筋还可作为加工冷拔低碳钢丝及冷扭钢筋等的原料。Ⅱ级钢筋的强度、塑性、焊接性能等综合性能比较好，广泛用于建筑、桥梁及水坝等构筑物中，还可以在进行冷拉处理后用作预应力钢筋。Ⅲ级、Ⅳ级钢筋主要经冷拉后用作预应力钢筋。

2.热处理钢筋

将热轧带肋钢筋经淬火及回火调质热处理工艺，使钢筋的强度大幅度提高成为热处理钢筋。其强度性能好，抗腐蚀性能有所提高。产品一般为 17～20 m 长的弹性盘卷，开盘后能自然伸直，使用时可任意截断，不需冷拉和焊接，施工方便，价格便宜，是应用于预应力钢筋混凝土结构比较理想的钢筋。

3.冷拉钢筋

将热轧钢筋冷拉加工后得到冷拉钢筋，冷拉加工一般由施工单位在现场进行。冷拉Ⅰ级钢筋一般用于普通混凝土结构，冷拉Ⅱ～Ⅳ级钢筋用于预应力钢筋混凝土结构作为预应力钢筋。由于冷拉钢筋的冲击韧度有所降低，在承受冲击荷载的动力设备基础结构中不得使用冷拉钢筋。

4.钢丝

钢丝直径通常为 3～5 mm，建筑上常用的有冷拉低碳钢丝和预应力钢丝。

(1)冷拉低碳钢丝

将直径 6.5～8 mm 的碳素结构钢 Q235 热轧圆钢筋，经多次冷拔而得，其直径一般为 3～5 mm。冷拉低碳钢丝的强度大大提高，一般可提高 40%～60%，但塑性显著降低，屈服阶段不明显，属于硬钢类钢丝。冷拉低碳钢丝可分甲、乙两类，前者普遍用于中小型预应力构件中作预应力钢筋，后者主要用于作焊接骨架、焊接网及箍筋等。冷拉低碳钢丝加工方

便，可在工厂生产，更多在现场施工单位自行拔制，质量波动较大，强度和塑性不够稳定，应用时要加强检验。

(2)预应力钢丝

预应力钢丝是将优质碳素结构钢经高温淬火、酸洗、冷拔加工而成的高强钢丝。它具有强度高、柔性好、无需焊接、使用方便等优点，主要用于后张法的预应力钢筋混凝土结构，特别是大跨度屋架、吊车梁等大型结构。

(3)刻痕钢丝

刻痕钢丝是为增加钢丝混凝土间接合力，将钢丝表面经压痕而成。它与混凝土之间有着良好的黏结性能，可充分发挥预应力钢丝的高强性能，适用于先张法预应力钢筋混凝土结构。

5. 钢绞线

钢绞线的特点是强度高，与混凝土黏结性好；与预应力钢丝相比，由于其截面面积大，使用根数少，在结构中排列布置比较方便，且易于锚固，因而多用于大跨度、重荷载的预应力钢筋混凝土结构。

职业活动训练　钢筋混凝土用钢材试验

实训 18　钢筋拉伸试验

(一)试验目的与适用范围

通过钢筋拉伸的测定可检验不同钢筋的力学性能是否满足要求。

本方法适用于各种金属常温拉伸试验，用以测定一项或几项力学性能。

(二)试验仪器设备

各种类型试验机均可使用，试验机误差应符合要求，能满足测定力学性能的要求。

(三)试验操作方法和步骤

本实训的试验操作方法和步骤见表 1-77。

表 1-77　试验操作方法和步骤

序　号	项　目	内容及要求
1. 试验准备		
(1)	量尺寸	首先测量试样尺寸
(2)	算面积	计算试样的横截面面积
(3)	选量程	查得材料强度极限，估计试验中要加的最大荷载，并由此选择合适的测力量程
(4)	画标距	画好标距
(5)	调试验机	调试好试验机，同时调整好记录装置
2. 试验步骤		
(1)	安放	将试样安装在试验机上；
(2)	确定速度	根据试验机特点及试样材质、尺寸及试验目的来确定试样拉伸速度，必须保证所测性能的准确性
(3)	加载拉伸	开动试验机进行缓慢匀速加载

(续表)

序号	项目		内容及要求
3.试验结果整理			
(1)	性能测试	屈服强度	钢筋拉伸试验在试验机上进行时，当测力度盘的指针停止转动时，恒定负荷或第一次回转的最小负荷即为屈服点的荷载
			计算屈服强度。 $$\sigma=\frac{F_s}{A_0}$$ 式中 F_s——相当于所求屈服应力时的荷载(N)； A_0——试件原截面面积(mm^2)
			中碳钢和高碳钢的屈服强度按下式计算： $$\sigma_{0.2}=\frac{F_{0.2}}{A_0}$$ 式中 $F_{0.2}$——相当于所求应力时的荷载(N)； A_0——试件原截面面积(mm^2)。
(2)		抗拉强度	抗拉强度是对试件连续加荷直至拉断，由测力度盘读出最大负荷 F_b
			抗拉强度按下式计算： $$\sigma_b=\frac{F_b}{A_0}$$ 式中 F_b——试件拉断前的最大荷载(N)； A_0——试件原截面面积(mm^2)。
(3)		平行试验	同一试样每组做 3 次平行试验
(4)		表示方法	钢材塑性指标通常用伸长率和断面收缩率表示，钢筋一般进行伸长率单项抽检。当试件拉断后标距长度的增量与原标距长度之比的百分率即为伸长率。 计算伸长率如下： $$\delta_n=\frac{L_1-L_0}{L_0}\times 100\%$$ 式中 L_1——试件拉断后标距部分的长度(mm)； L_0——试件原标距长度(mm)； δ_n——长、短比例试件的伸长率分别以 δ_5、δ_{10} 表示，定标距试件伸长率应附该标距长度数值的下角标，如 $L_0=100$ mm 或 200 mm，则伸长率分别用 δ_{100}、δ_{200} 表示
(5)		平行试验	同一试样每组做 2 次平行试验
4.试验结果判断			
(1)	合格		试验出现下列情况之一者，试验结果无效，应重做。 ①试件断在标距外(伸长率无效)； ②操作不当，影响试验结果； ③试验记录有误或发生故障
(2)	不合格		试验后试样出现缩颈以及有肉眼可见的冶金缺陷，应在试验记录和报告中注明

(四)注意事项

1.画标距时尽量画满整个工作段，以保证大多数试件都能测到伸长率；

2.加载速率应严格控制，否则影响测量结果；

3.应用小标记、细画线或细墨线标记原始标距，但不得用引起过早断裂的缺口作标记；

4.选择测力量程时，试件破坏荷载必须大于试验机全量程的 20%，且小于试验机全量程的 80%。

实训 19　钢筋冷弯试验

(一)试验目的与适用范围

通过钢筋冷弯的测定可检验不同钢筋的力学性能是否满足要求。

本试验方法用来检验钢筋承受规定弯曲程度的弯曲变形性能，是评定钢筋塑性和工艺性能的重要依据。

本方法适用于测定各种金属常温拉伸试验方法，用于测定一项或几项力学性能。

(二)试验仪器设备

各种类型试验机均可使用，试验机误差应符合《拉力、压力和万能材料试验机检定规程》(JJG 157—1983)的 1 级试验机要求。试验机应备有调速指示装置，试验时能在规定的速度范围内灵活调节，并具有记录或显示装置，以满足测定力学性能的要求。试验机应由计量部门定期进行检定。试验时所使用力的范围应在检定范围内。

弯曲试验可在配备弯曲装置的压力机或万能试验机上进行。常用弯曲装置有支辊式、V 形模具式、虎钳式、翻板式四种。

试验机应具备以下装置：

1. 应有足够硬度的支撑辊，其长度应大于试样的宽度或直径，支撑辊间的距离可以调节。

2. 具有不同直径的弯心，弯心直径由有关标准规定，其宽度应大于试样的宽度或直径，且弯心应有足够的硬度。

(三)试验操作方法和步骤

本实训的试验操作方法和步骤见表 1-78。

表 1-78　试验操作方法和步骤

序　号	项　目	内容及要求
1. 试验准备		
(1)	横截面	对直径不大于 35 mm 的钢筋，试样的横截面与原材料截面积相同。若试验机能量允许时，直径不大于 50 mm 的钢筋可用全截面的试样进行试验
(2)	加工	对直径大于 35 mm 的钢筋，应制成直径为 25 mm 的圆形试样，但有关标准另有规定时，则按规定执行。加工时，在试样的一面或一侧必须保留原轧制面，试验时该面应是弯曲外侧
(3)	长度	试样长度 $L=5d+150$(mm)(d 为钢筋直径)
2. 试验步骤		
(1)	弯曲角度	试样弯曲至规定的弯曲角度
(2)	弯曲	试样弯曲至两臂相距规定弯曲角度且相互平行
(3)	平行试验	同一试样每组做 2 次平行试验
3. 试验结果判断		
(1)	合格	冷弯试验后，弯曲外侧表面如无裂纹、断裂或起层，即判该批钢筋为合格
(2)	不合格品	作冷弯试验的两根试件中，如有一根试件不合格，可取双倍数量试件重新做冷弯试验。第二次冷弯试验中，如仍有一根不合格，即判该批钢筋为不合格

(四)注意事项

1. 弯曲试验时，应缓慢施加弯曲力。

2. 相关产品标准中规定的弯曲角度作为最小值，规定的弯曲半径作为最大值。

3. 应严格按照相关产品标准中规定的弯曲直径选取压头直径。工程中试验最多的是各种规格的钢材冷弯试验，绝不容许对各种不同规格的钢材使用一个规格直径的弯头来完成试验，否则试验结果将无法评定。

4. 在微裂纹、裂纹、裂缝中规定的长度和宽度，只要有一项达到某规定范围，即应按该级评定。

5. 试验应在 10～35 ℃下进行。在控制条件下，试验在 23 ℃±5 ℃下进行。

实训 20 钢绞线试验

(一)钢绞线试验方法参照钢筋拉伸试验

表面质量要求：钢绞线表面不得带有降低钢绞线与混凝土黏结力的润滑剂、油渍等物质，允许有轻微的浮锈，但不得锈蚀成肉眼可见的麻坑。

小 结

混凝土是桥梁工程结构、隧道工程、道路路面及其附属构造物的最重要建筑材料之一。

普通混凝土以通用水泥为胶结材料，以普通砂石为集料，并以水为原材料，必要时加入各种外加剂和磨细矿物质掺合料，经搅拌成型养护而得到的复合材料。普通混凝土的主要技术性能包括符合施工要求的工作性、硬化后混凝土的力学性质和耐久性。

新拌水泥混凝土的工作性，是指新拌水泥混凝土易于施工操作（拌和、运输、浇注和振捣）并获得质量均匀密实的性能。实际上，新拌水泥混凝土的工作性是一项综合技术性能，包括流动性、可塑性、稳定性和易密性这四方面的含义。混凝土拌合物的稠度试验方法主要有坍落度仪法和维勃仪法两种。

混凝土的强度主要有立方体抗压强度、棱柱体抗压强度、抗弯拉强度和劈裂抗拉强度等。混凝土强度等级是根据立方体抗压强度标准值来确定的；抗拉强度用于判断混凝土的抗裂性。

混凝土的耐久性包括抗冻性、耐磨性、耐蚀性和碱-集料反应等，与混凝土的密实度关系密切，也与水泥用量和水胶比密切相关。因此，在混凝土配合比设计时，应按照混凝土的使用条件对最小水泥用量和最大水胶比进行校核。

道路和桥梁工程用混凝土的配合比设计内容包括原材料的选择、配合比设计和强度评定三项。混凝土组成材料的性能，直接影响混凝土的性能。在配合比设计前，首先应选用合适的原材料；配合比设计时，应满足四项基本要求，正确处理三个重要的参数；强度评定是检验配合比设计的最终成果。

钢筋混凝土用钢主要是钢筋和钢丝，它们最主要的技术性质是抗拉性能、冲击韧性、冷弯疲劳性能。

复习思考题

一、单项选择题

1. 大体积混凝土工程不宜选用________水泥。

A. 矿渣硅酸盐　B. 粉煤灰硅酸盐　C. 火山灰质硅酸盐　D. 硅酸盐

2. 提高混凝土流动性的正确作法是________。

A. 增加用水量　B. 掺入减水剂

C. 保持 W/C 不变，增加水泥浆用量　　　D. 增加水泥用量

3. 在设计混凝土配合比时，配制强度要比设计要求的强度等级高些，提高幅度的多少，取决于________。

A. 设计要求的强度保证率　　B. 对坍落度的要求

C. 施工水平的高低　　　　　D. 设计要求的强度保证率和施工水平的高低

4. 当配制混凝土用砂由中砂改为粗砂时，其砂率________。

A. 应适当减小　　B. 应适当增加　　C. 不变　　D. 无法判定

5. 混凝土的立方体抗压强度标准值是具有不低于________%保证率的立方体抗压强度。

A. 90　　B. 95　　C. 98　　D. 100

6. 配制混凝土用砂的要求是尽量采用________的砂。

A. 空隙率小　　　　B. 总表面积小

C. 总表面积大　　　D. 空隙率和总表面积均较小

7. 化学元素________是引起钢材热脆性的主要原因。

A. C　　B. S　　C. P　　D. Mn

8. 钢材随着其含碳量的________而强度提高，其延性和冲击韧性呈现降低。

A. 超过 2%时　　B. 提高　　C. 降低　　D. 不变

9. 牌号为 Q235-Bb 的钢，其 235 表示________，b 表示________。

A. 屈服强度，质量等级　　B. 屈服强度，半镇静钢

C. 抗拉强度，半镇静钢　　D. 抗拉强度，质量等级

10. 普通碳钢按屈服点、质量等级及脱氧方法划分为若干个牌号，随牌号提高，钢材的________。

A. 强度提高，伸长率提高　　B. 强度提高，伸长率降低

C. 强度降低，伸长率降低　　D. 强度降低，伸长率提高

(二)多项选择题

1. 配制混凝土时，水灰比过大，则________。

A. 混凝土拌合物的保水性变差　　B. 混凝土拌合物的黏聚性变差

C. 混凝土的强度和耐久性下降　　D. 混凝土拌合物的流动性变大

2. 采用控制________等措施，保证水泥混凝土的耐久性。

A. 最大用水量　　B. 最佳砂率　　C. 最大水灰比　　D. 最小水泥用量

3. 在测混凝土坍落度的同时，还应观察拌合物的________，以综合评价混凝土拌合物的和易性。

A. 黏聚性　　B. 砂率　　C. 棍度　　D. 保水性

4. 配制混凝土时需根据不同状况选择合适的水泥品种，选择的依据可能包括________。

A. 最大水灰比　　　　　　　B. 混凝土使用的环境条件

C. 应用混凝土的工程特点　　D. 最小单位水泥用量

5. 提高混凝土强度的措施有________。

A. 选用高强度水泥　　　B. 降低水灰比

C. 掺加适当的外加剂　　D. 提高浆集比

6. 混凝土配合比设计时，砂率是依据________确定的。

A. 粗集料的种类　　　　B. 混凝土的设计强度

C. 粗集料的最大粒径　　D. 混凝土的水灰比

7. 混凝土配合比设计中水灰比的计算要求具备的条件是________。

A. 水泥的实际强度　　　　　　　　B. 粗集料的种类

C. 混凝土的设计强度　　　　　　　D. 混凝土的配制强度

8. 可以采用________方法表示混凝土配合比。

A. 单位用量法　　B. 最佳水泥用量法　　C. 最大强度法　　D. 相对用量法

9. ________性能可以反映钢材加工的工艺性能。

A. 拉伸　　　　B. 冷弯　　　　C. 冲击　　　　D. 焊接

(三)判断题

1. 水泥混凝土在空气中养护要比在水中养护的强度高。

2. 水泥混凝土配合比设计时选用的水泥强度等级越高越好。

3. 现行规范中对水泥混凝土的耐久性主要是控制最大水胶比和最小水泥用量。

4. 普通混凝土中使用的水泥为普通硅酸盐水泥。

5. 在相同情况下,普通混凝土的粗集料用卵石比用碎石所得的混凝土强度要高。

6. 干表观密度为 2 000～2 800 kg/m^3 的水泥混凝土为普通混凝土。

7. 减水剂是在混凝土坍落度基本相同的情况下,能减少拌和用水并同时增大混凝土拌合物的流动性的外加剂。

8. 早强剂是能提高混凝土的早期强度,并对后期强度无显著影响的外加剂。

9. 早强剂是能提高混凝土的早期强度和后期强度的外加剂。

10. 用高强度等级的水泥配制低强度等级的混凝土时,混凝土的强度能得到保证,但混凝土的耐久性不好。

11. 在结构尺寸及施工条件允许下,尽可能选择较大粒径的粗集料,这样可节约水泥。

12. 混凝土在保持集料总量不变的情况下降低砂率值,可增大拌合物的流动性。

13. 水泥石中的某些活性成分,能与含碱量高的集料进行反映,称为碱-集料反应。

14. 牌号为 40Si2MnV 的合金钢其含碳量为 40%。

15. 在结构设计时,屈服点是确定钢结构容许应力的主要依据。

16. 屈强比小的钢材,使用中比较安全可靠,但利用率低。

(四)计算题

1. 已知:混凝土的试验室配合比为水泥:砂:石＝1:1.76:3.41;$W/C=0.50$。

求:(1)拌制一锅混凝土用水泥两袋(每袋 50 kg),各种材料的用量。

(2)如工地的砂、石含水率分别为 5%和 2%,求施工配合比。

2. 已知混凝土的试验室配合比为 1∶1.76∶3.41;$W/C=0.50$,用水量为 180 kg/m^3。

求:(1)一次拌制 0.33 m^3 混凝土,各种材料的用量。

(2)如工地的砂、石含水率分别为 5%和 1%,求施工配合比。

(3)若采用实际强度为 42.5 级的普通硅酸盐水泥,水泥强度等级值的富余系数 $\gamma_c=1.13$,采用碎石 $\alpha_a=0.46$,$\alpha_b=0.07$,求该配合比混凝土的配制强度。

3. 某工程用混凝土,要求设计强度等级为 30 MPa,标准差为 4.5 MPa,采用 42.5 级普通硅酸盐水泥(实测 28 d 的抗压强度为 48 MPa),采用碎石和中砂配制混凝土,单位用水量为180 kg/m^3,砂率取 30%,混凝土的假定表观密度为 2 400 kg/m^3,试用质量法确定混凝土的初步配合比。($\alpha_a=0.46$,$\alpha_b=0.07$)

4. 某工程用混凝土,要求设计强度等级为 30 MPa,标准差为 4.3 MPa,采用 42.5 级普通硅酸盐水泥,水泥强度等级值的富余系数 $\gamma_c=1.10$,$\rho_c=3.0\ g/cm^3$,碎石的表观密度为 2.70 g/cm^3,中砂的表观密度为 2.65 g/cm^3,单位用水量为 185 kg/m^3,砂率取 33%,试用体积法确定混凝土的初步配合比。($\alpha_a=0.46$,$\alpha_b=0.07$)

学习情境二

砌体工程材料

知识目标

1. 掌握岩石的定义，了解岩石的分类及矿物组成；
2. 熟悉岩石的技术性质、技术要求及岩石在工程中的应用；
3. 掌握砂浆的组成材料和技术性能。

能力目标

1. 熟练操作石料抗压强度试验；
2. 掌握合理选择工程中砌体材料的方法；
3. 掌握砂浆的配合比设计方法，熟练操作砂浆稠度和抗压强度试验。

引　言

砌体工程所使用的材料包括块材(如岩石)与砂浆。砂浆通过胶结作用将块材(如岩石)结合形成砌体，以满足正常使用要求及承受结构的各种荷载。可以说，块材与砂浆的质量对砌体质量具有重要的决定作用。

项目3　砌筑石料

基础知识

(一)岩石的定义、分类及矿物组成

1.岩石的定义

岩石是地壳发展到一定阶段,因不同地质作用而形成的由一种或多种矿物组成,且在成分和结构上具有一定规律的集合体,它是构成地壳及地幔的主要物质。岩石是构成地壳的最基本单位。

2.岩石的分类

岩石按地质成因可分为岩浆岩、沉积岩、变质岩三大类。三大类岩石在地壳中分布是不均匀的。地壳深处和上地幔的上部主要由岩浆岩和变质岩组成,从地表向下16公里范围内岩浆岩和变质岩的体积占95%。地壳表面以沉积岩为主,它们约占大陆面积的75%,洋底几乎全部为沉积物所覆盖。

(1)岩浆岩

岩浆岩是由高温熔融的岩浆在地表或地下冷凝所形成的岩石,也称火成岩。岩浆岩是在地壳发生变动或覆盖在它上面的岩层出现裂缝时,岩浆会在高压下沿着地壳的裂缝上升,侵入地壳上部或喷出地壳,冷却凝固后而形成的岩石。

(2)沉积岩

沉积岩也称水成岩,是在地表条件下由风化作用、生物作用和火山作用的产物,经水、空气和冰川等外力的搬运、沉积和成岩固结而形成的岩石。

由于物质是一层一层沉积下来的,所以其构造是层状的。这种层状构造称为沉积岩的层理,每一层都具有一个面,称为层面。层面与层面之间的距离为层的厚度。沉积岩的特性是密度小、孔隙率和吸水率大、强度较低、耐久性较差,但它分布广,覆盖的面积约占地表总面积的75%,加工容易,所以工程上应用很广。

常见的沉积岩有石灰岩、页岩、砂岩、砾岩、石膏、白垩、硅藻土等,散粒状的有黏土、砂、卵石等。

(3)变质岩

变质岩是由于其所处地质环境的改变经变质作用而形成的岩石。

变质岩是地壳中原有的岩石在地质运动过程中受到高温、高压的作用,在固态下发生矿物成分、结构构造和化学成分变化形成的新岩石。建筑中常用的变质岩有大理岩、蛇纹岩、石英岩、片麻岩、板岩等。

3.岩石的矿物组成

构成岩石的主要矿物称为造岩矿物。岩石是由一种或多种造岩矿物在地壳中受各种不同地质作用所形成的,具有一定化学成分和结构特征的天然化合物或单质。

在天然岩石中,由单一矿物组成的岩石叫单矿岩,如石灰岩主要是由方解石(结晶

$CaCO_3$)组成的单矿岩。由两种或多种矿物组成的岩石叫多矿岩，如花岗岩是由长石（铝硅酸盐 $K_2O \cdot Al_2O_3 \cdot 6SiO_2$）、石英（结晶 SiO_2，其中无色透明者称为水晶）、云母（钾、镁、锂、铝等的铝硅酸盐）等矿物组成的多矿岩。

工程中常用岩石的主要造岩矿物有以下几种：

(1)石英

石英是二氧化硅(SiO_2)晶体的总称。石英非常坚硬、强度高、化学稳定性及耐久性好，但受热(573 ℃)时，因晶型转变会产生裂缝，甚至松散。

(2)长石

长石是长石族矿物的总称，包括正长石、斜长石等，为钾、钠、钙等的铝酸盐晶体。坚硬、强度高、耐久性好。

(3)云母

云母是云母族矿物的总称，为片状的含水复杂硅铝酸盐晶体，易裂成薄片，具有玻璃光泽，耐久性差。云母的主要种类为白云母和黑云母，后者易风化，为岩石中的有害矿物。

(4)角闪石、辉石、橄榄石

角闪石、辉石、橄榄石为铁、镁、钙等硅酸盐晶体。强度高、韧性好、耐久性好。

(5)方解石

方解石为碳酸钙($CaCO_3$)晶体，强度较高，耐久性次于上述矿物，遇酸后分解，微溶于水，易溶于含二氧化碳的水中。

(6)白云石

白云石为碳酸钙与碳酸镁的复盐晶体。强度、耐酸腐蚀性及耐久性略高于方解石，遇酸分解。

(7)黄铁矿

黄铁矿为二硫化铁(FeS_2)晶体。耐久性差，遇水和氧生成游离硫酸，污染并破坏岩石，且体积膨胀，并产生铁锈，为岩石中的有害矿物。

除此之外，造岩矿物还有石膏、菱镁矿、磁铁矿和赤铁矿等。

(二)岩石的技术性质

1.物理性质

(1)密度

岩石的密度（又称真实密度）是指岩石在规定条件（105 ℃±5 ℃烘干至恒重，试验温度20 ℃）下，单位真实体积（不含孔隙的矿质实体的体积）的质量。

岩石的密度与其矿物组成、孔隙率等因素有关。通常情况下表现密度大的石材，孔隙率小、抗压强度高、耐久性好、导热性好。

(2)毛体积密度

岩石的毛体积密度是其在规定条件下，单位毛体积（包括矿质实体、闭口孔隙和开口孔隙）的质量。

(3)吸水性

岩浆深成岩以及许多变质岩的吸水率都很小，如花岗岩的吸水率通常小于0.5%，而沉积岩由于形成条件、密实程度与胶结情况有所不同，因而孔隙率与孔隙特征的变动很大，导致岩石吸水率的波动也很大。

(4)耐水性

岩石的耐水性以软化系数表示，岩石中含有较多的黏土或易溶物质时，软化系数则较小，其耐水性较差。根据软化系数大小，可将岩石的耐水性分为高、中、低三个等级。

(5)抗冻性

岩石的抗冻性是采用岩石在水饱和状态下能经受的冻融循环次数（强度降低不超过25%、质量损失不超过5%、无贯穿裂缝）来表示的。根据能经受的冻融循环次数，可将岩石分为5、10、15、25、50、100、200等标号。

2.力学性质

(1)抗压强度

岩石的抗压强度分为9个强度等级，即MU100、MU80、MU60、MU50、MU40、MU30、MU20、MU15和MU10。公路工程用岩石是以6个边长为50 mm±2 mm的立方体或直径与高均为50 mm±2 mm的圆柱体试件的抗压强度平均值确定划分的；桥梁工程用岩石是以6个边长为70 mm±2 mm的立方体试件的抗压强度平均值确定划分的。也可以采用其他边长的试件进行测试，但结果需进行换算。

(2)硬度

岩石的硬度取决于组成矿物的硬度和构造，硬度影响岩石的易加工性和耐磨性。岩石的硬度常用莫氏硬度表示。

(3)耐磨性

耐磨性是指岩石在使用条件下抵抗摩擦、边缘剪切以及冲击等复杂作用的性质。岩石的耐磨性与其内部组成矿物的硬度、结构、构造特征以及岩石的抗压强度和冲击韧性等性质有关。

凡是用于可能遭受磨损作用的场所，例如道路路面等，都应采用具有高耐磨性的石材。

(三)岩石的技术要求

1.公路工程岩石的技术分级

按公路工程对各种不同组成结构的岩石的不同技术要求，可将自然界的岩石划分为四大类：

Ⅰ.岩浆岩类：花岗岩、正长岩、辉长岩、辉绿岩、闪长岩、橄榄岩、玄武岩、安山岩、流纹岩等；

Ⅱ.石灰岩类：石灰岩、白云岩、泥灰岩、凝石岩等；

Ⅲ.砂岩和片岩类：石英岩、砂岩、片麻岩、花岗片麻岩等；

Ⅳ.砾石类。

按我国公路工程用岩石标准，各类岩石可按其主要的物理-力学性质（饱水状态的抗压强度和磨耗率）划分四个等级：

1级——最坚硬的岩石；2级——坚硬的岩石；3级——中等强度的岩石；4级——较软的岩石。

2.公路工程岩石技术标准

公路工程用岩石根据上述分类和分级方法，对各岩类的各级岩石的技术指标要求见表2-1。

在公路工程中，可根据工程结构特点、有关技术要求、用途以及当地岩石资源选用合适的岩石。

表 2-1　　公路工程岩石技术标准

岩石类别	主要岩石名称	岩石等级	技术标准		
			极限抗压强度（饱水状态）/MPa	磨耗率/%	
				洛杉矶试验法	狄法尔试验法
Ⅰ 岩浆岩类	花岗岩、正长岩、辉长岩、辉绿岩、闪长岩、橄榄岩、玄武岩、安山岩、流纹岩等	1	＞120	＜25	＜4
		2	100～120	25～30	4～5
		3	80～100	30～45	5～7
		4	—	45～60	7～10
Ⅱ 石灰岩类	石灰岩、白云岩、泥灰岩、凝石岩等	1	＞100	＜30	＜5
		2	80～100	30～35	5～6
		3	60～80	35～50	6～12
		4	30～60	50～60	12～20
Ⅲ 砂岩和片岩类	石英岩、砂岩、片麻岩、花岗片麻岩等	1	＞100	＜30	＜5
		2	80～100	30～35	5～7
		3	50～80	35～45	7～10
		4	30～50	45～60	10～15
Ⅳ 砾石类	—	1	—	＜20	＜5
		2	—	20～30	7～25
		3	—	30～50	12～37
		4	—	50～60	12～20
试验方法			JTG E41－2005	JTG E41－2005	JTG E41－2005

（四）岩石的工程应用

岩石是最古老的建筑材料之一。由于岩石具有很高的抗压强度，良好的耐磨性和耐久性，经加工后表面美观富于装饰性，资源分布广，蕴藏量丰富，便于就地取材，所以至今在道路桥梁工程中仍然得到广泛的应用。

岩石加工后广泛用作水泥混凝土、沥青混合料的粗骨料，或用作生产其他建筑材料的原料，如生产石灰、石膏、水泥等。

道路路面建筑用岩石制品包括直接铺砌路面面层用的整齐块石、半整齐块石和不整齐块石；用作路面基层用的锥形块石、片石；挡墙工程的块石、片石等。

岩石常用于拱桥结构和桥台护坡工程中。

职业活动训练　岩石试验

实训 21　岩石抗压强度试验

（一）试验目的与适用范围

1. 岩石抗压强度试验是测定规则形状岩石试样抗压强度的方法。主要用于岩石的强度分级和岩性描述。

2. 本法采用岩石立方体(或圆柱体)试件的抗压强度来评定岩石强度(包括碎石或卵石的原始岩石强度)。

3. 在某些情况下,试件的含水状态可根据需要选择饱和状态、天然状态、烘干状态或冻融循环后状态,试件的含水状态要在试验报告中注明。

(二)试验仪器设备

1. 压力试验机或万能试验机;

2. 钻石机、切石机、磨石机等岩石试件加工设备;

3. 烘箱、干燥器、游标卡尺、角尺及水池等。

(三)试验操作方法和步骤

本实训的试验操作方法和步骤见表 2-2。

表 2-2　　试验操作方法和步骤

序　号	项　目	内容及要求
1. 试验准备		
(1)	桥梁工程用的岩石	采用立方体试件,边长 70 mm±2 mm,每组试件共 6 个
(2)	路面工程用的岩石	采用圆柱体或立方体,其直径或边长和高均为 50 mm±2 mm,每组试件共 6 个
(3)	建筑地基用的岩石	采用圆柱体,其直径为 50 mm±2 mm,高径比为 2∶1,每组试件共 6 个
2. 试验步骤		
(1)	用游标卡尺测量边长	用游标卡尺量取试件尺寸(精确至 0.1 mm),对于立方体试件在顶面和底面上各量取其边长,以各个面上相互平行的两个边长的算术平均值计算其承压面积;对于圆柱体试件在顶面和底面分别测量两个相互正交的直径,并以其各自的算术平均值分别计算底面和顶面的面积,取其顶面和底面面积的算术平均值作为计算抗压强度所用的截面积
(2)	选择试验状态	根据需要选择天然状态、烘干状态或冻融循环后状态
(3)	安放试件	按岩石的强度性质选择合适的压力机,将试件放入压力机的承压板中央,对中上下承压板,不得偏心
(4)	加载	以 0.5～1.0 MPa/s 的速率进行加载直至破坏,记录破坏工作荷载及加载过程中出现的现象,抗压试件试验的最大荷载记录以 N 为单位,精度到 1%
3. 试验结果整理		
(1)	计算岩石的单轴抗压强度	岩石的单轴抗压强度为 $$R=\frac{P}{A}$$ 式中　R——岩石的单轴抗压强度(MPa); P——极限破坏时的荷载(N); A——试件的截面积(mm^2)
(2)	计算岩石的软化系数	岩石的软化系数为 $$K_p=\frac{R_w}{R_d}$$ 式中　K_p——岩石的软化系数; R_w——岩石饱和状态下单轴抗压强度(MPa); R_d——岩石烘干状态下单轴抗压强度(MPa)
精密度与允许差		岩石的单轴抗压强度为同组单轴抗压强度的平均值,精确到 0.1 MPa; 岩石的软化系数应用 3 个试件平行测定,取算术平均值,3 个值中最大值或最小值与平均值之差不应超过平均值的 20%,否则应另取第 4 个试件,并在 4 个试件中取 3 个最接近值的平均值作为试验结果,同时在报告中将 4 个值全部给出

项目4 砂 浆

基础知识

砂浆是由无机胶凝材料、细集料、掺合料、水以及根据性能确定的各种组分按适当比例配合、拌制而成，分为水泥砂浆和水泥混合砂浆，按其用途可分为砌筑砂浆和抹面砂浆。

(一)砌筑砂浆

砌筑砂浆是将砖、石、砌块等块材经砌筑成为砌体，并起黏结、衬垫和传力作用的砂浆。水泥砂浆是由水泥、细集料和水配制而成的砂浆；水泥混合砂浆是由水泥、细集料、掺合料和水配制成的砂浆。现对砌筑砂浆组成材料的要求、技术性能以及配合组成简述如下。

1.组成材料

砂浆的组成材料除了不含粗集料外，基本上与混凝土的组成材料要求相同，但亦有其差异之处。

(1)水泥

水泥宜采用通用硅酸盐水泥或砌筑水泥，且应符合现行国家标准《通用硅酸盐水泥》(GB 175—2007)和《砌筑水泥》(GB/T 3183—2003)的规定。水泥强度等级应根据砂浆品种及强度等级的要求进行选择。M15及以下强度等级的砌筑砂浆宜选用32.5级的通用硅酸盐水泥或砌筑水泥；M15以上强度等级的砌筑砂浆宜选用42.5级通用硅酸盐水泥。

(2)掺合料

为提高砂浆的和易性，除水泥外还掺加各种掺合料(如石灰膏、黏土和粉煤灰等)作为结合料制成混合砂浆。生石灰熟化成石灰膏时，应用孔径不大于3 mm×3 mm的网过滤，熟化时间不得少于7 d；磨细生石灰粉的熟化时间不得少于2 d。沉淀池中储存的石灰膏，应采取防止干燥、冻结和污染的措施。严禁使用脱水硬化的石灰膏。消石灰粉不得直接用于砌筑砂浆中。

(3)砂

砌筑砂浆用砂宜选用中砂，其中毛石砌体宜选用粗砂，并应符合《普通混凝土用砂、石质量及检验方法标准》(JGJ 52—2006)的规定，且应全部通过4.75 mm的筛孔。

(4)水

拌制砂浆用水与混凝土用水相同，应符合现行行业标准《混凝土用水标准》(JGJ 63－2006)的规定。

(5)外加剂

为改善砂浆的性能，节约结合料的用量，可在砂浆中掺加减水剂、膨胀剂、微沫剂等外加剂。

(6)保水增稠材料

保水增稠材料是指为改善砂浆可操作性及保水性而在砂浆中掺加的非石灰类材料。采用保水增稠材料时，应在使用前进行试验。

2. 技术性能

新拌砂浆应具有良好的和易性，硬化后有足够的强度、黏结力和耐久性。

(1)新拌砂浆的和易性

砂浆的组成中没有粗集料，因此和易性包括流动性及保水性两方面要求。

①流动性：流动性是指新拌砂浆在自重或外力作用下，易于产生流动的性质。

砂浆的流动性用稠度表示。砂浆的稠度采用砂浆稠度仪测定，测定方法见实训 22。

砂浆的流动性主要取决于用水量以及胶结材料的种类和用量，还有细集料的种类、颗粒形状、粗糙程度和级配等。

砂浆稠度的选择应根据砌体种类、用途、气候条件和施工方法等因素决定，按表 2-3 的规定选用。

表 2-3　砌筑砂浆的施工稠度

砌体种类	施工稠度/mm
烧结普通砖砌体、粉煤灰砖砌体	70～90
烧结多孔砖、空心砖砌体、轻集料混凝土小型空心砌块砌体、蒸压加气混凝土砌块砌体	60～80
混凝土砖砌体、普通混凝土小型空心砌块砌体、灰砂砖砌体	50～70
石砌体	30～50

②保水性：保水性指新拌砂浆在运输和施工过程中保持水分不流失和各组分不分离的能力。保水性差的砂浆不仅易引起泌水、流浆现象，而且会影响砂浆和砌筑材料的黏结和砂浆的硬化，降低砌体的强度。

砂浆的保水性用保水率表示。砂浆保水率就是吸水处理后砂浆中保留的水的质量，并用原始水量的质量分数来表示。

影响砂浆保水性的主要因素是胶结材料的种类、用量和用水量，以及砂的品种、细度和用量等。掺有石灰膏和黏土浆的混合砂浆具有较好的保水性。

砌筑砂浆的保水率应符合表 2-4 的规定。

表 2-4　砌筑砂浆的保水率

砂浆品种	保水率/%
水泥砂浆	≥80
水泥混合砂浆	≥84
预拌砌筑砂浆	≥88

(2)硬化后砂浆的性质

①强度：砂浆硬化后应具有足够的强度。砂浆在圬工砌体中主要是传递压力，所以要求砌筑砂浆应具有一定的抗压强度。砂浆抗压强度是确定其强度等级的重要依据。

砂浆抗压强度等级是以 70.7 mm×70.7 mm×70.7 mm 的正立方体试件，在标准条件(温度 20 ℃±3 ℃，相对湿度：水泥混合砂浆 60%～80%，水泥砂浆 90%以上)下，用标准试验方法测得养护龄期为 28 d 的抗压强度来确定。水泥砂浆及预拌砌筑砂浆的强度等级可分为 M5.0、M7.5、M10、M15、M20、M25、M30 七个等级，混合砂浆的强度等级可分为 M5.0、M7.5、M10、M15 四个等级。

影响砂浆强度的因素较多，在砂浆质量一定的情况下，当砌筑密实基底时，砂浆的强度主要受水泥的强度和水灰比的影响；当砌筑多孔吸水基底时，砂浆的强度主要受水泥的强度和水泥用量的影响。

②黏结力：砂浆应具有较强的黏结力，以便将砌体材料牢固黏结成为一个整体。砂浆的黏结力与其强度密切相关，通常砂浆强度越大则黏结力越大。此外，砖石表面状态、清洁程度、湿润情况及施工养护条件也对黏结力有一定的影响。

③耐久性：圬工砂浆经常受环境水的作用，故除强度外，还应考虑抗渗、抗冻、抗侵蚀等性能。提高砂浆的耐久性，主要是提高其密实度。

3. 砌筑砂浆配合比的确定

(1)现场配制水泥混合砂浆配合比计算步骤

①计算砂浆试配强度($f_{m,0}$)：砂浆试配强度按公式(2-1)计算。

$$f_{m,0}=kf_2 \tag{2-1}$$

式中 $f_{m,0}$——砂浆的试配强度(MPa)，精确至0.1 MPa；

f_2——砂浆抗压强度平均值(MPa)，精确至0.1 MPa；

k——系数，按表2-5取值。

表 2-5　砂浆强度标准差 σ 及 k 值

施工水平 \ 强度等级	砂浆强度标准差 σ/MPa							k
	M5	M7.5	M10	M15	M20	M25	M30	
优良	1.00	1.50	2.00	3.00	4.00	5.00	6.00	1.15
一般	1.25	1.88	2.50	3.75	5.00	6.25	7.50	1.20
较差	1.50	2.25	3.00	4.50	6.00	7.50	9.00	1.25

②计算每立方米砂浆中的水泥用量(Q_C)：每立方米砂浆中的水泥用量按公式(2-2)计算。

$$Q_C=\frac{1\,000(f_{m,0}-\beta)}{\alpha\cdot f_{ce}} \tag{2-2}$$

式中 Q_C——每立方米砂浆的水泥用量(kg)，精确至1 kg；

$f_{m,0}$——砂浆的试配强度(MPa)，精确至0.1 MPa；

f_{ce}——水泥的实测强度(MPa)，精确至0.1 MPa；

α、β——砂浆的特征系数，其中$\alpha=3.03$，$\beta=-15.09$，各地区也可用本地区试验资料确定α、β值，统计用的试验组数不得少于30组。

在无法取得水泥的实测强度f_{ce}时，可按下式计算：

$$f_{ce}=\gamma_c\cdot f_{ce,k}$$

式中 $f_{ce,k}$——水泥强度等级对应的强度值(MPa)；

γ_c——水泥强度等级的富余系数，该值应按实际统计资料确定。无统计资料时取$\gamma_c=1.0$。

③计算每立方米砂浆中石灰膏用量(Q_D)：水泥混合砂浆的石灰膏用量应按公式(2-3)计算。

$$Q_D=Q_A-Q_C \tag{2-3}$$

式中　Q_D——每立方米砂浆的石灰膏用量(kg)，精确至 1 kg，石灰膏、黏土膏使用时的稠度为 120 mm±5 mm；

Q_C——每立方米砂浆的水泥用量(kg)，精确至 1 kg；

Q_A——每立方米砂浆中水泥和石灰膏的总量(kg)，精确至 1 kg，可为 350 kg。

砌筑砂浆中的水泥和石灰膏、电石膏等材料的最少用量可按表 2-6 取值。

表 2-6　**砌筑砂浆的材料用量**

砌筑砂浆	材料用量/(kg·m⁻³)
水泥砂浆	≥200
水泥混合砂浆	≥350
预拌砌筑砂浆	≥200

注：①水泥砂浆中的材料用量是指水泥用量；

②水泥混合砂浆中的材料用量是指水泥和石灰膏、电石膏的材料总量；

③预拌砌筑砂浆中的材料用量是指胶凝材料用量，包括水泥和替代水泥的粉煤灰等活性矿物掺合料。

④确定每立方米砂浆中的砂用量(Q_S)：应以干燥状态(含水率小于 0.5%)的堆积密度作为计算值(kg)。

⑤按砂浆稠度选择每立方米砂浆用水量(Q_W)：可根据砂浆稠度要求选用 210～310 kg；混合砂浆中的用水量不包括石灰膏或黏土膏中的水；当采用细砂或粗砂时，用水量分别取上限或下限；砂浆稠度小于 70 mm 时，用水量可小于下限；施工现场气候炎热或干燥季节，可酌量增加用水量。

(2)现场配制水泥砂浆的试配

现场配制水泥砂浆各种材料用量可按照表 2-7 选用。

表 2-7　**每立方米水泥砂浆材料用量**

强度等级	水泥用量/kg	砂用量/kg	用水量/kg
M5	200～230	1 m³ 干燥状态下砂的堆积密度	270～330
M7.5	230～280		
M10	260～290		
M15	290～330		
M20	340～400		
M25	360～410		
M30	430～480		

注：①摘自《砌筑砂浆配合比设计规程》(JGJ/T 98—2010)；

②M15 及以下强度等级的砌筑砂浆宜选用 32.5 级的水泥；M15 以上强度等级的砌筑砂浆宜选用 42.5 级的水泥；

③试配强度应按公式(2-1)计算；

④当采用细砂或粗砂时，用水量分别取上限或下限；

⑤稠度小于 70 mm 时，用水量可小于下限；

⑥施工现场气候炎热或干燥季节，可酌量增加用水量。

(3)现场配制水泥粉煤灰砂浆的试配

现场配制水泥粉煤灰砂浆各种材料用量可按照表 2-8 选用。

表 2-8　　每立方米水泥粉煤灰砂浆材料用量

强度等级	水泥和粉煤灰总量/kg	粉煤灰用量/kg	砂用量/kg	用水量/kg
M5	210～240	可占胶凝材料总量的 15%～25%	1 m^3 干燥状态下砂的堆积密度	270～330
M7.5	240～270			
M10	270～300			
M15	300～330			

注：①摘自《砌筑砂浆配合比设计规程》(JGJ/T 98－2010)；
②宜选用 32.5 级的水泥；
③试配强度应按公式(2-1)计算；
④当采用细砂或粗砂时，用水量分别取上限或下限；
⑤稠度小于 70 mm 时，用水量可小于下限；
⑥施工现场气候炎热或干燥季节，可酌量增加用水量。

(4)预拌砌筑砂浆的试配要求

①在确定湿拌砌筑砂浆稠度时应考虑砂浆在运输和储存过程中的稠度损失。

②湿拌砌筑砂浆应根据凝结时间要求确定外加剂掺量。

③干混砌筑砂浆应明确拌制时的加水量范围。

④预拌砌筑砂浆生产前应进行试配，试配强度按公式(2-1)计算，试配时稠度取 70～80 mm。

⑤预拌砌筑砂浆中可掺入保水增稠材料和外加剂等，掺量应经试配后确定。

(5)砌筑砂浆配合比的调整与确定

①试配时至少应采用三个不同的配合比，其中一个配合比应为按上述方法得出的基准配合比，其余两个配合比的水泥用量应按基准配合比分别增加及减少 10%。在保证稠度、保水率合格的条件下，可将用水量、石灰膏、保水增稠材料或粉煤灰等活性掺合料用量做相应调整。

②砌筑砂浆试配时稠度应满足施工要求，并应按现行行业标准《建筑砂浆基本性能试验方法标准》(JGJ/T 70—2009)分别测定不同配合比砂浆的表观密度及强度；并应选定符合试配强度及和易性要求、水泥用量最低的配合比作为砂浆的试配配合比。

③砌筑砂浆试配配合比应按下列步骤进行校正：

首先根据砂浆配合比，材料用量按下式计算砂浆的理论表观密度：

$$\rho_t = Q_C + Q_D + Q_S + Q_W \tag{2-4}$$

式中　ρ_t——砌筑砂浆的理论表观密度(kg/m^3)，应精确至 10 kg/m^3。

接着按下式计算砂浆配合比校正系数 δ：

$$\delta = \frac{\rho_c}{\rho_t} \tag{2-5}$$

式中　ρ_c——砌筑砂浆的实测表观密度(kg/m^3)，应精确至 10 kg/m^3。

当砌筑砂浆的实测表观密度与理论表观密度之差的绝对值不超过理论值 2%时，可将上述得出的试配配合比确定为砌筑砂浆设计配合比；当超过 2%时，应将试配配合比中每项材料用量均乘以校正系数 δ 后，确定为砌筑砂浆设计配合比。

(二)抹面砂浆

涂抹于建筑物或建筑构件表面的砂浆称为抹面砂浆。由于抹面砂浆常用于桥涵圬工砌体和地下物的表面，一般对抹面砂浆的强度要求不高，但要求保水性好，且与基底的黏附性好。

按使用要求不同，抹面砂浆又分为普通抹面砂浆和防水抹面砂浆等。普通抹面砂浆可对砌体起保护作用，通常分两层或三层施工，要求砂浆具有较高的流动性和保水性，其组成可参考有关施工手册；防水砂浆主要用于隧道和地下工程，可用普通水泥砂浆制作，也可在水泥砂浆中掺入防水剂。常用的防水剂有氯化物金属盐类防水剂，水玻璃防水剂和金属皂类防水剂等。近年来还掺加高聚物涂料，使之尽快形成密实的刚性砂浆防水层。

职业活动训练 砂浆试验

实训 22 砂浆稠度试验

(一)试验目的与适用范围

测定砂浆在自重或外力作用下的流动性能，确定配合比或施工过程中控制砂浆的稠度，以达到控制用水量的目的。

(二)试验仪器设备

1. 砂浆稠度测定仪

砂浆稠度测定仪主要由试锥、锥形容器和支座三部分组成，如图 2-1 所示。试锥由钢材或铜材制成，试锥高度为 145 mm，锥底直径为 75 mm，试锥连同滑杆的质量为 300 g；盛砂浆的锥形容器由钢板制成，筒高 180 mm，锥底内径 150 mm；支座分底座、支架及稠度显示三个部分，由铸铁、钢及其他金属制成。

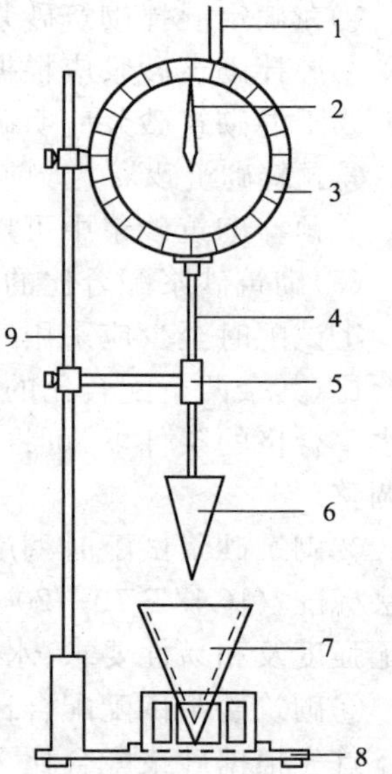

图 2-1 砂浆稠度测定仪

1—齿条测杆；2—摆针；3—刻度盘；4—滑杆；5—制动螺丝；6—试锥；7—锥形容器；8—底座；9—支架

2. 钢制捣棒

钢制捣棒直径 10 mm，长 350 mm，端部磨圆。

3. 秒表

(三)试验操作方法和步骤

1. 用湿布将锥形容器内壁和试锥表面擦干净，并用少量润滑油轻擦滑杆，将滑杆上多余的油用吸油纸擦净，使滑杆能自由滑动。

2. 将拌好的砂浆一次装入容器，使砂浆表面低于锥形容器口约 10 mm，用捣棒自容器中心向边缘插捣 25 次，然后轻轻地将容器摇动或敲击 5～6 下，使砂浆表面平整，随后将容器置于砂浆稠度测定仪的底座上。

3. 拧开试锥滑杆的制动螺丝，向下移动滑杆，当试锥尖端与砂浆表面刚接触时，拧紧制动螺丝，使齿条测杆下端与滑杆的上端接触，并将指针调至刻度盘零点。

4. 放松制动螺丝(同时记时间)，使试锥自由沉入砂浆中，待 10 s 后立即固定螺丝，将齿条测杆下端接触滑杆上端，从刻度盘上读出试锥下沉的深度，即为砂浆的稠度值(精确至 1 mm)。

5. 锥形容器内的砂浆只允许测定一次稠度，重复测定时应重新取样。

(四)试验结果整理

取两次试验结果的算术平均值作为砂浆的稠度值，精确至 1 mm。如两次试验结果之差大于 20 mm，则应另取砂浆拌和后重新测定。

实训 23 砂浆的保水率试验

(一)试验目的与适用范围

测定砂浆保水率，以判定砂浆拌合物在运输及停放时内部组分的稳定性。

(二)试验仪器设备

1. 金属或硬性塑料试模：内径 100 mm，内部高度 25 mm。

2. 可密封的取样容器：应清洁、干燥。

3. 中速定性滤纸：直径为 110 mm。

4. 医用棉纱：110 mm×110 mm，宜选用纱线稀疏，厚度较薄的棉纱。

5. 2 片金属或玻璃的方形或圆形不透水片：边长或直径大于 110 mm。

6. 电子天平：称量 200 g，感量 0.1 g；称量 2 000 g，感量 1 g。

7. 2 kg 的重物。

(三)试验操作方法和步骤

1. 称量下不透水片与干燥试模质量 m_1 和 8 张中速定性滤纸质量 m_2。

2. 将拌制好的砂浆一次性装满砂浆试模，并用抹刀插捣数次，当填充砂浆略高于试模边缘时，用抹刀以 45°角一次性将试模表面多余的砂浆刮去，然后再用抹刀以较平的角度在试模表面反方向将砂浆刮平。

3. 抹掉试模边的砂浆，称量试模、下不透水片与砂浆总质量 m_3。

4. 用 2 片医用棉纱覆盖在试模表面，再在棉纱表面放上 8 片滤纸，用不透水片盖在滤纸表面，用 2 kg 的重物压着不透水片。

5. 静止 2 min 后移走重物及不透水片，取出滤纸(不包括棉纱)，迅速称量滤纸质量 m_4。

6. 从砂浆的配合比及加水量计算砂浆的含水率，若无法计算，可称取 100 g 砂浆拌合物试样，置于 105 ℃±5 ℃的烘箱中烘干，计算砂浆的含水率。

(四)砂浆保水性的计算

$$w=\left[1-\frac{m_4-m_2}{\alpha(m_3-m_1)}\right]\times 100\% \tag{2-6}$$

式中 w——砂浆的保水性(%)；

α——砂浆的含水率(%)。

取两次试验的保水性的平均值作为试验结果。如果有 1 个试验值与平均值的偏差超出平均值的 5%，则此组试验结果无效。

实训 24 建筑砂浆立方体抗压强度试验

(一)试验仪器设备

1. 压力试验机：精度为 1%。

2. 试模：70.7 mm×70.7 mm×70.7 mm 的带底试模。

3. 捣棒：直径 10 mm，长 350 mm 的钢棒，端部应磨圆。

4. 振动台。

(二)试验操作步骤和方法

1. 试验准备

应用黄油等密封材料涂抹试模的外接缝，试模内壁涂刷薄层机油或脱模剂。

2. 试件成型

①将拌制好的砂浆一次性装满砂浆试模，成型方法根据砂浆稠度而定：当稠度≥50 mm 时采用人工振捣成型；当稠度<50 mm 时采用振动台振实成型。

②人工振捣：用捣棒均匀由边缘向中心按螺旋方式插捣 25 次，插捣过程中如砂浆沉落低于试模口，应随时添加砂浆。为防止砂浆插捣后可能留下孔洞，可用油灰刀插捣数次，并用手将试模一边抬高 5～10 mm 各振动 5 次，使砂浆高出试模顶面 6～8 mm。

③机械振动：砂浆一次性装满砂浆试模，放置到振动台上，振动时试模不得跳动，振动 5～10 s 或持续到表面出浆为止，不得过振。

④当砂浆表面开始出现麻斑状态时(约 15～30 min)将高出部分的砂浆沿试模顶面削去抹平。

3.试件养护

①将试件放在 25 ℃±5 ℃温度条件下养护 24 h±2 h,然后对试件进行编号并拆模。

②拆模后的试件在标准养护条件下继续养护,然后进行试压。

4.试件抗压强度试验

试验前将试件表面擦拭干净,检查外观并测量其尺寸,精确至 1 mm,以此计算试件的承压面积。将试件安放在试验机压板的正中,试件中心与试验机的压板中心对准,开动试验机。以 0.25～1.5 kN/s 的加荷速度连续均匀地加荷,当试件接近破坏而开始迅速变形时,停止调整试验机油门,直至试件破坏,记录破坏荷载。

5.试验结果整理

①3 个试件测值的算术平均值的 1.3 倍作为该组试件的抗压强度值,精确至 0.1 MPa。

②当 3 个试件的最大值或最小值如有 1 个与中间值的差超过中间值的 15%,以中间值作为该组试件的抗压强度值;如有 2 个测值与中间值的差均超过中间值的 15%,则该组试件的试验结果无效。

复习思考题

一、简答题

1.试述岩石的定义及岩石的分类。

2.简述岩石在道路、桥梁工程中的应用。

3.试述岩石单轴抗压强度的试验方法。

4.简述砂浆配比设计步骤。

5.简述建筑砂浆立方体抗压强度试验步骤及计算方法。

二、单项选择题

1.________适用于潮湿环境、水中以及要求砂浆标号较高的工程。

A.水泥砂浆　　B.石灰砂浆　　C.混合砂浆　　D.微沫剂砂浆

2.砂浆的流动性可用砂浆稠度测定仪测定其________值来表示,砂浆的保水性用________表示。

A.坍落度,分层度　　B.坍落度,泌水率　　C.稠度,保水率　　D.稠度,分层度

三、多选题

1.岩石的毛体积密度是在规定的条件下,岩石单位毛体积的质量,其中毛体积包括________。

A.矿质实体体积　　B.闭口孔隙体积　　C.开口孔隙体积　　D.孔隙体积

2.岩石等级主要是依据岩石的________来划分的。

A.密度　　B.硬度　　C.极限抗压强度　　D.磨耗率

3.按用途分类,砂浆可分为________。

A.砌筑砂浆　　B.抹面砂浆　　C.水泥砂浆　　D.石灰砂浆

4.按结合料种类分类,砂浆可分为________。

A.水泥砂浆　　B.石灰砂浆　　C.混合砂浆　　D.水泥石灰砂浆

四、判断题

1.砂浆的和易性包括流动性、黏聚性、保水性三方面含义。　　(　　)

2.砂浆的流动性是用保水率表示的。　　(　　)

学习情境三

路基填筑材料

知识目标

1. 掌握土的概念、土的三相组成；

2. 掌握土的粒度成分分析方法及表示方法；

3. 掌握土的物理性质指标、黏性土的稠度与稠度指标；

4. 掌握黏性土的击实性与击实规律；

5. 掌握土工合成材料的概念、分类、物理性质指标、力学性质指标及水力学性质指标等知识。

能力目标

1. 能够进行土的界限含水率测定，并能对试验结果进行计算与结果分析；

2. 能判别路基填筑材料适用性；

3. 能够进行土工合成材料宽条拉伸和 CBR 顶破强力试验。

引　言

土是地壳表面的物质，是在长期风化、搬运、磨蚀、沉积作用过程中形成的大小不等、未经胶结的一种松散物质。随着形成过程和自然环境的不同，土的成分和性质千变万化，工程性质也千差万别。因此，在进行土木工程建设时，必须结合土的实际性质进行设计和施工。

土工合成材料是应用于岩土工程和土木工程的、以各类合成材料为原材料制成的新型建筑材料，已广泛应用公路、水利、铁路、港口和建筑等工程的各个领域。通常采用聚乙烯纤维、聚丙烯纤维、聚酯纤维和聚酯胺纤维等原料制造土工合成材料，产品主要有土工织物、土工膜、土工复合材料、土工格栅、土工带、土工格室、土工网、土工模袋和土工网垫等。在工程中主要起过滤、排水、隔离、加筋、防护和封闭作用。

项目5 路基填筑土

基础知识

(一)土的三相组成和粒度成分

1. 土、土体与三相组成

(1)土的概念

土是由地壳岩石经风化、剥蚀、搬运、沉积,形成由固体颗粒、液态水和气体组成的一种集合体。换言之,土是岩石风化的产物,在不同的风化作用条件下可形成不同性质的土,它包括土壤、黏土、砂、岩屑、岩块和砾石等。土的特征是颗粒与颗粒之间的黏结强度低,甚至没有黏结性。因此根据土粒之间有无黏结性,大致可将土分为砂类土(砾石、砂)和黏性土两大类。

(2)土体与三相组成

土体是指建筑场地范围内不同土层组成的单元体。土体中主要有固体颗粒、液态水和填充在孔隙中的气体。通常把土体看成是由固相(固体颗粒)、液相(液态水)和气相(气体)三部分组成的三相体(也称三相土)。土的固体颗粒构成土的骨架,骨架之间存在大量孔隙,孔隙中填充着液态水(液相)和气体(气相),因此土也被称为三相介质。

自然界土体的三相比例不是一成不变的,而是随着周围环境条件改变而变化。土的三相比例不同,土的状态和工程性质也各不相同。当土中孔隙只有气体填充时为干土;当土中孔隙由液态水和气体填充时为湿土;当土中孔隙只有液态水填充时为饱和土。所以饱和土和干土都是两相土,湿土为三相土。

2. 土的粒度成分

土的成分包括矿物成分、化学成分和粒度成分三个方面。

(1)粒组的划分

土的粒度是指土颗粒的大小,用粒径表示,通常以mm为单位。工程上通常把土粒由粗到细,将每一区段中所包括大小比例相近且工程性质基本相同的颗粒合并为组,称为粒组。每个粒组的区间常以其粒径的上、下限给该粒组命名,如砾粒、砂粒、粉粒、黏粒等,各组内还可细分成若干亚组。根据《公路土工试验规程》(JTG E40—2007)粒组划分见表3-1。

表3-1 粒组划分表(mm)

<table>
<tr><td>200</td><td>60</td><td>20</td><td>5</td><td>2</td><td>0.5</td><td colspan="2">0.25</td><td>0.075</td><td>0.002</td></tr>
<tr><td colspan="2">巨粒组</td><td colspan="6">粗粒组</td><td colspan="2">细粒组</td></tr>
<tr><td rowspan="2">漂石(块石)</td><td rowspan="2">卵石(小块石)</td><td colspan="3">砾(角砾)粒</td><td colspan="3">砂粒</td><td rowspan="2">粉粒</td><td rowspan="2">黏粒</td></tr>
<tr><td>粗</td><td>中</td><td>细</td><td>粗</td><td>中</td><td>细</td></tr>
</table>

(2)粒度成分及粒度成分分析

工程上常把组成土的各种大小颗粒的相互比例关系,称为土的粒度成分(通常以占总质量的百分比计)。各粒组之间的相互搭配关系称为颗粒级配。用指定方法测定土的粒度成分的试验,称为土的粒度成分分析。

①粒度成分分析方法:目前所采用的方法可归纳为两大类,一是利用各种方法把各个粒组按粒径分离开来,直接测出各粒组的百分含量,称为直接测定法,如筛分法、移液管法等;二是根据各粒组的某些不同特性,间接地判定土中各粒组的含量,称为间接测定方法,如密度计法。

目前,我国常用的粒度分析方法是:对于粒径大于 0.075 mm 的粗粒土,采用筛分法直接测定;对于粒径小于 0.075 mm 的细粒土,用移液管法或密度计法测定;若土中粗细颗粒兼有时,则可联合使用上述两种方法。

②粒度成分表示方法:常用粒度成分的表示方法有表格法、累计曲线法和三角坐标法。

表格法:粒度成分分析后,按粒径由大到小划分的各粒组及其测定的质量百分数,用表格的形式直接表示其颗粒级配情况,在同一表格中可以表示多种土样的粒度成分分析结果。

累计曲线法:通常用半对数坐标绘制。横坐标表示土粒粒径 d_i,纵坐标表示小于某一粒径的质量分数 p_i,绘制累计曲线图如图 3-1 所示。从累计曲线图上可以看出:曲线平缓,表明土的粒度成分混杂,大小粒组都有,各粒组的相对含量都差不多;曲线坡度较陡,表明土的粒度成分比较单一,斜率最大线段所包括的粒组在土样中的含量最多,成为具有代表性的粒组。

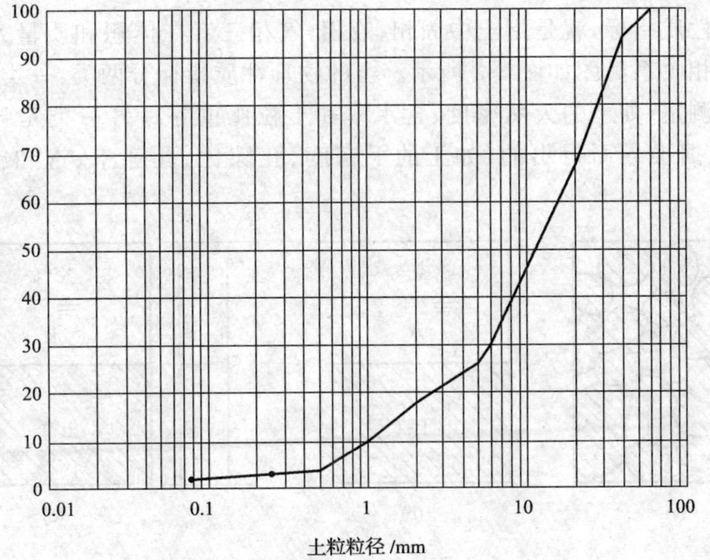

图 3-1　某土样的粒度成分累计曲线图

累计曲线的主要用途有以下两个方面:

由累计曲线可以直观地判断土中各粒组的分布情况;

由累计曲线可确定两个土粒的级配指标。

其中,不均匀系数 C_u 可表示为

$$C_u=\frac{d_{60}}{d_{10}} \tag{3-1}$$

曲率系数(或称级配系数)C_c 可表示为

$$C_c=\frac{d_{30}^2}{d_{10}d_{60}} \tag{3-2}$$

式中　d_{10}——土的有效粒径,即土中小于该粒径的颗粒质量为总质量10%的粒径(mm);

d_{60}——土的限制粒径,即土中小于该粒径的颗粒质量为总质量60%的粒径(mm);

d_{30}——土的平均粒径,即土中小于该粒径的颗粒质量为总质量30%的粒径(mm)。

不均匀系数 C_u 反映土的粗细情况和级配情况。C_u 值越大,曲线越平缓,表明土的颗粒大小分布范围大,土的级配良好;C_u 值越小,曲线越陡,表明土的颗粒大小相近,土的级配不良。一般认为不均匀系数 $C_u<5$ 时的土为匀粒土,其级配不好;$C_u\geqslant5$ 时的土为非匀粒土,其级配良好。但仅用不均匀系数 C_u 来确定土的级配情况是不够的,还必须同时考虑曲率系数 C_c 的大小,C_c 值越大,表明土的均匀程度高;反之,均匀程度低。在工程上,常利用累计曲线确定的土粒两个级配指标来判断土的级配优劣情况。当同时满足不均匀系数 $C_u\geqslant5$ 和曲率系数 $C_c=(1\sim3)$ 这两个条件时,土为级配良好的土;若不能同时满足,土为级配不良的土。在图3-1中,$d_{10}=1.0$ mm,$d_{30}=6.0$ mm,$d_{60}=16.0$ mm,计算得到 $C_u=16.0$,$C_c=2.25$,因此该土为级配良好的土。

三角坐标法:此法可用一张图来表达黏粒、粉粒和砂粒三种粒组的百分含量,其原理是利用几何上等边三角形中任意一点到三边的垂直距离之和等于三角形的高,即 $h_1+h_2+h_3=H$ 来表达粒度成分。

(二)土的物理性质及其指标

土的物理性质指标,就是指土中固相、液相、气相三者在体积和质量方面的相互配比的数值。土的三相关系简图如图3-2所示。土的物理性质指标分两类:一类是实测指标,它是通过试验直接测定(如土的天然密度、含水率和土粒比重等);另一类是导出指标,它是以实测指标为依据推导而得出的(如土的干密度、孔隙比、孔隙率、饱和密度、水下密度和饱和度等)。

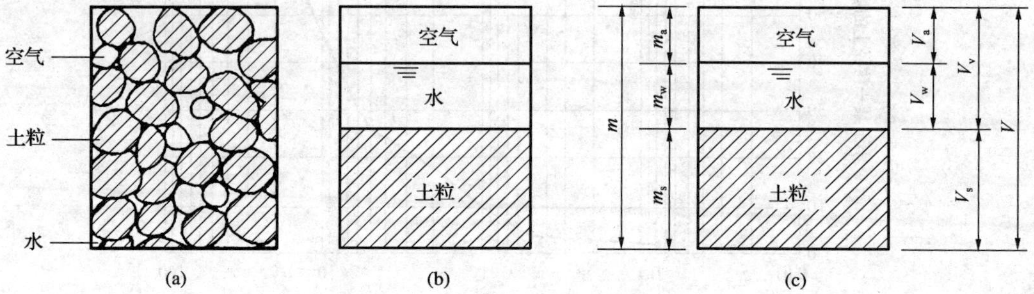

图3-2　土的三相关系简图

1.土的质量指标

(1)土粒比重(G_s)

土粒比重是指土粒在105～110 ℃下烘干至恒重时的质量与4 ℃时同体积纯水质量的比值,它是土的基本物理性质指标之一,按式(3-3)计算。

$$G_s=\frac{m_s}{V_s\cdot\rho_w} \tag{3-3}$$

式中　G_s——土粒比重；

m_s——干土粒的质量(g)；

V_s——干土粒的体积(cm^3)；

ρ_w——4 ℃时纯水的密度(g/cm^3)。

土粒比重只与组成土的矿物成分有关，而与土的孔隙大小无关。一般砂土土粒比重为2.65，黏土土粒比重可达2.75，含腐殖质多的黏性土其相对密度较小，土粒比重约为2.60。

土粒比重常用的测定方法有比重瓶法、浮力法、浮称法与虹吸筒法。

土粒比重常用比重瓶法测定。通常将15 g烘干试样装入容积为100 mL玻璃制的比重瓶，用0.001 g精度的天平称比重瓶加干土质量。注入半瓶水后煮沸约1 h以排除土中气体，冷却后将纯水注满比重瓶，使多余水分自瓶塞毛细管中溢出，再称总质量并测量比重瓶内水温，计算得出土粒比重。此法适用粒径小于5 mm的土；对于粒径大于或等于5 mm的土，可用浮力法、浮称法与虹吸筒法测定。

(2)土的密度

土的密度是指土的总质量与土的总体积的比值，单位为g/cm^3。这里所说的总质量包括土粒的质量(m_s)、土孔隙中的水质量(m_w)和气体的质量(m_a)，因气体质量极小，可视为$m_a \approx 0$。根据土孔隙中水的情况可将土的密度分为天然密度(ρ)、干密度(ρ_d)、饱和密度(ρ_f)和水下密度(ρ')。

①天然密度(ρ)：天然密度是指在天然状态下土的单位体积的质量，包括干土粒的质量(m_s)和孔隙中水的质量(m_w)，故又称湿密度，它是土的基本物理性质指标之一，按式(3-4)计算。

$$\rho = \frac{m_w + m_s}{V} = \frac{M}{V} \tag{3-4}$$

式中　ρ——土的天然密度(g/cm^3)；

m_w——土孔隙中水的质量(g)；

m_s——土中干土粒的质量(g)；

V——土的总体积(cm^3)；

M——土的总质量(g)。

土的密度与土的结构和所含水分的多少以及矿物成分有关，所以在测定土的天然密度时，必须用原状土样。原状土是指天然结构与天然含水率没有发生变化的土。测定土的天然密度也可根据工程的需要制备所需状态的扰动土样。

土的天然密度一般在1.60～2.20 g/cm^3范围内。

测定土的天然密度，可用环刀法、电动取土器法、蜡封法、灌水法、灌砂法等。其中，环刀法适用于细粒土；电动取土器法适用于硬塑土密度的快速测定；蜡封法适用于易破裂土和形状不规则的坚硬土；灌水法适用于现场测定粗粒土和巨粒土的密度；灌砂法适用于现场测定细粒土、砂粒土和砾类土的密度。

②干密度(ρ_d)：干密度是指干燥状态下单位土总体积的质量，即土中干土粒的质量(m_s)与土的总体积(V)之比，按式(3-5)计算。

$$\rho_d = \frac{m_s}{V} = \frac{\rho}{1 + 0.01w} \tag{3-5}$$

式中　ρ_d——土的干密度(g/cm^3)；

m_s——土中干土粒的质量(g)；

V——土的总体积(cm^3)；

ρ——土的天然密度(g/cm^3)；

w——土的含水率(%)。

土的干密度实际上是土中完全不含水分的密度。某一土样干密度的大小，主要取决于土的结构，即土孔隙率的大小影响土的干密度。一般情况下，土的干密度越大，土越密实，孔隙率越小。土的干密度在一定程度上反映了土粒排列的紧密程度，在工程中常用它计算压实度 K，按式(3-6)计算，作为人工填土压实的控制指标。

$$K=\frac{\rho_d}{\rho_{dmax}}\times 100\% \tag{3-6}$$

式中　K——压实度(%)；

ρ_d——工地实测的干密度(g/cm^3)；

ρ_{dmax}——标准击实试验所得的最大干密度(g/cm^3)。

③饱和密度(ρ_f)：饱和密度是指当土的孔隙中全部用水充满时的密度，按式(3-7)计算。

$$\rho_f=\frac{m_s+m'_w}{V}=\frac{m_s+v_n\rho_w}{V} \tag{3-7}$$

式中　ρ_f——土的饱和密度(g/cm^3)；

m'_w——土的孔隙中充满水时的质量(g)；

ρ_w——4 ℃时纯水的密度(g/cm^3)；

v_n——土的孔隙体积(cm^3)。

④水下密度(ρ')：土的水下密度指在地下水位以下，土体受水的浮力作用时，单位体积土体中土粒的质量扣除土体排开同体积水的质量，又称为浮密度或浸水密度，按式(3-8)计算。

$$\rho'=\frac{m_s+m'_w-V\rho_w}{V}=\rho_f-1 \tag{3-8}$$

式中　ρ'——土的水下密度(g/cm^3)。

在工程计算中，地下水位以下土层的密度都要采用水下密度指标。

同一种土的四种密度之间的关系为 $\rho_f\geqslant\rho\geqslant\rho_d>\rho'$。

2.土的含水性指标

土的含水率是指土中水的质量与土颗粒质量的比值，它是土的基本物理性质指标之一，表征土中含水情况的指标有天然含水率、饱和含水率和饱和度。

(1)天然含水率(w)

土的天然含水率是指土在105～110 ℃下烘至恒重时所失去水分的质量和达到恒重时干土质量的比值，一般用百分数表示，按式(3-9)计算。

$$w=\frac{m_w}{m_s}\times 100\% \tag{3-9}$$

式中　w——土的天然含水率(%)。

土的天然含水率要求直接采用原状土测定。含水率的测定方法很多，主要有烘干法、酒精燃烧法和比重法。

(2)饱和含水率(w_g)

土的饱和含水率是指土的孔隙全部被水充满，达到饱和时的含水率，即土的孔隙中充满水时的质量与干土粒质量的比值，按式(3-10)计算。

$$w_g=\frac{m'_w}{m_s}\times100\%=\frac{v_n\rho_w}{m_s}\times100\% \tag{3-10}$$

式中 w_g——土的饱和含水率(%)。

(3)饱和度(S_r)

土的饱和度是指孔隙中水的体积 V_w 与孔隙体积 V_v 之比，按式(3-11)计算。

$$S_r=\frac{V_w}{V_v}\times100\% \tag{3-11}$$

式中 S_r——土的饱和度(%)；

V_w——孔隙中水的体积(cm^3)；

V_v——孔隙体积(cm^3)。

土的饱和度是一个辅助性指标，它可以用来评价土的干湿状态。对于完全干燥的土，$S_r=0$；对于完全饱和的土，$S_r=1$。根据土的饱和度，可以把砂类土分为稍湿($S_r\leqslant50\%$)、很湿($50\%<S_r\leqslant80\%$)和饱和($S_r>80\%$)三种状态。

颗粒较粗的砂类土对含水率的变化不敏感，当 w 发生变化时，它的工程性质变化不大，所以对于砂类土的物理状态可采用 S_r 来反映；但颗粒较细的黏性土，对含水率的变化十分敏感，当随着 w 增加时，体积膨胀，结构也发生了改变，因而黏性土一般不用 S_r 这一指标。

3.土的孔隙性指标

土中存在着许多孔隙及其所具有的一些特性，称为土的孔隙性。土的透水性、压缩性等物理特性都与土的孔隙性有密切的关系。孔隙性指标有孔隙率、孔隙比和砂类土的相对密实度。

(1)孔隙率(n)

土的孔隙率是指土体中孔隙的体积占总体积的百分比，又称孔隙度。它表示土中孔隙大小的程度，按式(3-12)计算。

$$n=\frac{V_n}{V}\times100\% \tag{3-12}$$

式中 n——土的孔隙率(%)。

在工程计算中，n 是常用指标，一般为 30%～50%。

具有散粒结构的土，由于颗粒排列松紧不同，孔隙率也有变化，颗粒排列紧密的土孔隙率小，颗粒排列松散的土孔隙率大。粒度成分对孔隙率也有很大影响，非匀粒土的孔隙率要小于匀粒土的孔隙率。具有海绵结构的黏性土，单个孔隙很小，但数量很多，水在其中为结合水，所以黏性土的孔隙率可以大于 50%。

当土的结构因受外力而改变时，孔隙率也随之而改变。

(2)孔隙比(e)

孔隙比是土中孔隙体积与土粒体积的比值，常用小数表示，按式(3-13)计算。

$$e=\frac{V_n}{V_s} \tag{3-13}$$

式中 e——土的孔隙比。

土的孔隙比直接反映土的紧密程度，孔隙比越大，土越疏松；孔隙比越小，土越密实。一般在天然状态下的土，若 $e<0.6$，可作为良好的地基；若 $e>1$，表明土中 $V_n>V_s$，是工程性质不良的土。

n 与 e 都是反映孔隙性的指标，但在应用上却有所不同，凡是用于与整个土的体积有关的测试时，一般用 n 较为方便；但若是要对比一种土的变化状态时，则用 e 较为准确。由于 V_s 是不变的，可视为定值，土在荷载作用下引起 V_n 的变化，而 e 的变化直接与 n 的变化成正比，所以 e 能明显地反映孔隙体积的变化。在工程设计计算中常用 e 这一指标。

孔隙率与孔隙比的相互关系如式(3-14)所示。

$$e=\frac{n}{1-n} 或 n=\frac{e}{1+e} \tag{3-14}$$

(3)砂类土的相对密实度(D_r)

密实度是反映砂类土松紧状态的指标，常用相对密实度来表示，也称为无凝聚性土的相对密实度。砂类土天然结构(即土粒排列松紧)的状况，对其工程性质有极大影响。砂类土在最松散状况下的孔隙比为最大孔隙比 e_{max}；经振动或捣实后，砂砾间相互靠拢压密，其孔隙比为最小孔隙比 e_{min}；在天然状态下的孔隙比为 e。

砂类土的相对密实度就是指最大孔隙比和天然孔隙比之差与最大孔隙比和最小孔隙比之差的比值，一般用小数或百分数表示，按式(3-15)计算。

$$D_r=\frac{e_{max}-e}{e_{max}-e_{min}} \tag{3-15}$$

式中　D_r——砂类土的相对密实度。

当 $D_r=0$，即 $e=e_{max}$ 时，表示砂类土处于最疏松状态；当 $D_r=1$ 时，即 $e=e_{min}$，表示砂类土处于最紧密状态。

《公路桥涵地基与基础设计规范》(JTG D63－2007)中规定用 D_r 来判定砂类土的相对密实度，将砂类土分为四级，见表 3-2。

表 3-2　砂类土相对密实度划分表

分级		相对密实度 D_r	标准贯入平均击实数(63.5 kg)
密实		$D_r \geqslant 0.67$	30～50
中密		$0.33<D_r<0.67$	10～29
松散	稍松	$0.20 \leqslant D_r \leqslant 0.33$	5～9
	极松	$D_r<0.20$	<5

土的十个物理性质指标——G_s、ρ、w、ρ_d、ρ_f、ρ'、w_g、S_r、n、e 并非各自独立，互不相关。G_s、ρ 和 w 为基本物理性质指标，必须通过试验直接测定，称为三项实测指标，其余指标可由三个试验指标计算导出，其换算关系见表 3-3。

表 3-3　土的主要物理性质指标一览表

指标名称	表达式	参考数值	指标来源	实际应用
土粒比重 G_s	$G_s=\frac{m_s}{V_s \cdot \rho_w}$	2.60～2.75	由试验测定	换算 n、e、ρ_d
天然密度 $\rho/(g \cdot cm^{-3})$	$\rho=\frac{M}{V}$	1.60～2.20	由试验测定	换算 n、e，说明土的密度

（续表）

指标名称	表达式	参考数值	指标来源	实际应用
干密度 $\rho_d/(g\cdot cm^{-3})$	$\rho_d=\frac{m_s}{V}$	1.30～2.00	$\rho_d=\frac{\rho}{1+0.01w}$	换算 n、e、s 粒度分析，压缩试验资料整理
饱和密度 $\rho_f/(g\cdot cm^{-3})$	$\rho_f=\frac{m_s+v_n\rho_w}{V}$	1.80～2.30	$\rho_f=\frac{\rho(G_s-1)}{G_s(1+w)}+1$ 或 $\rho_f=\rho_d+n\rho_w$	—
水下密度 $\rho'/(g\cdot cm^{-3})$	$\rho'=\frac{m_s-v_s\rho_w}{V}$	—	$\rho'=\frac{\rho(G_s-1)}{G_s(1+w)}$ 或 $\rho'=\rho_f-\rho_w$	计算潜水面以下地基自重应力；分析人工边坡稳定
天然含水率 w/%	$w=\frac{m_w}{m_s}\times100\%$	0～100%	由试验测定	换算 S_r、ρ_d、n、e，计算土的稠度指标
饱和含水率 w_g/%	$w_g=\frac{v_n\rho_w}{m_s}\times100\%$	0～100%	$w_g=\frac{G_s(1+w)-\rho}{G_s\cdot\rho}\times100\%$	—
孔隙率 n/%	$n=\frac{V_n}{V}\times100\%$	—	$n=\left[1-\frac{\rho}{G_s(1+w)}\right]\times100\%$	计算地基承载力；估计砂土密度和渗透系数；压缩试验调整资料
孔隙比 e	$e=\frac{V_n}{V_s}$	—	$e=\frac{G_s(1+w)}{\rho}-1$	换算 n 和 ρ'，说明土中孔隙体积

（三）黏性土的稠度与塑性

1. 稠度、稠度状态和界限含水率

土的软硬程度特性称为稠度。土随着含水率的增高，从固体状态变为半固体状态到可塑状态转变为流动状态，这些不同的物理状态称为土的稠度状态。通常把土的稠度状态分为固态、半固态、塑态、液态等。

黏性土由一种稠度状态转变到另一种稠度状态的分界含水率称为界限含水率(表 3-4)。

表 3-4　土的稠度及界限含水率

稠度状态	稠度特征	界限含水率	含水率减少方向	土体积缩小方向
流塑的	呈层状流动	液限 w_L	↓	↓
可塑的	塑性变形	塑限 w_p		
半干硬的	不易变形	缩限 w_s		
干硬的	坚硬难变形		土体积不变	

工程上常用的分界含水率有缩限、塑限、液限，它对黏性土的分类和工程性质的评价有重要意义。

(1)缩限(w_s)

黏性土呈半固态不断蒸发水分，则体积不断缩小，直到体积不再变化时的界限含水率称为缩限。

(2)塑限(w_p)

黏性土由半固态转到可塑状态的界限含水率称为塑限。

(3)液限(w_L)

黏性土由可塑状态转到流动状态的界限含水率称为液限。

2. 塑性指数(I_p)

土的塑性是指土在一定外力作用下可以塑造成任何形状而不改变其整体性，当外力取消后，在一段时间内仍保持其已变形后的形态而不恢复原状的性能，也称为土的可塑性。塑性状态是黏性土的一种特殊状态，因此，黏性土又称为塑性土。判断土的可塑性强弱的指标采用塑性指数 I_p，即土的液限与塑限之差，按式(3-16)计算。

$$I_p = w_L - w_p \tag{3-16}$$

式中　I_p——土的塑性指数；

w_L——土的液限；

w_p——土的塑限。

黏性土塑性指数的大小主要取决于土中黏粒、胶粒及矿物成分的亲水性，即土中黏粒、胶粒含量越多，亲水性越强，土的塑性指数越大，可塑性越强；反之则越小。在工程地质实践中常用 I_p 对黏性土进行分类和命名，见表 3-5。

表 3-5　土按塑性指数(I_p)的分类

土的名称	砂土(无塑性土)	亚砂土(低塑性土)	亚黏土(中塑性土)	黏土(高塑性土)
塑性指数	$I_p \leqslant 1$	$1 < I_p \leqslant 7$	$7 < I_p \leqslant 17$	$I_p > 17$

根据塑性指数 I_p 对土进行分类，其局限性较大，只能作为参考，如两种细粒土液限和塑限不同，所得的塑性指数可能相同。

3. 液性指数 I_L

黏性土的液性指数又称相对稠度，是天然含水率和塑限的差值和液限与塑限的差值之比，按式(3-17)计算。

$$I_L = \frac{w - w_p}{w_L - w_p} \tag{3-17}$$

式中　I_L——土的液性指数；

w——土的天然含水率；

w_L——土的液限；

w_p——土的塑限。

黏性土的液性指数是反映土的稠度的指标。对于某种黏性土，其液限 w_L 和塑限 w_p 都是一定值，土的天然含水率越大，液性指数越大，土越稀软。在工程上，为了更好地掌握天然土的稠度状态，将液性指数划分为 5 级，见表 3-6。

表 3-6　黏性土相对稠度状态

液性指数值	$I_L \leqslant 0$	$0 < I_L \leqslant 0.25$	$0.25 < I_L \leqslant 0.75$	$0.75 < I_L \leqslant 1$	$I_L > 1$
相对稠度状态	干硬状态	硬塑状态	易塑状态	软塑状态	流动状态
	半固体状态		塑性状态		液流状态

4. 天然稠度 w_c

黏性土的液限和天然含水率的差值与液限和塑限的差值之比，称为天然稠度，按式(3-18)计算。

$$w_c = \frac{w_L - w}{w_L - w_p} \tag{3-18}$$

在公路工程中，常用天然稠度来区分黏性土的状态，它与液性指数的关系是 $w_c + I_L = 1$。

(四)土的击实性

1.在动荷载作用下的击实性

(1)土的击实性

在工程建设中,经常遇到填土或软弱地基,为了改善这些土的工程性质,常采用击实(或夯实)的方法使土变得密实,称为土的击实性。使土变密实的方法是指采用人工或机械对土施以夯压能量(如夯、碾、振动等),使土在短时间内颗粒重新排列紧密,获得最佳结构,以改善和提高土的力学性能。

填土与原状土不同,填土经过挖掘、搬运之后,其原状结构已被破坏,含水率也已变化,堆填时必然在土团之间留下许多大空隙,未经击实的填土强度低,压缩性大而且不均匀,遇水也易发生塌陷、崩解等现象。为使其满足工程要求,必须按一定标准击实,特别是像路堤这样的土工构筑物,在车辆的频繁运行和反复动荷载作用下,可能出现不均匀或过大的沉陷或塌落,甚至失衡滑动,从而恶化运营条件以及增加维修工作量,所以路堤填土必须具有足够的密实度才能确保行车平顺和安全。

(2)标准击实试验

击实是指对土瞬时重复施加一定的机械功使土体变密的过程。标准击实试验是研究土的击实性能的室内基本试验方法。

①黏性土的击实特性:图 3-3 是根据黏性土的击实数据绘出的击实曲线。由图可知,随着含水率的增加,土的干密度也逐渐增大,表明击实效果逐步提高,当含水率超过某一限值时,干密度则随着含水率增大而减小,即击实效果下降。这说明土的击实效果随着含水率变化而变化,并在击实曲线上出现一个峰值,相应于这个峰值的含水率是最佳含水率(w_{op})。

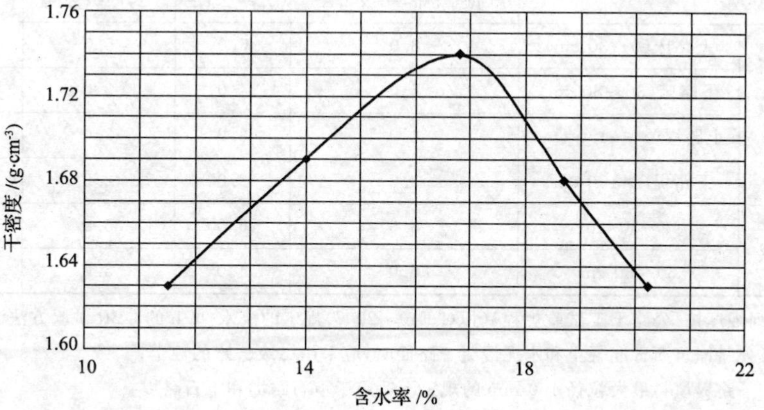

图 3-3 击实曲线

同一种土样塑限与土的最佳含水率有一定的内在联系,根据实践经验可知:黏性土的最佳含水率 w_{op} 与土的塑限 w_p 之间的关系是 $w_{op}=w_p+2$。土中所含黏性土矿物越多、颗粒越细,最佳含水率越大。另外最佳含水率还与击实功的大小有关。除了含水率、击实功对土的击实影响外,土粒级配对击实效果也有显著影响,均匀颗粒的土不易击实,因此在工程建设中,要选择符合级配要求的土作为路堤填料。

②无黏性土的击实特性:无黏性土颗粒较粗,颗粒之间没有或只有很小的黏聚力,不具有可塑性,多呈单粒结构。无黏性土压缩性小、透水性高、抗剪强度较大,且含水率的变化对

它的性质影响不显著。

工程实践证明，对于无黏性土的击实，应该有一定静荷载与动荷载联合作用，才能达到较好的击实性。

2. 土基的承载能力

土基（路基）作为公路路面结构的基础，其抵抗荷载变形能力的大小主要取决于土基顶面在一定应力条件下抵抗变形的能力。目前在工程中主要用加州承载比（CBR）来反映土基的承载能力。

所谓 CBR 是指试件抵抗局部荷载压入变形达 2.5 mm 时的强度与标准碎石压入相同贯入量时标准碎石强度的比值。标准碎石强度是用高质量碎石材料由试验求得，其与贯入量之间的关系如表 3-7 所示。

表 3-7　不同贯入量时的标准荷载强度与标准荷载

贯入量/mm	标准荷载强度/kPa	标准荷载/kN	贯入量/mm	标准荷载强度/kPa	标准荷载/kN
2.5	7 000	13.7	10.0	16 200	31.8
5.0	10 500	20.3	12.5	18 300	36.0
7.5	13 400	26.3			

《公路路基施工技术规范》(JTG F10－2006)规定，路基填方材料的最小 CBR 应符合表 3-8 的要求。

表 3-8　路基填方材料最小强度和最大粒径

项目分类（路床顶面以下深度）		填料最小强度（CBR）/%			填料最大粒径/cm
		高速公路，一级公路	二级公路	三、四级公路	
路堤	上路床(0～30 cm)	8.0	6.0	5.0	10
	下路床(30～80 cm)	5.0	4.0	3.0	10
	上路堤(80～150 cm)	4.0	3.0	3.0	15
	下路堤(>150 cm)	3.0	2.0	2.0	15
零填及挖方路基	0～30 cm	8.0	6.0	5.0	10
	30～80 cm	5.0	4.0	3.0	10

注：①表中所列强度按《公路土工试验规程》(JTG E40—2007)规定的浸水 96 h 的 CBR 试验方法测定；

②三、四级公路铺筑沥青混凝土和水泥混凝土路面时，应采用二级公路的规定；

③表中上、下路堤填料最大粒径 150 mm 的规定不适用于填石路堤和土石路堤。

（五）填筑材料一般规定

1. 一般路基填料

(1)含草皮、生活垃圾、树根、腐殖质的土严禁作为填料。

(2)泥炭、淤泥、冻土、强膨胀土、有机质土及易溶盐超过允许含量的土，不得直接用于填筑路基；需要使用时，必须采取技术措施进行处理，经检验满足设计要求后方可使用。

(3)液限大于 50%、塑性指数大于 26、含水率不适宜直接击实的细粒土，不得直接作为路堤填料；需要使用时，必须采取技术措施进行处理，经检验满足设计要求后方可使用。

(4)粉质土不宜直接填筑于路床，不得直接填筑于冰冻地区的路床及浸水部分的路堤。

(5)填料强度和粒径，应符合表 3-8 的规定。

2. 土石路堤填料

(1)膨胀岩石、易溶性岩石等不宜直接用于路堤填筑，崩解性岩石和盐化岩石等不得直接用于路堤填筑。

(2)天然土石混合填料中，中硬、硬质石料的最大粒径不得大于击实层厚的2/3；石料为强风化石料或软质石料时，其CBR应符合表3-8的规定，石料最大粒径不得大于击实层厚。

职业活动训练　土工试验

实训25　土的界限含水率试验(液限和塑限联合测定法)

(一)试验目的与适用范围

1. 本试验的目的是联合测定土的液限和塑限，用于划分土类、计算天然稠度和塑性指数，供公路工程设计和施工使用。

2. 本试验适用于粒径不大于0.5 mm、有机质含量不大于试样总质量5%的土。

(二)试验仪器设备

1. 圆锥仪：锥质量为100 g或76 g，锥角为30°，读数显示形式宜采用光电式、数码式、游标式或百分表式。

2. 盛土杯：直杆50 mm，深度40～50 mm。

3. 天平：称量200 g，感量0.01 g。

4. 其他：方孔筛(孔径0.5 mm)、调土刀、调土皿、称量盒、研钵(附带橡皮头的研杵或橡皮板、木棒)、干燥器、吸管和凡士林等。

(三)试验操作方法和步骤

1. 取有代表性的天然含水率或风干土样进行试验。如土中含粒径大于0.5 mm的土粒或杂物时，应将风干土样用带橡皮头的研杵研碎或用木棒在橡皮板上压碎，过筛孔为0.5 mm的方孔筛。

取0.5 mm筛筛出代表性土样200 g，分开放入三个调土皿中，加不同数量蒸馏水，土样的含水率分别控制在液限(a点)、略大于塑限(c点)和二者的中间状态(b点)。用调土刀调匀，盖上湿布，放置18 h以上。测定a点的锥入深度，100 g锥的锥入深度应为20 mm±0.2 mm，76 g锥的锥入深度应为17 mm。测定c点的锥入深度，100 g锥的锥入深度应控制在5 mm以下，76 g锥的锥入深度应控制在2 mm以下。对于砂类土，测定c点的锥入深度，100 g锥的锥入深度可大于5 mm，76 g锥的锥入深度可大于2 mm。

2. 将制备的土样充分搅拌均匀，分层装入盛土杯，用力压实，使空气逸出。对于较干的土样，应先充分搓揉，用调土刀反复压实。盛土杯装满后，刮成与杯边齐平。

3. 当用游标式或百分表式液限塑限联合测定仪试验时，调平仪器，提起锥杆(此时游标或百分表读数为零)，锥头上涂少许凡士林。

4. 将装好土样的盛土杯放在联合测定仪升降座上，转动升降旋钮，待锥尖与土样表面刚好接触时停止升降，扭动锥下降旋钮，同时开动秒表，经5 s后，松开旋钮，锥体停止下落，此时游标读数即为锥入深度 h_1。

5.改变锥尖与土接触位置(锥尖两次锥入位置距离不小于 1 cm),重复本试验第 3 和第 4 步骤,得锥入深度 h_2,h_1、h_2 允许平行误差为 0.5 mm,否则应重做。取 h_1、h_2 平均值作为该点的锥入深度 h。

6.去掉锥尖入土处的凡士林,取 10 g 以上土样两个,分别装入称量盒内称质量(精确至 0.01 g),测定其含水率 w_1、w_2(精确至 0.1%)。计算含水率平均值 w。

7.重复第 2～6 步骤,对其他两个含水率土样进行试验,测其锥入深度和含水率。

8.用光电式或数码式液限塑限联合测定仪测定时,接通电源,调平机身,打开开关,提上锥体(此时刻度或数码显示应为零)。将装好土样的盛土杯放在升降座上,转动升降旋钮,盛土杯徐徐上升,土样表面和锥尖刚好接触,指示灯亮,停止转动旋钮,锥体立刻自行下沉,5 s 后自动停止下落,读数窗上或数码管上显示键入深度。试验完毕,按动复位按钮,锥体复位,读数显示为零。

(四)试验结果整理

1.在双对数坐标上,以含水率 w 为横坐标,锥入深度 h 为纵坐标,点绘 a、b、c 三点含水率的 h-w 图(图 3-4)。连接此三点,应呈一条直线。如三点不在同一条直线上,要通过 a 点与 b、c 两点连成两条直线,根据液限(a 点含水率)在 h_p-w_L 关系曲线图上查得 h_p,以此 h_p 再在 h-w 关系曲线图的 ab 及 ac 两直线上求出相应的两个含水率。当两个含水率的差值小于 2%时,以该两点含水率的平均值与 a 点连成一直线。当两个含水率的差值不小于 2%时,应重做试验。

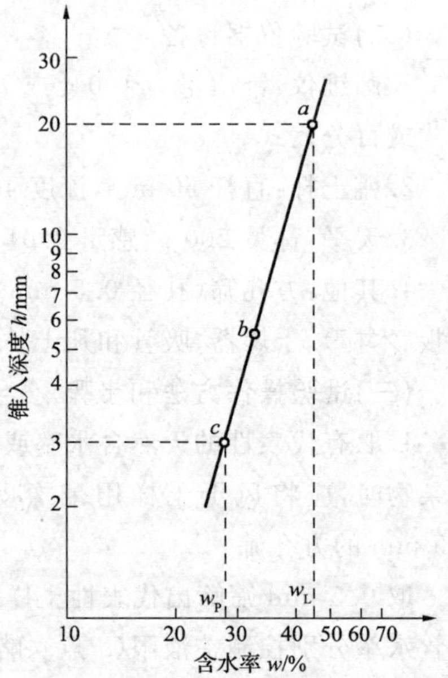

图 3-4　锥入深度与含水率(h-w)关系曲线图

2.液限的确定方法

(1)若采用 76 g 锥做液限试验,则在 h-w 图上,查得纵坐标键入深度 h=17 mm 所对应的横坐标的含水率 w,即为该土样的液限 w_L。

(2)若采用 100 g 锥做液限试验,则在 h-w 图上,查得纵坐标键入深度 h=20 mm 所对应的横坐标的含水率 w,即为该土样的液限 w_L。

3.塑限的确定方法

(1)根据本试验求出的液限,通过 76 g 锥入深度 h 与含水率 w 的关系曲线(图 3-4),查得锥入深度为 2 mm 所对应的含水率即为该土样的塑限 w_p。

(2)根据本试验求出的液限,通过液限 w_L 与塑限时锥入深度 h_p 的关系曲线(图 3-5),查得 h_p,再由图 3-4 求出锥入深度为 h_p 时所对应的含水率,即为该土样的塑限 w_p。查 h_p-w_L 关系曲线图时,须先通过简易鉴别法及筛分法把砂类土与细粒土区别开,再分别采用相应的 h_p-w_L 关系曲线确定塑限 w_p。对于细粒土,用双曲线确定 h_p 值;对于砂类土,则用多项式曲线确定 h_p 值。

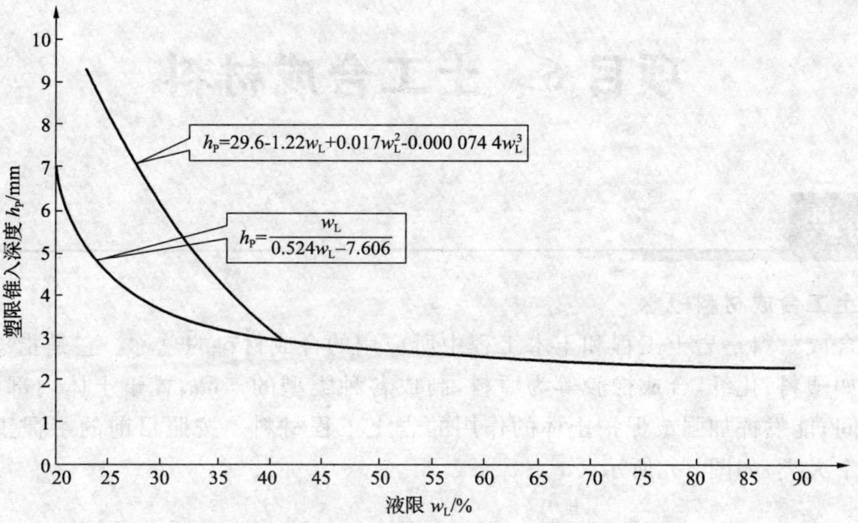

图 3-5 h_p-w_L 关系曲线图

若根据本试验求出的液限，当 a 点的锥入深度在 20 mm±0.2 mm 范围内时，应在 ab 线上查得锥入深度为 20 mm 处相对应的含水率，此为液限 w_L。再用此液限在 h_p-w_L 关系曲线(图 3-5)上找出与之相对应的塑限锥入深度 $h_p{}'$，然后到 h-w 图 ad 直线上查得 $h_p{}'$相对应的含水率，此为塑限 w_p。

4. 精密度与允许差

本试验需进行两次平行测定，取其算术平均值，以整数表示。其允许差值为：高液限土小于或等于 2%；低液限土小于或等于 1%。

项目6　土工合成材料

基础知识

(一)土工合成材料概念

土工合成材料是岩土工程和土木工程中所应用的合成材料的总称。它是指以人工合成的聚合物如塑料、化纤、合成橡胶等为原料,制成各种类型的产品,置于土体内部、表面或各层土体之间,能发挥加强或保护土体的作用的岩土工程材料。按照目前的习惯土工合成材料分为四个大类,如图3-6所示。

- 土工合成材料
  - 土工织物
    - 织造
      - 机织
      - 针织
    - 非织造
      - 针刺
      - 热黏结
      - 化学黏结
  - 土工膜
  - 土工复合材料
    - 复合土工膜
    - 复合土工织物
    - 复合排水材料:排水带、排水管、排水防水材料等
  - 土工特种材料:土工格栅、土工带、土工格室和土工网格、土工网、土工模袋、土工网垫、土工织物膨润土垫、聚苯乙烯块等

图3-6　土工合成材料的分类

(二)土工合成材料的类型和应用

1.土工合成材料的类型

(1)土工织物

土工织物是采用编织技术生产的透水性土工合成材料,呈布状,故俗称土工布。土工织物的主要特点是重量轻、整体连续性好、施工简便、抗拉强度高、耐腐蚀。土工织物又分为有纺土工织物和无纺土工织物,前者由单丝或多股丝织成,或由薄膜切成的扁丝编织而成;后者由短纤维或喷丝长纤维随机铺成絮垫,再经机械缠合(针刺)或热黏结或化学黏结而成。

(2)土工膜

土工膜是土工合成材料的主要产品之一,是具有极低渗透性的膜状材料,实际上几乎不透水,是理想的防渗材料。与传统的防渗材料相比,土工膜具有渗透系数低、低温柔性好、形变适应性强、重量轻、强度高、整体连接性好、施工方便等优点。由于其透水性极低,其主要功能是防渗和隔离。

(3)土工复合材料

土工复合材料的基本原理就是将不同材料的最好特性组合起来,使特定的某个问题能以最优的方式解决。其主要功能是排水反滤、防渗、加筋、隔离、防护和减载等。

①复合土工膜(土工织物-土工膜型复合材料)

复合土工膜是以织物为基材,以聚乙烯、聚氯乙烯等土工膜为膜材,经流延、压延、涂刮、

辊压等复合工序形成的土工膜-土工织物的组合物。复合土工膜按其布基材可分为短纤维针刺无纺织物、长纤维机织物、长丝有纺织物、扁丝有纺织物等;按膜材可分为聚乙烯(PE)膜、聚氯乙烯(PVC)膜、氯化聚乙烯(CPE)膜等;按结构可分为一布一膜、二布一膜、一布二膜、多布多膜等。目前工程大多采用以无纺织物与土工膜复合而成的复合土工膜。复合土工膜中土工织物对膜起保护作用,能提高土工膜的抗拉强度,增大土工膜与其他土工材料摩擦系数。

②复合土工织物

土工膜-土工格栅型复合材料:由于某些土工膜和土工格栅可用同种原料生产,如高密度聚乙烯,它们可以黏合在一起形成一个不透水的屏障,且其强度和摩擦力都有所提高。

土工织物-土工格栅型复合材料:这些低模量、低强度和高伸长率的土工织物(通常是无纺织物)可通过用土工格栅做成复合材料而使其弱点得到克服,共同发挥隔离、反滤和加筋作用。

③复合排水材料

塑料排水带:用较薄的无纺织物包裹的塑料芯条带,典型断面尺寸为 3 mm×100 mm,芯板上有很多排水通道且在压力下不至缩小,土中水通过无纺织物滤层沿芯板排水通道排出。

土工复合排水网(土工织物-土工网型复合材料):当土工织物用在土工网上面或下面,或土工网像三明治一样夹在两层土工织物中间使用时,隔离、反滤和排水作用始终是能满足的。还有一种土工复合排水网,在网的一面为土工织物,另一面是土工膜,其隔渗效果更好。

土工管:土工管又叫埋塑管,管上有很多开孔,用于土中排水时需外包无纺织物反滤层使用。土工管可能是土工合成材料家族中使用最早且至今仍在沿用的一个品种。

(4)土工特种材料

①土工格栅:土工格栅是土工合成材料中发展很迅速的一个种类。它是一种以高密度聚乙烯或聚丙烯塑料(包括玻璃纤维)为原料加工形成的开口的、类似格栅状的产品,具有较大的网孔。在其生产工艺中,众多的纤维在一起形成了纵向和横向肋条,上面涂有一些保护材料,如 PVC、乳胶或沥青。此外,还有玻纤格栅,它也是一种经编格栅。土工格栅的应用领域广泛,特别是在作为加筋材料方面,它们的作用是独到的。

②土工带:该产品用高强度的合成材料或玻璃纤维作抗拉筋材,外面裹以塑料套,一般在套的表面具有防滑花纹,用来增大与土的摩擦力。土工带多用于加筋土挡墙。

③土工格室和土工网格:土工格室和土工网格是一种呈菱形或蜂窝网格状结构的土工合成材料,铺设厚度为 50～200 mm,中间空格尺寸约为 80～400 mm。格中填土、砂、碎石或混凝土,起侵蚀控制作用,亦可用于加筋地基、加筋土挡墙。

④土工网:土工网是由连续的聚合物肋条以一定角度的连续网孔平行挤出而成。较大的孔径使其形成了像网一样的结构,同时能承受一定的法向压力而不显著减小孔径。其设计功能主要应用在排水领域,即需要输导各种液体的地方。在土中需和外包无纺织物反滤层构成土工复合材料使用。

⑤土工模袋:将双层土工织物按一定间隔用定长的绳索相连,铺在坡面上起模板的作用,在其间充填混凝土或水泥砂浆,凝固后形成板状护块。

⑥土工网垫:土工网垫是一种以聚烯烃为主要原料,经挤出菱形网与双向拉伸网复合、

点焊、热收缩成形的三维多开孔结构，由于其强度高、易于和植被根系结合促进植物生长，故对控制坡面水土流失有独特效果，同时满足全球环保要求，是公认的绿色土工合成材料，又称为三维植被网。

⑦土工织物膨润土垫：土工织物膨润土垫是由土工织物或土工膜中间夹有膨润土，通过针刺、黏合或缝合在一起的防渗隔离复合材料。土工织物膨润土垫可用于环境、防护、交通、土工技术及水利等领域。

⑧聚苯乙烯块：因泡沫塑料具有无数小孔，故质量很轻，压缩性高，除用作隔声、隔热材料外，还可用于挡土墙后或上埋式管道上面的填料，减小土压力。

2.土工合成材料的应用

土工合成材料为岩土工程或土木工程应用的合成材料产品的总称。从词义看，涉及岩土工程、交通工程、土木环境工程、水利工程等所有与土、岩、地下水等有关的活动。

(1)土工织物

①不同材料间的隔离：土工织物用于路基和地基之间；用于铁路路基及道砟之间；用于填埋场和碎石基层之间；用于土工膜和砂质排水层之间；用于地基和路堤土之间；用于地基土和基础桩之间；用于人行道、停车场和运动场地下面；用于级配较差的滤层和排水层之间；用于土坝的不同区域之间；用于新旧沥青层之间。

②加筋和防护材料：土工织物用于路堤、铁路、填埋场和运动场地的软基上；用于制作土工包；用于路堤、土坝和边坡的加筋；用于在岩溶地区的基础加筋；用于提高浅基础的承载力；用于基桩承台上加筋；用于防止基层土将土工膜刺破；用于防止填埋场内的杂质或石料层将土工膜刺破；由于高的摩擦阻力，可导致复合土工膜上更好的坡面稳定。

③反滤：土工织物用于路面和机场道路的碎石基层下或铁道道砟下；用于碎石排水层周围；用于地下穿孔排水管周围；用于产生沥滤液的填埋场下面；用于制作拦土篱和防雪栏；用于挡土墙的回填土和墙面板空隙间或在回填土和石笼墙面间；用于保护土工网，防止土粒侵入；用于保护土工复合材料，防止土粒侵入。

④排水：土工织物用于土坝的垂直和水平排水系统；用于软基预压堤底的水平排水；用于地下水平排水的截水沟；用于挡土墙后的排水；用于铁道道砟或运动场地下面的排水；用于土工膜下的排水和排气；用于霜冻敏感区作为地下毛细水上升的阻隔层；用于旱地盐碱液流动的毛细管阻隔层；用于铰接混凝土块护坡的基层。

(2)土工膜

土工膜在水利、环境、岩土工程和交通方面的应用如下：

用作渠道、围堰、堤坝、水库、废液池、太阳池和事故油池的防渗衬垫；用作垃圾填埋场底部衬垫和顶部封盖层；用作地下垂直防渗墙；用于自溃坝的上游面防渗；用作隧道内的防水衬层；用作水库的浮动覆盖层，防止污染和蒸发；用作防止建筑物下面的水分上升的屏障；用于防止在敏感土地区的水的入渗；用来制作土工长管袋作挡水围堰；用于沥青铺面下作防水层。

(3)土工格栅

土工格栅的主要功能是加筋，它的网孔从10 mm到100 mm不等，在某些情况下，也具有隔离的功能，但仅是对于粗粒料和大粒径材料而言。土工格栅可用于以下方面：

用于未铺砌路面的骨料或铁道的道砟下面；用于加筋路堤和土坝；用于修复破坏边坡和

滑坡；用于制作石笼；用于挡墙施工、侵蚀控制结构和桥台跳车；在软基上或岩溶地区用作加筋地基；用于桥接裂缝或桥接岩石和土；在软基上用作厚的碎石垫层；用作沥青铺面加筋；用作加筋填埋场边坡。

(4)土工网

土工网应用在排水方面，它常与土工织物、土工膜或其他材料一起使用，用在这些材料的上面或下面，以防止土颗粒进入网孔。具体使用场所如下：

用作挡土墙墙背和原边坡地下水出逸处的排水；用作建筑物地基、运动场地和广场盖板下面的排水；用作公路基层或易冻土层的排水；用于填埋场沥滤液收集层或检测层；用于填埋场的地下排水系统；用于填埋场的顶部和四周的表面排水；用作预压堤下面的水平排水层。

(5)土工网垫

土工网垫在环保和防护工程中的应用如下：

用于公路、铁路路堑边坡和填方边坡的防护；用于无混凝土面板加筋挡土墙墙面防护；用于堤岸水位变化区和水位以上边坡的防护；用于垃圾填埋场封顶层防护；用于原混凝土边坡绿化改造；用于快速草坪预植、移植。

(6)土工管

穿孔刚性管和波纹管在土木工程中应用很广，如高速公路、铁路及机场的边缘排水；隧道的渗漏排水；挡土墙后的排水；地下渗流的截水沟；排水和排污工程以及化学液传输管道；填埋场的沥滤液排放系统；填埋场气体收集和排放的多支管系统；填埋场覆盖层的表层水排放系统。

(7)土工织物膨润土垫

土工织物膨润土垫主要用作防渗层，它易于连接且有利于缺陷的自愈。土工织物膨润土垫用在填埋场的主衬层的土工膜下；用在填埋场的土工膜下和黏土层之间，构成三种成分的衬层；用在填埋场覆盖层中的土工膜下；放在土工膜上，用来防止粗粒料将土工膜刺破；用作地下贮水井的第二层衬层；用作渠道或水池的单独衬层。

(三)土工合成材料的特性和试验

土工合成材料的工程特性包括物理性质、力学性质、水力学性质、土工合成材料与土相互作用以及耐久性等内容。测试的目的可归纳为两个方面：一是提供工程设计所需的参数，如材料的厚度、孔径、抗拉强度、渗透系数、与土的界面摩擦系数等；二是用于比较多种产品的性能指标，如单位面积质量、孔隙率、撕裂强度等。

土工合成材料的生产工艺决定了产品的均匀性一般是较差的，同一批产品甚至同一块产品的不同部位，其特性指标的变异性较大，同时还受到环境因素的影响。为尽量保证试验结果有较高的可靠性、可比性和复现性，除要求合理的测试方法外，还必须对环境条件、取样与制样方法，以及成果整理做出统一的规定。

1. 取样与试样准备

(1)取样程序

①取卷装样品

取样的卷装数按相关文件规定；

所选卷装材料应无破损，卷装呈原封不动状。

②裁取样品

全部试验的试样应在同一样品中裁取；

卷装材料的前两层不应取作样品；

取样时应尽量避免污渍、折痕、孔洞或其他损伤部分，否则要加放足够数量。

③样品的标记

样品上应标明商标、生产商、供应商；型号；取样日期；要加标记表示样品的卷装长度方向。

当样品两面有显著差异时，在样品上加注标记，标明卷装材料的正面或反面。

如果暂不制备试样，应将样品保存在洁净、干燥、阴凉避光处，并且避开化学物品侵蚀和机械损伤。样品可以卷起，但不能折叠。

(2)试样准备

①用于每次试验的试样，应从样品长度和宽度方向上均匀地裁取，但距样品幅边至少 10 cm。

②试样不应包含影响试验结果的任何缺陷。

③对同一项试验，应避免两个以上的试样处在相同的纵向或横向位置上。

④试样应沿着卷装长度和宽度方向切割，需要时标出卷装的长度方向。除试验有其他要求，样品上的标志必须标到试样上。

⑤样品经调湿后，再制成规定尺寸的试样。

⑥在切割结构型土工合成材料时可制定相应的切割方案。

⑦如果制样造成材料破碎，发生损伤，可能影响试验结果，则将所有脱落的碎片和试样放到一起，用于备查。

(3)调湿和状态调节

①土工织物

试样应在标准大气条件下调湿 24 h，温度 20 ℃±2 ℃、相对湿度 65%±5%。

②塑料土工合成材料

在温度 23 ℃±2 ℃的环境下，进行状态调节，时间不少于 4 h。

③如果确认试样不受环境影响，则可省去调湿和状态调节的处理程序，但应在记录中注明试验时的温度和湿度。

2. 物理性质

(1)单位面积质量

单位面积质量能反映土工合成材料的均匀程度，还能反映材料的抗拉强度、顶破强度和渗透系数等多方面特性，不同产品的单位面积质量差别较大，一般在 50～1 200 g/m^2。测试方法采用称量法。按制样方法在样品上剪取 10 块方形或圆形试样，每块试样面积约为 100 cm^2，剪裁和测量精度为 1 mm。用感量为 0.01 g 的天平进行测量，每块试样测量一次。根据测试结果，按下式计算每块试样的单位面积质量，即

$$G=\frac{m\times 10^6}{A} \tag{3-19}$$

式中 G——试样单位面积质量(g/m^2)；

m——试样质量(g)；

A——试样面积(mm^2)。

根据成果整理的方法计算单位面积质量的算术平均值、均方差和变异系数。

(2)厚度

土工织物的厚度是指其在承受一定压力(一般指 2 kPa)的情况下,织物上下两个平面之间的距离,单位为 mm。土工织物的厚度在承受压力时变化很大,且随加压持续时间的延长而减小,故测定厚度应按要求施加一定的压力,并规定在加压 30 s 时读数。施加的压力分别为 2 kPa±0.01 kPa、20 kPa±0.1 kPa 和 200 kPa±1 kPa,可以对每块试样逐级持续加压测读。

测量时将试样放置在厚度测定仪基准板上,用与基准板平行、下表面光滑、面积为 25 cm^2 的圆形压脚对试样施加压力,压脚与基准板间的距离即为土工织物的厚度。土工织物的厚度一般为 0.1～5 mm,最大可达十几毫米。对于土工织物及复合土工织物,测量精度要求为 0.01 mm;对于没有压花和波纹的土工薄膜、薄片等,测量精度要求为 0.001 mm。土工织物及复合土工织物测试厚度时试样数目为 10 块,结果取平均值,并计算均方差和变异系数。

土工织物的厚度对计算水力学特性指标影响很大,测量时要保证精度。为了便于查找不同压力下的厚度值,通常根据试验成果绘制厚度随压力的变化曲线。其他土工合成材料的厚度可参照土工织物的要求进行。

(3)孔径

①孔径的定义:土工合成材料的透水性、导水性和保持土粒的性能都与其孔隙通道的大小和数量有关。土工织物孔隙的大小通常以孔径 O 代表,单位为 mm。土工织物的孔径是很不均匀的,不但不同规格的产品其孔径各不相同,而且同一种土工织物中也存在着大小不等的孔隙通道。同时孔隙的大小随土工织物承受的压力而变化,因而孔隙只是一个人为规定的反映土工织物通道大小的代表性指标。现已提出的一些表示孔径的方法有:有效孔径 O_e,其含义是能有效通过土工织物的近似最大颗粒直径,例如 O_{90} 表示土工织物中 90%的孔径低于该值。

②有效孔径试验(干筛法):测定土工合成材料有效孔径的方法有干筛法和湿筛法两种,其中干筛法较常用。适用于土工织物和复合土工织物。

试样作为筛布,将标准颗粒玻璃珠或天然砂粒放在筛布上振筛,称量通过筛布的玻璃珠或天然砂粒的质量,计算过筛率。取不同粒径的玻璃珠或天然砂粒进行试验,测得相应的过筛率,绘制出过筛率与粒径(对数坐标)的关系曲线,如图 3-7 所示。根据曲线可以判断有效孔径的分布情况,曲线上纵坐标过筛率 B 为 1－95%＝5%的点对应的横坐标即为 O_{95}。从曲线上还可查得其他特征孔径,例如 O_{90} 为曲线上纵坐标过筛率 B 为 1－90%＝10%的点对应的横坐标。

用下式计算过筛率 B 为

$$B=\frac{P}{T}\times 100\% \tag{3-20}$$

式中 B——某组标准颗粒材料试样的过筛率(%);

P——5 块试样同组粒径过筛量的平均值(g);

T——每次试验用的标准颗粒材料量(g)。

用另一种粒径的玻璃珠或天然砂粒重复上述步骤。取得不少于 3 组连续分布的粒径的

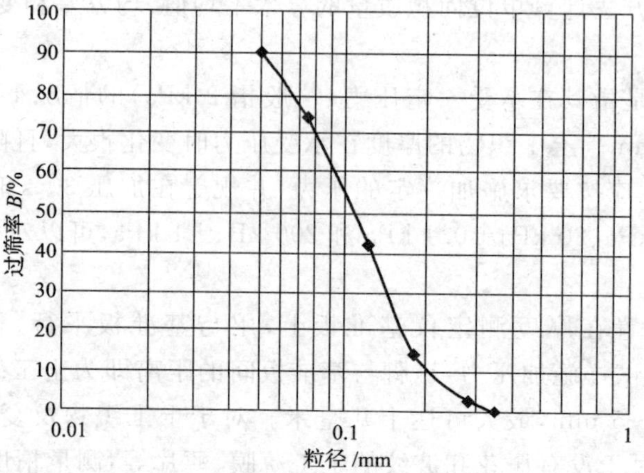

图 3-7　有效孔径分布曲线

过筛率后，即可在半对数坐标系上绘制有效孔径分布曲线。

在振筛时间规定后，驱使玻璃珠或天然砂粒通过织物的能量还与振筛机的频率、振幅有关，由于振筛机的型号和技术特性各不相同，很难给出统一规定，还需要进一步做对比研究工作。

3. 力学性质

反映土工合成材料力学特性的指标主要有抗拉强度、伸长率、梯形撕裂强力、CBR 顶破强力、刺破强力、落锥穿透试验和蠕变特性等。此外，土工合成材料的蠕变特性、与土的交界面的摩擦特性也是土工合成材料的重要力学性质。

由于土工织物和大部分土工合成材料是布状柔性材料，只能承受拉力，并且在受力过程中厚度是变化的，而厚度的变化又不能精确地测量出来，故土工织物的应力是以与受拉力方向垂直的土工织物单位长度上承受的力来表示，单位为 kN/m 或 N/m，而不是用单位截面积上的力来表示，相应的拉伸模量也具有相同的单位。

(1)抗拉强度和伸长率

土工合成材料的工程应用中，加筋、隔离和减荷作用都直接利用了材料的抗拉能力，相应的工程设计中需要用到材料的抗拉强度。其他如滤层和护岸的应用也要求土工合成材料具有一定的抗拉强度，因此抗拉强度是土工合成材料最基本也是最重要的力学特性指标。

土工合成材料的抗拉强度是指试样在拉力机上拉伸至断裂的过程中，单位宽度所承受的最大拉力，单位为 kN/m。

土工合成材料的伸长率是指试样实际夹持长度的增加与试样实际夹持长度的比值，用百分数(%)表示。因为土工合成材料的断裂是一个逐渐发展的过程，故断裂时的伸长不易确定，一般用达到最大负荷下的伸长率表示。

土工合成材料抗拉强度和伸长率的影响因素主要有原材料种类、结构形式、试样的宽度和拉伸速率。此外，因为土工合成材料的各向异性，沿不同方向拉伸也会获得不同的结果。不同材料的合成纤维或纱线，它们的拉伸特性是不同的，由它们制成的织物也具有各异的拉伸特性，特别是有纺织物。无纺织物纤维的排列是随机的，拉伸特性主要取决于纤维之间加固或黏合的强度，而纤维本身的性质仅为次要因素。

有纺织物的经纱(或扁丝)和纬纱，其粗细和单位长度内的根数，甚至材料都可能不同，从而导致经纬向的拉伸特性有一定的差别。至于无纺织物，根据铺网时交错的方式不同，经纬向强度也可能不一样。因此，为反映土工织物的各向异性，一般要进行两个方向的拉伸试验，并分别给出沿经向和纬向的抗拉强度和伸长率。

拉伸速率的影响表现为速率越快，测得的抗拉强度越高。当拉伸速率由 10 mm/min 增大至 100 mm/min 时，其抗拉强度增加约 10%。《公路工程土工合成材料试验规程》(JTG E50－2006)采用的拉伸速率为 20 mm/min。

目前我国常用的有纺扁丝织物(原材料为 PP 和 PE)的抗拉强度为 15～50 kN/m，单位面积质量为 400 g/m^2 的无纺针刺织物(原材料多为聚酯)的抗拉强度为 10～20 kN/m，单向土工格栅(原材料为 HDPE)的抗拉强度为 25～110 kN/m，双向土工格栅(原材料为 PP)的抗拉强度为 20～40 kN/m，以上土工合成材料典型的拉伸过程曲线如图 3-8 所示。

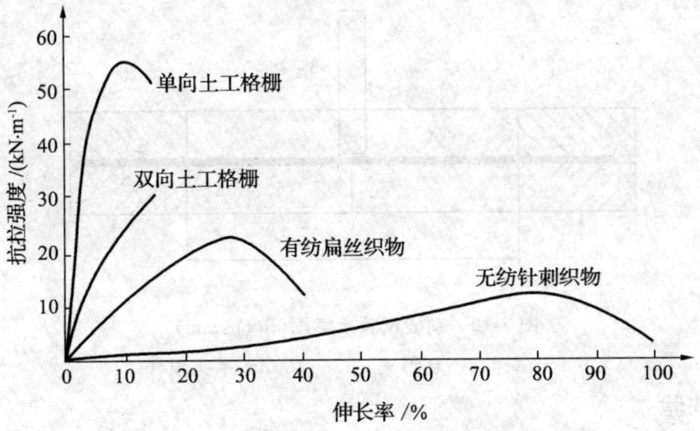

图 3-8　土工合成材料典型的拉伸试验过程

(2)梯形撕裂强力

梯形撕裂强力指试样中已有裂口继续扩大所需要的力，反映了试样抵抗裂口扩大的能力，用以估计撕裂土工合成材料的相对难易程度。

梯形撕裂强力的测试方法是在长方形试样上画出梯形轮廓，如图 3-9(a)所示，并预先剪出15 mm 长的裂口，然后将试样沿梯形的两个腰夹在拉力机的夹具中，夹具的初始距离为 25 mm，如图 3-9(b)所示，以 100 mm/min 的速度拉伸，使裂口扩展到整个试样宽度。撕裂过程的最大拉力即为撕裂强力，单位为 N。分别进行 10 个经向和纬向的试验。

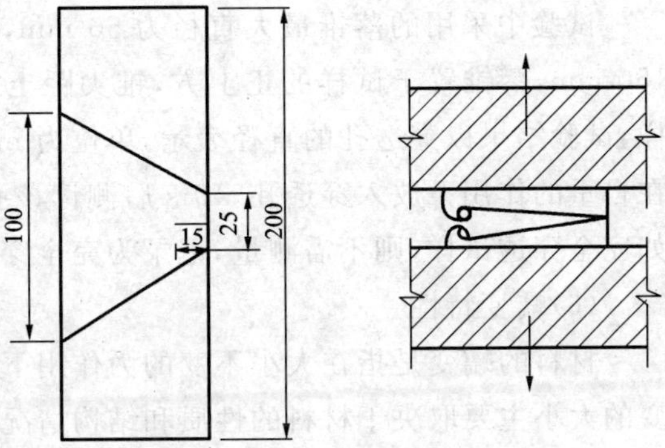

图 3-9　梯形撕裂强力试验和试样(单位：mm)

(3)CBR 顶破强力

CBR 顶破强力源于土工试验，即加州承载比试验，该试验方法在公路部门运用中积累了丰富的经验。

试验在 CBR 仪上进行，将直径为 300 mm 的试样在自然绷紧状态下固定在内径为 150 mm 的 CBR 仪圆筒顶部或环形夹具中，然后用直径为 50 mm 的标准圆柱活塞以 60 mm/min 的速率顶推土工织物，直至试样顶破为止，记录的最大荷载即为 CBR 顶破强力，单位为 N，共进行 10 次试验。

(4)刺破强力

刺破强力是土工合成材料在小面积上受到法向集中荷载，直到刺破所能承受的最大力，单位为 N。刺破试验是模拟土工合成材料受到尖锐棱角的石子或树根的压入造成材料表面刺破的情况。

刺破试验的试样和环形夹具示意图如图 3-10 所示，顶杆为直径 8 mm 的圆柱，杆端为平头，以防止顶杆从有纺织物经纬纱的间隙中穿过。顶杆移动的速率规定为300 mm/min，共进行 10 次试验。

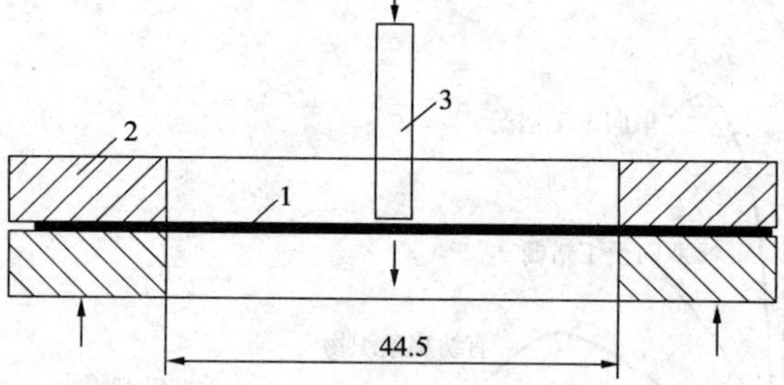

图 3-10　刺破试验示意图(单位：mm)

1—试样；2—环形夹具；3—ϕ8 mm 平头顶杆

(5)落锥穿透试验

该试验是模拟工程施工中具有尖角的石块或其他锐利之物掉落在土工合成材料上，并穿透的情况，穿透孔的大小反映了土工合成材料抗冲击刺破的能力。

试验中采用的落锥最大直径为 50 mm，尖锥角为 45°，重 1 kg，试样的环形夹具内径为 150 mm，落锥置于试样的正上方，锥尖距土工合成材料 500 mm，令落锥自由下落，穿透试样，试验结果以穿透孔的直径表示，单位为 mm。试验时，立即从穿透孔中取出落锥，将量锥在自重的作用下放入穿透孔，10 s 后测读该孔的直径(在量锥上标有环形刻度，单位 mm)。如完全穿透试样，则不需测量，记录为完全穿透。共进行 10 次试验。

(6)蠕变特性

材料的蠕变是指在大小不变的力作用下，变形仍随时间的增加而逐渐加大的现象。蠕变的大小主要取决于材料的性质和结构情况。一般的聚合物材料是黏弹性的，具有很强的蠕变特性，而土工织物的纤维(或经纬纱)之间没有刚性连接，因此蠕变更明显。土工合成材料的蠕变特性是它能否应用于永久性工程的关键。影响蠕变特性的因素很多，除原材料和结构的影响外，还与荷载的大小有关，一般用荷载水平表示，即单位宽度所受拉力与抗拉强度的比值。此外，蠕变特性的变化还与温度和侧限压力等因素有关。

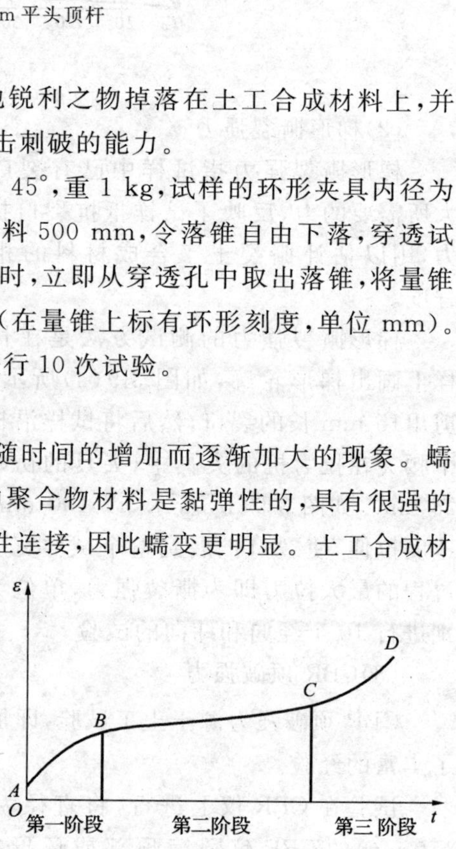

图 3-11　典型的蠕变曲线

材料的蠕变特性可用蠕变曲线和近似公式来描述。典型的蠕变曲线如图 3-11 所示，它由三个阶段组成：第一阶段(AB)为初始阶段，变形由快到慢变化，如荷载水平不太大，则随时间的增加，材料的变形有可能稳定在某一变形速率；第二阶段(BC)即稳定阶段，这时变形速率保持常数，故 BC 段基本上是直线；第三阶段(CD)为不稳定的断裂阶段，变形速率迅速增大，直到 D 点试样断裂为止。

4. 水力学性质

(1)垂直渗透系数

土工织物起渗滤作用时，水流的方向垂直于织物平面，应用中要求土工织物必须能阻止土颗粒随水流流失，同时还要具有一定的透水性。

土工织物的垂直透水性主要用垂直渗透系数来表示。垂直渗透系数是在单位水力梯度下垂直于土工织物平面的流速，即

$$k=\frac{v}{i}=\frac{v\delta}{\Delta h} \tag{3-21}$$

式中　k——实际水温下的垂直渗透系数(mm/s)；

v——垂直土工织物平面水的流动流速(mm/s)；

δ——土工织物的厚度(mm)；

i——土工织物上下两侧的水力梯度；

Δh——土工织物试样施加的水位差(mm)。

土工织物的透水性能受多种因素影响，除取决于织物本身的材料、结构、孔隙的大小和分布外，还与实际应用中织物平面所受的法向应力、水质、水温和水中含气量等因素有关。

试验所用的仪器设备的主要组成部分如图 3-12 所示。

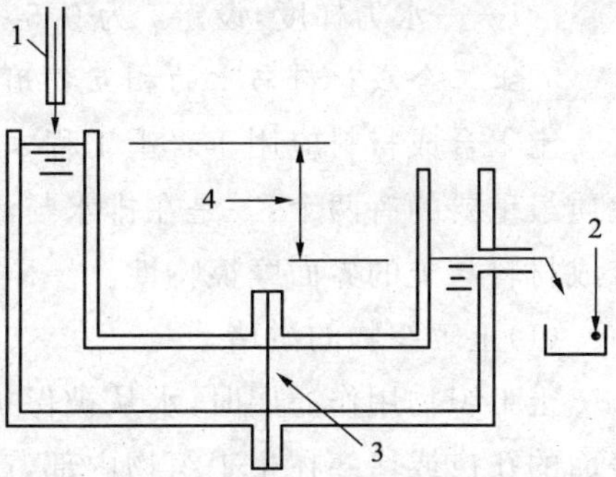

图 3-12　水平式恒水头渗透仪示意图

1—进水系统；2—出水收集；3—试样；4—水位差

(2)沿织物平面的渗透系数和导水率

土工织物用作排水材料时，水在织物内部沿织物平面方向流动。土工织物在内部孔隙中输导水流的性能用沿织物平面的渗透系数或导水率表示。

沿织物平面的渗透系数定义为单位水力梯度下的渗透流速，即

$$k=\frac{v}{i}=\frac{vL}{\Delta h} \tag{3-22}$$

式中　k——沿织物平面的渗透系数(mm/s)；

v——沿织物平面的渗透流速(mm/s)；

i——水力梯度；

L——织物试样沿渗流方向的长度(cm)；

Δh——L 长度两端测压管水位差(cm)。

土工织物的导水率和沿织物平面的渗透系数与织物的原材料和结构有关。此外，还与织物平面的法向压力、水流状态、水流方向与织物经纬向夹角、水的含气量和水的温度等因素有关。试验所用仪器的主要组成部分如图 3-13 所示。

测量导水性能的操作过程与土的渗透系数测量基本相同，测得的渗透系数与导水率要

求给出在标准温度(20 ℃)下的值。因为导水性能的各向异性,应该按经向和纬向分别测量,并且要求使用3块试样重复不同压力下的平行测定,取平均值。一般情况下,沿织物平面的渗透系数比织物垂直向的渗透系数大,但基本处于相同的量级。

塑料排水带的通水量试验可参照沿织物平面的渗透试验进行。排水带通水量 Q 按式(3-23)计算。

$$Q=\frac{W}{ti} \tag{3-23}$$

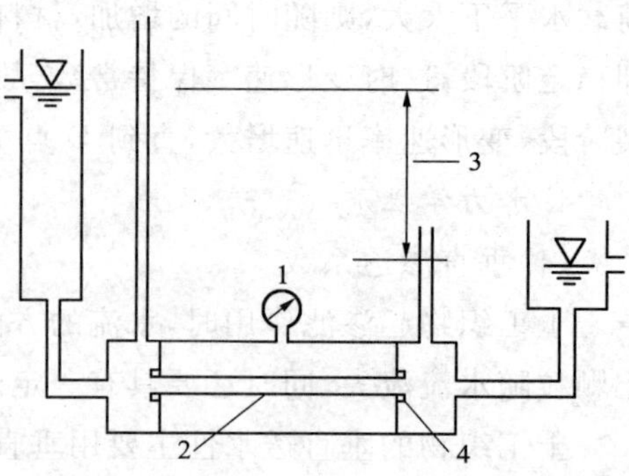

图 3-13 水平渗透仪示意图

1—压力表;2—试样;3—水位差;4—端部密封

式中 Q——通水量(cm^3/s);

t——通过水量 W 所经历的时间(s);

W——在 t 时段内通过排水带的水量(cm^3);

i——水力梯度,设定 i 为0.5。

5.土工合成材料与土的相互作用

土工合成材料应用于岩土工程,与土直接接触,必然存在相互作用的问题。相互作用的性质最重要的有两个:一是在排水与渗滤的应用中土工织物被土颗粒淤堵的特性;二是土工合成材料与土的界面摩擦特性。

(1)土工织物的淤堵

土工织物用作滤层时,水从被保护的土流过土工织物,水中的土颗粒可能封闭土工织物表面的孔口或堵塞在土工织物内部,产生淤堵现象,使得土工织物的渗透流量逐渐减小。同时,在土工织物上产生过大的渗透力,严重的淤堵会使滤层失去作用。

土工织物的淤堵主要取决于土工织物的孔径分布和土颗粒的级配。如果土颗粒均匀且大于土工织物的等效孔径,或者虽不均匀,但在水流作用下能形成稳定的反滤拱架结构,则一般不会产生较明显的淤堵。此外,水流的条件也对淤堵有影响,例如单一方向的水流比流向反复变化的水流易形成淤堵。

梯度比试验是通过测量土和土工织物系统中水头损失的变化,在较短的时间内判断土工织物滤层的工作情况。将常水头的脱气水接通装有土工织物和被保护土的渗透仪,待渗流稳定后,以一定的时间间隔测读各测压管水位,并计算不同部位的水力梯度,取渗流稳定后的水力梯度计算梯度比 GR。

大量比较试验指出,当 GR 大于3时,滤层将产生较严重的淤堵,渗透系数的下降将超过一个数量级,从而不能满足滤层的透水性要求。粉粒含量越大,梯度比越大,也就是说容易产生不允许的淤堵。在不同类型的土工织物中,热黏无纺织物与扁丝有纺织物容易淤堵,针刺无纺织物一般能满足滤层要求,而单丝有纺织物不容易淤堵,最适于作为无黏性土的滤层。

(2)土工合成材料与土的界面摩擦特性

土工合成材料与周围的土产生相对位移时,在接触面上将产生摩擦阻力。界面摩擦剪切强度符合库仑定律(通常为直线关系)。土工合成材料与土的界面黏聚力和界面摩擦角的测试方法通常有两种，即直接剪切试验和拉拔试验。如图3-14所示，虚线代表土工合成材料试样，其中直接剪切试验和土工试验中相同，一般情况下，固定剪（试样铺放或黏固在下盒的木块上）与自由剪（下盘也填满土样）的结果相近。关于剪切盒的尺寸，一般用 300 mm×300 mm 的剪切盒。在拉拔试验中，试样的上面和下面都产生剪切力，故剪切面积是试样在土中面积的两倍。测得不同土工织物平面的法向压力下的拉拔力，除以两倍的试样面积，即可获得剪切强度，用以确定界面黏聚力和界面摩擦角。

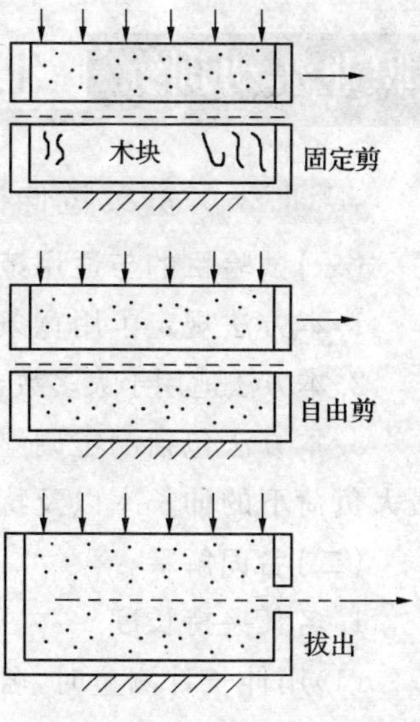

图 3-14　界面摩擦特征试验

6. 耐久性

土工合成材料的耐久性是指其物理和化学性能的稳定性，是其能否应用于永久性工程的关键。土工合成材料的耐久性可以包括多方面的内容，主要是指对紫外线辐射、温度和湿度变化，化学侵蚀，生物侵蚀，冻融变化和机械损伤等外界因素的抗御能力。这种抗御能力随聚合物的种类而变化，而且受材料中所含添加剂的影响，并且与土工合成材料的结构有关，现分述如下：

(1)老化问题

土工合成材料的老化是指在加工贮存和使用过程中，受环境的影响，材料性能逐渐劣化的过程。老化的现象可分为以下四个方面：

①外观手感的变化，如发黏、变硬、变软、变脆、变形和变色等。

②物理化学性能的变化，如密度、导热性、熔点、相对分子质量、耐热和耐寒等性能的变化等。

③力学性能的变化，如抗拉强度、伸长率、弹性和耐磨性的变化等。

④电性能的变化，如绝缘电阻、介电常数的变化等。

老化现象的内因是高分子聚合物都具有碳氢链式结构，受外界因素的影响会发生降解反应和交联反应。降解反应是高分子聚合物变为低分子聚合物的反应，而交联反应是大分子之间相连，产生网状或立体结构，也使材料性能发生变化。

高分子聚合物老化的内在因素除上述的分子结构发生变化外，还与材料的组成、配方、颜色、成形加工工艺以及内部所含的添加剂有关。

老化的外界因素可分为物理、化学和生物等类型，主要有太阳光、氧气、热、水分、工业有害气体、废物和微生物等。

(2)抗磨损能力

磨损是指土工合成材料与其他材料接触摩擦时，部分纤维被剥离，强度下降的现象。土工合成材料在装卸、铺设过程中会发生磨损，施工机械辗压、运行中荷载作用都会产生磨损。不同的聚合物材料抗磨损能力不同，例如：聚酰胺优于聚酯和聚丙烯；单丝厚型有纺织物具有较强的抗磨损能力；扁丝薄型有纺织物抗磨损能力很低；厚的针刺无纺织物表层容易磨损，但内层一般不会磨损。

职业活动训练 土工合成材料试验

实训 26 宽条拉伸试验

(一)试验目的与适用范围

1.本方法规定了用宽条试样测定土工织物及其有关产品拉伸性能的试验方法。

2.本方法适用于大多数土工合成材料,包括土工织物及复合土工织物,也适用于土工格栅。

3.本方法包括测定调湿和浸湿两种试样拉伸性能的程序,包括单位宽度的最大负荷和最大负荷下的伸长率以及特定伸长率下的拉伸力的测定。

(二)名词解释

1.名义夹持长度

(1)用伸长计测量时,名义夹持长度是在试样的受力方向上标记的两个参考点间的初始距离,一般为 60 mm(两边距试样对称中心为 30 mm),记为 L_0。

(2)用夹具的位移测量时,名义夹持长度为初始夹具间距,一般为 100 mm,记为 L_0。

2.隔距长度:试验机上下两夹持器之间的距离,当用夹具的位移测量时,隔距长度即为名义夹持长度。

3.预负荷伸长量:在相当于最大负荷 1%的外加负荷下,预负荷伸长量为所测的夹持长度的增加值,单位为 mm,如图 3-15 所示的 L_0'。

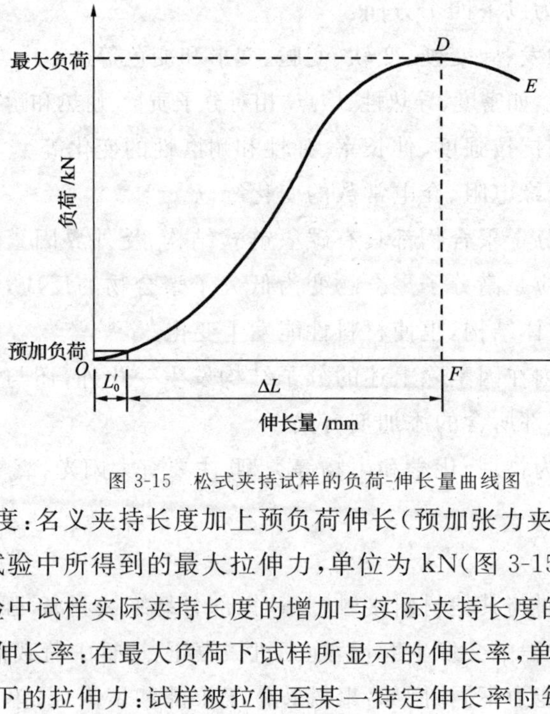

图 3-15 松式夹持试样的负荷-伸长量曲线图

4.实际夹持长度:名义夹持长度加上预负荷伸长(预加张力夹持时)。

5.最大负荷:试验中所得到的最大拉伸力,单位为 kN(图 3-15 中的 D 点)。

6.伸长率:试验中试样实际夹持长度的增加与实际夹持长度的比值,单位为%。

7.最大负荷下伸长率:在最大负荷下试样所显示的伸长率,单位为%。

8.特定伸长率下的拉伸力:试样被拉伸至某一特定伸长率时每单位宽度的拉伸力,单位为 kN/m。

9.拉伸强度:试验中试样拉伸至断裂时每单位宽度的最大拉力,单位为 kN/m。

(三)试验仪器设备

1. 拉伸试验机:具有等速拉伸功能,拉伸速率可以设定,并能测读拉伸过程中试样的负荷和伸长量,记录负荷-伸长量曲线。

2. 夹具:钳口表面应有足够宽度,至少应与试样 200 mm 同宽,以保证能够夹持试样的全宽,并采用适当措施避免试样滑移和损伤。

注:大多数材料宜使用压缩式夹具,但对那些使用压缩式夹具出现过多钳口断裂或滑移的材料,可采用绞盘式夹具。

3. 伸长计:能够测量试样上两个标记点之间的距离,对试样无任何损伤和滑移,能反映标记点的真实动程。伸长计形式包括力学形式、光学形式和电子形式。伸长计的精度应不超过±1 mm。

4. 蒸馏水:用于浸湿试样。

5. 非离子润湿剂:仅用于浸湿试样。

(四)试验准备

1. 取样:按规程的规定取样。

2. 试样数量:纵向和横向各剪取至少 5 块试样。

3. 试样尺寸

(1)无纺类土工织物试样宽为 200 mm±1 mm(不包括边缘),并有足够的长度以保证夹具间距 100 mm。为控制滑移,可沿试样的整个宽度与试样长度方向垂直地画两条间隔 100 mm 的标记线(不包含绞盘夹具)。

(2)对于机织类土工织物,将试样剪切成约 220 mm 宽,然后从试样的两边拆去数目大致相等的边线以得到 200 mm±1 mm 的名义试样宽度,这有助于保持试验中试样的完整性。

注:当试样的完整性不受影响时,则可直接剪切至最终宽度。

(3)对于土工格栅,每个试样至少为 200 mm 宽,并具有足够长度。试样的夹持线在节点处,除被夹钳夹持住的节点或交叉组织外,还应包含至少 1 排节点或交叉组织;对于横向节距大于或等于 75 mm 的产品,其宽度方向上应包含至少两个完整的抗拉单元。

如使用伸长计,标记点应标在试样的中排抗拉肋条的中心线上,两个标记点之间应至少间隔 60 mm,并至少含有 1 个节点或 1 个交叉组织。

(4)对于针织、复合土工织物或其他织物,用刀或剪子切取试样可能会影响织物结构,此时允许采用热切,但应在试验报告中说明。

(5)当需要测定湿态最大负荷和干态最大负荷时,剪取试样长度至少为通常要求的两倍。将每个试样编号后对折剪切成两块,一块用于测定干态最大负荷,另一块用于测定湿态最大负荷,这样使得每一对拉伸试验是在含有同样纱线的试样上进行。

4. 试样调湿和状态调节

(1)土工织物

干态试验所用试样的调湿,按规程的规定进行。

湿态试验所用试样的调湿应浸入温度为 20 ℃±2 ℃的蒸馏水中,浸润时间应足以使试样完全润湿或者至少浸润 24 h。为使试样完全湿润,也可以在水中加入不超过 0.05%的非离子型润湿剂。

(2)塑料土工格栅

在温度为 23 ℃±2 ℃的环境下,进行状态调节,时间不少于 4 h。

(3)如确认试样不受环境影响,则可不进行调湿和状态调节,但应在报告中注明试验时的温度和湿度。

(五)试验操作方法和步骤

1.拉伸试验机的设定

土工织物试验前将两夹具间的隔距调至 100 mm±3 mm;土工格栅按前述方法进行。选择试验机的负荷量程,使断裂强力在满量程负荷的 30%～90%范围内。设定试验机的拉伸速率,使试样的拉伸速率为名义夹持长度的(20%±1%)/min。

如使用绞盘夹具,在试验前应使绞盘中心间距保持最小,并且在试验报告中注明使用了绞盘夹具。

2.夹持试样

将试样在夹具中对中夹持,注意纵向和横向的试样长度应与拉伸力的方向平行。较适合的方法是将预先画好的横贯试件宽度的两条标记线尽可能地与上下钳口的边缘重合。对湿态试样则从水中取出后 3 min 内进行试验。

3.试样预张

对已夹持好的试件进行预张,预张力相当于最大负荷的 1%,并记录因预张试样产生的夹持长度的增加值 L_0'。

4.伸长计的使用

在试样上相距 60 mm 处分别设定标记点(分别距试样中心 30 mm),并安装伸长计,注意不能对试样有任何损伤,并确保试验中标记点无滑移。

5.测定拉伸性能

开动试验机连续加荷直至试样断裂,停机并恢复至初始标距位置。记录最大负荷,精确至满量程的 0.2%,并记录最大负荷下的伸长量 ΔL,精确到小数点后一位。

如试样在距钳口 5 mm 范围内断裂,结果应予剔除,纵横向每个方向至少试验 5 块有效试样。如试样在夹具中滑移或多于 1/4 的试样在钳口附近 5 mm 范围内断裂,可采取下列措施:

(1)夹具内加衬垫;

(2)对夹在钳口内的试样加以涂层;

(3)改进夹具钳口表面。

无论采用了何种措施,都应在试验报告中注明。

6.测定特定伸长率下的拉伸力

使用合适的记录测量装置测定在任一特定伸长率下的拉伸力,精确至满量程的 0.2%。

(六)试验结果整理

1.拉伸强度

使用公式(3-24)计算每个试样的拉伸强度为

$$\alpha_f = F_f C \tag{3-24}$$

式中　α_f——拉伸强度(kN/m)；

F_f——最大负荷(kN)；

C——由式(3-25)或式(3-26)求出。

对于非织造品、高密织物或其他类似材料有

$$C=1/B \tag{3-25}$$

式中　B——试样的名义宽度(m)。

对于稀松机织土工织物、土工网、土工格栅或其他类似的松散结构材料有

$$C=N_m/N_s \tag{3-26}$$

式中　N_m——试样 1 m 宽度内的拉伸单元数；

N_s——试样内的拉伸单元数。

2. 最大负荷下的伸长率(图 3-15)

使用公式(3-27)计算每个试样的伸长率为

$$\varepsilon=\frac{\Delta L}{L_0+L'_0}\times 100\% \tag{3-27}$$

式中　ε——伸长率(%)；

L_0——名义夹持长度(使用夹具时为 100 mm，使用伸长计时为 60 mm)；

L_0'——预负荷伸长量(mm)；

ΔL——最大负荷下的伸长量(mm)。

3. 特定伸长率下的拉伸力

计算每个试样在特定伸长率下的拉伸力，用公式(3-28)计算。

例如，伸长率 2%时的拉伸力为

$$F_{2\%}=f_{2\%}C \tag{3-28}$$

式中　$F_{2\%}$——对应 2%伸长率时每米的拉伸力(kN/m)；

$f_{2\%}$——对应 2%伸长率时试样的测定负荷(kN)；

C——由式(3-25)或式(3-26)求出。

4. 平均值和变异系数

(1)按本规程的规定分别对纵向和横向两组试样的拉伸强度、最大负荷下伸长率及特定伸长率下的拉伸力计算平均值和变异系数，拉伸强度和特定伸长率下的拉伸力精确至 3 位有效数字，最大负荷下伸长率精确至 0.1%，变异系数精确至 0.1%。

(2)每组有效试样为 5 块。

(七)试验报告

试验报告应包括以下内容：

1. 试样名称、规格；

2. 试样状态，湿样或干样；

3. 每个方向的试样数量；

4. 纵向和横向的拉伸强度；

5. 纵向和横向最大负荷下的伸长率；

6. 如果需要，分别计算出与2%、5%和10%的伸长率相对应的拉伸力；

7. 测定值的标准偏差或变异系数；

8. 试验机的型号；

9. 夹具形式，包括夹具尺寸、钳口表面形式、变形测量系统和初始夹具隔距；

10. 如果需要，给出典型的负荷-伸长量曲线；

11. 任何偏离规定程序的详细说明。

实训27　顶破强力试验

(一)试验目的与适用范围

1. 本方法规定了测定土工织物顶破强力、顶破位移和变形率的试验方法。

2. 本方法适用于土工织物、土工膜及其复合产品。

(二)名词解释

1. 顶破强力

顶压杆顶压试样直至破裂过程中测得的最大顶压力。

2. 顶破位移

从顶压杆顶端开始与试样表面接触时起，直至达到顶破强力时，顶压杆顶进的距离。

3. 变形率

环形夹具内侧至顶压杆边缘之间试样的长度变化百分率。

(三)试验仪器设备

1. 试验机：应具有等速加荷功能，加荷速率可以设定，并能测读加荷过程中的应力、应变量，记录应力-应变曲线。

2. 顶破夹具：夹具夹持环底座高度须大于100 mm，环形夹具内径为150 mm，其中心必须在顶压杆的轴线上。

3. 顶压杆：直径为50 mm、高度为100 mm的圆柱体，顶端边缘倒成半径为2.5 mm的圆弧(图3-16)。

(四)试验准备

1. 取样：按本规程的规定取样。

2. 制样：裁取ϕ300 mm的圆形试样5块，试样上不得有影响试验结果的可见疵点，在每块试样距外圈50 mm处均等开6条8 mm宽的槽(图3-17)。

3. 试样调湿和状态调节：按本规程的规定进行。

(五)试验操作方法和步骤

1. 试样夹持：将试样放入环形夹具内，使试样在自然状态下拧紧夹具，以避免试样在顶压过程中滑动或破损。

2. 将夹持好试样的环形夹具对中放于试验机上，设定试验机满量程范围，使试样最大顶破强力在满量程负荷的30%～90%范围内，设定顶压杆的下降速度为60 mm/min±5 mm/min。

3. 启动试验机，直到试样完全顶破为止，观察和记录顶破情况，记录顶破强力(N)和顶破位移值(mm)。如土工织物在夹具中有明显滑动，则应剔除此次试验数据，并补做试验至5块。

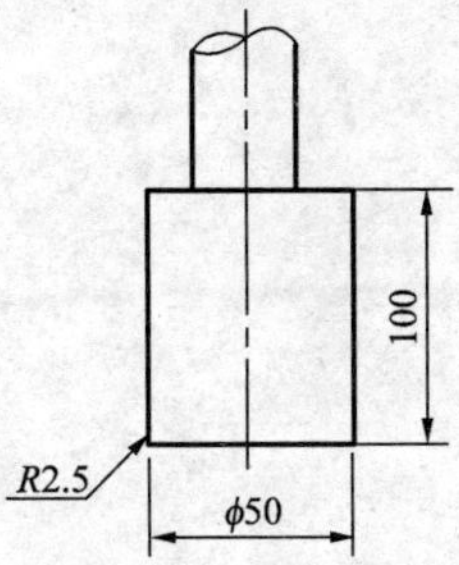

图 3-16　顶压杆(尺寸单位：mm)

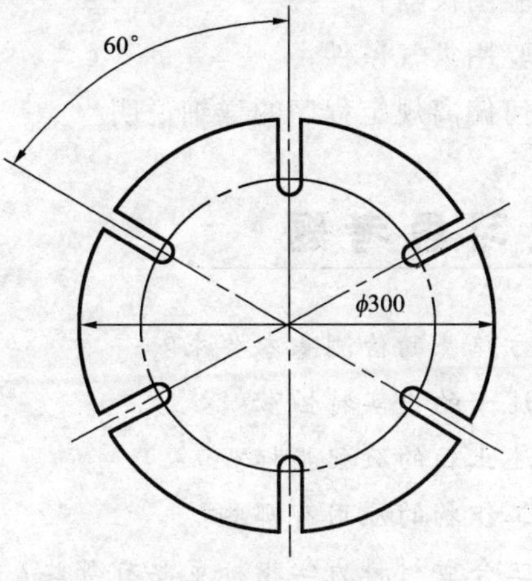

图 3-17　试样(尺寸单位：mm)

(六)试验结果整理

1. 按本规程的规定，分别计算5块试样的顶破强力(N)、顶破位移(mm)的平均值和变异系数 C_v。顶破强力和顶破位移精确至小数点后1位，修约到整数。

2. 伸长率精确至小数点后1位，按GB 8170—2008修约到整数。

$$\varepsilon=\frac{L_1-L_0}{L_0}\times 100\% \tag{3-29}$$

$$L_1=\sqrt{h^2+L_0^2} \tag{3-30}$$

式中　h——顶压杆位移(mm)；

L_0——试验前夹具内侧到顶压杆顶端边缘的距离(mm)；

L_1——试验后夹具内侧到顶压杆顶端边缘的距离(mm)；

ε——伸长率(%)。

顶压杆位移 h 和试验前、后夹具内侧到顶后杆顶端边缘的距离 L_0、L_1 如图3-18所示。

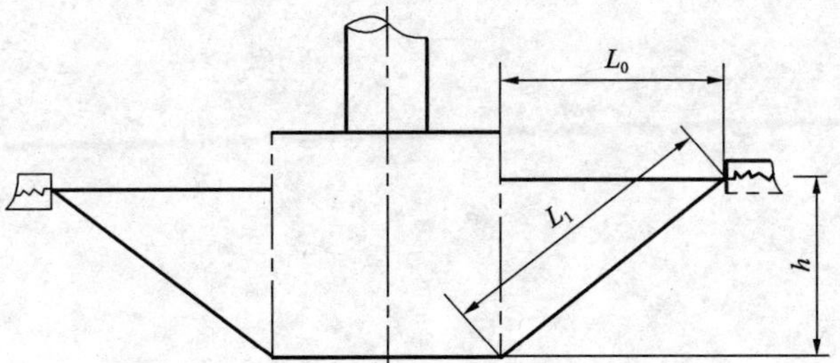

图 3-18　顶破试验示意图(尺寸单位：mm)

(七)试验报告

试验报告应包括以下内容：

1. 样品名称、规格型号和状态描述；

2. 试验结果；

3.试验日期；

4.试验用仪器；

5.试验用大气条件；

6.任何偏离规定程序的详细说明。

复习思考题

1.土方路基的检测基本要求?

2.试述土的击实特性?

3.试述土粒的级配指标?

4.土工织物的应用有哪些?

5.土工合成材料力学指标主要有哪些?

6.简述土工合成材料有效孔径试验(干筛法)。

学习情境四

路面基层材料

知识目标

1. 了解石灰的生产、消化、硬化、技术性质、技术标准和应用；
2. 掌握半刚性基层材料、柔性基层材料的基本概念和技术性质。

能力目标

1. 能对石灰等半刚性基层材料的常规技术指标进行试验；
2. 能对半刚性基层材料进行组成设计。

引　言

路面是用各种材料铺筑在路基上供车辆行驶的层状构造物。它的好坏直接影响行车速度、安全和运输成本。路面结构通常是分层铺筑的，按照各个层位功能的不同，划分为三个层次，即面层、基层和垫层。

基层是路面结构中的承重层，修筑基层的材料主要有各种结合料(如石灰、水泥或沥青等)稳定土或稳定土碎砾石、贫混凝土、天然砂砾、各种碎石或砾石、片石、块石或圆石，以及各种工业废渣(如煤渣、粉煤灰、矿渣、石灰渣等)。根据所用材料的力学性质，路面基层材料可分为三大类，即半刚性类、柔性类和刚性类。

项目 7　半刚性基层材料

行车荷载和自然因素对路面的影响，随路面深度的增加而逐渐减弱。因此对路面材料的强度、抗变形能力和稳定性的要求也随深度的增加而逐渐降低。为了适应这一特点，路面结构通常是分层铺筑的，按照使用要求、受力状况、土基支撑条件和自然因素影响程度的不同，分成若干层次。通常按照各个层位功能的不同，划分为三个层次，即面层、基层和垫层，如图 4-1 所示。

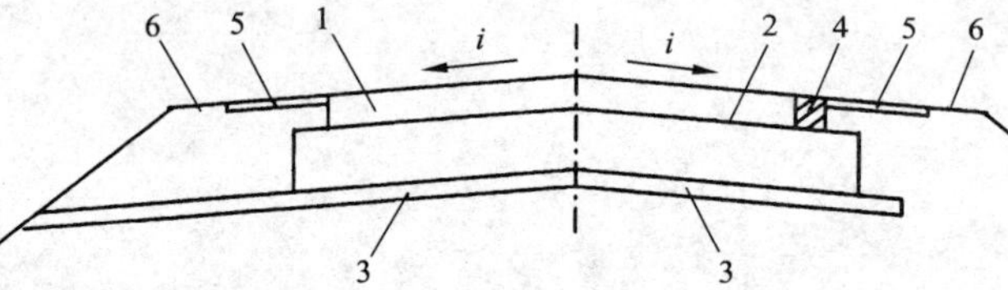

图 4-1　路面结构层次示意图

i—路拱横坡度；1—面层；2—基层(有时包括底基层)；3—垫层；4—路缘石；5—加固路肩；6—土路肩

基层主要承受由面层传来的车辆荷载垂直力，并扩散到下面的垫层和土基中去。因此基层是路面结构中的承重层，它应具有足够的强度和刚度，并具有良好的扩散应力的能力。

修筑基层的材料主要有各种结合料(如石灰、水泥或沥青等)稳定土或稳定土碎砾石、贫水泥混凝土、天然砂砾、各种碎石或砾石、片石、块石或圆石，以及各种工业废渣(如煤渣、粉煤灰、矿渣、石灰渣等)和土、砂、石所组成的混合料等。根据所用材料的力学性质，路面基层材料可分为三大类，即半刚性类、柔性类和刚性类，具体分类见表 4-1。

表 4-1　　**各种常用基层类型表**

半刚性类	水泥稳定类		包括水泥稳定砂砾、砂砾土、碎石土、未筛分碎石、石渣、石屑、高炉矿渣、土等
	石灰稳定类		包括石灰稳定土(石灰土)、天然砂砾土、天然碎石土以及石灰稳定级配砂砾和级配碎石等
	石灰工业废渣稳定类	石灰粉煤灰类	包括石灰粉煤灰、石灰粉煤灰土、二灰砂、二灰砂砾、二灰碎石等
		石灰煤渣类	包括石灰煤渣、石灰煤渣土、石灰煤渣碎石、石灰煤渣砂砾、石灰煤渣矿渣等
柔性类	粒料类		包括泥结碎石、泥灰结碎石、填隙碎石、级配碎石、级配砾石、级配砂砾等
	沥青稳定类		包括沥青稳定碎石、沥青贯入式碎石等
刚性类			包括碾压混凝土、贫混凝土等

一、石灰

基础知识

(一)石灰的生产

用于煅烧石灰的原料主要以富含氧化钙的岩石(如石灰石、白云石、白垩等)为主，亦可应用含有氧化钙和部分氧化镁的岩石。

石灰石在煅烧过程中，碳酸钙的分解需要吸收热量，通常需加热至 900 ℃以上，其化学反应可表示如下：

$$CaCO_3 \xrightarrow[178\ kJ/mol]{900\ ℃} CaO + CO_2 \uparrow \tag{4-1}$$

碳酸钙在分解时，每 100 份质量的碳酸钙，失去 44 份质量的二氧化碳，而得到 56 份质量的氧化钙。但煅烧后得到的生石灰（CaO）体积，仅比原来石灰石（$CaCO_3$）的体积减小 10%～15%，所以石灰是一种多孔材料。

优质的石灰色质洁白或略带灰色，质量较轻，其堆积密度为 800～1 000 kg/m^3。石灰在烧制过程中，往往由于石灰石原料的尺寸过大或窑中温度不均匀等原因，会生成欠火石灰。欠火石灰的颜色发青，内部含有未烧透的内核，未消化残渣含量高，有效氧化钙和氧化镁含量低，使用时缺乏黏结力。另一种情况是由于煅烧温度过高或时间过长，而生成过火石灰。过火石灰呈灰黑色，表面出现裂缝或玻璃状的外壳，体积收缩明显，块体密度大，消化缓慢。过火石灰用于工程中，可能在石灰浆硬化以后才发生水化反应，导致已成型的结构物体积膨胀，表面局部隆起、剥落或产生裂缝，严重影响工程质量。因此在生产中要严格控制煅烧质量，使用时应提前对过火石灰进行处理。

（二）石灰的组成及分类

煅烧石灰的岩石常常会含有少量碳酸镁，碳酸镁在 650 ℃时分解生成氧化镁并排出二氧化碳，因此石灰中含有次要成分氧化镁。石灰按氧化镁含量不同分为钙质石灰和镁质石灰，其分类见表 4-2。

表 4-2　　钙质石灰和镁质石灰分类表

品　种	氧化镁含量/%	
	钙质石灰	镁质石灰
生石灰	≤5	>5
生石灰粉	≤5	>5
消石灰粉	<4	≥4

此外，根据加工方法的不同将石灰产品进行分类，见表 4-3。

表 4-3　　石灰产品分类表

石灰产品的名称	产品状态	加工方式	主要成分
块状生石灰	块状	原料煅烧	CaO
生石灰粉	粉状	块状生石灰磨细	CaO
消石灰粉	粉状	生石灰用适量的水消化、干燥	$Ca(OH)_2$
石灰浆（亦称石灰膏）	膏状	生石灰加多量的水（约为石灰体积的 3～4 倍）消化而成的可塑性浆体	$Ca(OH)_2$ 和水
石灰乳	乳状	生石灰加较多的水消化而得的白色悬浮液	$Ca(OH)_2$ 和水

（三）石灰的消化与硬化

1. 石灰的消化

块状生石灰在使用时必须加水使其消解成为粉末状的消石灰，这一过程称为消化或熟化，故消石灰亦称熟石灰。其化学反应如下：

$$CaO+H_2O \rightarrow Ca(OH)_2+64.9\ kJ/mol \tag{4-2}$$

消石灰的主要化学成分为氢氧化钙($Ca(OH)_2$)。石灰加水后，放出大量的热，体积膨胀，质地纯且煅烧良好的石灰体积可增大1～2.5倍。

块状生石灰加水后，产生热量达到最高温度时所需要的时间称为消化速度。根据消化速度的快慢，石灰分为快熟、中熟和慢熟三种。快熟石灰10 min就完成消化过程，中熟石灰10～30 min完成消化过程，慢熟石灰则需30 min以上的时间才能完成消化过程。

生石灰消化时，应严格控制加水速度和加水量。对于快熟石灰，熟化快，放热量大，加水量应大，加水速度应较快，并搅拌帮助散热，防止已消化的石灰颗粒生成氢氧化钙包围于未消化颗粒周围，使内部石灰不易消化，这种现象称为过烧现象；对于慢熟石灰，则加水量应少而慢，且保持较高温度，防止反应发热量少，水温过低，增加了未消化颗粒，这种现象称为过冷现象。生石灰消化的理论需水量为石灰重量的32.13%，但由于消化过程中水分的损失，实际加水量通常为理论加水量的2～3倍。

石灰中含有过火石灰时，因过火石灰消化慢，在正常石灰已经硬化后，过火石灰颗粒才逐渐消化，体积膨胀，从而引起结构物隆起和开裂。为了消除过火石灰的危害，石灰消化后要"陈伏"两个星期，给予充分消化，然后才能使用。陈伏期间，石灰浆表面应有一层水分，使之与空气隔绝，以免碳化。

工地上根据消石灰的用途不同有以下两种消化方法：

(1)消化成石灰浆

石灰浆用于调制石灰砂浆或抹灰砂浆。一般把生石灰放在化灰池中加水消化成含水率较大的石灰乳，然后通过筛网流入储灰池中，经沉淀除去上层水分即为石灰浆。

(2)消化成消石灰粉

石灰粉用于拌制石灰土(石灰、黏土)、三合土(石灰、黏土、砂石或炉渣)。将生石灰加适量的水，加水量以充分消化而又不过湿成团为准。工地上常用分层淋灰法进行消化，目前多在工厂中用机械法将生石灰消化成消石灰粉。

两种方法得到的消石灰使用前均需陈伏两周以上，以消除过火石灰的危害。

2. 石灰的硬化

无机胶凝材料按其能否在水中结硬，可分为水硬性胶凝材料(如水泥)和非水硬性胶凝材料。在非水硬性胶凝材料中，只能在空气中硬化的称为气硬性胶凝材料。石灰属于气硬性胶凝材料。

石灰的硬化过程包括干燥硬化和碳化两部分。

(1)石灰浆的干燥硬化

石灰浆体干燥过程中，由于水分蒸发形成网状孔隙，这时滞留在孔隙中的自由水由于表面张力的作用而产生毛细管压力，使石灰粒子更加密实而获得附加强度。

此外，因水分的蒸发或被砌体吸收，引起溶液过饱和而结晶析出氢氧化钙，产生结晶强度。但晶体数量极少，因此强度增长不显著。其化学反应式如下：

$$Ca(OH-)_2+nH_2O \xrightarrow{\text{晶化}} Ca(OH)_2+nH_2O\uparrow \tag{4-3}$$

(2)硬化石灰浆的碳化

石灰的碳化是指石灰浆体中的氢氧化钙与空气中的二氧化碳作用生成碳酸钙晶体。石灰浆体经碳化后获得的最终强度，称为碳化强度。碳化反应只有在有水的条件下才能进行，其化学反应式如下：

$$Ca(OH-)_2+nH_2O+CO_2 \xrightarrow{\text{碳化}} CaCO_3+(n+1)H_2O \tag{4-4}$$

碳化作用主要发生在与空气接触的石灰浆体表面，生成的碳酸钙结构较紧密。当在浆体表面形成的碳酸钙层达到一定厚度时，将阻碍内部水分的进一步蒸发和二氧化碳继续向内渗透，石灰的硬化随时间增加将逐渐减慢。

(四)石灰的技术性质和技术标准

1. 石灰的技术性质

用于道路或桥梁工程的石灰，应符合下列技术性质：

(1)有效氧化钙和氧化镁含量

石灰中产生黏结性的有效成分是活性氧化钙和氧化镁，它们的含量是评价石灰质量的主要指标。石灰中有效氧化钙和氧化镁的含量越高，石灰的活性越高，质量越好，黏结性也越好。

有效氧化钙含量是石灰中活性的游离氧化钙质量占石灰试样质量的百分率，用中和滴定法测定；氧化镁含量是石灰中氧化镁质量占石灰试样质量的百分率，用络合滴定法测定。

(2)生石灰产浆量和未消化残渣含量

生石灰产浆量是单位质量(1 kg)的生石灰经消化后所产石灰浆体的体积(L)。石灰产浆量越高，则表明其质量越好。

未消化残渣含量是生石灰消化后，未能消化而存留在 5 mm 圆孔筛上的残渣质量占试样质量的百分率。其含量越高，石灰质量越差，须加以限制。

(3)二氧化碳含量

控制生石灰或生石灰粉中二氧化碳的含量，是为了检测石灰石在煅烧时欠火造成产品中未分解完成的碳酸盐的含量。二氧化碳含量越高，表明未分解完全的碳酸盐含量越高，则氧化钙和氧化镁含量相对降低，导致石灰的黏结性下降。

(4)消石灰粉游离水含量

游离水含量指除化学结合水以外的含水率。生石灰在消化过程中加入的水是理论需水量的 2～3 倍，除部分水被石灰在消化过程中放出的热蒸发掉外，多加的水残留于氢氧化钙(除结合水外)中。残余水蒸发后，留下的孔隙会加剧消石灰粉的碳化作用，以致影响石灰的质量，因此对消石灰粉的游离水含量须加以限制。

(5)消石灰粉的细度

细度是指消石灰粉颗粒的粗细程度。以消石灰粉在 0.71 mm 和 0.125 mm 方孔筛的筛余百分率控制。石灰越细，其活性越大。过量的筛余物直接影响石灰的黏结性，筛余物包括未消化的过火石灰和欠火石灰，以及含有大量钙盐的石灰颗粒或未燃尽的煤渣等。

2. 石灰的技术标准

在公路工程中，石灰技术标准应符合我国行业标准《公路路面基层施工技术规范》(JTJ 034—2000)的规定，见表 4-4。

表 4-4　　　　　　　　　　　　　　石灰的技术标准

项目		钙质生石灰			镁质生石灰			钙质消石灰			镁质消石灰		
		等级											
		Ⅰ	Ⅱ	Ⅲ	Ⅰ	Ⅱ	Ⅲ	Ⅰ	Ⅱ	Ⅲ	Ⅰ	Ⅱ	Ⅲ
有效氧化钙和氧化镁含量/%		≥85	≥80	≥70	≥80	≥75	≥65	≥65	≥60	≥55	≥60	≥55	≥50
未消化残渣含量（5 mm 圆孔筛的筛余百分率）/%		≤7	≤11	≤17	≤10	≤14	≤20	—	—	—	—	—	—
含水率/%		—	—	—	—	—	—	≤4	≤4	≤4	≤4	≤4	≤4
细度	0.71 mm 方孔筛的筛余百分率/%	—	—	—	—	—	—	0	≤1	≤1	0	≤1	≤1
	0.125 mm 方孔筛的筛余百分率/%	—	—	—	—	—	—	≤13	≤20	—	≤13	≤20	—

注：硅、铝、镁氧化物含量之和大于 5% 的生石灰，有效氧化钙和氧化镁含量标准：Ⅰ等≥75%，Ⅱ等≥70%，Ⅲ等≥60%；未消化残渣含量标准与镁质生石灰标准相同。

（五）石灰的储存

生石灰在空气中存放过久，会吸收空气中的水分自行消化成消石灰。消石灰粉又与空气中的 CO_2 结合而还原为 $CaCO_3$，碳化后的石灰失去了水化作用的能力，不宜在工程上使用。石灰在贮存、运输中应注意以下事项：

1. 新鲜块状石灰应设法防潮防水，运到工地后最好贮存在密闭的仓库中，存期不宜过久，一般以一个月为限。

2. 如必须长期贮存时，最好先将生石灰在消化池内消化成石灰浆，然后用砂子、草席等覆盖，并且时常加水使石灰浆表面有水与空气隔绝，这样可较长期贮存而不变质。

3. 块状石灰在运输时，应尽量用带盖的车船或用帆布盖好，以防中途水分浸入自行消化或放热过多，造成火灾。

4. 石灰能侵蚀呼吸器官及皮肤，所以在进行施工和装卸石灰时，应注意安全防护，佩戴必要的防护用品。

（六）石灰的应用

在道路工程中，石灰的应用如下：

1. 拌制石灰砂浆：石灰砂浆主要用于地面以上部分的砌筑工程，并可用于抹面等装饰工程。

2. 加固软土地基：在软土地基中打入生石灰桩，可利用生石灰吸水产生膨胀对桩周土壤起挤密作用，利用生石灰和黏土矿物间产生的胶凝反应使周围的土固结，从而达到提高地基承载力的目的。

3. 作为半刚性材料的结合料：在道路工程中，随着半刚性基层材料在高等级路面中的应用，石灰稳定土、石灰粉煤灰稳定土及其稳定碎石等广泛用于路面基层。

在桥梁工程中，石灰砂浆、石灰水泥砂浆、石灰粉煤灰砂浆广泛用于圬工砌体。

职业活动训练　石灰试验

实训 28　石灰有效氧化钙和氧化镁含量试验

（一）概述

石灰的质量主要取决于有效氧化钙和氧化镁的含量，它们的含量越高，则石灰的黏结性越好。

石灰中有效氧化钙是指活性游离的氧化钙。它不同于总钙量,因为有效氧化钙不包括碳酸钙、硅酸钙以及其他钙盐中的钙。石灰中有效氧化钙含量是指能溶解于蔗糖溶液中,并能与蔗糖作用而生成蔗糖钙的氧化钙含量占原试样的质量百分率。原理是活性游离氧化钙与蔗糖化合生成在水中溶解度较大的蔗糖钙,而其他钙盐则不与蔗糖作用。故利用不同的反应条件,用已知浓度的盐酸进行滴定(用酚酞指示剂),根据盐酸达到终点时的耗量,可以计算出有效氧化钙的含量。

氧化镁的滴定方法是用 EDTA 络合滴定法。先测定钙、镁合量,然后测定出钙含量与钙、镁合量的差值,通过计算确定氧化镁的含量。

(二)试验仪器和试剂

1.试验仪器设备

筛子:0.15 mm,1 个;

烘箱:50~250 ℃,1 台;

干燥器:ϕ25 cm,1 个;

称量瓶:ϕ30 mm×50 mm,10 个;

瓷研钵:ϕ12~13 cm,1 个;

分析天平:0.1 mg,1 台;

架盘天平:感量 0.1 g,1 台;

电炉:1 500 W,1 个;

石棉网:20 cm×20 cm,1 块;

玻璃珠:ϕ3 mm,1 袋(0.25 kg);

具塞三角瓶:250 mL,20 个;

漏斗:短颈,3 个;

塑料洗瓶:1 个;

塑料桶:20 L,1 个;

下口蒸馏水瓶:5 000 mL,1 个;

三角瓶:300 mL,10 个;

容量瓶:250 mL、1 000 mL,各 1 个;

量筒:200 mL、100 mL、50 mL、5 mL,各 1 个;

试剂瓶:250 mL、1 000 mL,各 5 个;

塑料试剂瓶:1 L,1 个;

烧杯:50 mL,5 个;250 mL(或 300 mL),10 个;

棕色广口瓶:60 mL,4 个;250 mL,5 个;

滴瓶:60 mL,3 个;

酸滴定管:50 mL,2 支;

滴定台及滴定管夹:各一套;

大肚移液管:25 mL、50 mL,各 1 支;

表面皿:7 cm,10 块;

玻璃棒:8 mm×250 mm、4 mm×180 mm,各 10 支;

试剂勺:5 个;

吸水管:8 mm×150 mm,5 支;

洗耳球:大、小各 1 个。

2. 试验试剂

(1)测定有效氧化钙用试剂

①蔗糖(分析纯);

②酚酞指示剂:称取 0.5 g 酚酞溶于 50 mL95%乙醇中;

③0.1%甲基橙水溶液:称取 0.05 g 甲基橙溶于 50 mL 蒸馏水中;

④0.5 N 盐酸标准溶液:将 42 mL 浓盐酸(相对密度 1.19)稀释至 1 L,经标定后备用。

(2)测定氧化镁用试剂

①1∶10 盐酸:将 1 体积盐酸(相对密度 1.19)以 10 体积蒸馏水稀释。

②氢氧化铵-氯化铵缓冲溶液(pH=10):将 67.5 g 氯化铵溶于 300 mL 无二氧化碳蒸馏水中,加浓氢氧化铵(相对密度为 0.90)570 mL,然后用水稀释至 1 000 mL。

③酸性铬兰 K-萘酚绿 B(1∶2.5)混合指示剂:称取 0.3 g 酸性铬兰 K 和 0.75 g 萘酚绿 B 与 50 g 已在 105 ℃烘干的硝酸钾混合研细,保存于棕色广口瓶中。

④EDTA 二钠标准溶液:将 10 g EDTA 二钠溶于温热蒸馏水中,待全部溶解并冷至室温后,用水稀释至 1 000 mL。

⑤氧化钙标准溶液:精确称取 1.784 8 g 在 105 ℃烘干 2 h 的碳酸钙(优级纯),置于 250 mL 烧杯中,盖上表面皿,从杯嘴缓慢滴加 1∶10 盐酸 100 mL,加热溶解,待溶液冷却后,移入 1 000 mL 的容量瓶中,用新煮沸冷却后的蒸馏水稀释至刻度摇匀,1 mL 此溶液相当于 1 mg 氧化钙。

⑥20%的氢氧化钠溶液:将 20 g 氢氧化钠溶于 80 mL 蒸馏水中。

⑦钙指示剂:将 0.2 g 钙试剂羟酸钠和 20 g 已在 105 ℃烘干的硫酸钾混合研细,保存于棕色广口瓶中。

⑧10%酒石酸钾钠溶液:将 10 g 酒石酸钾钠溶于 90 mL 蒸馏水中。

⑨三乙醇胺(1∶2)溶液:将 1 体积三乙醇胺以 2 体积蒸馏水稀释摇匀。

3. 试剂标定

(1)测定有效氧化钙试验盐酸浓度的标定

称取约 0.800～1.000 g(精确至 0.2 mg)已在 180 ℃烘干 2 h 的碳酸钠,置于 250 mL 三角瓶中,加 100 mL 水使其完全溶解;然后加入 2～3 滴 0.1%甲基橙指示剂,用待标定的盐酸标准溶液滴定,至碳酸钠溶液由黄色变为橙红色;将溶液加热至沸腾,并保持微沸 3 min,然后放在冷水中冷却至室温,如此时橙红色变为黄色,则再用盐酸标准溶液滴定,至溶液出现稳定橙红色时为止。盐酸标准溶液的摩尔浓度按式(4-5)计算。

$$M=\frac{m}{V\times 0.053} \tag{4-5}$$

式中 M——盐酸标准溶液摩尔浓度(mol/L);

m——称取碳酸钠的质量(g);

V——滴定时消耗盐酸标准溶液的体积(mL)。

(2)EDTA 二钠标准溶液与氧化钙和氧化镁关系的标定

精确吸取 50 mL 氧化钙标准溶液放于 300 mL 三角瓶中,用水稀释约至 100 mL,然后加入钙指示剂约 0.1 g，以 20% 氢氧化钠溶液调整溶液碱度到出现酒红色，再过量加 3～4 mL，然后以 EDTA 二钠标准液滴定，至溶液由酒红色变成纯蓝色时为止。

EDTA 二钠标准溶液对氧化钙滴定度按式(4-6)计算。

$$T_{CaO}=\frac{C\cdot V_1}{V_2} \tag{4-6}$$

式中 T_{CaO}——EDTA 二钠标准溶液对氧化钙的滴定度，即 1 mL EDTA 二钠标准溶液相当于氧化钙的毫克数；

C——1 mL 氧化钙标准溶液含有氧化钙的毫克数，取值为 1；

V_1——吸取氧化钙标准溶液体积(mL)；

V_2——消耗 EDTA 二钠标准溶液体积(mL)。

EDTA 二钠标准溶液对氧化镁的滴定度 T_{MgO}，即 1 mL EDTA 二钠标准液相当于氧化镁的毫克数按式(4-7)计算。

$$T_{MgO}=\frac{40.31}{56.08}T_{CaO}=0.72T_{CaO} \tag{4-7}$$

(三)试验操作方法和步骤

1. 有效氧化钙含量的测定(中和法)

(1)试验准备

①生石灰试样：将生石灰样品打碎，使颗粒粒径不大于 2 mm。拌和均匀后用四分法缩减约至 200 g，放入瓷研钵中研细。再经四分法缩减几次约至 20 g。研磨所得石灰样品，使通过 0.10 mm 的方孔筛。从此细样中均匀挑取约 10 g 置于称量瓶中，在 100 ℃烘干 1 h，贮于干燥器内，供试验用。

②消石灰试样：将消石灰样品用四分法缩减约至 10 g。如有大颗粒存在，需在瓷研钵中磨细至无不均匀颗粒存在为止。然后置于称量瓶中在 105～110 ℃烘干 1 h，贮于干燥器内，供试验用。

(2)试验步骤

称取约 0.5 g(用减量法称准至 0.000 5 g)试样，放入干燥的 250 mL 具塞三角瓶中，取 5 g 蔗糖覆盖在试样表面，投入干玻璃珠 15 粒，迅速加入新煮沸并已冷却的蒸馏水 50 mL，立即加塞振荡 15 min(如有试样结块或黏于瓶壁现象，则应重新取样)。打开瓶塞，用水冲洗瓶塞及瓶壁，加入 2～3 滴酚酞指示剂，以 0.5 N 盐酸标准溶液滴定(滴定速度以每秒 2～3 滴为宜)，至溶液的粉红色显著消失并在 30 s 内不再复现即为终点。

2. 氧化镁含量的测定(络合法)

采用与有效氧化钙测定相同的方法，用称量瓶称取石灰试样 0.5 g(精确至 0.5 mg)，移至 250 mL 的烧杯中，用蒸馏水湿润，并加 30 mL 1∶10 的盐酸，用表面皿盖着烧杯，在煤气炉(或电炉)上加热近沸并保持微沸 8～10 min，使其溶解、酸化。然后，用水把表面皿洗净，冷却后把烧杯内的沉淀及溶液移入 250 mL 容量瓶中，加水至刻度摇匀。待溶液沉淀后，用移液管吸取 25 mL 溶液，放入 250 mL 三角瓶中，加 50 mL 水稀释后，加酒石酸钾钠溶液 1 mL、三乙醇胺溶液 5 mL，再加入氢氧化铵-氯化铵缓冲溶液 10 mL、酸性铬兰 K-萘酚绿 B 指示剂约 0.1 g。用 EDTA 二钠标准溶液滴定至溶液由酒红色变为纯蓝色时为止，记下耗用 EDTA 二钠标准溶液体积 V_1。

再从同一容量瓶中，用移液管吸取 25 mL 溶液，置于 300 mL 三角瓶中，加水 150 mL 稀释后，加三乙醇胺溶液 5 mL 及 20%氢氧化钠溶液 5 mL，再放入约 0.1 g 钙指示剂。用 EDTA 二钠标准溶液滴定至溶液由酒红色变为纯蓝色为止，记下耗用 EDTA 二钠标准溶液体积 V_2。

(四)试验结果整理

1. 有效氧化钙的含量按下式计算：

$$X=\frac{V\cdot M\times 0.028}{G}\times 100\% \tag{4-8}$$

式中 X——有效氧化钙含量(%)；

V——滴定时消耗盐酸标准溶液的体积(mL)；

0.028——氧化钙毫克当量；

G——试样质量(g)；

M——盐酸标准溶液摩尔浓度(mol/L)。

2. 氧化镁的含量按下式计算：

$$Y=\frac{T_{\mathrm{MgO}}(V_1-V_2)\times 10}{G\times 1\,000}\times 100\% \tag{4-9}$$

式中 Y——氧化镁含量(%)；

T_{MgO}——EDTA 二钠标准溶液对氧化镁的滴定度；

V_1——滴定钙、镁合量消耗 EDTA 二钠标准溶液体积(mL)；

V_2——滴定钙消耗 EDTA 二钠标准溶液体积(mL)；

10——总溶液对分取溶液的体积倍数；

G——试样质量(g)。

3. 精密度或允许误差

对同一石灰样品至少应做两个试样和进行两次测定。取两次测定结果的平均值代表最终结果。

(五)试验记录

石灰有效氧化钙和氧化镁含量试验记录见表 4-5、表 4-6。

表 4-5　石灰有效氧化钙含量试验记录表

试样编号			石灰来源		
试样标号			拟作用途		
试验方法			试验日期		
试验次数	试样质量/g	盐酸溶液当量浓度	盐酸溶液耗量/mL	有效氧化钙含量/%	
				单值	平均值

试验者：__________ 日期：__________ 校核者：__________ 日期：__________

表 4-6　　　　石灰氧化镁含量试验记录表

试样编号				石灰来源			
试样标号				拟作用途			
试验方法				试验日期			
试验次数	试样质量/g	EDTA 二钠标准溶液对氧化钙的滴定度	EDTA 二钠标准溶液对氧化镁的滴定度	EDTA 二钠标准溶液耗量		氧化镁含量/%	
				滴定钙、镁含量/mL	滴定钙/mL	单值	平均值

试验者：＿＿＿＿＿＿　日期：＿＿＿＿＿＿　校核者：＿＿＿＿＿＿　日期：＿＿＿＿＿＿

二、无机结合料稳定材料

基础知识

(一)概述

在粉碎的或原来松散的土中掺入一定量的无机结合料(包括水泥、石灰或工业废渣等)和水,经拌和得到的混合料在压实与养生后,其抗压强度符合规定要求的材料称为无机结合料稳定材料,以此修筑的路面称为无机结合料稳定路面。

无机结合料稳定路面具有稳定性好、抗冻性能强、结构本身自成板体等特点,但其耐磨性差,因此广泛用于修筑路面结构的基层和底基层。

粉碎的或原来松散的土按照土中单个颗粒(指碎石、砾石、砂和土颗粒)的粒径大小和组成,可分为细粒土、中粒土和粗粒土。不同的土与无机结合料拌和得到不同的稳定材料,例如石灰土、水泥土、水泥砂砾、石灰粉煤灰碎石等。

由于无机结合料稳定材料的刚度介于柔性路面材料和刚性路面材料之间,常称此材料为半刚性材料。以此修筑的基层或底基层亦称为半刚性基层或半刚性底基层。

随着我国国民经济的迅速发展,高速公路的里程不断增加。沥青混凝土路面和水泥混凝土路面是我国目前高速公路主要的路面结构类型。而无机结合料稳定材料具有强度大、稳定性好及刚度大等特点,被广泛用于修建高等级公路沥青路面和水泥混凝土路面的基层或底基层。

(二)无机结合料稳定材料的分类

1. 水泥稳定材料

在破碎或原来松散的土(包括各种粗、中、细粒土)中,掺入适量的水泥和水,经拌和得到的混合料,在压实和养生后,其抗压强度符合规定要求的混合料称为水泥稳定材料。水泥稳定材料是用水泥作结合料所得混合料的一个广义的名称,它既包括用水泥稳定各种细粒土,也包括用水泥稳定各种中粒土和粗粒土。根据土的颗粒组成不同,可以将水泥稳定材料具体分为以下几类:

(1)水泥稳定粗粒土

指被水泥稳定颗粒的最大公称粒径大于 19 mm 且不大于 37.5 mm 的土或集料。

(2)水泥稳定中粒土

指被水泥稳定颗粒的最大公称粒径大于 2.36 mm 且不大于 19 mm 的土或集料。

(3)水泥稳定细粒土

指被水泥稳定颗粒的最大公称粒径小于 2.36 mm 的土。

用水泥稳定细粒土得到的强度符合要求的混合料,视所用的土类而定,可简称为水泥土、水泥砂或水泥石屑等;用水泥稳定中粒土和粗粒土得到的强度符合要求的混合料,视所用原材料而定,可简称为水泥碎石、水泥砂砾等。

仅使用少量水泥改善级配砾石的塑性指数或提高级配砾石的强度,使其能适合用作轻交通道路上沥青面层的基层,而达不到规范规定的水泥稳定材料的强度要求时,这种材料称为水泥改善土;同时用水泥和石灰稳定某种土得到的强度符合要求的混合料,称为综合稳定材料。

水泥稳定材料是一种经济实用的筑路材料,具有优良的性能,可用于各种道路的基层和底基层。由于以水泥为主要胶结材料,通过水泥的水化、硬化将集料黏结起来,因此水泥稳定材料具有良好的力学性能和板体性。其强度随养护龄期的增加而增加,并且早期的强度较高,同时其强度的可调范围较大,由几兆帕到十几兆帕。水泥稳定材料的水稳定性和抗冻性也较其他稳定材料好。所不足的是,水泥稳定材料在温度、湿度变化时,易产生裂缝而影响面层的稳定性;当细颗粒含量高、水泥用量大时开裂更为严重。

2. 石灰稳定材料

在粉碎或原来松散的土(包括各种粗、中、细粒土)中,掺入足量的石灰和水,经拌和得到的混合料,在压实及养生后,其抗压强度符合规定的混合料称为石灰稳定材料。用石灰稳定细粒土得到的混合料简称石灰土。

用石灰稳定中粒土和粗粒土得到的混合料,视所用原材料而定,原材料为天然砂砾土时简称石灰稳定砂砾土;原材料为天然碎石土时简称石灰稳定碎石土;用石灰稳定级配砂砾(砂砾中无土)和级配碎石(包括未筛分碎石)时,也分别简称石灰稳定砂砾土和石灰稳定碎石土。

仅使用少量石灰改善级配砾石的塑性指数或提高级配砾石的强度,使其能适应做轻交通道路上沥青面层的基层,但达不到规范规定的石灰稳定材料的强度要求时,这种材料称为石灰改善土。

用石灰稳定材料铺筑的路面基层和底基层,分别称石灰稳定材料基层和石灰稳定材料底基层或分别简称为石灰稳定基层和石灰稳定底基层,也可在基层或底基层前标以土体简称,如石灰稳定碎石土基层、石灰稳定土底基层等。

石灰土在我国道路上的应用已有几十年历史。在缺乏砂石材料地区,广泛应用石灰土作为各种路面的基层和底基层。

石灰稳定材料具有良好的力学性能,并有较好的水稳性和一定程度的抗冻性,它的初期强度和水稳性较低,后期强度较高。由于干缩、温度收缩系数较大,易产生裂缝。石灰稳定材料适用于各级公路路面的底基层,可用作二级和二级以下公路的基层,但石灰土不应用作高级路面的基层。在冰冻地区,当石灰土用于潮湿路段时,冬季石灰土层中可能产生聚冰现象，从而使石灰土的结构遭受破坏，强度明显下降，使沥青路面产生过早破坏。在非冰冻地区，如石灰土经常处于过分潮湿状态，也不易形成较高强度的板体。因此，在冰冻地区的潮湿路段以及其他地区的过分潮湿路段，不宜采用石灰土做基层。在只能采用石灰土时，应采取措施防止水分侵入石灰土层。

此外，石灰常与其他结合料（如水泥）一起作为综合稳定土，此时，石灰起活化剂的作用。有时，在加石灰的同时，还掺加工业废渣（粉煤灰、煤渣等）或少量的化学添加剂（$CaCl_2$、$NaOH$、Na_2CO_3 等）以改善石灰和土之间的相互作用以及石灰稳定材料的硬化条件。

3. 石灰工业废渣稳定材料

工业废渣包括粉煤灰、煤渣、高炉矿渣、钢渣（已经过崩解达到稳定）及其他冶金矿渣、煤矸石等。一定数量的石灰和粉煤灰或石灰和煤渣与其他集料相配合，加入适量的水（通常为最佳含水率），经拌和、压实及养生后得到的混合料，当其抗压强度符合规范规定的要求时，称为石灰工业废渣稳定材料。

一定数量的石灰和粉煤灰，一定数量的石灰、粉煤灰和土以及一定数量的石灰、粉煤灰和砂相配合，加入适量的水（通常为最佳含水率），经拌和、压实及养生后得到的混合料，当其抗压强度符合规定的要求时，分别简称为二灰、二灰土、二灰砂。

用石灰和粉煤灰稳定级配碎石或级配砾石得到的混合料，当其强度符合要求时，分别称为石灰、粉煤灰级配碎石和石灰、粉煤灰级配砾石或二灰级配碎石、二灰级配砾石。这两种混合料又统称为石灰、粉煤灰级配集料或二灰级配集料。

用石灰、煤渣和土以及石灰、煤渣和集料得到的强度符合要求的混合料，分别称为石灰煤渣土和石灰煤渣集料。

石灰工业废渣稳定材料，特别是二灰稳定材料，具有良好的力学性能、板体性、水稳定性和一定的抗冻性，其抗冻性较石灰土高得多。石灰工业废渣的初期强度低，但随龄期的增长强度的增长幅度大，后期强度与水泥稳定材料基本类似。一般二灰土中粉煤灰用量越多，初期强度越低，3 个月龄期的强度增长幅度也越大。在二灰土中加入粒料或少量水泥可提高其早期强度，但由于干缩、冷缩易产生裂缝。石灰工业废渣稳定材料的抗水损害的能力较水泥稳定材料抗水损害的能力差，但是其在温度、湿度变化时的温度收缩、干缩系数较水泥稳定材料的温度收缩、干缩系数小。

石灰工业废渣稳定材料是一种经济实用的筑路材料，具有较优良的性能。所以，近年来修筑高等级公路时，常选用石灰稳定工业废渣做高级或次高级路面的基层或底基层。

石灰工业废渣稳定材料可适用于各级公路的基层和底基层。但二灰土不应用作高级沥青路面的基层，而只用作底基层。在高速和一级公路上的水泥混凝土面层下，二灰土也不应用作基层。

（三）无机结合料稳定材料的组成材料

1. 土

土的矿物成分对无机结合料稳定材料的性质有重要影响。试验表明，除有机质或硫酸盐含量高的土以外，各类砂砾土、砂土、粉土和黏土都可用无机结合料稳定。一般规定用于稳定材料的液限不大于 40，塑性指数不大于 20。级配良好的土用无机结合料稳定时，既可节约无机结合料用量，又可取得满意的效果。重黏土中黏土颗粒含量多，不易粉碎和拌和，用石灰稳定时，容易使路面造成缩裂。粉质黏土的稳定效果最佳。用水泥稳定重黏土时，不易粉碎和拌和，会造成水泥用量过高，经济性差。级配良好的砾石-砂-黏土稳定效果最佳。

2. 无机结合料

(1)水泥

各种类型的水泥都可用于稳定材料。对同一种土，硅酸盐水泥比铝酸盐水泥稳定效果好。稳定土的强度还与水泥的用量有关，不存在最佳水泥剂量，而存在一个经济用量。通常在保证土的性质能起根本变化，且能保证稳定土达到所规定的强度和稳定性的前提下，取尽可能低的水泥剂量。一般水泥剂量为4%～6%较为合理。

水泥的作用是在水泥加入塑性土中后，能大大降低土的塑性，增加土的强度和稳定性。水泥稳定材料的强度随水泥剂量增加而增加。

(2)石灰

各种化学组成的石灰均可用于稳定材料。在剂量不大的情况下，钙质石灰比镁质石灰稳定土的初期强度高。镁质石灰稳定土在剂量较大时后期强度优于钙质石灰稳定土。石灰的最佳剂量，对黏性土和粉性土为干土质量的8%～16%，对砂性土为干土质量的10%～18%。石灰可使土粒胶结成整体，密实性、水稳定性、强度均提高。

(3)粉煤灰

粉煤灰本身很少或没有黏结性，但它以细分散状态与水和消石灰或水泥混合，可以发生反应形成具有黏结性的化合物。所以，石灰粉煤灰可用来稳定各种粒料和土，又称二灰土。粉煤灰加入土中既能起填充作用，与石灰反应的产物也起胶结作用，从而达到改善稳定材料的水稳定性、提高强度与密实度的目的。

3. 水

水是用来满足稳定材料形成强度的需要，同时使稳定材料在压实时具有一定的塑性，以达到所需要的压实度。水便于土的粉碎、拌和与压实，并且有利于养生。不同的无机结合料稳定材料有不同的最佳含水率，最佳含水率可通过重型击实试验法确定。所用水应是干净可供饮用的水。

(四)无机结合料稳定材料的技术性质

1. 强度形成原理

(1)石灰稳定材料强度形成原理

在土中掺入适量的石灰，并在最佳含水率下拌匀压实，使石灰与土发生一系列的物理、化学作用，从而使土的性质发生根本的变化。该变化一般分四个方面，第一是离子交换作用，第二是结晶硬化作用，第三是火山灰作用，第四是碳化作用。

①离子交换作用：土的微小颗粒具有一定的胶体性质，它们一般都带有负电荷，表面吸附着一定数量的钠、氢、钾等低价阳离子(Na^+、H^+、K^+)。石灰是一种强电解质，在土加入石灰和水后，石灰在溶液中电离出来的钙离子(Ca^{2+})就与土中的钠、氢、钾离子产生离子交换作用。原来的钠(钾)土变成钙土，土颗粒表面所吸附的离子由一价变成了二价，减少了土颗粒表面吸附水膜的厚度，使土粒相互之间更为接近，分子引力随之增加，许多单个土粒聚成小团粒，组成一个稳定结构。

②结晶硬化作用：在石灰土中只有一部分消石灰进行离子交换作用，绝大部分饱和消石灰自行结晶。消石灰与水作用生成消石灰结晶网格，其化学反应式为

$$Ca(OH)_2 + nH_2O \rightarrow Ca(OH)_2 \cdot nH_2O \quad (4\text{-}10)$$

③火山灰作用：消石灰的游离 Ca^{2+} 与土中的活性氧化硅（SiO_2）和氧化铝（Al_2O_3）作用生成含水的硅酸钙和铝酸钙的化学反应就是火山灰作用，其反应式为

$$xCa(OH)_2+SiO_2+nH_2O \rightarrow xCaO \cdot SiO_2 \cdot (n+1)H_2O \tag{4-11}$$

$$xCa(OH)_2+Al_2O_3+nH_2O \rightarrow xCaO \cdot Al_2O_3 \cdot (n+1)H_2O \tag{4-12}$$

上述所形成的消石灰结晶网格和含水的硅酸钙和铝酸钙结晶都是胶凝物质，它具有水硬性并能在固体和水两相环境下发生硬化。这些胶凝物质在土微粒团外围形成一层稳定保护膜，填充颗粒空隙，使颗粒间产生结合料，减少了颗粒间的空隙与透水性，同时提高密实度，这是石灰土获得强度和水稳定性的基本原因，但这种作用比较缓慢。

④碳化作用：在土中的 $Ca(OH)_2$ 与空气中的 CO_2 作用，其化学反应式为

$$Ca(OH)_2+CO_2 \rightarrow CaCO_3+H_2O \tag{4-13}$$

$CaCO_3$ 是坚硬的结晶体，它和其他生成的复杂盐类把土粒胶结起来，从而大大提高了土的强度和整体性。

(2)水泥稳定材料强度形成原理

在利用水泥稳定材料的过程中，水泥、土和水之间发生了多种非常复杂的作用，从而使土的性能发生了明显的变化。这些作用可以分为：

化学作用：如水泥颗粒的水化、硬化作用；有机物的聚合作用，以及水泥水化产物与黏土矿物之间的化学作用等。

物理-化学作用：如黏土颗粒与水泥及水泥水化产物之间的吸附作用；微粒的凝聚作用；水及水化产物的扩散、渗透作用；水化产物的溶解、结晶作用等。

物理作用：如土块的机械粉碎作用；混合料的拌和、压实作用等。

现就其中的一些主要作用过程简述如下：

①离子交换及团粒化作用：水泥水化后的胶体中 $Ca(OH)_2$、Ca^{2+} 和 OH^- 共存，其离子交换作用与石灰土相同。离子交换的结果使大量的土粒形成较大的土团。由于水泥水化生成物 $Ca(OH)_2$ 具有强烈的吸附活性，使较大的土团进一步结合，所形成的水泥土呈链条状结构，封闭了各土团之间的孔隙，形成坚固的联结，这是水泥土具有一定强度的主要原因。

②硬凝反应：随水泥水化反应的深入，溶液中析出大量 Ca^{2+}，当 Ca^{2+} 的数量超过离子交换需要量后，则在碱性环境中与黏土矿物中的 SiO_2 和 Al_2O_3 进行化学反应，生成不溶于水的结晶矿物，从而增大了土的强度。

③碳化作用：与石灰土碳化作用基本相同，使土固结产生强度，但比硬凝反应的作用差一些。

2. 无机结合料稳定材料的物理力学特性

无机结合料稳定材料的物理力学特性主要包括应力-应变特性、疲劳特性、收缩（温度收缩和干缩）特性等。

(1)无机结合料稳定材料的应力-应变特性

无机结合料稳定材料的重要特点之一是强度和模量随龄期的增长而不断增长，逐渐具有一定的刚性性质。一般规定水泥稳定类材料设计龄期为 3 个月，石灰或石灰粉煤灰（简称二灰）稳定类材料设计龄期为 6 个月。

半刚性材料应力-应变特性试验方法有顶面法、粘贴法、夹具法和承载板法等。试件有圆柱体试件和梁式（分大、中、小梁）试件。试验内容有抗压强度、抗压回弹模量、劈裂强度和

劈裂模量、抗弯拉强度和抗弯拉模量等。

由于材料的变异性和试验过程的不稳定性，同一种材料不同的试验方法、同一种试验方法不同的材料及同一种试验方法不同龄期试验结果存在差异性。通过各种试验方法的综合比较，认为抗压试验和劈裂试验较符合实际。表 4-7 给出了水泥稳定碎石抗压强度(R)、抗压回弹模量(E_p)、劈裂强度(σ_{sp})和劈裂模量(E_{sp})与龄期之间的关系。表 4-8 则为石灰粉煤灰稳定碎石的测试结果。

表 4-7　水泥稳定碎石的力学特性指标与龄期的关系

力学特性指标/MPa \ 龄期/d	28	90	180	28/180	90/180
R	4.49	5.57	6.33	0.71	0.88
E_p	2 093	3097	3 872	0.54	0.80
σ_{sp}	0.413	0.634	0.813	0.51	0.78
E_{sp}	533	926	1 287	0.41	0.72

表 4-8　石灰粉煤灰稳定碎石的力学特性指标与龄期的关系

力学特性指标/MPa \ 龄期/d	28	90	180	28/180	90/180
R	3.10	5.75	8.36	0.37	0.69
E_p	1 086	1 993	2 859	0.38	0.70
σ_{sp}	0.219	0.536	0.913	0.41	0.59
E_{sp}	359	960	1 720	0.37	0.56

无机结合料稳定材料的应力-应变特性与原材料的性质、结合料的性质和剂量及密实度、含水率、龄期、温度等有关。

(2)无机结合料稳定材料的疲劳特性

材料的抗压强度是材料组成设计的主要依据，由于无机结合料稳定材料的抗拉强度远小于其抗压强度，材料的抗拉强度是路面结构设计的控制指标。

抗拉强度试验方法有直接抗拉试验、间接抗拉试验和弯拉试验。常用的疲劳试验有弯拉疲劳试验和劈裂疲劳试验。

材料从开始至出现疲劳破坏的荷载作用次数称为材料的疲劳寿命，无机结合料稳定材料的疲劳寿命主要取决于重复应力与极限应力之比。原则上当重复应力与极限应力之比小于 50%时，无机结合料稳定材料可经受无限次重复加荷次数而无疲劳破裂，但是，由于材料的变异性，实际试验时其疲劳寿命要小得多。

在一定的应力条件下，材料的疲劳寿命取决于材料的强度和刚度。强度越大刚度越小，其疲劳寿命就越长。试验表明，石灰粉煤灰稳定材料的抗疲劳性能优于水泥砂砾。

(3)无机结合料稳定材料的干缩特性

无机结合料稳定材料经拌和、击实后，由于水分挥发和混合料内部的水化作用，混合料的水分会不断减少。由此发生的毛细管作用、吸附作用、分子间力的作用、材料矿物晶体或凝胶体间层间水的作用和碳化收缩作用等会引起无机结合料稳定材料体积收缩。

描述材料干缩特性的指标主要有干缩应变、干缩系数、干缩量、失水量和失水率。

①干缩应变是水分损失引起的试件单位长度的收缩量（$\times 10^{-6}$）；

②干缩系数是某失水量时，试件的干缩应变与试件的失水率之比（$\times 10^{-6}$）；

③干缩量是水分损失时试件的收缩量（10^{-3} mm）；

④失水量是试件失去水分的重量(g)；

⑤失水率是试件单位重量的失水量(%)。

无机结合料稳定材料的干缩特性（最大干缩应变和平均干缩系数）的大小与结合料的类型、剂量、被稳定材料的类别、粒料含量、小于 0.5 mm 的细颗粒的含量、试件含水率和龄期等有关。

对于稳定粒料类材料，三类半刚性材料的干缩特性的大小次序为石灰稳定材料＞水泥稳定材料＞石灰粉煤灰稳定材料。

对于稳定细粒土，三类半刚性材料的收缩性的大小排列为石灰土＞水泥土和水泥石灰土＞石灰粉煤灰土。

(4)无机结合料稳定材料的温度收缩特性

无机结合料稳定材料是由固相（组成其空间骨架的原材料的颗粒和其间的胶结物）、液相（存在于固相表面与空隙中的水和水溶液）和气相（存在于空隙中的气体）组成。所以，无机结合料稳定材料的外观胀缩性是三种相不同的温度收缩性进行综合效应的结果。一般气相大部分与大气贯通，在综合效应中影响较小，可以忽略，原材料中砂粒以上颗粒的温度收缩系数较小，粉粒以下的颗粒温度收缩系数较大。

无机结合料稳定材料温度收缩的大小与结合料类型和剂量、被稳定材料的类别、粒料含量、龄期等有关。

3.无机结合料稳定材料技术要求

(1)水泥稳定材料技术要求

①对于高速公路和一级公路，所用中粒土和粗粒土应满足以下技术要求：

水泥稳定材料用作底基层时，单个颗粒的最大粒径不应超过 37.5 mm。水泥稳定材料的颗粒组成应在表 4-9 所列 1 号级配范围内，材料的均匀系数应大于 5。细粒土的液限不应超过 40%，塑性指数不应超过 17。对于中粒土和粗粒土，如土中小于 0.6 mm 的颗粒含量在 30%以下，塑性指数可稍大。

实际工作中，宜选用均匀系数大于 10、塑性指数小于 12 的材料。塑性指数大于 17 的材料，宜采用石灰稳定，或用水泥和石灰综合稳定。对于中粒土和粗粒土，宜采用表 4-9 中 2 号级配，但小于 0.075 mm 的颗粒含量和塑性指数可不受限制。

水泥稳定材料用作基层时，单个颗粒的最大粒径不应超过 31.5 mm。水泥稳定材料的颗粒组成应在表 4-9 所列 3 号级配范围内。

表 4-9　　　　　　水泥稳定材料的颗粒组成范围

通过质量百分率/% \ 级配编号		1	2	3
筛孔尺寸/mm	37.5	100	100	
	31.5		90～100	100
	26.5			90～100
	19		67～90	72～89
	9.5		45～68	47～67
	4.75	50～100	29～50	29～49
	2.36		18～38	17～35
	0.6	17～100	8～22	8～22
	0.075	0～30	0～7①	0～7①
液限/%				＜28
塑性指数				＜9

注：①集料中 0.5 mm 以下细粒土有塑性指数时，小于 0.075 mm 的颗粒含量不应超过 5%；细粒土无塑性指数时，小于 0.075 mm 的颗粒含量不应超过 7%。

水泥稳定材料用作基层时，对所用的碎石或砾石，应预先筛分成 3～4 个不同粒级，然后配合，使颗粒组成符合表 4-9 所列级配范围。

②对于二级和二级以下的公路，所用中粒土和粗粒土应满足以下技术要求：

水泥稳定材料用作底基层时，单个颗粒的最大粒径不应超过 53 mm（指方孔筛。如为圆孔筛，则最大粒径可为所列数值的 1.2～1.25 倍，下同），水泥稳定材料的颗粒组成应在表 4-10所列范围内，土的均匀系数应大于 5。细粒土的液限不应超过 40，塑性指数不应超过 17。对于中粒土和粗粒土，如土中小于 0.6 mm 的颗粒含量在 30%以下，塑性指数可稍大。

实际工作中，宜选用均匀系数大于 10、塑性指数小于 12 的土。塑性指数大于 17 的土，宜采用石灰稳定，或用水泥和石灰综合稳定。

表 4-10　　　　用作底基层时水泥稳定材料的颗粒组成范围

筛孔尺寸/mm	53	4.75	0.6	0.075	0.002
通过质量百分率/%	100	50～100	17～100	0～50	0～30

注：本表中所列用筛均为方孔筛。在无相应尺寸方孔筛的情况下，可先将颗粒组成在半对数坐标纸上画出两条级配曲线，然后在对数坐标上查找所需筛孔的位置或点，从此点引一垂直线向上与两根曲线相交。从此两交点画水平线与垂直坐标相交，即可得到所需颗粒尺寸的通过百分率。

水泥稳定材料用作基层时，单个颗粒的最大粒径不应超过 37.5 mm。水泥稳定材料的颗粒组成应在表 4-11 范围内。集料中不宜含有塑性指数的土。对于二级公路宜按接近级配范围的下限组配混合料或采用表 4-9 中的 2 号级配。

级配碎石、未筛分碎石、砂砾、碎石土、砂砾土、煤矸石和各种粒状矿渣均适宜用水泥稳定。碎石包括岩石碎石、矿渣碎石、破碎砾石等。

表 4-11　　用作基层时水泥稳定材料的颗粒组成范围

筛孔尺寸/mm	通过质量百分率/%	筛孔尺寸/mm	通过质量百分率/%
37.5	90～100	2.36	20～70
26.5	66～100	1.18	14～57
19	54～100	0.6	8～47
9.5	39～100	0.075	0～30
4.75	28～84		

③水泥稳定材料中碎石或砾石的压碎值应符合下列要求：

用作基层：

高速公路和一级公路：不大于 30%；

二级和二级以下公路：不大于 35%。

用作底基层：

高速公路和一级公路：不大于 30%；

二级和二级以下公路：不大于 40%。

④普通硅酸盐水泥、矿渣硅酸盐水泥和火山灰质硅酸盐水泥都可用于稳定材料，但应选用初凝时间 3 h 以上和终凝时间较长（宜在 6 h 以上）的水泥。不应使用快硬水泥、早强型水泥以及已受潮变质的水泥，宜采用标号 325 或 425 的水泥。

⑤有机质含量超过 2%的土，必须先用石灰进行处理，闷料一夜后再用水泥稳定。硫酸盐含量超过 0.25%的土，不应用水泥稳定。

（2）石灰稳定材料技术要求

塑性指数为 15～20 的黏性土以及含有一定数量黏性土的中粒土和粗粒土均适宜于用石灰稳定。塑性指数在 15 以上的黏性土更适宜于用石灰和水泥综合稳定。塑性指数在 10 以下的亚砂土和砂土用石灰稳定时，应采取适当的措施或采用水泥稳定。塑性指数偏大的黏性土，应加强粉碎，粉碎后土块的最大尺寸不应大于 15 mm。用石灰稳定无塑性指数的级配砂砾、级配碎石和未筛分碎石时，应添加 15%左右的黏性土。硫酸盐含量超过 0.8%的土和有机质含量超过 10%的土，不宜用石灰稳定。

石灰技术指标应符合表 4-4 的规定，并应尽量缩短石灰的存放时间。石灰放置时间过久，其有效氧化钙和氧化镁的含量会有很大损失。石灰堆放在野外无覆盖时，遭受风吹雨淋和日晒，其有效氧化钙和氧化镁的含量降低很快，放置 3 个月后可从原来的 80%以上降到约 40%，放置半年可降到仅 30%左右。因此，石灰应堆放成高堆并用篷布和土覆盖，然后边使用边揭盖。

使用石灰稳定材料时，还应遵守下列规定：

①石灰稳定材料用作高速公路和一级公路和底基层时，颗粒的最大粒径不应超过 37.5 mm，用做其他等级公路的底基层时，颗粒的最大粒径不应超过 53 mm。

②石灰稳定材料用作基层时，颗粒的最大粒径不应超过 37.5 mm。

级配碎石、未筛分碎石、砂砾、碎石土、砂砾土、煤矸石和各种粒状矿渣等均适宜用作石灰稳定材料的材料。石灰稳定材料中碎石、砂砾或其他粒状材料的含量应在 80%以上，并应具有良好的级配。

③石灰稳定材料中碎石或砾石的压碎值应符合下列要求：

用作基层：

二级公路：不大于 30%；

二级以下公路：不大于 35%。

用作底基层：

高速公路和一级公路：不大于 30%；

二级和二级以下公路：不大于 35%。

(3)石灰工业废渣稳定材料要求

①石灰工业废渣稳定材料所用石灰质量应符合表 4-4 规定的Ⅲ级消石灰或Ⅲ级生石灰的技术指标，应尽量缩短石灰的存放时间，如存放时间较长，应采取覆盖封存措施，妥善保管。

②粉煤灰中 SiO_2、Al_2O_3 和 Fe_2O_3 的总含量应大于 70%，粉煤灰的烧失量不应超过 20%；粉煤灰的比表面积宜大于 2 500 cm^2/g（或 90% 通过 0.3 mm 筛孔，70% 通过 0.075 mm筛孔）。干粉煤灰和湿粉煤灰都可以应用。湿粉煤灰的含水率不宜超过 35%。

③宜采用塑性指数 12～20 的黏性土（亚黏土）。土块的最大粒径不应大于 15 mm。有机质含量超过 10%的土不宜选用。

用于二级及二级以下公路的二灰稳定材料应符合下列要求：

二灰稳定材料用作底基层时，石料颗粒的最大粒径不应超过 53 mm。

二灰稳定材料用作基层时，石料颗粒的最大粒径不应超过 37.5 mm；碎石、砾石或其他粒状材料的质量宜占 80%以上，并符合表 4-12 或表 4-13 的级配范围。

用于高速公路和一级公路的二灰稳定土应符合下列要求：

二灰稳定材料用作底基层时，土中碎石、砾石颗粒的最大粒径不应超过 37.5 mm。各种细粒土、中粒土和粗粒土都可用二灰稳定材料作底基层。

表 4-12　　二灰级配砂砾中集料的颗粒组成范围

筛孔尺寸/mm \ 通过质量百分率/% \ 级配编号	1	2
37.5	100	—
31.5	85～100	100
19	65～85	85～100
9.5	50～70	55～75
4.75	35～55	39～59
2.36	25～45	27～47
1.18	17～35	17～35
0.6	10～27	10～25
0.075	0～15	0～10

表 4-13　　二灰级配砂砾石中集料的颗粒组成范围

筛孔尺寸/mm ＼ 通过质量百分率/% ＼ 级配编号	1	2
37.5	100	—
31.5	90～100	100
19	72～90	81～98
9.5	48～68	52～70
4.75	30～50	30～50
2.36	18～38	18～38
1.18	10～27	10～27
0.6	6～20	6～20
0.075	0～7	0～7

二灰稳定材料用作基层时，二灰的质量应占 15%，最多不超过 20%，石料颗粒的最大粒径不应超过 31.5 mm，其颗粒组成宜符合表 4-12 或表 4-13 中 2 号级配的范围，粒径小于 0.075 mm的颗粒含量宜接近 0。

对所用的砾石或碎石，应预先筛分成 3～4 个不同粒级，然后再配合成颗粒组成符合表 4-12 或表 4-13 所列级配范围的混合料。

④碎石或砾石的压碎值应符合下列要求：

用作基层：

高速公路和一级公路：不大于 30%；

二级和二级以下公路：不大于 35%。

用作底基层：

高速公路和一级公路：不大于 35%；

二级和二级以下公路：不大于 40%。

(五)石灰稳定材料组成设计

1. 一般规定

(1)各级公路用石灰稳定的 7 d 浸水抗压强度应符合表 4-14 的规定。

表 4-14　　石灰稳定材料 7 d 浸水抗压强度标准

层　位 ＼ 公路等级	二级和二级以下公路	高速公路和一级公路
基层/MPa	≥0.8①	—
底基层/MPa	0.5～0.7②	≥0.8

注：①在低塑性土(塑性指数小于 7)地区，石灰稳定砂砾土和碎石土的 7 d 浸水抗压强度应大于 0.5 MPa(100 g 平衡曲锥测液限)。

②低限用于塑性指数小于 7 的黏性土，且低限值宜仅用于二级以下公路。高限用于塑性指数大于 7 的黏性土。

(2)石灰稳定材料的组成设计应根据表 4-14 的强度标准，通过试验选取最适宜于稳定的土，确定必需的或最佳的石灰剂量和混合料的最佳含水率，在需要改善混合料的物理力学性质时，还应确定掺加料的比例。

(3)工地实际采用的石灰剂量应比室内试验确定的剂量多0.5%～1.0%。采用集中厂拌法施工时，可只增加0.5%；采用路拌法施工时，宜增加1%。

(4)石灰稳定不含黏性土的级配碎石、未筛分碎石和级配砂砾用作高级沥青路面的基层时，碎石和砂砾的颗粒组成应符合规范中对于级配碎石或未筛分碎石或级配砾石的级配范围要求，并应添加黏性土。石灰和所加土的总质量与碎石或砂砾的质量比宜为(1∶4)～(1∶5)，即碎石或砾石在混合料中的质量分数应不少于80%。

(5)采用综合稳定时，如水泥用量占结合料总量的30%以下，应按本部分的技术要求进行组成设计。

(6)石灰稳定土的各项试验应按《公路工程无机结合料稳定材料试验规程》(JGJ E51—2009)进行。

2.原材料试验

(1)在石灰稳定土层施工前，应取所定料场中有代表性的土样，按《公路土工试验规程》(JTG E40—2007)进行下列试验：

①颗粒分析；

②液限和塑性指数；

③击实试验；

④碎石或砾石的压碎值；

⑤有机质含量(必要时做)；

⑥硫酸盐含量(必要时做)。

(2)如碎石、碎石土、砂砾、砂砾土等的级配不好，宜先改善其级配。

(3)应检验石灰的有效氧化钙和氧化镁含量。

3.混合料的设计步骤

(1)按下列石灰剂量配制同一种土样、不同石灰剂量的混合料。

①用作基层

砂砾土和碎石土：3%、4%、5%、6%、7%；

塑性指数小于12的黏性土：10%、12%、13%、14%、16%；

塑性指数小于12的黏性土：5%、7%、9%、11%、13%。

②用作底基层

塑性指数小于12的黏性土：8%、10%、11%、12%、14%；

塑性指数小于12的黏性土：5%、7%、8%、9%、11%。

(2)确定混合料的最佳含水率和最大干(击实)密度，至少应做三个不同石灰剂量混合料的击实试验，即最小剂量、中间剂量和最大剂量，其余两个混合料的最佳含水率和最大干密度用内插法确定。

(3)按规定的压实度，分别计算不同石灰剂量的试件应有的干密度。

(4)按最佳含水率和计算出的干密度值制备试件。进行强度试验时，作为平行试验的最少试件数量应不小于表4-15中的规定。如试验结果的变异系数大于表中规定的值，则应重做试验，并找出原因，加以解决。如不能降低变异系数，则应增加试件数量。

(5)试件在规定温度下保温养生 6 d,浸水 24 h后,按《公路工程无机结合料稳定材料试验规程》(JGJ E51—2009)进行无侧限抗压强度试验。

(6)计算试验结果的平均值和变异系数。

表 4-15　　最少试件数量

土类 \ 试件数量 \ 变异系数	<10%	10%～15%	15%～20%
细粒土	6	9	
中粒土	6	9	13
粗粒土	—	9	13

(7)根据表 4-14 的强度标准,选定合适的石灰剂量。此剂量试件室内试验结果的平均抗压强度 $\overline{R}$ 应符合公式(4-14)的要求。

$$\overline{R} \geqslant R_d/(1-Z_a C_v) \tag{4-14}$$

式中　R_d——设计抗压强度(表 4-14)(MPa);

C_v——试验结果的变异系数(以小数计);

Z_a——标准正态分布表中随保证率(或置信度 a)而变的系数,高速公路和一级公路应取保证率 95%,即 $Z_a=1.645$;其他公路应取保证率 90%,即 $Z_a=1.282$。

(8)综合稳定材料的组成设计与上述步骤相同。

(六)水泥稳定材料组成设计

1. 一般规定

(1)各级公路用水泥稳定材料的 7 d 浸水抗压强度应符合表 4-16 的规定。

表 4-16　　水泥稳定材料的抗压强度标准

层位 \ 公路等级	二级和二级以下公路	高速公路和一级公路
基层/MPa	2.5～3①	3～5②
底基层/MPa	1.5～2.0①	1.5～2.5②

注:①二级以下公路可取低限值;行驶重载车辆的公路,应取较高的值;二级公路可取中值;行驶重载车辆的二级公路应取高限值。某一具体公路应采用一个值,而不用某一范围。

②设计累计标准轴次小于 12×10^6 的公路可采用低限值;设计累计标准轴次超过 12×10^6 的公路可用中值;主要行驶重载车辆的公路应用高限值。某一具体公路应采用一个值,而不是某一范围。

(2)水泥稳定材料的组成设计应根据表 4-16 的强度标准,通过试验选取最适于稳定的土,确定必需的水泥剂量和混合料的最佳含水率,在需要改善混合料的物理力学性质时,还应确定掺合料的比例。

(3)综合稳定材料的组成设计应通过试验选取最适于稳定的土,确定必需的水泥和石灰剂量以及混合料的最佳含水率。

(4)采用综合稳定时,如水泥用量占结合料总量的 30%以上,应按本部分的技术要求进行组成设计。水泥和石灰的比例宜取 60∶40、50∶50 或 40∶60。

(5)工地实际采用的水泥剂量应比室内试验确定的剂量多 0.5%～1.0%。采用集中厂拌法施工时,可只增加 0.5%;采用路拌法施工时,宜增加 1%。

(6)水泥的最小剂量应符合表 4-17 的规定。

表 4-17　　水泥的最小剂量

土　类 \ 拌和方法	路拌法	集中厂拌法
中粒土和粗粒土	4%	3%
细粒土	5%	4%

(7)水泥稳定材料的各项试验应按《公路工程无机结合料稳定材料试验规程》(JGJ E51—2009)进行。

2. 原材料的试验

(1)在水泥稳定材料施工前,应取所定料场中有代表性的土样,按《公路土工试验规程》(JTG E40—2007)进行下列试验:

①颗粒分析;

②液限和塑性指数;

③相对密度;

④击实试验;

⑤碎石或砾石的压碎值;

⑥有机质含量(必要时做);

⑦硫酸盐含量(必要时做)。

(2)对级配不良的碎石、碎石土、砂砾、砂砾土、砂等,宜改善其级配。

(3)应检验水泥的标号和终凝时间。

3. 混合料的设计步骤

(1)分别按下列 5 种[a] 水泥剂量配制同一种土样、不同水泥剂量的混合料。

①用作基层[b]

中粒土和粗粒土:3%、4%、5%、6%、7%[b];

塑性指数小于 12 的细粒土:5%、7%、8%、9%、11%;

其他细粒土:8%、10%、12%、14%、16%。

②用作底基层

中粒土和粗粒土:3%、4%、5%、6%、7%;

塑性指数小于 12 的细粒土:4%、5%、6%、7%、9%;

其他细粒土:6%、8%、9%、10%、12%。

注:a 在能估计合适剂量的情况下,可以将 5 个不同剂量缩减到 3 或 4 个。

b 如要求用作基层的混合料有较高强度时,水泥剂量可用 4%、5%、6%、7%、8%。

(2)确定各种混合料的最佳含水率和最大干(压实)密度,至少应做三个不同水泥剂量混合料的击实试验,即最小剂量、中间剂量和最大剂量。其他两个剂量混合料的最佳含水率和最大干密度用内插法确定。

(3)按规定压实度分别计算不同水泥剂量的试样应有的干密度。

(4)按最佳含水率和计算出的干密度值制备试样。进行强度试验时,作为平行试验的最少试样数量应不小于表 4-18 的规定。如试验结果的变异系数大于表中规定的值,则应重做试验,并找出原因,加以解决。如不能降低变异系数,则应增加试样数量。

表 4-18　　　　最少试样数量

土类 \ 变异系数/试样数量	<10%	10%～15%	15%～20%
细粒土	6	9	—
中粒土	6	9	13
粗粒土	—	9	13

(5)试样在规定温度下保湿养生 6 d，浸水 24 h 后，按《公路工程无机结合料稳定材料试验规程》(JGJ E51—2009)进行无侧限抗压强度试验。

(6)计算试验结果的平均值和变异系数。

(7)根据表 4-16 的强度标准，选定合适的水泥剂量，此剂量试样室内试验结果的平均抗压强度 $\overline{R}$ 应符合公式(4-15)的要求。

$$\overline{R} \geqslant R_d/(1-Z_a C_v) \tag{4-15}$$

式中　R_d——设计抗压强度(表 4-16)(MPa)；

C_v——试验结果的变异系数(以小数计)；

Z_a——标准正态分布表中随保证率(或置信度 a)而变的系数，高速公路和一级公路应取保证率 95%，即 Z_a＝水泥改善土的塑性指数，应不大于 6，承载比应不小于 240。

(8)综合稳定材料的组成设计与上述步骤相同。

(七)石灰工业废渣稳定材料组成设计

1. 一般规定

(1)石灰工业废渣稳定材料的 7 d 浸水抗压强度应符合表 4-19 的规定。

表 4-19　　　　二灰混合料的抗压强度标准

层位 \ 公路等级	二级和二级以下公路	高速公路和一级公路
基层/MPa	0.6～0.8	0.8～1.1①
底基层/MPa	≥0.5	≥0.6

注：①设计累计标准轴次小于 12×10^6 的高速公路用低限值；设计累计标准轴次大于 12×10^6 的高速公路用中值；主要行驶重载车辆的高速公路用高限值。对于具体一条高速公路，应根据交通状况采用某一强度标准。

(2)石灰工业废渣稳定材料的组成设计应根据表 4-19 的强度标准，通过试验选取最适于稳定的土，确定石灰与粉煤灰或石灰与煤渣的比例，确定石灰粉煤灰或石灰煤渣与土的质量比例，确定混合料的最佳含水率。

(3)对于 CaO 含量为 2%～6%的硅铝粉煤灰，采用石灰粉煤灰做基层或底基层时，石灰与粉煤灰的比例可以是(1∶2)～(1∶9)。

(4)采用二灰土做基层或底基层时，石灰与粉煤灰的比例可用(1∶2)～(1∶4)(对于粉土，以 1∶2 为宜)，石灰粉煤灰与细粒土的比例可以是(30∶70[a])～(90∶10)。

注：a 采用此比例时，石灰与粉煤灰之比宜为(1∶2)～(1∶3)。

(5)采用二灰级配集料做基层时，石灰与粉煤灰的比例可用(1∶2)～(1∶4)，石灰粉煤灰与集料的比应是(20∶80)～(15∶85)。

(6)采用石灰煤渣作基层或底基层时，石灰与煤渣的比例可用(20∶80)～(15∶85)。

(7)采用石灰煤渣土作基层或底基层时，石灰与煤渣的比例可选用(1∶1)～(1∶4)，石灰煤渣与细粒土的比例可以是(1∶1)～(1∶4)。混合料中石灰不应少于10%，或通过试验选取强度较高的配合比。

(8)采用石灰煤渣集料作基层或底基层时，石灰、煤渣、集料的比例可选用(7～9)∶(26～33)∶(67～58)。

(9)为提高石灰工业废渣的早期强度，可外加1%～2%的水泥。

(10)各种混合料的各项试验应按《公路工程无机结合料稳定材料试验规程》(JGJ E51—2009)进行。

2. 原材料的试验

在石灰工业废渣稳定材料施工前，应取有代表性的样品进行下列试验：

(1)土的颗粒分析；

(2)液限和塑性指数；

(3)石料的压碎值试验；

(4)有机质含量(必要时做)；

(5)石灰的有效氧化钙和氧化镁含量；

(6)收集或试验粉煤灰的化学成分、细度和烧失量。

3. 混合料的设计步骤

(1)制备不同比例的石灰粉煤灰混合料(如10∶90、15∶85、20∶80、25∶75、30∶70、35∶65、40∶60、45∶55和50∶50)，确定其各自的最佳含水率和最大干密度，确定同一龄期和同一压实度试样的抗压强度，选用强度最大时的石灰粉煤灰比例。

(2)根据以上所得的二灰比例，制备同一种土样的4～5种不同配合比的二灰土或二灰级配集料。其配合比宜位于上述一般规定中第4条或第5条所列范围内。

(3)确定各种二灰土或二灰级配集料的最佳含水率和最大干密度(用重型击实试验法)。

(4)按规定达到的压实度，分别计算不同配合比时二灰土、二灰级配集料试样应有的干密度。

(5)按最佳含水率和计算出的干密度值制备试样。进行强度试验时，作为平行试验的试样数量应符合表4-20中的规定。如试验结果的变异系数大于表中规定的值，则应重做试验，并找出原因，加以解决。如不能降低变异系数，则应增加试样数量。

表4-20　最少试样数量

土类 \ 试样数量 \ 变异系数	<10%	10%～15%	15%～20%
细粒土	6	9	—
中粒土	6	9	13
粗粒土	—	9	13

(6)试样在规定温度下保湿养生6 d，浸水24 h后，按《公路工程无机结合料稳定材料试验规程》(JGJ E51—2009)进行无侧限抗压强度试验。

(7)计算试验结果的平均值和变异系数。

(8)根据表4-19的强度标准，选定混合料的配合比。在此配合比下，试样室内试验结果的平均抗压强度$\overline{R}$应符合公式(4-16)的要求。

$$\overline{R} \geqslant R_d/(1-Z_a C_v) \tag{4-16}$$

式中 R_d——设计抗压强度(MPa)(表4-19)；

C_v——试验结果的变异系数(以小数计)；

Z_a——标准正态分布表中随保证率(或置信度 a)而变的系数，高速公路和一级公路应取保证率95%，即 $Z_a=1.645$；其他公路应取保证率90%，即 $Z_a=1.282$。

(9)石灰煤渣混合料的设计可参照上述石灰粉煤灰混合料的设计步骤。

职业活动训练　无机结合料稳定材料试验

实训29　无机结合料稳定材料的击实试验

(一)概述

不同的无机结合料稳定材料，在不同的无机结合料剂量、不同的含水率、不同的击实功下可以达到不同的密实度，在公路工程的施工质量控制过程中，要求在一定击实功的作用下达到最大的密实度。因此必须通过击实试验，测定无机结合料稳定材料含水率与干密度的关系，从而确定其最佳含水率和最大干密度，作为施工时压实控制的依据。

(二)试验目的与适用范围

1.本试验法适用于在规定的试筒内，对水泥稳定材料(在水泥水化前)、石灰稳定材料及石灰(或水泥)粉煤灰稳定材料进行击实试验，以绘制稳定材料的含水率-干密度关系曲线，从而确定其最佳含水率和最大干密度。

2.试验集料的公称最大粒径宜控制在37.5 mm(方孔筛)。

3.试验方法类别。本试验方法分三类，各类击实方法的主要参数列于表4-21。

表4-21　试验方法类别

类别	锤的质量/kg	锤击面直径/cm	落高/cm	试筒尺寸			锤击层数	每层锤击次数	平均单位击实功/J	容许最大粒径/mm
				内径/cm	高/cm	容积/cm³				
甲	4.5	5.0	45	10	12.7	997	5	27	2.687	25
乙	4.5	5.0	45	15.2	12.0	2 177	5	59	2.687	25
丙	4.5	5.0	45	15.2	12.0	2 177	3	98	2.677	40

(三)试验仪器设备

1.多功能自控电动击实仪：击锤的底面直径50 mm，总质量4.5 kg。击锤在导管内的总行程为450 mm。可设置击实次数，并保证锤自由落下，落高为450 mm，锤迹均匀分布于试样面。

2.击实筒：小型，内径100 mm、高127 mm的金属圆筒，套环高50 mm，底座；中型，内径152 mm、高170 mm的金属圆筒，套环高50 mm，直径151 mm和高50 mm的筒内垫块，底座。

3.电子天平：量程4 kg，感量0.01 g。

4.电子天平：量程15 kg，感量0.1 g。

5.方孔筛：孔径53 mm、37.5 mm、26.5 mm、19 mm、4.75 mm和2.36 mm的筛各一个。

6. 量筒：量程为 50 mL、100 mL 和 500 mL 的量筒各 1 个。

7. 直刮刀：长 200～250 mm、宽 30 mm、厚 3 mm，一侧开口的直刮刀，用以刮平和修饰粒料大试件的表面。

8. 刮土刀：长 150～200 mm、宽约 20 mm 的刮刀，用以刮平和修饰小试件的表面。

9. 工字型刮平尺：30 mm×50 mm×310 mm，上下两面和侧面均刨平。

10. 拌和工具：约 400 mm×600 mm×70 mm 的长方形金属盘，拌和用平头小铲等。

11. 脱模器。

12. 测定含水率用的铝盒、烘箱等其他用具。

13. 游标卡尺。

(四)试验准备

将具有代表性的风干试料(必要时也可以在 50 ℃烘箱内烘干)用木槌或木碾捣碎。土团均应捣碎到能通过 5 mm 的筛孔。但应注意不使粒料的单个颗粒破碎或不使其破碎程度超过施工中拌和机械的破碎率。

如试料是细粒土，将已捣碎的具有代表性的土过 4.75 mm 筛备用(用试验步骤中的甲法或乙法做试验)。

如试料中含有粒径大于 4.75 mm 的颗粒，则先将试料过 19 mm 的筛，如存留在筛孔为 25 mm 筛的颗粒含量不超过 20%，则过筛料留作备用(用试验步骤中的甲法或乙法做试验)。

如试料中粒径大于 25 mm 的颗粒含量过多，则将试料过 40 mm 的筛备用(用试验步骤中的丙法做试验)。

每次筛分后，均应记录超尺寸颗粒的百分率。

在预定做击实试验的前一天，取有代表性的试料测定其风干含水率。对于细粒土，试料应不少于 100 g；对于中粒土(粒径小于 25 mm 的各种集料)，试料应不少于 1 000 g；对于粗粒土的各种集料，试料应不少于 2 000 g。

(五)试验操作方法和步骤

1. 甲法

(1)将已筛分的试料用四分法逐次分小，至最后取出 10～15 kg 试料。再用四分法将已取出的试料分成 5～6 份，每份试料的干质量为 2.0 kg(对于细粒土)或 2.5 kg(对于各种中粒土)。

(2)预定 5～6 个不同含水率，依次相差 0.5%～1.5%[a]，且其中至少有两个大于和两个小于最佳含水率。

注：a 对于中、粗粒土，在最佳含水率附近取 0.5%，其余取 1.0%；对于细粒土，取 1%；但对于黏性土，特别是重黏土，可能需要取 2%。

(3)按预定含水率制备试样。将 1 份试料平铺于金属盘内，将事先计算得的该份试料中应加的水量均匀地喷洒在试料上，用小铲将试料充分拌和到均匀状态(如为石灰稳定材料和水泥、石灰综合稳定材料，可将石灰和试料一起拌匀)，然后装入密闭容器或塑料袋内浸润备用。

浸润时间：黏性土为 12～24 h，粉性土为 6～8 h，砂性土、砂砾土、红土砂砾、级配砂砾等可以缩短到约 4 h，含土很少的未筛分碎石、砂砾和砂可缩短到 2 h。浸润时间一般不超过 24 h。

应加水量可按式(4-17)计算。

$$Q_W=\left(\frac{Q_n}{1+0.01\omega_n}+\frac{Q_c}{1+0.01\omega_c}\right)\times 0.01\omega-\frac{Q_n}{1+0.01\omega_n}\times 0.01\omega_n-\frac{Q_c}{1+0.01\omega_c}\times 0.01\omega_c \tag{4-17}$$

式中　Q_W——混合料中应加的水量(g)；

Q_n——混合料中素土(或集料)的质量(g)，其原始含水率为 ω_n，即风干含水率(%)；

Q_c——混合料中水泥或石灰的质量(g)，其原始含水率为 ω_c(%)；

ω——要求达到的混合料的含水率(%)。

(4)将所需要的稳定剂水泥加到浸润后的试料中，并用小铲、泥刀或其他工具充分拌和到均匀状态。加有水泥的试料拌和后，应在 1 h 内完成下述击实试验，拌和后超过 1 h 的试样，应予作废(石灰稳定材料和石灰粉煤灰稳定材料除外)。

(5)试筒套环与击实底板应紧密联结。将击实筒放在坚实地面上，取制备好的试样(仍用四分法)400～500 g(其用量应使击实后的试样等于或略高于试筒高的1/5)倒入试筒内，整平其表面并稍加压紧，然后按所需击数进行第一层试样的击实。第一层击实完后，检查该层高度是否合适，以便调整以后四层的试样用量。用刮土刀或改锥将已击实层的表面"拉毛"，然后重复上述做法，进行其余四层试样的击实。最后一层试样击实后，试样超出试筒顶的高度不得大于6 mm，超出高度过大的试样应作废。

(6)用刮土刀沿套环内壁削挖(使试样与套环脱离)后，扭动并取下套环。齐试筒筒顶细心刮平试样，并拆除底板。如试样底面略突出试筒外或有孔洞，则应细心刮平或修补。最后用工字型刮平尺齐试筒顶和试筒底将试样刮平。擦净试筒的外壁，称其质量 Q_1。

(7)用脱模器推出试筒内试样。从试样内部由上到下取两个有代表性的样品(可将脱出试样用锤打碎后，用四分法取)，测定其含水率，精确至 0.1%。两个试样的含水率的差值不得大于 1%。所取样品的质量见表 4-22(如只取一个样品测定含水率，则样品的质量应为表列数值的两倍)。擦净试筒，称其质量 Q_2。

表 4-22　　稳定材料含水率的样品质量

公称最大粒径/mm	样品质量/g
2.36	约 50
19	约 100
37.5	约 500

烘箱的温度应事先调整到约 110 ℃，以使放入的试样能立即在 105～110 ℃的温度下烘干。

(8)按第(3)～(7)项的步骤进行其余含水率下稳定材料的击实和测定工作。凡已用过的试样，一律不再重复使用。

2. 乙法

在缺乏内径 10 cm 的试筒时，以及在需要与承载比等试验结合起来进行时，采用乙法进行击实试验。本法更适宜于粒径达 19 mm 的集料。

(1)将已过筛的试料用四分法逐次分小，至最后取出约 30 kg 试料。再用四分法将取出的试料分成 5～6 份，每份试料的干重约为 4.4 kg(细粒土)或 5.5 kg(中粒土)。

(2)以下各步的做法与甲法第(2)～(8)项相同，但应该先将垫块放入试筒内底板上，然后加料并击实。所不同的是，每层需取制备好的试样约 900 g(对于水泥或石灰稳定细粒土)或1 100 g(对于稳定中粒土)，每层的锤击次数为 59 次。

3. 丙法

(1)将已过筛的试料用四分法逐次分小，至最后取出约 33 kg 试料。再用四分法将取出的试料分成 6 份(至少要 5 份)，每份重约 5.5 kg(风干质量)。

(2)预定 5～6 个不同含水率，依次相差 0.5%～1.5%。在估计的最佳含水率左右可只差0.5%～1%，其余差 2%。对于水泥稳定材料，在最佳含水率附近取 0.5%；对于石灰、二灰稳定材料，在最佳含水率附近取1%。

(3)同甲法第(3)项。

(4)同甲法第(4)项。

(5)将试筒、套环与夯击底板紧密地联结在一起，并将垫块放在试筒内底板上。击实筒应放在坚实地面上，取制备好的试样1.8 kg(应使击实后的试样略高于(高出1～2 mm)筒高的1/3)倒入试筒内，整平其表面，并稍加压紧。然后将其安装到多功能自控电动击实仪上，设定所需锤击次数，进行第一层试样的击实。第一层击实完后检查该层的高度是否合适，以便调整以后两层的试样用量。用刮土刀或改锥将已击实的表面"拉毛"，然后重复上述做法，进行其余两层试样的击实。最后一层试样击实后，试样超出试筒顶的高度不得大于6 mm。超出高度过大的试件应该作废。

(6)用刮土刀沿套环内壁削挖(使试样与套环脱离)后，扭动并取下套环。齐筒顶细心刮平试样，并拆除底板，取走垫块。擦净试筒的外壁，称其质量Q_1。

(7)用脱模器推出试筒内试样。从试样内部由上到下取两个有代表性的样品(可将脱出试样用锤打碎后，用四分法采取)，测定其含水率，精确至0.1%。两个试样的含水率的差值不得大于1%。所取样品的数量应不少于700 g，如只取一个样品测定含水率，则样品的数量应不少于1 400 g。烘箱的温度应事先调整到110 ℃左右，以使放入的试样能立即在105～110 ℃的温度下烘干。擦净试筒，称其质量Q_2。

(8)按第(3)～(7)项进行其余含水率下稳定材料的击实和测定。凡已用过的试样，一律不再重复使用。

(六)试验结果整理及制图

1.按式(4-18)计算每次击实后稳定材料的湿密度。

$$\rho_w=\frac{Q_1-Q_2}{V} \tag{4-18}$$

式中 ρ_w——稳定材料的湿密度(g/cm³)；

Q_1——试筒与湿试样的总质量(g)；

Q_2——试筒的质量(g)；

V——试筒的容积(cm³)。

2.按式(4-19)计算每次击实后稳定材料的干密度。

$$\rho_d=\frac{\rho_w}{1+0.01\omega} \tag{4-19}$$

式中 ρ_d——稳定材料的干密度(g/cm³)；

ω——试样的含水率(%)。

3.以干密度为纵坐标，以含水率为横坐标，绘制干密度与含水率的关系曲线。曲线必须为凸型的，如试验点不足以连成完整的凸形曲线，则应进行补充试验。凸形曲线的峰值点对应的干密度和最佳含水率即为稳定材料的最大干密度和最佳含水率。

4.超尺寸颗粒的校正：当试样中大于规定最大粒径的超尺寸颗粒的含量为5%～30%时，按下式对试验所得最大干密度和最佳含水率进行校正(超尺寸颗粒的含量小于5%时，可以不进行校正)。

注：超尺寸颗粒的含量少于5%时，它对最大干密度的影响位于平行试验的误差范围内。

最大干密度按下式校正：

$$\rho'_{dm}=\rho_{dm}(1-0.01p)+0.9\times0.01pG'_{\alpha} \tag{4-20}$$

式中 ρ'_{dm}——校正后的最大干密度(g/cm³)；

ρ_{dm}——试验所得的最大干密度(g/cm^3);

p——试样中超尺寸颗粒的百分率(%);

G'_{α}——超尺寸颗粒的毛体积相对密度。

最佳含水率按下式校正:

$$\omega'_0=\omega_0(1-0.01p)+0.01p\omega_{\alpha} \tag{4-21}$$

式中 ω'_0——校正后的最佳含水率(%);

ω_0——试验所得的最佳含水率(%);

p——试样中超尺寸颗粒的百分率(%);

ω_{α}——超尺寸颗粒的吸水量(%)。

(七)允许误差

应做两次平行试验,两次试验最大干密度的差不应超过 0.05 g/cm^3(稳定细粒土)和 0.08 g/cm^3(稳定中粒土和粗粒土),最佳含水率的差不应超过 0.5%(最佳含水率小于 10%)和 1.0%(最佳含水率大于 10%)。最大干密度计算保留小数点后 3 位有效数字,最佳含水率保留小数点后 1 位有效数字。

(八)试验记录与报告

1. 试验记录

本试验的记录格式见表 4-23。

表 4-23　　稳定材料击实试验

试验日期__________

混合料名称				试样编号			
结合料剂量/%				试验方法			
结合料含水率/%				集料含水率/%			
试验序号			1	2	3	4	5
干密度	加水量	g					
	试筒+湿试样的质量	g					
	试筒的质量	g					
	湿试样质量	g					
	湿密度	g/cm^3					
	干密度	g/cm^3					
含水率	盒号						
	盒+湿试样的质量	g					
	盒+干试样的质量	g					
	盒的质量	g					
	水的质量	g					
	干试样的质量	g					
	含水率	%					
	平均含水率	%					

试验者:__________ 日期:__________ 校核者:__________ 日期:__________

2.试验报告

试验报告应包括以下内容：

(1)试样的最大粒径、超尺寸颗粒的百分率(%)；

(2)水泥的种类和标号或石灰中有效氧化钙和氧化镁的含量(%)；

(3)水泥和石灰的剂量(%)或石灰粉煤灰土(粒料)的配合比；

(4)所用试验方法类别；

(5)最大干密度(g/cm^3)；

(6)最佳含水率(%)并附击实曲线。

实训30　无机结合料稳定材料的无侧限抗压强度试验

(一)概述

由于材料的强度不仅与材料品种有关，而且与试验及养生条件有关。根据《公路工程无机结合料稳定材料试验规程》(JTG E51—2009)的规定，材料组成设计一般以7 d的无侧限抗压强度为准，即在路面结构设计过程中，无侧限抗压强度是用来评价无机集合料稳定材料强度的关键指标之一。无侧限抗压强度的大小，直接影响到无机结合料稳定材料的路用性能，因此，必须进行无机结合料稳定材料的无侧限抗压强度试验。

室内配合比设计试验和现场检测两者在试料准备上是不同的，前者根据设计配合比称取试料并拌和，按要求制备试样；后者则在工地现场取拌和的混合料作试料，并按要求制备试样。

(二)试验目的与适用范围

本试验方法适用于测定无机结合料稳定材料(包括稳定细粒土、中粒土和粗粒土)试样的无侧限抗压强度。

(三)试验仪器设备

1.路面材料强度试验仪或其他合适的压力机，但压力机的有效加载速率控制在1 mm/min。

2.试模：适用于下列不同土的试模尺寸如下：

细粒土：试模的直径×高＝ϕ50 mm×50 mm；

中粒土：试模的直径×高＝ϕ100 mm×100 mm；

粗粒土：试模的直径×高＝ϕ150 mm×150 mm。

3.标准养护室。

4.反力框架：规格为400 kN以上。

5.液压千斤顶(200～1 000 kN)。

6.击锤和导管：击锤的底面直径为50 mm，总质量为4.5 kg。击锤在导管内的总行程为450 mm。

7.电动脱模器。

8.水槽：深度应大于试件高度50 mm。

9.电子天平：量程15 kg，感量0.1 g；量程4 000 g，感量0.01 g。

10.游标卡尺、量筒、拌和工具、漏斗、大小铝盒、烘箱等。

11.机油若干。

(四)试验准备

1.试料准备

将具有代表性的风干试料(必要时,也可以在 50 ℃烘箱内烘干)用木槌和木碾捣碎,但应避免破碎粒料的原粒径。按照公称最大粒径的大一级筛,将土过筛并进行分类。

在预定做试验的前一天,取有代表性的试料测定其风干含水率。对于细粒土,试样应不少于 100 g;对于中粒土,试样应不少于1 000 g;对于粗粒土,试样的质量应不少于 2 000 g。

2.确定最佳含水率和最大干密度

采用击实试验法确定最佳含水率和最大干密度。

3.配制混合料

(1)为保证试验结果的可靠性和准确性,每组试件数目要求为:小试样至少应该制作 6 个试件;中试样至少应该制作 9 个试件;大试样至少应该制作 13 个试样。

(2)根据击实结果称取一定数量的风干土并计算干土的质量,其质量随试样大小而变。对于 ϕ50 mm×50 mm 的试样,1 个试样约需干土 180～210 g;对于 ϕ100 mm×100 mm 的试样,1 个试样约需干土 1 700～1 900 g;对于 ϕ150 mm×150 mm 的试样,1 个试样约需干土 5 700～6 000 g。

对于细粒土,可以一次称取 6 个试样的土;对于中粒土,可以一次称取 3 个试样的土;对于粗粒土,一次只称取一个试样的土。

(3)将称好的土放在长方盘(约 400 mm×600 mm×70 mm)内。向土中加水材料、闷料。对于细粒土(特别是黏性土)使其含水率较最佳含水率小 3%;对于中、粗粒土可按最佳含水率加水;对于水泥稳定材料,加水量应比最佳含水率小 1%～3%。将土和水拌和均匀后放在密闭容器内浸润备用。如为石灰稳定材料和水泥、石灰综合稳定材料,可将石灰和土一起拌匀后进行浸润。

浸润时间:黏性土为 12～24 h;粉性土为 6～8 h 砂性土、砂砾土、红土砂砾、级配砂砾等可以缩短到 4 h 左右;含土很少的未筛分碎石、砂砾和砂可以缩短到 2 h。

(4)在试样成型前 1 h 内,加入水泥并拌和均匀。在拌和过程中,应将预留的水(对于细粒土为 3%,对于水泥稳定类为 1%～2%)加入土中,使混合料的含水率达到最佳含水率。拌和均匀的加有水泥的混合料应在 1 h 内按下述方法制成试样,超过 1 h 的混合料应该作废。对于其他结合料稳定材料,混合料虽不受此限,但也应尽快制成试样。

4.按预定的干密度制备试样

用反力框架和液压千斤顶制备试样,或采用压力试验机制样。制备一个预定干密度的试样,需要的稳定材料混合料数量 m_0(g)随试模的尺寸而变。

$$m_0=\rho_d V(1+\omega) \tag{4-22}$$

式中 V——试模的体积(cm^3);

ω——稳定材料混合料的含水率(%);

ρ_d——稳定材料试件的干密度(g/cm^3)。

将试模的下垫块放入试模的下部[a],外露约 2 cm。将称量的规定数量 m_1(g)的稳定材料混合料分 2～3 次灌入试模中(利用漏斗),每次灌入后用夯棒轻轻均匀插实。如制备 ϕ50 mm×50 mm 的小试样,则可以将混合料一次倒入试模中,然后将上垫块放入试模内,也应使其外露约 2 cm,即上、下垫块露出试模外的部分应该相等。

将整个试模(连同上、下垫块)放到反力框架内的千斤顶上(千斤顶下应放一扁球座)或压力机上,以 1 mm/min 的加载速率加压,直到上、下垫块都压入试模为止。维持压力 2 min。解除压力后,取下试模,并放到脱模器上将试样顶出[b]。称量试样的质量 m_2,小试样准确到0.01 g,中试样准确到 0.01 g,大试样准确到 0.1 g 。然后用游标卡尺测量试样的高度 h,准确到0.1 mm。小试样的高度误差范围应为(-0.1)~0.1 cm,中试样的高度误差范围应为(-0.1)~0.15 cm,大试样的高度误差范围应为(-0.1)~0.2 cm。

注:a.事先在试模的内壁及上、下垫块的底面涂一薄层机油。

b.用水泥稳定有黏结性的材料时,制作后可以立即脱模,用水泥稳定无黏结性材料时,最好过几小时再脱模。

5.养生

试样从试模内脱出并称量后,应立即放在塑料袋中封闭,并用潮湿的毛巾覆盖,移放至标准养护室。

养生期的最后一天,应该将试样浸泡于 20 ℃±2 ℃水中,水的深度应使水面在试样顶上约 2.5 cm。在浸泡前,应再次称量试样的质量 m_3。如养生期间有明显的边角缺损的试件,应该作废。

对养生 7 d 的试样,在养生期间,试样质量的损失应该符合下列规定:小试样不超过 1 g;中试样不超过 4 g;大试样不超过 10 g。质量损失超过此规定的试样,应该作废。

对养生 90 d 和 180 d 的试样,在养生期间,试样质量损失应该符合下列规定:小试样不超过 1 g;中试样不超过 10 g;大试样不超过 20 g。质量损失超过此规定的试样,应该作废。

(五)试验操作方法和步骤

1.将已浸水一昼夜的试样从水中取出,用软布吸去试样表面的水分,并称量试样的质量 m_4。

2.用游标卡尺量试样的高度 h_1,准确到 0.1 mm。

3.将试样放到路面材料强度试验仪或压力机上,升降机上先放一扁球座,进行抗压试验。试验过程中,应使试样的形变等速增加,并保持速率约为 1 mm/min。记录试样破坏时的最大压力 P(N)。

4.从试样内部取有代表性的样品(经过打破)测定其含水率 ω_1。

(六)试验结果整理

试样的无侧限抗压强度 R_c(MPa)用下列相应的公式计算,保留1位小数:

对于小试样:$R_c=P/A=0.000\ 51\ P$;

对于中试样:$R_c=P/A=0.000\ 127\ P$;

对于大试样:$R_c=P/A=0.000\ 057\ P$。

式中　P——试样破坏时的最大压力(N);

A——试样的截面积($A=\pi D^2/4$,D 为试样的直径)(mm^2)。

(七)允许误差

同一组试样试验中,采用 3 倍均方差方法剔除异常值,小试样可允许有 1 个异常值,中试样可允许有 1~2 个异常值,大试样可允许有 2~3 个异常值。异常值数量超过上述规定的试验重做。

同一组试验的变异系数 C_v(%)应符合下列规定,方为有效试验:小试样≤6%;中试样≤10%；大试样≤15%。如不能保证试验结果的变异系数小于规定的值，则应按允许误差10%和90%概率重新计算所需要的试样数量，增加试件数量并另做新试验。

(八)试验报告

试验报告应包括以下内容：

1.材料的颗粒组成；

2.水泥的种类和标号或石灰的等级；

3.确定最佳含水率时的结合料用量以及最佳含水率(%)和最大干密度(g/cm^3)；

4.水泥或石灰剂量(%)或石灰(或水泥)、粉煤灰和集料的比例；

5.试样干密度(准确到0.01 g/cm^3)或压实度；

6.吸水量以及测抗压强度时的含水率(%)；

7.抗压强度：保留1位小数；

8.抗压试验结果的最小值和最大值、平均值 $\overline{R}_c$、标准值 S、变异系数 C_v 和95%概率的值 $R_{c0.95}(\overline{R}-1.645S)$。

(九)试验记录

本试验的记录格式见表4-24。

表4-24　　无侧限抗压强度试验

混合料名称		养生龄期/d	
最大干密度/($g\cdot cm^{-3}$)		最佳含水率/%	
试件尺寸/cm		结合料剂量/%	
加载速度/($mm\cdot min^{-1}$)		试件压实度/%	

试样号						
试样制备方法						
制件日期						
试验日期						
养生前试样质量(m_2)	g					
浸水前试样质量(m_3)	g					
浸水后试样质量(m_4)	g					
养生期间的质量损失①(m_2-m_3)	g					
吸水量(m_4-m_3)	g					
养生前试样的高度(h)	cm					
浸水后试样的高度(h)	cm					
试验的最大压力(P)	N					
无侧限抗压强度(R_c)	MPa					

试验者：________　日期：________　校核者：________　日期：________

注：①指水分损失。如养生后试样掉粒或掉块，不作为水分损失。

项目 8　柔性基层材料

基础知识

(一)碎、砾石路面材料的强度构成原理

碎、砾石路面材料结构强度形成的特点是:矿料颗粒之间的联结强度一般都要比矿料颗粒本身的强度小得多,在外力作用下,材料首先将在颗粒之间产生滑动和位移,使其失去承载能力而破坏。因此,对于这种松散材料组成的路面结构强度,其中矿料颗粒本身强度固然重要,但是起决定作用的则是颗粒之间的联结强度。凡在强度特性上具有上述特点的材料,均属于松散介质的范畴。对于松散介质范畴的材料,其抗剪强度可用库仑公式表示为

$$\tau=c+\sigma\mathrm{tg}\varphi \tag{4-23}$$

式中　τ——抗剪强度(MPa);

σ——垂直压力(MPa);

c——黏结力(MPa);

φ——内摩阻角(rad)。

因此,由材料的黏结力和内摩阻角所表征的内摩擦力所决定的颗粒之间的联结强度,即构成了路面材料的结构强度。下面就各类碎、砾石材料的抗剪特性和影响因素分述如下:

1. 纯碎石材料

纯碎石材料是按嵌挤原则产生强度,它的抗剪强度主要决定于剪切面上的法向应力和材料内摩阻角,由下列三项因素构成:

(1)粒料表面的相互滑动摩擦;

(2)因剪切时体积膨胀而需克服的阻力;

(3)因粒料重新排列而受到的阻力。

单一粒料在另一有粗糙面但表面平整的粒料上滑动时,其内摩阻角大多在30°以下;许多粒料相互紧密接触,沿某一剪切面相互变位时,因体积膨胀和粒料重新排列而多消耗的功,可使摩阻角增至40°～50°。

纯碎石粒料摩阻角的大小主要取决于石料的强度、形状、尺寸、均匀性、表面粗糙度以及施工时的压实程度。若石料强度高、形状接近正立方体、有棱角、尺寸均匀、表面粗糙、压实度高,则内摩阻力就大。

2. 土-碎(砾)石混合料

这类材料含土少时,也是按嵌挤原则形成强度;当含土量较多时,则按密实原则形成强度。土-碎(砾)石混合料的强度和稳定性取决于内摩阻力和黏结力的大小。为得到最大强度和稳定性而设计的颗粒材料,应具有高内摩阻力来抵抗荷载作用下的变形。内摩阻力和

由此而产生的抗剪切力在很大程度上取决于集料的密实度、颗粒形状和颗粒大小的分配。在这些因素中，以集料大小的分配，特别是粗细成分比例最为重要。如图 4-2 所示为土-碎(砾)石混合料的三种物理状态。

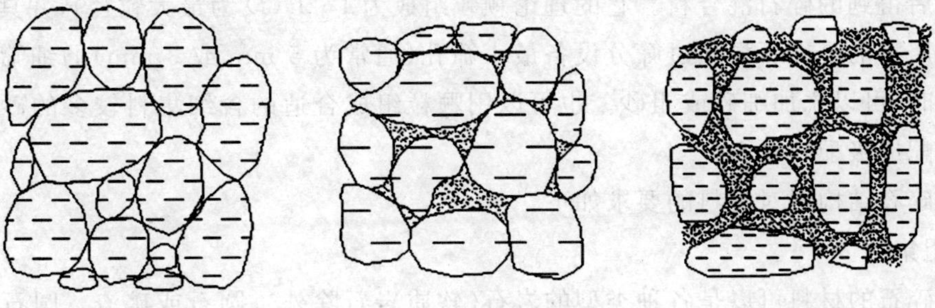

(a) 第一种　(b) 第二种　(c) 第三种

图 4-2　土-碎(砾)石混合料三种物理状态

(1)第一种物理状态如图 4-2(a)所示，为不含或含很少量细集料(指粒径为 0.074 mm 以下的颗粒)的混合料，它的强度和稳定性依靠颗粒之间摩阻力获得。这类混合料其密实度较低，但透水性好，不易冰冻。由于这种材料没有黏结性，施工时压实困难。

(2)第二种物理状态如图 4-2(b)所示，为含有足够的细料来填充颗粒间空隙的混合料，它仍然能通过颗粒接触而获得强度，其抗剪强度、密实度有所提高，透水性低，施工时较第一种情况易压实。

(3)第三种物理状态如图 4-2(c)所示，混合料中含有大量细料而没有粗颗粒与粗颗粒的接触，集料仅仅是“浮”在细料之中。这类混合料施工时易压实，但其密实度较低，易冰冻，难于透水，强度和稳定性受含水率影响很大。

只有在已知粒径分配的情况下，密实度才可以作为衡量强度和稳定性的依据。细料含量偏多的混合料强度和稳定性大大低于细料含量偏低的原因，这是由于在第三种情况下，强度和稳定性受结合料的影响很大，而在第一种情况下，强度和稳定性受结合料的影响很小，大部分取决于大颗粒之间的接触。

室内试验和工地实践都表明，集料为碎石时，由于颗粒嵌挤作用的增强，其强度和稳定性较圆滑砾石集料好，渗透系数高，更易排水。此外，细粒土的物理性质对混合料的强度和稳定性也有很大影响，特别是对集料颗粒间的接触破坏影响更大。对于细料含量多的混合料，必须限制细料的塑性指数。

(二)常用的碎、砾石基层材料

1. 级配碎石

粗、中、小碎石集料和石屑各占一定比例的混合料，当其颗粒组成符合规定的密实级配要求时，称为级配碎石。由于级配碎石是用大小不同的材料按一定比例配合、逐渐填充空隙，并用黏土黏结，故经过压实后，能形成密实的结构。级配碎石路面的强度由摩阻力和黏结力构成，具有一定的水稳定性和力学强度。

用于二级和二级以上公路基层和底基层的级配碎石应预先筛分成几组不同粒径的碎石

(如 37.5～19 mm、19～9.5 mm、9.5～4.75 mm 的碎石)及 4.75 mm 以下的石屑组配而成。在其他等级公路上，级配碎石可用未筛分碎石和石屑组配而成。未筛分碎石指的是轧石机轧出来的粒径大小不一的碎石混合料，仅用一个筛孔尺寸与规定最大粒径相符的筛筛去超尺寸颗粒后得到的碎石混合料。它的理论颗粒组成为 1～D(D 为最大粒径)，并具有较好的级配。石屑指的是轧石场通过筛分设备最小筛孔(通常为 5 mm 或 3 mm)的细筛余料。当缺乏石屑时，可以添加细砂或粗砂。也可以用颗粒组成合适的含细集料较多的砂砾与未筛分碎石组配成级配碎砾石。

级配碎石结构层对材料的要求如下：

(1)粗集料

轧制碎石的材料可以是各种类型的岩石(软质岩石除外)、圆石或矿渣。圆石的粒径应是碎石最大粒径的 3 倍以上；矿渣应是已崩解稳定的，其干密度和质量应比较均匀，干密度不小于 960 kg/m^3。

当级配碎石用做高速公路和一级公路的基层以及半刚性路面的中间层时，其最大粒径宜控制在 31.5 mm 以下；当级配碎石用做二级和二级以下公路的基层时，其最大粒径应控制在 37.5 mm 以下。

碎石中针片状颗粒的总含量应不超过 20%。碎石中不应有黏土块、植物等有害物质。

级配碎石或级配碎砾石所用石料的压碎值应满足下列规定：

用作基层：

高速公路和一级公路：不大于 26%；

二级公路：不大于 30%；

二级以下公路：不大于 35%。

用作底基层：

高速公路和一级公路：不大于 30%；

二级公路：不大于 35%；

二级以下公路：不大于 40%。

(2)细集料

石屑或其他细集料可以使用一般碎石场的细筛余料，也可以利用轧制沥青表面处治和贯入用石料时的细筛余料，或专门轧制的细碎石集料，也可以用天然砂砾或粗砂代替石屑。天然砂砾的颗粒尺寸应该合适，必要时应筛除其中的超尺寸颗粒。天然砂砾或粗砂应有较好的级配。

(3)颗粒组成和塑性指数

级配碎石或级配碎砾石用做二级和二级以下公路的基层时，其颗粒组成和塑性指数应满足表 4-25 中 1 号级配的规定。级配碎石用做高速公路和一级公路的基层时，其颗粒组成和塑性指数应满足表 4-25 中 2 号级配的规定。同时，级配曲线应为圆滑曲线。

表 4-25　　　　级配碎石或级配碎砾石的颗粒组成范围

项目 \ 通过质量百分率/% \ 级配编号		1	2
筛孔尺寸/mm	37.5	100	
	31.5	90～100	100
	19	73～88	85～100
	9.5	49～69	52～74
	4.75	29～54	29～54
	2.36	17～37	17～37
	0.6	8～20	8～20
	0.075	0～7①	0～7①
液限/%		<28	<28
塑性指数		<6(或 9②)	<6(或 9②)

注:①对于无塑性的混合料,小于 0.075 mm 的颗粒含量应接近高限。

②潮湿多雨地区塑性指数宜小于 6,其他地区塑性指数宜小于 9。

在塑性指数偏大的情况下,塑性指数与粒径为 0.5 mm 以下细粒土含量的乘积应符合下列规定:

①在年降雨量小于 600 mm 的地区,地下水位对土基没有影响时,乘积不应大于 120;

②在潮湿多雨地区,乘积不应大于 100。

未筛分碎石用作二级和二级以下公路的底基层时,其颗粒组成和塑性指数应符合表 4-26 中 1 号级配的规定;用作高速公路和一级公路的底基层时,其颗粒组成和塑性指数应符合表 4-26 中 2 号级配的规定。

表 4-26　　　　未筛分碎石底基层颗粒组成范围

项目 \ 通过质量百分率/% \ 级配编号		1	2
筛孔尺寸/mm	53	100	
	37.5	85～100	100
	31.5	69～88	83～100
	19	40～65	54～84
	9.5	19～43	29～59
	4.75	10～30	17～45
	2.36	8～25	11～35
	0.6	6～18	6～21
	0.075	0～10	0～10
液限/%		<28	<28
塑性指数		<6(或 9①)	<6(或 9①)

注:①在潮湿多雨地区,塑性指数宜小于 6,其他地区塑性指数宜小于 9。

2. 级配砾石

粗、中、小砾石和砂各占一定比例的混合料，当其颗粒组成符合规定的密实级配要求且塑性指数和承载比均符合规定要求时，称为级配砾石。

级配砾石用作基层时，砾石的最大粒径不应超过 37.5 mm；用作底基层时，砾石的最大粒径不应超过 53 mm。砾石颗粒中细长及扁平颗粒的含量不应超过 20%。

级配砾石基层的颗粒组成和塑性指数应满足表 4-27 的规定，同时级配曲线应为圆滑曲线。

表 4-27　级配砾石基层的颗粒组成范围

项目	通过质量百分率/% \ 级配编号	1	2	3
筛孔尺寸/mm	53	100		
	37.5	90～100	100	
	31.5	81～94	90～100	100
	19	63～81	73～88	85～100
	9.5	45～66	49～69	52～74
	4.75	27～51	29～54	29～54
	2.36	16～35	17～37	17～37
	0.6	8～20	8～20	8～20
	0.075	0～7①	0～7①	0～7①
液限/%		<28		<28
塑性指数		<6(或 9②)	<6(或 9②)	<6(或 9②)

注：①对于无塑性的混合料，小于 0.075 mm 的颗粒含量应接近高限。

②潮湿多雨地区塑性指数宜小于 6，其他地区塑性指数宜小于 9。

在塑性指数偏大的情况下，塑性指数与粒径为 0.5 mm 以下细粒土含量的乘积应符合下列规定：

(1)在年降雨量小于 600 mm 的中干和干旱地区，地下水位对土基没有影响时，乘积不应大于 120；

(2)在潮湿多雨地区，乘积不应大于 100。

用作底基层的砂砾、砂砾土或其他粒状材料的级配，应位于表 4-28 的范围内。液限应小于 28%，塑性指数应小于 9。

表 4-28　砂砾底基层的级配范围

筛孔尺寸/mm	53	37.5	9.5	4.75	0.6	0.075
通过质量百分率/%	100	80～100	40～100	25～85	8～45	0～15

级配砾石用作基层时，石料的集料压碎值应满足下列规定：

用作基层：

二级公路：不大于 30%；

三级和四级公路：不大于 35%。

用作底基层：

高速公路和一级公路：不大于 30%；

二级公路：不大于 35%；

二级以下公路：不大于 40%。

在山区及盛产石料的地区，砂砾常被用作路面的基层或垫层。天然砂砾常取自山沟、河床或海边，由于它可以就地取材、开采运输方便、造价低廉，故使用也较为广泛。

天然砂砾符合规定的级配要求，而且塑性指数在 6 或 9 以下时，可以直接用作基层。塑性指数偏大的砂砾，可加少量石灰降低其塑性指数，也可以用无塑性的砂或石屑进行掺配，使其塑性指数降低到符合要求，或塑性指数与细土（粒径小于 0.5 mm 的颗粒）含量的乘积符合要求。天然砂砾中掺加部分碎石或轧碎砾石，可以提高混合料的强度和稳定性。天然砂砾掺加部分未筛分碎石组成的混合料的强度和稳定性介于级配碎石和级配砾石之间。

3. 填隙碎石

用单一尺寸的粗碎石作主集料，形成嵌锁结构，起承受和传递车轮荷载的作用，用石屑作填隙料，填满碎石间的孔隙，增加密实度和稳定性，这种材料称为填隙碎石。填隙碎石的强度主要依靠粗碎石间的嵌锁作用。用石屑或相当的天然砂砾和粗砂填塞粗碎石间的孔隙，使其变成一种密实结构，进一步增加其强度和稳定性。

填隙碎石用作基层时，碎石的最大粒径不应超过 53 mm；用作底基层时，碎石的最大粒径不应超过 63 mm。粗碎石可以用具有一定强度的各种岩石或漂石轧制（宜用石灰岩轧制），但漂石的粒径应为粗碎石最大粒径的 3 倍以上；也可以用稳定的矿渣轧制，矿渣的干密度和质量应比较均匀，且其干密度不小于 960 kg/m^3。材料中的扁平、长条和软弱颗粒的含量不应超过 15%。

填隙碎石、粗碎石的颗粒组成应符合表 4-29 的规定。采用表 4-29 中的 1 号粗集料时，填隙料的标称最大粒径可为 9.5 mm（宜用轧制石灰岩碎石的石屑），填隙料应具有表 4-30 的颗粒组成。

表 4-29　填隙碎石、粗碎石的颗粒组成

级配编号	通过质量百分率/% \ 标称尺寸/mm	筛孔尺寸/mm							
		63	53	37.5	31.5	26.5	19	16	9.5
1	30～60	100	25～60		0～15		0～5		
2	25～50		100		25～50	0～15		0～5	
3	20～40			100	35～70		0～15		0～5

表 4-30　　　　　　　　　　　填隙料的颗粒组成

筛孔尺寸/mm	9.5	4.75	2.36	0.6	0.075	塑性指数
通过质量百分率/%	100	85～100	50～70	30～50	0～10	<6

粗碎石的压碎值应符合下列规定：

用作基层：不大于26%；

用作底基层：不大于30%。

复习思考题

一、单项选择题

1.无机结合料稳定材料基层材料配合比设计，以________龄期无侧限抗压强度为控制指标。

A. 7 d　　B. 14 d　　C. 28 d　　D. 90 d

2.无机结合料稳定材料无侧限抗压强度试验所需试样采用高径比为________的圆柱体。

A. 1∶0.5　　B. 1∶1　　C. 1∶1.5　　D. 1∶2

3.水泥稳定碎石强度试验时，试件需在标准条件下养生，养生期间温度应保持为________。

A. 20 ℃　　B. 25 ℃　　C. 20 ℃±2 ℃　　D. 25 ℃±2 ℃

4.水泥石灰稳定砂砾混合料无侧限抗压强度试验，试件正确的养生方法应是________。

A. 先浸水1 d，再标准养生27 d　　B. 先标准养生27 d，再浸水1 d

C. 先浸水1 d，再标准养生6 d　　D. 先标准养生6 d，再浸水1 d

5.在一次击实试验中，试样的含水率为4.5%，试样湿密度为2.70 g/cm³，则它的干密度为________。

A. 2.13 g/cm³　　B. 2.15 g/cm³　　C. 2.58 g/cm³　　D. 2.27 g/cm³

6.对于无机结合料稳定材料而言，下列那句话是正确的________。

A. 宜采用标号较低的水泥

B. 应采用标号较高的水泥

C. 应选用液限大于40、塑性指数大于17的土

D. 应选用早强型水泥

7.在水泥稳定材料击实试验中，所用的试样________。

A. 最大粒径可控制在38 mm以内

B. 试样不得重复使用

C. 含水率可用酒精燃烧法测试

D. 可以和水泥一起浸润6～8 h

8. 石灰的最主要的技术指标是________。

A. 活性氧化钙和活性氧化镁含量　　B. 氧化钙和氧化镁含量

C. 活性氧化钙和氧化镁含量　　D. 氧化钙和活性氧化镁含量

9. 击实试验中，至少应制备的不同含水率试样为________。

A. 3 个　　B. 4 个　　C. 5 个　　D. 6 个

10. 基层材料中所用的水泥要求终凝时间宜大于________h。

A. 2　　B. 4　　C. 6　　D. 8

11. 石灰碳化后的强度增加，是因为形成了________物质。

A. $Ca(OH)_2$　　B. $CaCO_3$　　C. CaO　　D. MgO

12. 水泥无机结合料与素土烘干时，在________上有一定区别。

A. 烘箱预热温度　　B. 烘箱预设温度

C. 烘箱加热速度　　D. 烘箱热效率

13. 石灰等级评定时，钙质镁质石灰的分类界限是以________的含量评定的。

A. CaO　　B. MgO　　C. Fe_2O_3　　D. CaO＋MgO

14. 有效氧化钙测定中，酚酞指示剂加入试样溶液中，溶液呈________色。

A. 黄　　B. 红　　C. 玫瑰红　　D. 粉红

15. 石灰消解时要“陈伏”两个星期，其目的是为了________。

A. 消除过火石灰的危害　　B. 消除欠火石灰的危害

C. 有利于结晶　　D. 降低发热量

16. 消石灰的主要成分是________。

A. CaO　　B. MgO　　C. $Ca(OH)_2$　　D. $Ca(OH)_2$ 和水

17. 工地实际采用的水泥剂量应比室内试验确定的剂量增加________。

A. 0.1%～0.5%　　B. 0.5%～1.0%

C. 1.0%～1.5%　　D. 1.5%～2.0%

18. 石灰稳定材料用作高速公路和一级公路的底基层时，颗粒最大粒径不应超过________mm。

A. 60　　B. 53　　C. 37.5　　D. 31.5

19. 级配碎石用作高速公路和一级公路的基层以及半刚性路面的中间层时，其最大粒径宜控制在________以下。

A. 60　　B. 53　　C. 37.5　　D. 31.5

20. 无机结合料稳定材料无侧限抗压试验中，对试件施压速度是________。

A. 50 mm/min　　B. 10 mm/min　　C. 1 mm/min　　D. 0.5 mm/min

21. 用于稳定粒料时，①石灰稳定类、②水泥稳定类、③石灰粉煤灰稳定类的干缩特性的大小次序为：________。

A. ③＞①＞②　　B. ①＞③＞②　　C. ①＞②＞③　　D. ②＞①＞③

二、多选题

1. 稳定材料的无侧限抗压强度试验是按预定干密度用________或________。

A. 静压法　　B. 自然沉降

C. 锤击法　　D. A、B、C 三种都不是

2. 当基层材料的结合料是粉煤灰时要求________加________总量大于 70%。

A. CaO　　B. SiO_2　　C. Al_2O 和 Fe_2O_3　　D. MgO

3. 以下材料中主要成分包括 $Ca(OH)_2$ 的有________。

A. 块状生石灰　　B. 生石灰粉　　C. 消石灰粉　　D. 石灰膏

E. 石灰乳

三、判断题

1. 水泥稳定材料用作基层时，应控制水泥剂量不超过 6%～7%。 (　　)

2. 石灰未消化残渣含量是石灰的有效成分。 (　　)

3. 石灰稳定类材料可以应用于各级公路的基层或底基层。 (　　)

4. 水泥稳定基层施工中，采用快硬水泥可以加快施工进度。 (　　)

5. 击实试验中，加入水泥的试验拌和后 1 h 内应完成试验，否则试样废弃。 (　　)

6. 生石灰的产浆量越低，则表明其质量越好。 (　　)

7. 高速公路水泥稳定材料基层设计抗压强度为 2～3 MPa。 (　　)

8. 石灰可在水中自然硬化。 (　　)

9. 水泥剂量指的是水泥质量占混合料干质量的百分率。 (　　)

10. 无机结合料稳定材料无侧限抗压试验中若存在超粒径颗粒，应用木槌和木碾捣碎，使其达到要求粒径。 (　　)

学习情境五

路面面层材料

知识目标

1. 了解石油沥青的分类和组成结构；
2. 掌握石油沥青的基本技术性质、技术标准和试验检测方法；
3. 了解乳化沥青和改性沥青的性质、技术标准和应用；
4. 掌握沥青路面用集料的质量要求和试验检测方法；
5. 了解沥青混合料的特点、分类和使用性能；
6. 掌握沥青混合料的组成结构、技术性质、组成材料和设计方法；
7. 了解其他沥青混合料的特点和应用；
8. 掌握水泥路面原材料的技术要求。

能力目标

1. 能进行沥青和沥青混合料性能常用技术指标的检测，并独立完成试验报告；
2. 能进行沥青混合料矿质组成材料性能检测，并独立完成试验报告；
3. 能进行沥青混合料和道路水泥混凝土的配合比设计；
4. 能进行水泥混凝土抗弯拉强度试验。

引　言

面层位于整个路面结构的最上层，是最直接地反映路面使用性能的层次，应具有高的结构强度、刚度和稳定性，并且耐磨、不透水，具有良好的抗滑性和平整度。修筑面层所用的材料主要有：水泥混凝土、沥青混凝土、沥青碎（砾）石混合料、砂砾或碎石掺土或不掺土的混合料以及块料等。修筑高等级道路面层所用的材料主要有沥青混凝土和水泥混凝土。

项目9　沥青路面材料

一、沥青材料

基础知识

沥青是一种有机胶凝材料，是由一些十分复杂的碳氢化合物及其非金属（氧、硫、氮等）衍生物组成的混合物。沥青在常温下呈褐色或黑褐色液态、固态或半固态，也有一些沥青以气态形式存在，能溶于二硫化碳、四氯化碳、三氯甲烷等有机溶剂。

沥青材料是一种黏-弹性体，具有良好的憎水性、黏结性和塑性，因而广泛用于道路、水利及防水、防潮工程中。沥青品种很多，按其在自然界中获取的方式不同，分为地沥青和焦油沥青两大类，具体分类见表5-1。

表5-1　　沥青的分类

沥　青	地沥青	天然沥青	石油在天然条件下，经长时间的地球物理作用形成的产物。其中常混有一定量的矿物质，包括湖沥青、岩沥青、海底沥青等
		石油沥青	石油经过常压、减压蒸馏后，深拔、氧化等工艺得到的产品
	焦油沥青	煤沥青	干馏煤得到的焦油经再加工得到的产物
		页岩沥青	干馏页岩得到的焦油经再加工得到的产物
		木沥青	干馏木材得到的焦油经再加工得到的产物

表中各类沥青中，道路建筑上最常用的是石油沥青。通常所说的沥青都是石油沥青，而其他沥青都要在沥青两字前加上名称以示区别，如煤沥青、木沥青等。

（一）石油沥青

1. 石油沥青的生产和分类

（1）石油沥青的生产

从油井中开采出来的石油，一般简称原油，它是由各种分子量大小不同的烃类组成的复杂混合物，炼油厂将原油分馏而提出汽油、煤油、柴油和润滑油后所剩残渣，再进行加工可以制成各种石油沥青。

（2）石油沥青的分类

①按原油成分分类

石蜡基沥青：由石蜡基原油制成，这种沥青含蜡量一般大于5%，有的高达10%以上。蜡的存在降低了沥青的黏结性、塑性和温度稳定性。

环烷基沥青：由环烷基原油制成，含有较多的环烷烃和芳香烃，含蜡量一般小于2%，其黏滞度高，延伸性好。

中间基沥青：也称混合基沥青，由中间基原油制成，其含蜡量为2%～5%，它的特征也介于石蜡基沥青和环烷基沥青之间。

上述三种沥青中，路用性能最好的是环烷基沥青，这类沥青含有较多的脂环烃，黏滞度高，延伸性好。但目前我国这类原油的数量较少，70%以上是石蜡基沥青和中间基沥青。因此，尽管我国的原油储量较多，但目前能直接用于道路上的沥青却较少。

②按加工方法分类

直馏沥青：是由原油经过常压蒸馏、减压蒸馏或深拔装置提取后得到的产品，在常温下是黏稠液体或半固体。一般情况下，低稠度原油生产的直馏沥青温度稳定性和气候稳定性较差，一般不能直接使用。但当针入度不大时，其延伸度较好。

氧化沥青：是由减压渣油（或加入其他组分）为原料经吹风氧化得到的产品，在常温下是固体。氧化沥青具有良好的温度稳定性，在道路工程中使用的沥青，氧化程度不能太深，称为半氧化沥青。

溶剂沥青：是减压渣油经溶剂沉淀法得到的脱油沥青产品或半成品，在常温下是半固体或固体。在溶剂萃取过程中，一些石蜡成分溶解在萃取溶剂中随之被拔出，因此，溶剂沥青中石蜡成分相对较少。其性质较之由石蜡基原油生产的渣油或氧化沥青有很大改善。

除此之外，还有裂化沥青、调和沥青等。

③按常温下稠度分类

常温下按稠度一般将石油沥青分为黏稠沥青和液体沥青两大类。

黏稠沥青在常温下呈固态或半固态，按针入度分级，针入度小于40为固体沥青；针入度在40～300范围内为半固体沥青。黏稠沥青用途很广，如沥青混凝土、沥青碎石等都是用黏稠沥青配制的。

液体沥青在常温下多呈黏稠液体或液体状态，针入度一般大于300。按液体沥青的凝固速度分级划分为慢凝、中凝和快凝液体石油沥青。在生产应用中，常在黏稠沥青中掺入一定比例的溶剂，得到稠度较低的液体沥青。

④按用途分类

根据用途可分为道路石油沥青、建筑石油沥青和普通石油沥青。

2. 石油沥青的组成与结构

(1)石油沥青的组分分析法

由于石油沥青中的化学成分复杂，难以分离为纯粹的化合物单体，因此常将沥青中物理和化学性质相近的化合物归类分析，划分出若干组，这些组称为组分。沥青中各组分的含量与沥青的技术性质有直接的关系。

沥青组分的分析方法有很多种，目前常用的有三组分分析法和四组分分析法。

①三组分分析法：三组分分析法是将沥青分离为油分、树脂和地沥青质三个组分。我国富产石蜡基或中间基沥青，在油分中往往含有蜡，分析时还应将油蜡分离。三组分中各组分的主要特性如下：

油分：油分是淡黄色至红褐色透明黏性液体，是沥青中最轻的馏分。油分能减小沥青的稠度，增大沥青的流动性，使沥青柔软、抗裂性好；同时，油分会降低沥青的黏滞度和软化点。在氧、温度、紫外线等作用下油分会转化为树脂，使沥青的性能发生变化。

树脂：树脂为红褐色至黑褐色的黏稠状半固体物质，相对密度比油分大。树脂中绝大部分属于中性树脂，其含量高沥青品质就好，另有少量酸性树脂（即沥青酸和沥青酸酐），是沥青中的表面活性物质，能增强沥青与矿料的黏结力。树脂使沥青具有良好的塑性和黏结性。

地沥青质：地沥青质是深褐色至黑色的固体脆性粉末状微粒，是沥青中分子量最高的组分，相对密度比树脂大。地沥青质决定沥青的热稳定性和黏结性，其含量越高，沥青软化点越高，黏性越大，但也越硬越脆。

②四组分分析法：四组分分析法是将沥青分离为沥青质、胶质、芳香分和饱和分四个组分。

沥青质：占沥青含量的5%～25%。沥青质对沥青的热稳定性、流变性和黏性有很大影响。其含量越高，沥青软化点越高，黏度也越大，但也越硬越脆。

胶质：特征是具有很强的黏附力。胶质和沥青质之间的比例决定了沥青的胶体结构类型。

芳香分：约占沥青总量的20%～50%，黏稠状液体，呈深棕色，对其他高分子烃类物质有较强的溶解能力。

饱和分：约占沥青总量的5%～20%，随饱和分的增加，沥青的稠度降低，温度感应性加大。

饱和分和芳香分在沥青中主要使胶质和沥青质软化，使沥青胶体体系保持稳定。

此外，沥青中还含有2%的沥青碳和似碳物，是沥青在高温裂化过程中或在过度加热或深度氧化过程中脱氢而生成的，是沥青中分子量最大的固体物质，相对密度大于1，受热不熔化，它的存在降低沥青的黏结力，加速沥青的老化。

③沥青中的蜡：沥青中的蜡是指在油分中含有的、经冷冻能结晶析出的，熔点在25℃以上的混合成分。沥青中的蜡对沥青的路用性能有一定的影响，主要是高温时融化，使沥青的黏度降低，沥青的温度敏感性增大，导致沥青路面的高温稳定性降低，出现车辙。低温时易结晶析出，使沥青的低温延展能力降低，沥青变得脆硬，使路面的低温抗裂性降低，出现裂缝。此外，蜡还会使沥青与石料的黏附性降低，导致集料与沥青产生剥落现象。含蜡沥青还能降低路面的抗滑性，影响行车的安全，所以蜡是沥青中的有害成分。我国现行规范《道路石油沥青技术要求》(JTG F40—2004)中对沥青的蜡含量有明确规定。

(2)石油沥青的结构

①胶体理论：现代胶体理论认为，大多数沥青属于胶体结构，沥青中沥青质是分散相，芳香分和饱和分是分散介质，但分子量很大的沥青质不能直接分散在分子量较小的芳香分和饱和分中，沥青质吸附了极性较强的胶质在周围而形成胶团，由于胶团的胶溶作用，而使胶团弥散和溶解于分子量较低、极性较弱的芳香分和饱和分中，形成稳定的胶体结构。

②胶体结构类型：石油沥青中各组分的数量比例不同，可以形成不同的胶体结构，沥青的性质也随之发生变化。

沥青的胶体结构类型分为：

溶胶结构(sol type)：当沥青质含量很少，油分、树脂含量较多时，胶团外膜较厚，胶团相对运动较自由，就形成了溶胶结构(图5-1(a))。这类沥青的流动性、塑性较好，开裂后自行愈合能力较强，但温度稳定性较差，如直馏沥青。

凝胶结构(gel type)：当沥青质含量很高，而油分、树脂含量不多时，胶团外膜较薄，胶团靠近团聚，其相互吸引力增大，就形成了凝胶结构(图5-1(b))。这类沥青的弹性、黏性和温度稳定性较高，但流动性和塑性较低，如氧化沥青。

溶-凝胶结构(sol-gel type)：当沥青质含量适当时，胶团的浓度增加，胶团间具有一定的吸引力，它介于溶胶结构和凝胶结构之间，称为溶-凝胶结构(图5-1(c))。这类沥青在高温时温度稳定性好，低温时的变形能力也较好，现代高级沥青路面所用的沥青，都属于这类胶体结构类型，如半氧化沥青等。

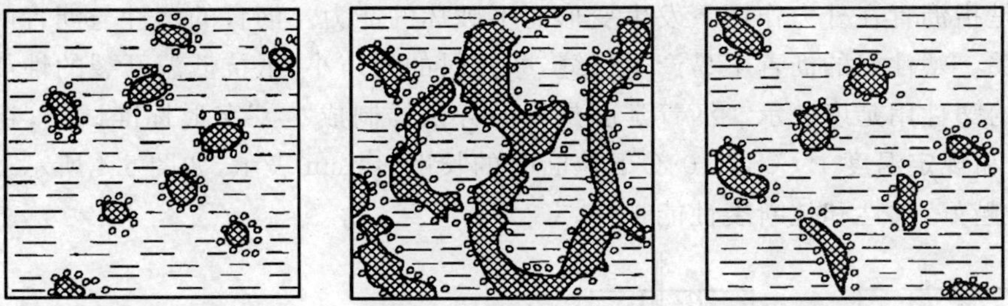

(a) 溶胶结构　　(b) 凝胶结构　　(c) 溶-凝胶结构

图 5-1　沥青胶体结构示意图

③胶体结构类型的判定：胶体结构类型与沥青路用性能之间有密切的关系，一般工程中常采用沥青针入度指数(P_I)来划分沥青的胶体结构类型。$P_I<-2$ 时沥青为溶胶结构；$P_I>+2$ 时沥青为凝胶结构；$-2\leqslant P_I\leqslant+2$ 时沥青为溶-凝胶结构。

3. 石油沥青的技术性质

沥青的性质对沥青路面的使用性能影响很大，用于现代沥青路面的沥青材料，应具备下列主要技术性质。

(1)黏滞性

沥青的黏滞性(又称黏性)是指沥青材料在外力作用下抵抗剪切变形的能力。各种石油沥青的黏滞性变化很大，这种变化主要是由沥青中各组分的含量和温度决定的，当沥青质含量较高，又有适量的树脂和少量的油分时，沥青的黏滞性就大。在一定的温度范围内，当温度升高时，黏滞性降低，反之则增大。

沥青的黏滞性是与沥青路面力学性质联系最密切的一种性质，通常用黏度来表示，分绝对黏度和相对黏度(条件黏度)。由于绝对黏度测定条件复杂，实际应用多测定相对黏度。

测定沥青相对黏度的方法主要是针入度仪法和标准黏度计法。

①针入度：黏稠石油沥青的相对黏度用针入度仪测定的针入度表示，如图 5-2 所示。

沥青针入度是在规定温度和时间内，附加一定质量的标准针垂直贯入试样的深度，以 0.1 mm 表示。试验结果以 $P_{T,m,t}$ 表示，其中 P 为针入度，T 为试验温度，m 为荷重，t 为贯入时间。针入度越小，表示黏度越大。

沥青针入度是道路黏稠沥青黏滞性的常用指标，是划分黏稠沥青技术等级的主要指标。相同的试验条件下，针入度越大，表示沥青越软(稠度越小)。

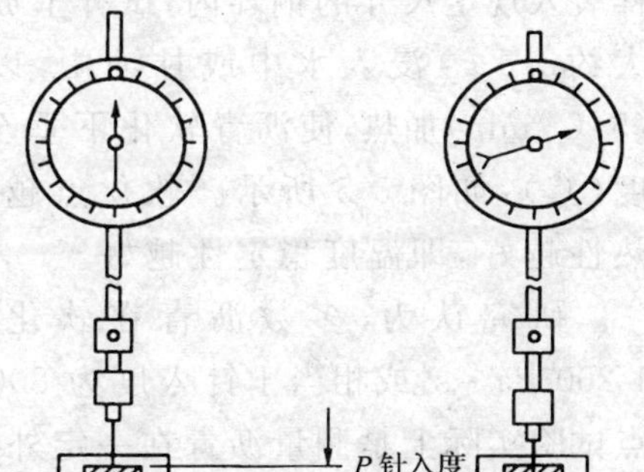

图 5-2　沥青针入度试验示意图

②黏度：黏度是在规定温度条件下，通过规定的流孔直径流出 50 mL 沥青所需的时间(s)。采用标准黏度计测定，如图 5-3 所示。试验结果以 $C_{T,d}$ 表示，其中 C 为黏度，T 为试验温度，d 为流孔直径。

黏度是测定液体沥青(包括液体石油沥青和软煤沥青)黏滞性的常用技术指标，是划分液体沥青技术等级的标准。相同的温度和流孔条件下，流出时间越长，表示沥青黏度越大。

(2)塑性(延展性)

塑性是指沥青在外力作用下发生变形而不破坏的能力。沥青的塑性与沥青的化学组分及温度有关。塑性好的沥青不易产生裂缝，摩擦时的噪声小，抵抗低温开裂的性能高。

沥青的塑性用延度表示。沥青延度是将沥青试样制成“∞”字形标准试模，在规定速度5 cm/min和规定温度15 ℃或10 ℃下拉断时的长度，以cm表示，如图5-4所示。沥青延度越大，塑性越好，柔性和抗断裂性能越好。

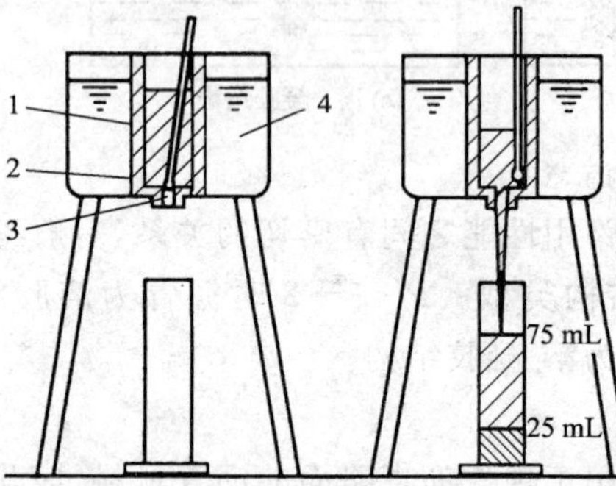

图5-3　标准黏度计测定液体沥青示意图

1—沥青试样；2—活动球塞；3—流孔；4—水

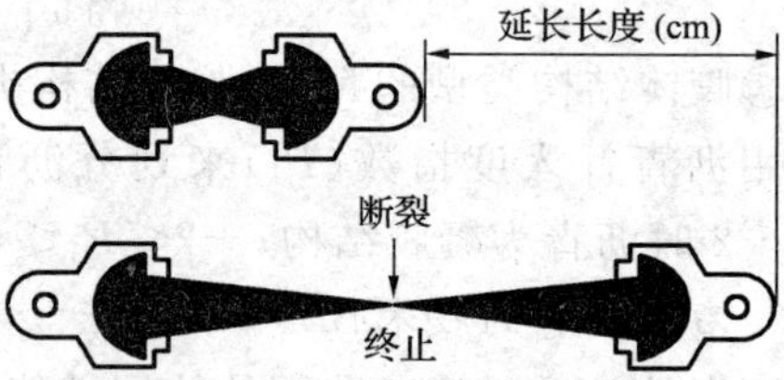

图5-4　延度测定示意图

(3)温度稳定性

温度稳定性是指沥青的黏性和塑性随温度升降而变化的性能。当温度升高时，沥青由固态或半固态逐渐软化成半流状态，当温度降低时由黏流状态转变成固态至变脆。在工程上使用的沥青要求有较好的温度稳定性。

①高温稳定性——软化点：沥青软化点是将沥青试样装入规定尺寸的铜环内，试样上放置标准钢球(质量大约3.5 g)浸入水中或甘油中，以规定的升温速度(5 ℃/min)加热，使沥青软化下垂至规定距离时的温度(℃)，如图5-5所示。软化点越高，表明沥青的耐热性越好，即温度稳定性越好。

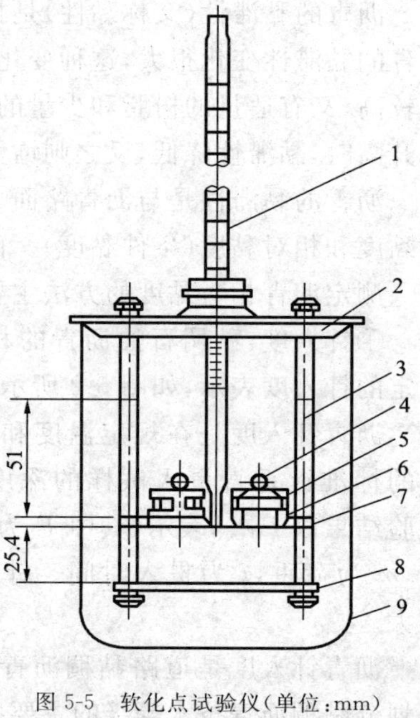

图5-5　软化点试验仪(单位：mm)

1—温度计；2—上盖板；3—立杆；4—钢球；5—钢球定位环；6—金属环；7—中层板；8—下底板；9—烧杯

研究认为，多数沥青在软化点时的黏度约为1 200 Pa·s，或相当于针入度为800(0.1 mm)。软化点试验实际上是测量沥青在一定外力(钢球)作用下开始流动并达到一定变形时的温度，可以认为软化点是一种人为的等黏温度。由此可见，针入度是在规定温度下测定沥青的条件黏度，而软化点则是在达到规定条件黏度时的温度。所以软化点既是反映沥青材料热稳定性的一个指标，也是沥青条件黏度的一种度量。

以上所讲的针入度、延度、软化点是评价黏稠石油沥青路用性能最常用的经验指标，通称三大指标。

②低温抗裂性——脆点：脆点是指沥青材料由黏稠状态转变为固体状态达到条件脆裂时的温度，采用弗拉斯脆点仪测定。

在工程实际应用中，要求沥青具有较高的软化点和较低的脆点，否则容易发生沥青材料夏季流淌或冬季变脆甚至开裂等现象。

(4)加热稳定性

加热稳定性是指沥青在过热或过长时间加热过程中，会发生轻质馏分挥发、氧化、裂化、聚合等一系列物理及化学变化，使沥青的化学组成及性质相应地发生变化的性能。

我国现行行业标准《公路沥青及沥青混合料试验规程》(JTG E20—2011)规定沥青材料要进行加热质量损失和加热后残渣性质的试验，用以评定沥青在路面施工及使用过程中的耐久性。对于道路石油沥青采用沥青薄膜加热试验和沥青旋转薄膜加热试验，对于液体石油沥青采用蒸馏试验。

(5)安全性

沥青在使用中通常要加热，而当加热到一定温度时，沥青材料中挥发的油分蒸汽与周围空气组成的混合气体，遇火焰极易燃烧，以致引起火灾，为此，须测定沥青的闪点和燃点。

闪点：是指加热沥青挥发出可燃气体与空气组成混合气体，在规定的条件下与火接触，产生闪光的沥青温度。

燃点：指沥青加热产生的混合气体与火接触能持续燃烧 5 s 以上的沥青温度。

闪点和燃点一般相差 10 ℃，常用克利夫兰开口杯闪点仪测定。

(6)溶解度

指石油沥青在三氯乙烯中溶解的百分率。不溶解物质为有害物质，会降低沥青的性能。

(7)含水率

沥青含水率是沥青试样内含有水分的数量，以质量百分率表示。施工中，含有的水分挥发慢，影响施工速度，且加热过程中，水分过多，易产生溢锅现象，引起火灾，使材料受损失，故含水率不宜过多。

(8)非常规的其他性能

①针入度指数(P_I)：针入度指数是根据沥青在 25 ℃的针入度(0.1 mm)和软化点(℃)来表达沥青感温性和胶体结构的流变学参数。

经过大量的试验研究发现，沥青的针入度随温度不同而变化，若以针入度的对数为纵坐标，温度为横坐标，可以得到如图 5-6 所示的线性关系，即

$$\lg P = AT + K \tag{5-1}$$

式中 P——沥青的针入度(0.1 mm)；

A——针入度温度感应性系数，由针入度和软化点确定；

T——试验温度(℃)；

K——常数。

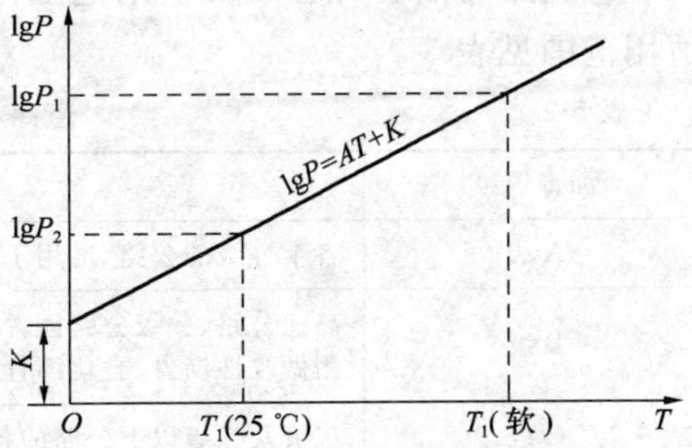

图 5-6 针入度-温度关系图

据试验研究认为，沥青达到软化点时的针入度约为 800，由式(5-2)计算。

$$A = \frac{\lg 800 - \lg P_{(25\,℃,100\,g,5\,s)}}{T_{R\&B} - 25} \tag{5-2}$$

式中　$P_{(25\ ℃,100\ g,5\ s)}$——在 25 ℃,100 g,5 s 条件下测定的针入度(0.1 mm);

$T_{R\&B}$——环球法测定的软化点温度(℃)。

因为达到软化点时的针入度常与 800 相距甚大,因此斜率 A 应根据不同温度的针入度确定,常采用的温度为 15 ℃,25 ℃,30 ℃(或 5 ℃),由式(5-3)计算。

$$A=\frac{\lg P_1-\lg P_2}{T_1-T_2} \tag{5-3}$$

通过回归求取 A 值,由 3 个温度的针入度回归的相关系数 R 应在 0.997 以上,由 4 个温度的针入度回归的相关系数应不小于 0.995,否则说明试验误差太大,试验结果不能采用。

针入度指数可以通过公式(5-4)计算,也可以通过针入度指数诺模图求得。

$$P_I=\frac{30}{1+50A}-10 \tag{5-4}$$

式中　P_I——针入度指数。

根据针入度指数可将沥青划分为溶胶、凝胶和溶-凝胶三种胶体结构类型。

②劲度模量:路用沥青大多数为溶-凝胶结构,在低温时表现为弹性,高温时表现为黏性,在相当宽的范围内表现为黏性和弹性共存,是一种典型的黏弹性物体。劲度模量即在一定荷载作用时间和温度条件,应力与应变的比值,是表征沥青黏性和弹性联合效应的指标。

③黏附性:沥青与石料的黏附性是路用沥青的重要性能之一,直接影响沥青路面的使用质量和耐久性,与沥青和集料的性质都有关。随着集料中 SiO_2 含量的增加,剥落度增加,因此集料优先用碱性集料。黏附性目前采用水煮法和水浸法测定。

④老化:指沥青在自然因素作用下,产生不可逆的化学变化,导致路用性能劣化。沥青老化后,在物理力学性质方面,表现为针入度减少,延度降低,软化点升高,绝对黏度提高,脆点升高等。在化学组分含量方面,表现为饱和分变化较少,芳香分明显转变为胶质(速度较慢),而胶质又转变为沥青质(速度较快),由于芳香分转变为胶质,不足以补偿胶质转变为沥青质,所以最终胶质明显减少,而沥青质显著增加。

4. 石油沥青的技术标准

(1)道路黏稠石油沥青的技术标准

①道路石油沥青分级及适用范围:道路石油沥青分为 A 级、B 级、C 级三个等级,各自的适用范围见表 5-2。

表 5-2　道路石油沥青的适用范围

沥青等级	适用范围
A 级	各个等级的公路,适用于任何场合和层次
B 级	高速公路、一级公路沥青下面层及以下的层次,二级及二级以下公路的各个层次; 用做改性沥青、乳化沥青、改性乳化沥青、稀释沥青的基质沥青
C 级	三级及三级以下公路的各个层次

②道路石油沥青的技术标准:道路石油沥青按针入度划分为 160、130、110、90、70、50、30 号等标号,对各标号的延度、软化点、闪点、含蜡量等技术指标有不同的要求。我国现行行业标准《公路沥青路面施工技术规范》(JTG F40—2004)规定其各项质量应符合表 5-3 的规定。

表 5-3　　道路石油沥青技术要求

指标	单位	等级	沥青标号																	试验方法①
			160 号	130 号	110 号			90 号					70 号③					50 号③	30 号④	
针入度(25 ℃,5 s,100 g)	0.1 mm		140～200	120～140	100～120			80～100					60～80					40～60	20～40	T0604
适用的气候分区⑥			注④	注④	2-1	2-2	3-2	1-1	1-2	1-3	2-2	2-3	1-3	1-4	2-2	2-3	2-4	1-4	注④	附录 A⑥
针入度指数 P_I②		A	−1.5～+1.0																	T0604
		B	−1.8～+1.0																	
软化点(R&B)(≥)	℃	A	38	40	43			45			44		46		45			49	55	T0606
		B	36	39	42			43			42		44		43			46	53	
		C	35	37	41			42					43					45	50	
60 ℃动力黏度②(≥)	Pa·s	A	—	60	120			160			140		180		160			200	260	T0620
10 ℃延度②(≥)	cm	A	50	50	40			45	30	20	30	20	20	15	25	20	15	15	10	T0605
		B	30	30	30			30	20	15	20	15	15	10	20	15	10	10	8	
15℃延度(≥)	cm	A、B	100															80	50	
		C	80	80	60			50					40					30	20	
蜡含量(蒸馏法)(≥)	%	A	2.2																	T0615
		B	3.0																	
		C	4.5																	
闪点(≥)	℃		230					245					260							T0611
溶解度(≥)	%		99.5																	T0607
密度(15 ℃)	g/cm³		实测记录																	T0603

（续表）

指 标	单 位	等 级	沥青标号							试验方法①
			160 号	130 号	110 号	90 号	70 号③	50 号③	30 号④	
TFOT(或 RTFOT)老化后⑤										T0610 或 T0609
质量变化(≤)	%		±0.8							
残留针入度比(25 ℃)(≥)	%	A	48	54	55	57	61	63	65	T0604
		B	45	50	52	54	58	60	62	
		C	40	45	48	50	54	58	60	
残留延度(10 ℃)(≥)	cm	A	12	12	10	8	6	4	—	T0605
		B	10	10	8	6	4	2	—	
残留延度(15 ℃)(≥)	cm	C	40	35	30	20	15	10	—	T0605

注：①试验方法按照现行《公路工程沥青及沥青混合料试验规程》(JTJ 052—2000)规定的方法执行。用于仲裁试验求取 P_I 时的 5 个温度的针入度关系的相关系数不得小于 0.997。

②经建设单位同意，表中沥青 P_I 值、60 ℃动力黏度、10 ℃延度可作为选择性指标，也可不作为施工质量检验指标。

③70 号沥青可根据需要要求供应商提供针入度范围为 60～70 或 70～80 的沥青，50 号沥青可根据需要要求供应商提供针入度范围为 40～50 或 50～60 的沥青。

④30 号沥青仅适用于沥青稳定基层。130 号和 160 号沥青除寒冷地区可直接在中低级公路上直接应用外，通常用作乳化沥青、稀释沥青、改性沥青的基质沥青。

⑤老化试验以 TFOT 为准，也可以 RTFOT 代替。

⑥气候分区标准表见表 5-15。

在同一品种黏稠石油沥青中，标号越大，沥青越软，此时针入度、延度越大，软化点降低；标号越小，沥青越硬，则针入度、延度越小，软化点升高。

(2)道路液体石油沥青的技术标准

道路液体石油沥青适用于透层、黏层及拌制冷拌沥青混合料。按其凝结速度分为快凝[AL(R)]、中凝[AL(M)]和慢凝[AL(S)]三个标号，每个标号按照黏度又分为不同等级。除黏度外，对蒸馏的馏分及残留物性质，闪点和水分等也提出相应的要求。我国现行行业标准《公路沥青路面施工技术规范》(JTG F40—2004)规定其各项质量应符合表5-4的规定。

(二)乳化沥青

当沥青经高速离心、剪切、冲击等机械作用，使其成为粒径0.1～5 μm的微粒，并分散到含有表面活性剂(乳化剂、稳定剂)的水介质中，由于乳化剂能定向吸附在沥青微粒表面，因而降低了水与沥青的界面张力，使沥青微粒能在水中形成稳定的分散体系，这种分散系呈茶褐色，沥青为分散相，水为连续相，常温下具有良好的流动性。

1.乳化沥青特点

乳化沥青具有许多优越性能，其主要优点如下：

(1)可冷态施工，节约能源，保护环境；

(2)常温下有较好的流动性，能保证洒布的均匀性；

(3)与矿料表面具有良好的黏附性和工作性，可节约沥青用量；

(4)稳定性差，贮存期不超过半年(贮存期长易产生分层)；

(5)修筑路面成型期长。

(2)乳化沥青的组成材料

①沥青：在乳化沥青中，沥青比例为50%～70%。乳化沥青中使用的沥青材料基本是石油沥青，在选择时，首先考虑沥青的易乳化性，一般来说，针入度大的沥青宜乳化。但是石油沥青是复杂的碳氢混合物，由于油源和生产方法不同，其组分的胶体结构和特性有很大的区别，乳化的程度就不同，如低活性的石蜡基、中间-石蜡基沥青，通常要求乳化剂具有较长的烷基链，应通过试验加以选择。根据工程需要也可采用改性沥青进行乳化。

制备乳化沥青用的基质沥青，对高速公路和一级公路，宜符合《公路沥青路面施工技术规范》(JTG F40—2004)道路石油沥青A、B级的要求，其他情况可采用C级沥青。

②乳化剂：乳化剂在乳化沥青中用量很小，但是乳化沥青形成的关键材料。从化学结构上看，它由极性部分和非极性部分组成，极性部分是亲水的，非极性部分是憎水的亲油部分。这两个基团具有使互不相溶的沥青与水连接起来的特殊功能。极性的亲水基团结构差异较大，因而乳化剂分类也是根据亲水基的结构而划分的，各类乳化剂具有不同的特点。乳化剂按其亲水基在水中是否电离而分为离子型乳化剂(阴离子、阳离子、两性离子)和非离子型乳化剂。

③稳定剂：为使乳液具有良好的贮存稳定性和施工喷洒或拌和的机械作用下的稳定性，必要时加入适量的稳定剂。稳定剂分为无机稳定剂和有机稳定剂，无机稳定剂稳定效果较好的是氯化铵和氯化钙；有机稳定剂主要有聚乙烯醇、聚丙烯酰胺等，在沥青表面可形成保护膜，有利于微粒的分散。

④水：水是乳化沥青的主要组成部分，在乳化沥青中起着湿润、溶解及化学反应的作用。水中含有的各种矿物质对乳化沥青的形成具有一定的影响，因此，生产乳化沥青的水应为不含钙、镁等杂质的pH约为7.4的纯净水。水的用量一般为30%～50%。

表 5-4 道路用液体石油沥青技术要求

试验项目		单位	快凝		中凝						慢凝						试验方法
			AL(R)-1	AL(R)-2	AL(M)-1	AL(M)-2	AL(M)-3	AL(M)-4	AL(M)-5	AL(M)-6	AL(S)-1	AL(S)-2	AL(S)-3	AL(S)-4	AL(S)-5	AL(S)-6	
黏度	$C_{25.5}$	s	<20	—	<20	—	—	—	—	—	<20	—	—	—	—	—	T0621
	$C_{60.5}$	s	—	5～15	—	5～15	16～25	26～40	41～100	101～200	—	5～15	16～25	26～40	41～100	101～200	
蒸馏体积	225 ℃前	%	>20	>15	<10	<7	<3	<2	0	0	—	—	—	—	—	—	T0632
	315 ℃前	%	>35	>30	<35	<25	<17	<14	<8	<5	—	—	—	—	—	—	
	360 ℃前	%	>45	>35	<50	<35	<30	<25	<20	<15	<40	<35	<25	<20	<15	<5	
蒸馏后残留物性质	针入度（25 ℃）	0.1 mm	60～200	60～200	100～300	100～300	100～300	100～300	100～300	100～300	—	—	—	—	—	—	T0604
	延度（25 ℃）	cm	>60	>60	>60	>60	>60	>60	>60	>60	—	—	—	—	—	—	T0605
	浮漂度（5 ℃）	s	—	—	—	—	—	—	—	—	<20	20	30	40	45	<50	T0631
闪点（TOC 法）		℃	>30	>30	>65	>65	>65	>65	>65	>65	>70	>70	>100	>100	>120	>120	T0633
含水量(≤)		%	0.2	0.2	0.2	0.2	0.2	0.2	0.2	0.2	2.0	2.0	2.0	2.0	2.0	2.0	T0612

(3)乳化沥青的制备

乳化沥青的制备可以采用各种设备，其主要流程基本相同(图 5-7)。

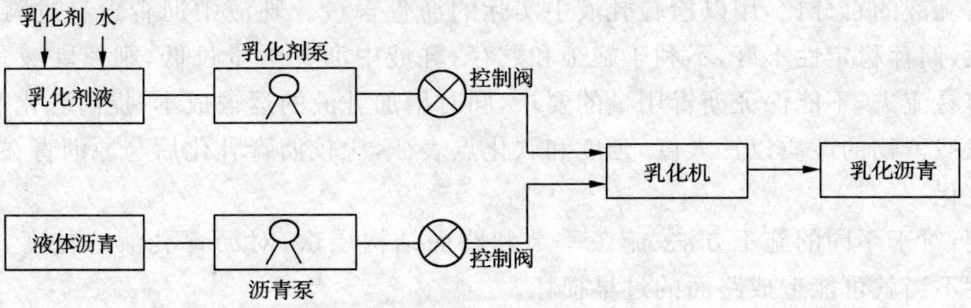

图 5-7　制备乳化沥青的工艺流程图

①乳化剂水溶液的调制：在水中加入需要数量的乳化剂和稳定剂，根据乳化剂和稳定剂溶解所需要的温度，一般为 60～80 ℃，使其在水中充分溶解。

②沥青加热：加热温度一般为 120～150 ℃。

③沥青与水比例控制。

④乳化设备：完成沥青液相破碎分散的装置，有搅拌式乳化机、匀化器类乳化机和胶体磨类乳化机等。

⑤乳液成品储存：乳化沥青宜存放在立式罐中，并保持适当搅拌，储存期内以不离析、不冻结、不破乳为度。

(4)乳化沥青的分裂机理

沥青微滴从乳液中分离出来，在集料表面凝结成一层连续的沥青薄膜的过程称为分裂(俗称破乳)。乳液分裂的外观特征是它的颜色由棕褐色变成黑色，只有当乳液中水分全部蒸发尽时，沥青才能产生黏聚力。

乳化沥青的分裂过程主要与下列因素有关。

①集料的吸附作用：乳化沥青与集料接触后，乳液中沥青微粒所带电荷与集料表面所带电荷相互吸引，是乳液破乳的主要原因。阴离子乳液与带有正电荷的碱性集料(石灰岩、玄武岩等)有较好的吸附作用，阳离子乳液与带有负电荷的酸性集料(花岗岩、石英岩等)有较好的吸附作用。在潮湿状态下，集料表面普遍带有负电荷，因此阳离子沥青乳液与潮湿集料结合性较好。

同时，当沥青乳液与干燥集料作用时，由于集料的毛细作用，可使沥青乳液加速凝结。因此，采用高强多孔的石料或高炉矿渣对乳液分裂是有利的。

②水的蒸发作用：乳液中的水分由于施工环境、风速等原因而蒸发或被集料吸收，破坏了乳化沥青的稳定性，造成分裂。在水分蒸发的初期，乳液的分裂是可逆的。当遇到雨水时，乳液会再乳化，甚至被雨水冲走。但当乳液完全分裂，沥青微粒形成一层连续的黑色的薄膜黏结在集料表面时，则不再受雨水和行车荷载的影响，其路用性能与热拌沥青路面几乎没有差别。

③机械的激波作用：在施工过程中压路机的碾压和开放交通后汽车的行驶，各种机械力对路面的震颤而产生的激波作用，也能促进乳化沥青的稳定性遭到破坏，产生分裂。

(5)乳化沥青的技术性质和技术要求

①乳化沥青的技术性能及评价指标

筛上剩余量：检验乳液中沥青微粒的均匀程度，是确定乳化沥青质量的重要指标。检测方法为：待乳液完全冷却或基本消泡后，将乳液过 1.18 mm 筛，求出筛上残留物占过筛乳液质量的百分比。

蒸发残留物含量及残留物性质：蒸发残留物含量是将一定量的乳液脱水后，求出其蒸发残留物占乳液的百分比，用以检验乳液中实际的沥青含量。乳液中沥青含量过高会使乳液黏度变大，储存稳定性不好，不利于施工和贮存；乳液中沥青含量过低，则使乳液黏度较低，施工时容易流失，不能保证沥青用量的要求，同时增加乳液的运输成本，提高乳化剂用量。

蒸发残留物的性质以针入度、延度和软化点表征，比较沥青乳化后与原沥青在技术性能上有何变化。

黏度：对于不同的施工方法、施工季节和路面结构层次，对沥青乳液的黏度要求不同。乳液黏度不当就可能造成路面的过早损坏。

黏附性：阳离子乳化沥青的黏附性是将干净的粒径为 19～31.5 mm 集料 5 颗在水中浸泡1 min，随后立即放入乳液中浸泡 1 min，然后将集料悬挂在室温中放置 24 h。将集料逐个用线提起，浸入微沸水中 3 min，观察集料颗粒表面上沥青膜的裹覆面积；阴离子乳化沥青和非离子乳化沥青是将干净的粒径为 13.2～19 mm 碎石 50 g 排列在滤筛上，将滤筛连同石料一起浸入阴离子乳液 1 min 后，然后取出在室温下置放 24 h，然后在 40 ℃±1 ℃温水中浸泡5 min，观察集料颗粒表面上沥青膜的裹覆面积，作出综合评定。

储存稳定性：储存稳定性是检验乳液的存放稳定性。将乳液在容器中置放规定的储存时间后，检测容器上下乳液的浓度变化。一般采用 5 d 的贮存稳定性，如时间紧迫也可用 1 d 的稳定性。

低温储存稳定性：低温储存稳定性是检测乳液经受冰冻后，其状态发生的变化。将乳液过 1.18 mm 筛后在－5 ℃的温度下放置 30 min，再在 25 ℃下放置 10 min，循环两次后，观察乳液试样状态与原试样有无变化，并作筛上剩余量试验，检查有无粗颗粒或结块情况。

微粒离子电荷性：用于确定乳液是否属于阳离子或阴离子类型。在乳液中放入两块电极板，通入 6 V 直流电，3 min 后观察电极板上沥青微粒的黏附量。如果负极板上吸附大量沥青微粒，表明沥青微粒带正电荷，则该乳液为阳离子型，反之亦然。

破乳速度：破乳速度试验是将乳液与规定级配的矿料拌和后，由矿料表面被乳液薄膜裹覆的均匀程度，判断乳液的拌和效果，并鉴别乳液属于快裂、中裂或慢裂类型。

水泥拌和试验与矿料的拌和试验：水泥拌和试验的目的是评定慢裂型乳液在与水泥的拌和过程中乳液的凝结情况，是乳化沥青用于加固稳定砂石土基层、稀浆封层等施工的一项重要性能。将 50 g 水泥与 50 g 乳液试样拌和均匀后，加入 150 mL 蒸馏水拌匀，然后过 1.18 mm 筛，结果用筛上残留物占水泥和沥青总质量的百分比表示。

矿料的拌和试验是乳液试样与规定级配的混合料在室温下拌和后，以矿料裹覆乳液均匀状态来判断乳液类型的另一种试验方法，也是检验乳化沥青的拌和稳定性的方法。

②乳化沥青的技术要求

乳化沥青的质量应符合表 5-5 的规定。在高温条件下宜采用黏度较大的乳化沥青，寒冷地区宜采用黏度较小的乳化沥青。

(6)乳化沥青的应用

乳化沥青适用于沥青表面处治路面、沥青贯入式路面、冷拌沥青混合料路面、修补裂缝、喷洒透层、黏层及封层等。乳化沥青的品种及适用范围宜符合表 5-6 的规定。

表 5-5　　　　**道路用乳化沥青技术要求**

试验项目		单位	品种及代号										试验方法
			阳离子乳化沥青				阴离子乳化沥青				非离子乳化沥青		
			喷洒型			拌和型	喷洒型			拌和型	喷洒型	拌和型	
			PC-1	PC-2	PC-3	BC-1	PA-1	PA-2	PA-3	BA-1	PN-2	BN-1	
破乳速度			快裂	慢裂	快裂或中裂	慢裂或中裂	快裂	慢裂	快裂或中裂	慢裂或中裂	慢裂	慢裂	T0658
粒子电荷			阳离子(+)				阴离子(－)				非离子		T0653
筛上残留物(1.18 mm筛)(≤)		%	0.1				0.1				0.1		T0652
黏度	恩格拉黏度计 E_{25}		2～10	1～6	1～6	2～30	2～10	1～6	1～6	2～30	1～6	2～30	T0622
	沥青标准黏度计 $C_{25,3}$	s	10～25	8～20	8～20	10～60	10～25	8～20	8～20	10～60	8～20	10～60	T0621
蒸发残留物	残留分含量(≥)	%	50	50	50	55	50	50	50	55	50	55	T0651
	溶解度(≥)	%	97.5				97.5				97.5		T0607
	针入度(25 ℃)	0.1 mm	50～200	50～300	45～150		50～200	50～300	45～150		50～300	60～300	T0604
	延度(15 ℃)(≥)	cm	40				40				40		T0605
与粗集料的黏附性，裹附面积(≥)			2/3			—	2/3			—	2/3	—	T0654
与粗、细粒式集料拌和试验			—			均匀	—			均匀	—		T0659
水泥拌和试验的筛上剩余(≤)		%	—				—				—	3	T0657
常温贮存稳定性 1 d(≤) 5 d(≤)		%	1 5				1 5				1 5		T0655

注：①P 为喷洒型，B 为拌和型，C、A、N 分别表示阳离子、阴离子、非离子乳化沥青。

②黏度可选用恩格拉黏度计或沥青标准黏度计之一测定。

③表中的破乳速度与集料的黏附性、拌和试验的要求与所使用的集料品种有关，质量检验时应采用工程上实际的集料进行试验，仅进行乳化沥青产品质量评定时可不要求此三项指标。

④贮存稳定性根据施工实际情况选用试验时间，通常采用 5 d，乳液生产后能在当天使用时也可用 1 d 的稳定性。

⑤当乳化沥青需要在低温冰冻条件下贮存或使用时，尚需按 T0656 进行－5 ℃低温贮存稳定性试验，要求没有粗颗粒、不结块。

⑥如果乳化沥青是将高浓度产品运到现场经稀释后使用时，表中的蒸发残留物等各项指标指稀释前乳化沥青的要求。

表 5-6 乳化沥青品种及适用范围

分类	品种及代号	适用范围
阳离子乳化沥青	PC-1	表处、贯入式路面及下封层用
	PC-2	透层油及基层养生用
	PC-3	黏层油用
	BC-1	稀浆封层或冷拌沥青混合料用
阴离子乳化沥青	PA-1	表处、贯入式路面及下封层用
	PA-2	透层油及基层养生用
	PA-3	黏层油用
	BA-1	稀浆封层或冷拌沥青混合料用
非离子乳化沥青	PN-2	透层油用
	BN-1	与水泥稳定集料同时使用(基层路拌或再生)

乳化沥青类型根据集料品种及使用条件选择。阳离子乳化沥青可适用于各种集料品种，阴离子乳化沥青适用于碱性集料。目前有些国家已不用阴离子乳化沥青，如美国、日本等。

乳化沥青的破乳速度、黏度宜根据用途与施工方法选择。

(三)改性沥青

改性沥青是指在普通沥青(又称基质沥青)中加入一定量的改性剂(如橡胶、树脂、高分子聚合物或其他填料等外掺剂)，使沥青在感温性、稳定性、耐久性、黏附性、抗老化性等方面得到全面改善，提高沥青的路用性能。

1.改性沥青的分类

(1)热塑性橡胶类改性沥青

改性剂主要是苯乙烯嵌段共聚物，如苯乙烯-丁二烯-苯乙烯(SBS)、苯乙烯-异戊二烯-苯乙烯(SIS)、苯乙烯-聚乙烯/丁基-聚乙烯(SE/BS)。其中 SBS 常用于路面沥青混合料；SIS 用于热溶黏结料；SE/BS 用于抗氧化、抗高温变形要求高的道路。SBS 类改性沥青最大的特点是高温稳定性和低温抗裂性能都好，并具有良好的弹性恢复性能和抗老化性能。

(2)橡胶类改性沥青

橡胶类改性沥青使用最多的是丁苯橡胶(SBR)和氯丁橡胶(CR)。这类改性剂常以乳胶的形式加入沥青中，制成橡胶沥青，可以提高沥青的黏度、韧性、软化点、降低脆点，使沥青的延度和感温性得到改善。

SBR 改性沥青最大特点是低温性能得到改善，但老化试验后其延度严重降低，所以主要在寒冷气候条件下使用。CR 具有极性，常掺入煤沥青中使用，已成为煤沥青的改性剂。

(3)热塑性树脂类改性沥青

热塑性树脂类改性沥青常用的有聚乙烯(PE)、聚丙烯(PP)、聚氯乙烯、聚苯乙烯和乙烯-乙酸乙烯共聚物(EVA)等，这类沥青的共同特点是加热后软化，冷却时变硬。在常温下使沥青混合料黏度增大，从而使高温稳定性增加，同时可增大沥青的韧性，但对沥青的低温性能改善有时不是很明显。

(4)掺加天然沥青的改性沥青

掺加天然沥青的改性沥青有湖沥青(如特立尼达湖沥青 TLA)、岩石沥青和海底沥青(如 BMA)。TLA 有良好的高温稳定性及低温抗裂性能，耐久性好；岩石沥青有抗剥离、耐久性、高温抗车辙、抗老化等特点；BMA 适用于重交通道路、飞机场跑道、抗磨耗层等。

(5)其他改性沥青

其他改性沥青有掺多价金属皂化物的改性沥青、掺炭黑的改性沥青和掺玻纤格栅的改性沥青等。

2.改性沥青的技术要求

聚合物改性沥青的技术要求见表 5-7。

表 5-7　　聚合物改性沥青技术要求

指　标	单　位	SBS类(Ⅰ类)				SBR类(Ⅱ类)			EVA、PE类(Ⅲ类)				试验方法
		I-A	I-B	I-C	I-D	Ⅱ-A	Ⅱ-B	Ⅱ-C	Ⅲ-A	Ⅲ-B	Ⅲ-C	Ⅲ-D	
针入度(25 ℃,100 g,5 s)	0.1mm	>100	80～100	60～80	30～60	>100	80～100	60～80	>80	60～80	40～60	30～40	T0604
针入度指数 P_I(≥)		−1.2	−0.8	−0.4	0	−1.0	−0.8	−0.6	−1.0	−0.8	−0.6	−0.4	T0604
延度(5 ℃,5 cm/min)(≥)	cm	50	40	30	20	60	50	40	—				T0605
软化点 $T_{R\&B}$(≥)	℃	45	50	55	60	45	48	50	48	52	56	60	T0606
运动黏度①(135 ℃)(≤)	Pa·s	3											T0625 T0619
闪点(≥)	℃	230				230			230				T0611
溶解度(≥)	%	99				99			—				T0607
弹性恢复(25 ℃)(≥)	%	55	60	65	75	—			—				T0662
黏韧性(≥)	N·m	—				5			—				T0624
韧性(≥)	N·m	—				2.5			—				T0624
贮存稳定性②离析,48 h 软化点差(≤)	℃	2.5				—			无改性剂明显析出、凝聚				T0661
TFOT(或 RTFOT)后残留物													
质量变化(≤)	%	±1.0											T0610 或 T0609
针入度比(25 ℃)(≥)	%	50	55	60	65	50	55	60	50	55	58	60	T0604
延度(5 ℃)(≥)	cm	30	25	20	15	30	20	10	—				T0605

注:①表中 135 ℃运动黏度可采用《公路工程沥青及沥青混合料试验规程》(JTJ 052—2000)中的“沥青布氏旋转黏度试验方法(布洛克菲尔德黏度计法)”进行测定。若在不改变改性沥青物理力学性质并符合安全条件的温度下易于泵送和拌和,或经证明适当提高泵送和拌和温度时能保证改性沥青的质量,容易施工,可不要求测定。

②贮存稳定性指标适用于工厂生产的成品改性沥青。现场制作的改性沥青对贮存稳定性指标可不作要求,但必须在制作后,保持不间断的搅拌或泵送循环,保证使用前没有明显的离析。

职业活动训练 沥青材料试验

实训 31 沥青密度与相对密度试验

(一)试验目的与适用范围

本方法适用于使用比重瓶测定沥青材料的密度与相对密度。非特殊要求,本方法宜在试验温度 25 ℃及 15 ℃下测定沥青材料的密度及相对密度。

(二)试验仪具与材料

比重瓶、恒温水箱、烘箱、天平(感量不大于 1 mg)、滤筛(0.6 mm 和 2.36 mm 各 1 个)、温度计(量程 0~50 ℃,分度值 0.1 ℃)、烧杯(600~800 mL)、真空干燥器、洗液、蒸馏水(或纯净水)、表面活性剂(洗衣粉)、软布、滤纸等。

(三)试验操作方法和步骤

本实训的试验操作方法和步骤见表 5-8。

表 5-8 试验操作方法和步骤

序号	项目	内容与要求
1. 试验准备		
(1)	清洗比重瓶	用洗液、水、蒸馏水先后仔细洗涤比重瓶,然后烘干称其质量 m_1,精确至 1 mg
(2)	烧杯保温	将盛有新煮沸并冷却的蒸馏水烧杯浸入恒温水槽中保温,在烧杯中插入温度计,水的深度必须超过比重瓶顶部 40 mm 以上。使恒温水槽及烧杯中的蒸馏水达至规定的试验温度±0.1 ℃
2. 比重瓶水值的测定		
(1)	比重瓶、水恒温	将比重瓶及瓶塞放入上述恒温水槽中的烧杯中,烧杯底浸没水中的深度应不少于 100 mm,烧杯口露出水面,并用夹具固定
(2)	比重瓶盛水	待烧杯中水温再次达至规定温度并保温 30 min 后,将瓶塞塞入瓶口,使多余的水由瓶塞上的毛细孔中挤出。此时比重瓶内不得有气泡
(3)	称量比重瓶和水的质量	取出烧杯和比重瓶,立即用干净软布将瓶塞顶部擦拭一次(只能擦拭一次,即使由于膨胀瓶塞上有小水滴也不能再擦拭),再迅速擦干比重瓶外的水分,称其质量 m_2,精确至 1 mg
(4)	比重瓶水值	以 $m_2 - m_1$ 作为试验温度时比重瓶的水值。一般每年至少校正一次
3. 液体沥青试样的试验步骤		
(1)	试样装入比重瓶	将试样过筛(0.6 mm)后注入干燥比重瓶中至满,不得混入气泡
(2)	试样和比重瓶恒温	将盛有试样的比重瓶及瓶塞移入恒温水槽(测定温度±0.1 ℃)内盛有水的烧杯中,水面应在瓶口下约 40 mm。不得使水浸入瓶内
(3)	恒温后塞上瓶塞并擦净	待烧杯内的水温达到要求的温度后保温 30 min,然后将瓶塞塞上,使多余的试样由瓶塞的毛细孔中挤出。用蘸有三氯乙烯的棉花擦净孔口挤出的试样,并保持孔中充满试样
(4)	取出比重瓶	从水中取出比重瓶,立即用干净软布擦去瓶外的水分或黏附的试样(不得再擦孔口)后,称其质量 m_3,精确至 1 mg
4. 黏稠沥青试样的试验步骤		
(1)	盛入沥青试样	按规定准备沥青试样,沥青的加热温度宜不高于估计软化点以上 100 ℃(石油沥青或聚合物改性沥青),将沥青小心注入比重瓶中,约至 2/3 高度。不得使试样黏附瓶口或上方瓶壁,并防止混入气泡

（续表）

序　号	项　目	内容与要求
(2)	试样冷却	取出盛有试样的比重瓶，移入干燥器中，在室温下冷却不少于 1 h，连同瓶塞称其质量 m_4，精确至 1 mg
(3)	加蒸馏水并恒温	将盛有蒸馏水的烧杯放入已达试验温度的恒温水中，然后将称量后盛有试样的比重瓶放入烧杯中（瓶塞也放进烧杯中），等烧杯中的水温达到规定温度后保温 30 min，使比重瓶中气泡上升到水面，待确认比重瓶已经恒温且无气泡后，再将比重瓶的瓶塞塞紧，使多余的水从塞孔中溢出，此时应不得带入气泡
(4)	取出比重瓶	取出比重瓶，按前述方法迅速揩干瓶外水分后称其质量 m_5，精确至 1 mg
5. 试验结果整理		
(1)	液体沥青密度计算	$\rho_b=\frac{m_3-m_1}{m_2-m_1}\rho_w, \gamma_b=\frac{m_3-m_1}{m_2-m_1}$
(2)	黏稠沥青密度计算	$\rho_b=\frac{m_4-m_1}{(m_2-m_1)-(m_5-m_4)}\rho_w, \gamma_b=\frac{m_4-m_1}{(m_2-m_1)-(m_5-m_4)}$
(3)	报告	同一试样应平行试验两次，当两次试验结果的差值符合重复性试验的允许误差要求时，以平均值作为沥青的密度试验结果，并精确至 3 位小数，试验报告应注明试验温度
	允许误差	1. 对黏稠石油沥青及液体沥青的密度，重复性试验的允许误差为 0.003 g/cm^3，再现性试验的允许误差为 0.007 g/cm^3； 2. 相对密度的允许误差要求与密度相同（无单位）

（四）试验记录

试验记录及结果整理填入《道路建筑材料实训报告》中。

实训 32　沥青针入度试验

（一）试验目的与适用范围

本方法适用于测定道路石油沥青、聚合物改性沥青针入度以及液体石油沥青蒸馏或乳化沥青蒸发后残留物的针入度，以 0.1 mm 计。其标准试验条件为 25 ℃，荷重 100 g，贯入时间 5 s。

（二）试验仪具与材料

1. 针入度仪：宜采用能够自动计时的针入度进行测定，要求针和针连杆在无明显摩擦下垂直运动，针的贯入深度必须精确至 0.1 mm。针和针连杆组合件总质量 50 g±0.05 g，另附 50 g±0.05 g 砝码一只，试验时总质量为 100 g±0.05 g。仪器应有放置平底玻璃保温皿的平台，并有调节水平的装置，针连杆应与平台垂直。应有针连杆制动按钮，使针连杆可自由下落。

2. 标准针：由硬化回火的不锈钢制成，洛氏硬度 HRC 为 54～60，表面粗糙度 R_a 为 0.2～0.3 μm，针及针杆总质量为 2.5 g±0.05 g。针杆上应打印有号码标志。针应设有固定用装置盒（筒），以免碰撞针尖。每根针必须附有计量部门的检验单。

3. 盛样皿：金属制，圆柱形平底。小盛样皿的内径 55 mm，深 35 mm（适应于针入度小于 200 的试样）；大盛样皿的内径 70 mm，深 45 mm（适应于针入度 200～350 的试样）；对于针入度大于 350 的试样需使用特殊盛样皿，其深度不小于 60 mm，容积不小于 125 mL。

4. 其他：恒温水槽、平底玻璃皿（容积≥1 L，深度≥80 mm）、温度计、计时器、位移计、盛样皿盖（平板玻璃）、溶剂（三氯乙烯）、电炉或砂浴、石棉网、金属锅或瓷把坩埚等。

(三)试验操作方法和步骤

本实训的试验操作方法和步骤见表 5-9。

表 5-9　　试验操作方法和步骤

<table>
<tr><th>序　号</th><th>项　目</th><th>内容与要求</th></tr>
<tr><td colspan="3">1.试验准备</td></tr>
<tr><td>(1)</td><td>准备试样</td><td>按 JTG E20－2011 中的 T0602 准备试样</td></tr>
<tr><td>(2)</td><td>试验温度</td><td>按试验要求将恒温水槽调节到要求的试验温度 25 ℃、或 15 ℃、30 ℃(或 5 ℃),保持稳定</td></tr>
<tr><td>(3)</td><td>注入试样</td><td>将试样注入盛样皿中,高度应超过预计针入度 10mm,并盖上盛样皿,以防落入灰尘</td></tr>
<tr><td>(4)</td><td>试样冷却</td><td>盛有试样的盛样皿在 15～30 ℃室温中冷却不少于 1.5 h(小盛样皿)、2 h(大盛样皿)或 3 h(特殊盛样皿)</td></tr>
<tr><td>(5)</td><td>试样恒温</td><td>将冷却到规定时间的试样皿移入保持规定试验温度±0.1 ℃的恒温水槽中,并应保温不少于 1.5 h(小盛样皿)、2 h(大盛样皿)或 2.5 h(特殊盛样皿)</td></tr>
<tr><td>(6)</td><td>针入度仪准备</td><td>调整针入度仪使之水平。检查针连杆和导轨,以确认无水和其他外来物,无明显摩擦。用三氯乙烯或其他溶剂清洗标准针,并拭干。将标准针插入针连杆,加上附加砝码</td></tr>
<tr><td colspan="3">2.试验步骤</td></tr>
<tr><td>(1)</td><td>放置试样</td><td>取出达到恒温的盛样皿,并移入水温控制在试验温度±0.1 ℃(可用恒温水槽中的水)的平底玻璃皿中的三脚支架上,试样表面以上的水层深度不小于 10 mm</td></tr>
<tr><td>(2)</td><td>针入度仪就位</td><td>将盛有试样的平底玻璃皿置于针入度仪的平台上。慢慢放下针连杆,用适当位置的反光镜或灯光反射观察,使针尖恰好与沥青试样表面接触。将位移计或刻度盘指针复位为零</td></tr>
<tr><td>(3)</td><td>开始试验</td><td>开始试验,按下释放键,这时计时与标准针落下贯入试样同时开始,至 5 s 时自动停止</td></tr>
<tr><td>(4)</td><td>读数</td><td>读取位移计或刻度盘指针的读数,精确至 0.1 mm</td></tr>
<tr><td>(5)</td><td>平行试验</td><td>同一试样平行试验至少 3 次,各测试点之间及与盛样皿边缘的距离均不应小于10 mm。每次测定后将盛有盛样皿的平底玻璃皿放入恒温水槽中,使平底玻璃皿中水温保持试验温度。每次试验应换一根干净标准针或将标准针取下用蘸有三氯乙烯溶剂的棉花或布揩净,再用干棉花或布擦干</td></tr>
<tr><td>(6)</td><td>特殊情况处理</td><td>测定针入度大于 200 的沥青试样时,至少用 3 根标准针,每次试验后将针留在试样中,直至 3 次平行试验完成后,才能将标准针取出</td></tr>
<tr><td>(7)</td><td>测定针入度指数 P_I</td><td>按同样的方法在 15 ℃、25 ℃、30 ℃(或 5 ℃)3 个或 3 个以上(必要时增加 10 ℃、20 ℃等)温度条件下分别测定沥青的针入度。但用于仲裁试验的温度条件应为 5 个</td></tr>
<tr><td colspan="3">3.试验结果整理</td></tr>
<tr><td>(1)</td><td>试验报告</td><td>应报告标准温度(25 ℃)时的针入度以及其他试验温度所对应的针入度。同一试样 3 次平行试验结果的最大值和最小值之差在允许误差范围内时,计算 3 次试验结果的平均值,取整数作为针入度试验结果,以 0.1 mm 计。
<table>
<tr><th>针入度/0.1 mm</th><th>允许误差/0.1 mm</th><th>针入度/0.1 mm</th><th>允许误差/0.1 mm</th></tr>
<tr><td>0～49</td><td>2</td><td>150～249</td><td>12</td></tr>
<tr><td>50～149</td><td>4</td><td>250～500</td><td>20</td></tr>
</table>
当试验值不符合此要求时,应重新进行试验</td></tr>
<tr><td>(2)</td><td>允许误差</td><td>当试验结果小于 50(0.1 mm)时,重复性试验的允许误差值为 2(0.1 mm),再现性试验的允许误差为 4(0.1 mm);当试验结果等于或大于 50(0.1 mm)时,重复性试验的允许误差为平均值的 4%,再现性试验的允许误差为平均值的 8%</td></tr>
</table>

(四)试验记录

试验记录及结果整理填入《道路建筑材料实训报告》中。

实训 33 沥青延度试验

(一)试验目的与适用范围

本方法适用于测定道路石油沥青、聚合物改性沥青、液体石油沥青蒸馏残留物和乳化沥青蒸发残留物等材料的延度。沥青延度的试验温度与拉伸速率可根据要求采用,通常采用的试验温度为 25 ℃、15 ℃、10 ℃或 5 ℃,拉伸速度为 5 cm/min±0.25 cm/min。当低温采用 1 cm/min±0.05 cm/min 拉伸速度时,应在报告中注明。

(二)试验仪具与材料

1.延度仪:延度仪的测量长度不宜大于 150 cm,仪器应有自动控温、控速系统。应满足试件浸没于水中,能保持规定的试验温度及规定拉伸速度拉伸试件,且试验时应无明显振动。

2.试模:黄铜制,由两个端模和两个侧模组成。试模内侧表面粗糙度 R_a 为 0.2 μm。

3.试模底板:玻璃板或磨光的铜板、不锈钢板(表面粗糙度 R_a 为 0.2 μm)。

4.恒温水槽:容量不少于 10 L,控制温度的准确度为 0.1 ℃。水槽中应设有带孔搁架,搁架距水槽底不得少于 50 mm。试件浸入水中深度不小于 100 mm。

5.其他:温度计(量程 0~50 ℃,分度值 0.1 ℃);砂浴或其他加热炉具;甘油滑石粉隔离剂(质量比 2∶1);平刮刀、石棉网、酒精、食盐等。

(三)方法和步骤

本实训的试验操作方法和步骤见表 5-10。

表 5-10 试验操作方法和步骤

序号	项目	内容与要求
1.试验准备		
(1)	组装试模	将隔离剂拌和均匀,涂于清洁干燥的试模底板和两个侧模的内侧表面,并将试模在试模底板上装好
(2)	注模	按规定的方法准备试样,然后仔细地将试样自试模的一端至另一端往返数次缓缓注入模中,最后略高出试模。灌模时不得使气泡混入
(3)	冷却	试件在室温中冷却不少于 1.5 h
(4)	恒温	保温后用热刮刀刮除高出试模的沥青,使沥青面与试模面齐平。沥青的刮法应自试模的中间刮向两端,且表面应刮得平滑。将试模连同底板再放入规定试验温度的水槽中保温 1.5 h
(5)	仪器检查	检查延度仪延伸速度是否符合规定要求,然后移动滑板使其指针正对标尺的零点。向延度仪注水,并保温达试验温度±0.1 ℃
2.试验步骤		
(1)	安装试件	将保温后的试件连同底板移入延度仪的水槽中,然后将盛有试样的试模自玻璃板或不锈钢板上取下,将试模两端的孔分别套在滑板及槽端固定板的金属柱上,取下侧模。水面距试件表面应不小于 25 mm
(2)	拉伸	开动延度仪,并注意观察试样的延伸情况。此时应注意,在试验过程中,水温应始终保持在试验温度规定范围内,且仪器不得有振动,水面不得有晃动,当水槽采用循环水时,应暂时中断循环,停止水流。在试验中,如发现沥青细丝浮于水面或沉入槽底时,则应在水中加入酒精或食盐,调整水的密度至与试样相近后,重新试验
(3)	观察并读数	试件拉断时,读取指针所指标尺上的读数,以 cm 计,在正常情况下,试件延伸时应成锥尖状,拉断时实际断面接近于零。如不能得到这种结果,则应在报告中注明

（续表）

序号	项目	内容与要求
3.试验结果整理		
	报告	同一样品，每次平行试验不少于3个，如3个测定结果均大于100 cm，试验结果记作“>100 cm”；特殊需要也可分别记录实测值。3个测定结果中，当有一个以上的测定值小于100 cm时，若最大值或最小值与平均值之差满足重复性试验要求，则取3个测定结果的平均值的整数作为延度试验结果，若平均值大于100 cm，记作“>100 cm”；若最大值或最小值与平均值之差不符合重复性试验要求时，试验应重新进行
	允许误差	当试验结果小于100 cm时，重复性试验的允许误差为平均值的20%；再现性试验的允许误差为平均值的30%

(四)试验记录

试验记录及结果整理填入《道路建筑材料实训报告》中。

实训34 沥青软化点试验(环球法)

(一)试验目的与适用范围

本方法适用于测定道路石油沥青和聚合物改性沥青的软化点，也适用于测定液体石油沥青、煤沥青蒸馏残留物或乳化沥青蒸发残留物的软化点。

(二)试验仪具与材料

1.软化点试验仪

(1)钢球：直径9.53 mm，质量3.5 g±0.05 g。

(2)试样环：黄铜或不锈钢等制成。

(3)钢球定位环：黄铜或不锈钢等制成。

(4)金属支架：由两个主杆和三层平行的金属板组成。

(5)耐热玻璃烧杯：容量800～1 000 mL，直径不小于86 mm，高不小于120 mm。

(6)温度计：量程0～100 ℃，分度值为0.5 ℃。

2.其他：加热炉具、试样底板、恒温水槽、平直刮刀、甘油滑石粉隔离剂、蒸馏水或纯净水、石棉网等。

三、试验操作方法和步骤

本实训的试验操作方法和步骤见表5-11。

表5-11　　试验操作方法和步骤

序号	项目	内容与要求
1.试验准备		
(1)	准备试样环	将试样环置于涂有甘油滑石粉隔离剂的试样底板上
(2)	注模	按规定方法将准备好的沥青试样缓慢注入试样环内至略高出环面为止。如估计试样软化点高于120 ℃，则试样环和试样底板(不用玻璃板)均应预热至80～100 ℃
(3)	冷却	试样在室温冷却30 min后，用热刮刀刮除环面上的试样，使其与环面齐平
2.试验步骤(软化点在80 ℃以下者)		
(1)	恒温	将装有试样的试样环连同试样底板置于5 ℃±0.5 ℃水的恒温水槽中至少15 min；同时将金属支架、钢球、钢球定位环等亦置于相同水槽中
(2)	注水	烧杯内注入新煮沸并冷却至5 ℃的蒸馏水或纯净水，水面略低于立杆上的深度标记

（续表）

序 号	项 目	内容与要求
(3)	安放试件	从恒温水槽中取出盛有试样的试样环放置在支架中层板的圆孔中，套上定位环；然后将整个环架放入烧杯中，调整水面至深度标记，并保持水温为 5 ℃±0.5 ℃。环架上任何部分不得附有气泡。将 0～100 ℃的温度计由上层板中心孔垂直插入，使端部测温头底部与试样环下面齐平
(4)	加热	将盛有水和环架的烧杯移至放有石棉网的加热炉具上，然后将钢球放在定位环中间的试样中央，立即开动电磁振荡搅拌器，使水微微振荡，并开始加热，使杯中水或甘油温度在 3 min 内调节至维持每分钟上升 5 ℃±0.5 ℃。在加热过程中，应记录每分钟上升的温度值。在整个测定过程中温度上升速度超出此范围，则试验应重做
(5)	结果记录	试样受热软化逐渐下坠，与下层底板表面接触时，立即读取温度，精确至 0.5 ℃
3. 试验步骤(软化点在 80 ℃以上者)		
(1)	恒温	将装有试样的试样环连同试样底板置于装有 32 ℃±1 ℃甘油的恒温槽中至少 15 min；同时将金属支架，钢球、钢球定位环等亦置于甘油中
(2)	注入甘油	在烧杯内注入预先加热至 32 ℃的甘油，其液面略低于立杆上的深度标记
(3)	加热	从恒温槽中取出装有试样的试样环，按上述的方法进行测定，精确至 1 ℃
4. 试验结果整理		
报告		同一试样平行试验两次，当两次测定值的差值符合重复性试验允许误差要求时，取其平均值作为软化点的试验结果，精确至 0.5 ℃
允许误差		当试样软化点<80 ℃时重复性试验的允许误差为 1 ℃，再现性试验的允许误差为4 ℃；当试样软化点≥80 ℃时，重复性试验的允许误差为 2 ℃，再现性试验的允许误差为 8 ℃

(四)试验记录

试验记录及结果整理填入《道路建筑材料实训报告》中。

实训 35　沥青标准黏度试验(道路沥青标准黏度计法)

(一)试验目的与适用范围

本方法采用道路沥青标准黏度计测定液体石油沥青、煤沥青、乳化沥青等材料流动状态时的黏度，本法测定的黏度应注明温度及流孔孔径，以 $C_{T,d}$ 表示，其中 T 为试验温度(℃)，d 为孔径(mm)。

(二)试验仪具与材料

1. 道路沥青标准黏度计，由水槽、盛样管、球塞、水槽盖、温度计、接受瓶、流孔检查棒组成。

(1)水槽：环形槽，内径 160 mm，深 100 mm，中央有一圆井，井壁与水槽之间距离不少于 55 mm，环槽内放保温用液体(水或油)，上下各设有一流水管。

(2)盛样管：管体为黄铜，而带有流孔的底板为磷青铜制成。盛样管的流孔 d 有 3 mm±0.025 mm、4 mm±0.025 mm、5 mm±0.025 mm 和 10 mm±0.025 mm 四种。

(3)球塞：用以堵塞流孔，杆上有一标记。直径 12.7 mm±0.05 mm 球塞的标记高为 92 mm±0.25 mm，用以指示 10 mm 流孔盛样管内试样的高度；直径 6.35 mm±0.05 mm 球塞的标记高为 90.3 mm±0.25 mm，用以指示其他流孔盛样管内试样的高度。

(4)水槽盖：盖的中央有套筒，可套在水槽的圆井上，下附有搅拌叶。盖上还有一插孔，可放置温度计。

(5)温度计：分度值 0.1 ℃。

(6)接受瓶：开口，圆柱形玻璃容器，100 mL，在 25 mL、50 mL、75 mL 和 100 mL 处有刻

度；也可采 100 mL 量筒。

(7)流孔检查棒：磷青铜制，长 100 mm，检查 4 mm 和 10 mm 流孔 1 支，检查 3 mm 和 5 mm流孔 1 支，检查段位于两端，长度不小 10 mm，直径按流孔下限尺寸制造。

2. 秒表(分度值 0.1 s)、循环恒温水槽、肥皂水或矿物油、加热炉、大蒸发皿等。

(三)试验操作方法和步骤

本实训的试验操作方法和步骤见表 5-12。

表 5-12 试验操作方法和步骤

序 号	项 目	内容与要求
1. 试验准备		
(1)	准备试样	按规定方法准备沥青试样
(2)	选择流孔孔径	根据沥青材料的种类和稠度，选择需要流孔孔径的盛样管，置于水槽圆井中。用规定的球塞堵好流孔，流孔下放蒸发皿，以备接受不慎流出的试样。除 10 mm 流孔采用直径 12.7 mm 球塞外。其余流孔均采用直径为 6.35 mm 的球塞
(3)	调温	根据试验温度需要，调整恒温水槽的水温为试验温度±0.1 ℃，并将其进出口与黏度计水槽的进出口用胶管接妥，使热水流进行正常循环
2. 试验步骤		
(1)	注入试样	将试样加热至比试验温度高 2～3 ℃(如试验温度低于室温时，试样须冷却至比试验温度低 2～3 ℃)时注入盛样管，其数量以液面到达球塞杆垂直时杆上标记为准
(2)	试样恒温	试样在水槽中保持试验温度至少 30 min，用温度计轻轻搅拌试样，测量试样的温度为试验温度±0.1 ℃时，调整试样液面至球塞杆的标记处，再继续保温 1～3 min
(3)	放置接受瓶或量筒	将流孔下蒸发皿移去，放置接受瓶或量筒，使其中心正对流孔。接受瓶或量筒可预先注入肥皂水或矿物油 25 mL，以利洗涤及读数准确
(4)	试样流出	提起球塞，将标记悬挂在试样管边上，待试样流入接受瓶或量筒达 25 mL(量筒刻度 50 mL)时，按动秒表，待试样流出 75 mL(量筒刻度 100 mL)时，按停秒表
(5)	结果记录	记取试样流出 50 mL 所经过的时间，以 s 计，即为试样的黏度
3. 试验结果整理		
试验报告		同一试样至少平行试验两次，当两次测定值的差值不大于平均值的 4%时，取其平均值的整数作为试验结果
允许误差		重复性试验的允许误差为平均值的 4%

(四)试验记录

试验记录及结果整理填入《道路建筑材料实训报告》中。

二、沥青路面用集料

集料是在混合料中起骨架和填充作用的粒料，包括碎石、砾石、机制砂、石屑、砂等。在沥青混合料中，粗集料是指粒径大于 2.36 mm 筛的碎石、破碎砾石、筛选砾石和矿渣等，细集料是指粒径小于 2.36 mm 的天然砂、人工砂。在沥青混合料中起填充作用的，粒径小于 0.075 mm 的矿物质粉末，称为填料。

(一)粗集料

1. 粗集料的物理力学性质要求

(1)选择原则

①粗集料可采用碎石、破碎砾石、筛选砾石、矿渣等。

②用于高速公路、一级公路、城市快速公路、主干路沥青路面表层用粗集料应选用坚硬、耐磨、抗冲击型号的碎石或破碎砾石，不得使用筛选砾石、矿渣及软质集料，该类粗集料应符合表 5-13 对磨光值和黏附性的要求。

③当坚硬石料来源缺乏时，允许掺加一定比例较小粒径的普通粗集料，掺加比例根据试验确定。在以骨架原则设计的沥青混合料中不得掺加其他粗集料。

表 5-13　　粗集料磨光值及其与沥青的黏附性的技术要求

雨量气候分区		1(潮湿区)	2(湿润区)	3(半干区)	4(干旱区)
年降雨量/mm		>1 000	1 000～500	500～250	<250
高速公路、一级公路表面层粗集料磨光值(*PSV*)		≥42	≥40	≥38	≥36
粗集料与沥青的黏附性	高速公路、一级公路表面层	≥5	≥5	≥4	≥3
	高速公路、一级公路其他层次及其他等级公路的各个层次	≥4	≥4	≥3	≥3

(2)基本要求

①应该洁净、干燥、表面粗糙、形状接近立方体，且无风化、不含杂质，并具有足够的强度、耐磨耗性。粗集料的质量应符合表 5-14 的要求。

②破碎砾石应采用粒径大于 50 mm 的颗粒轧制，破碎前必须清洗，含泥量不大于 1%，

③经过破碎且存放期超过 6 个月以上的钢渣作为粗集料使用，除吸水率允许适当放宽外，各项指标应符合表 5-14 的要求。

表 5-14　　沥青混合料用粗集料质量技术要求

技术指标		高速公路、一级公路、城市快速路、主干路		其他等级公路与城市道路	试验方法
		表面层	其他层次		
石料压碎值(≤)/%		26	28	30	T0316
洛杉矶磨耗损失(≤)/%		28	30	35	T0317
表观密度(≥)/($t \cdot m^{-3}$)		2.60	2.50	2.45	T0304
吸水率(≤)/%		2.0	3.0	3.0	T0304
坚固性(≤)/%		12	12	—	T0314
软石含量(≤)/%		3	5	5	T0320
<0.075 mm 颗粒含量(水洗法)(≤)/%		1	1	1	T0310
针片状颗粒含量(≤)/%	混合料	12	15	—	T0312
	其中粒径>9.5 mm	—	—	—	
	其中粒径<9.5 mm	18	20	—	
破碎砾石的破碎面积(≥)/%	1 个破碎面	100	90	80	T0346
	2 个破碎面	90	80	60	

注：①坚固性试验可根据需要进行。

②用于高速公路、一级公路和主干路时，多孔玄武岩的表观密度可以放宽至 2.45 t/m^3，吸水率可放宽至 3%；但须得到主管部门的批准，且不得用于 SMA 路面。

③对 S14 即 3～5 mm 规格的粗集料，针片状颗粒含量可不予要求，<0.075 mm 含量可放宽到 3%。

2. 与沥青的黏附性要求

在高速公路、一级公路、城市快速路和主干路沥青路面中，需要使用坚硬的粗集料，当使用花岗岩、石英岩等酸性岩石轧制的粗集料时，若达不到表5-13对粗集料与沥青黏附性等级的要求，必须采取抗剥离措施。工程中常用的抗剥离方法包括使用高黏度沥青；在沥青中掺加抗剥离剂；用干燥的生石灰、消石灰粉或水泥作为填料的一部分，其用量为矿料总量的1%～2%；将粗集料用石灰浆处理后使用等。

3. 粗集料的粒径规格

粗集料的粒径规格应按照表5-15进行生产和使用。如某一档粗集料不符合表5-15的规格，但确认与其他集料组配后的合成级配符合设计级配的要求时，也可以使用。

表5-15　　沥青面层用粗集料规格

规格名称	公称粒径/mm	通过下列筛孔（方孔筛）(mm)的质量分数/%								
		37.5	31.5	26.5	19	13.2	9.5	4.75	2.36	0.6
S6	15～30	100	90～100	—	—	0～15	—	0～5		
S7	10～30	100	90～100	—	—	—	0～15	0～5		
S8	15～25		100	90～100	—	0～15	—	0～5		
S9	10～20			100	90～100	—	0～15	0～5		
S10	10～15				100	90～100	0～15	0～5		
S11	5～15				100	90～100	40～70	0～15	0～5	
S12	5～10					100	90～100	0～15	0～5	
S13	3～10					100	90～100	40～70	0～20	0～5
S14	3～5						100	90～100	0～15	0～3

(二)细集料

1. 细集料的物理力学性能要求

(1)选择原则

①可以采用天然砂、机制砂或石屑。

②应洁净、干燥、无风化、无杂质，并有适当的颗粒级配，物理力学指标要求见表5-16。

③与沥青有良好的黏结能力，在高速公路、一级公路、城市快速路、主干路沥青面层用与沥青黏结性能差的天然砂或用花岗岩、石英岩等酸性岩石破碎的人工砂及石屑时，应采取前述粗集料的抗剥离措施对细集料进行处理。

表5-16　　沥青混合料用细集料质量技术要求

技术指标	高速公路、一级公路	其他等级公路	试验方法
表观相对密度(≥)	2.50	2.45	T0328
坚固性(>0.3 mm部分)(≥)/%	12	—	T0340
含泥量(小于0.075 mm含量)(≤)/%	3	5	T0330
砂当量(≥)/%	60	50	T0334
亚甲蓝值(≤)/($g \cdot kg^{-1}$)	25	—	T0346
棱角性(流动时间)(≥)/s	30	—	T0345

2.细集料的粒径规格

(1)天然砂:天然砂宜采用河砂或海砂,当使用山砂时应经过清洗,天然砂的规格应符合表5-17的规定,经筛洗法测定的砂中小于0.075 mm颗粒含量不得大于3%(高速公路、一级公路、城市快速路、主干路)和5%(其他等级道路)。

表5-17　　沥青混合料用天然砂规格

筛孔尺寸	通过各筛孔(方孔筛)(mm)的质量分数/%							
	9.5	4.75	2.36	1.18	0.6	0.3	0.15	0.075
粗砂	100	90～100	65～95	35～65	15～30	5～20	0～10	0～5
中砂	100	90～100	75～90	50～90	30～60	8～30	0～10	0～5
细砂	100	90～100	85～100	75～100	60～84	15～45	0～10	0～5

(2)石屑是破碎碎石料过程中通过4.75 mm或2.36 mm筛的部分,强度一般较低,针片状颗粒含量较高。所以,在生产石屑的过程中应特别注意,避免山体覆盖或夹层的泥土混入石屑。

规格应符合表5-18的要求。不得使用泥土、细粉、细薄碎片颗粒含量高的石屑。对于高速公路、一级公路、城市快速路、主干路,应将石屑加工成S14(3～5 mm)和S16(0～3 mm)两档使用,在细集料中石屑含量不宜超过总量的50%。

表5-18　　沥青混合料用机制砂或石屑规格

规　格	公称粒径/mm	水洗法通过各筛孔(方孔筛)(mm)的质量分数/%							
		9.5	4.75	2.36	1.18	0.6	0.3	0.15	0.075
S15	0～5	100	90～100	60～90	40～75	20～55	7～40	2～20	0～10
S16	0～3	—	100	80～100	50～80	25～60	8～45	0～25	0～15

细集料的级配在沥青混合料中的适用性,应将其与粗集料及填料配制成矿质混合料后,再判断其是否符合矿料设计级配的要求再作决定。当一种细集料不能满足级配要求时,可采用两种或两种以上的细集料掺和使用。

(三)填料

填料必须采用石灰岩或岩浆中的强基性岩石等憎水性石料经磨细得到的矿粉,粉煤灰等矿物质有时也可以作为填料使用。

矿粉作为沥青混合料中的一种主要材料,其掺量虽仅7%,但其表面积却占矿质混合料的总表面积的80%以上。因此,矿粉能显著扩大沥青与矿料进行物理—化学作用的表面积,通过交互作用,增加结构沥青的数量,提高沥青混合料的黏结力。

试验表明,沥青与矿粉的交互作用,不仅与沥青的化学性质有关,而且还与矿粉的自身性质有关,这些性质主要有矿粉的级配、密度、亲水性、塑性指数及加热稳定性等。生产矿粉的原石料中泥土杂质应清除。矿粉要求干燥、洁净,能自由地从石粉仓中流出,其质量应符合表5-19的要求。

表5-19　　沥青混合料用矿粉质量要求

指　标	高速公路、一级公路	其他等级公路	试验方法
表观密度(≥)/($t\cdot m^{-3}$)	2.50	2.45	T0352
含水率(≤)/%	1	1	T0103烘干法

（续表）

指标		高速公路、一级公路	其他等级公路	试验方法
粒度范围/%	<0.6 mm	100	100	T0351
	<0.15 mm	90～100	90～100	
	<0.075 mm	75～100	70～100	
外观		无团粒结块		—
塑性指数/%		<4		T0354
亲水系数		<1.0		T0353
加热安定性		实测记录		T0355

1. 矿粉的级配

矿粉的级配是指矿粉大小颗粒的搭配情况。如果矿粉偏细，则可增大矿粉的比表面积，因此，对于矿粉的级配，要求小于 0.075 mm 粒径的含量不能太少，但同时也不宜太多，否则会因过细使沥青混合料结成团块，不易施工。

2. 矿粉的密度

矿粉的密度是指单位实体积的质量。密度不仅可以反映矿粉的质量，而且也是沥青混合料配合比设计的重要参数，用李氏比重瓶法检测。

3. 亲水系数

矿粉的亲水系数是指矿粉试样在水（极性介质）中膨胀的体积与同一试样在煤油（非极性介质）中膨胀的体积之比。亲水系数大于 1 的矿粉，表示矿粉对水的亲和力大于对沥青的亲和力，称为憎油矿粉。这种矿粉在水和沥青都存在的情况下，矿粉易与水发生反应，而与沥青的黏结力却很弱；相反，当亲水系数小于 1 时，表明矿粉对沥青有大于水的亲和力，由于矿粉憎水，故与沥青的黏结力很好。因此，在工程中必须选用亲水系数小于 1 的矿粉。为了鉴别矿粉的亲水性，必须检测矿粉的亲水系数。

4. 矿粉加热安定性

矿粉的加热安定性是指矿粉在加热过程中受热而不变质的性能。对于热拌沥青混合料，在施工中须对矿粉进行加热，而有些矿粉在受热后易发生变质，从而影响矿粉的质量，尤其是火成岩石粉，在受热拌和过程中会发生较严重的变质，因此，必须检测矿粉的加热安定性。

5. 矿粉塑性指数

矿粉的塑性指数是指矿粉液限含水率与塑限含水率之差，以百分率表示。它是评价矿粉中黏性土成分含量的指标。用于热拌沥青混合料的矿粉大部分是通过 0.075 mm 筛的非塑性的矿质粉末，即石灰石粉，为了增强沥青与酸性岩石的黏结力，有时需掺入适量的消石灰粉或水泥，但这样又会使矿粉的塑性指数增加，由于塑性指数高的石粉具有较大的吸水性和吸油性，并会由此产生膨润，使沥青混合料的强度降低，或者在水的作用下发生剥离。因此，用于沥青混合料的矿粉，其塑性指数不宜过高，按现行规范其最大值必须小于 4%。

在拌和厂采用干法除尘回收的粉尘可以代替一部分矿粉使用，湿法除尘的应经过干燥粉碎处理，且不得含有杂质。用量不得超过填料总量的 25%，塑性指数不得大于 4%，其余质量要求与矿粉相同。

粉煤灰烧失量应小于12%，与矿粉混合后的塑性指数应小于4%，其余质量要求与矿粉相同。粉煤灰的用量不宜超过填料总量的50%，与沥青黏聚力好，且水稳定性应满足要求。高速公路、一级公路、城市快速路和主干路的沥青面层不宜采用粉煤灰作填料。

为改善水稳定性，可采用干燥的磨细生石灰粉、消石灰粉或水泥作填料，用量不宜超过矿料总量的1%～2%。

职业活动训练　沥青路面用集料试验

实训36　粗集料针片状颗粒含量试验(游标卡尺法)

(一)试验目的与适用范围

1. 本方法适用于测定粗集料的针状及片状颗粒含量，以%计。

2. 本方法测定的针片状颗粒，是指用游标卡尺测定的粗集料颗粒的最大长度(或宽度)方向与最小厚度(或直径)方向的尺寸之比大于3的颗粒。有特殊要求采用其他比例时，应在试验报告中注明。

3. 本方法测定的粗集料中针片状颗粒的含量，可用于评价集料的形状和抗压碎能力，以评定石料生产厂的生产水平及该材料在工程中的适用性。

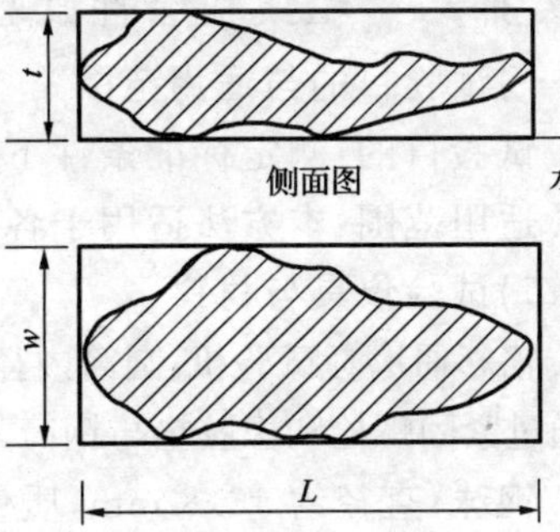

图5-8　针片状颗粒的测量

(二)试验仪具与材料

1. 标准筛：筛孔尺寸为4.75 mm方孔筛。

2. 游标卡尺：分度值为0.1 mm。

3. 天平：感量不大于1 g。

(三)试验操作方法和步骤

本实训的试验操作方法和步骤见表5-20。

表5-20　试验操作方法和步骤

序号	项目	内容与要求
1. 试验准备		
(1)	洗净、烘干	按规定方法，采集粗集料试样
(2)	备料	按分料器法或四分法选取约1 kg的试样。对每一种规格的粗集料，应按照不同的公称粒径，分别取样检验
2. 试验步骤		
(1)	过筛、称量	用4.75 mm标准筛将试样过筛，取筛上部分供试验用，称取试样的总质量m_0，精确至1 g，试样数量应不少于800 g，并不少于100颗。 注：对2.36～4.75 mm级粗集料，由于卡尺量取有困难，故一般不作测定
(2)	目测分选	将试样平摊于桌面上，首先用目测挑出接近立方体的颗粒，剩下可能属于针状(细长)和片状(扁平)的颗粒
(3)	用游标卡尺测	按上图所示的方法将欲测量的颗粒放在桌面上成一稳定的状态，图中颗粒平面方向的最大长度为L，侧面厚度的最大尺寸为t，颗粒最大宽度为$\omega(t<\omega<L)$，用卡尺逐颗测量石料的L及t，将$L/t\geqslant 3$的颗粒(即最大长度方向与最大厚度方向的尺寸之比大于3的颗粒)分别挑出作为针片状颗粒。称取针片状颗粒的质量m_1，精确至1 g

（续表）

序号	项目	内容与要求
3. 试验结果整理		
	计算针片状颗粒含量	$$Q_e=\frac{m_1}{m_0}\times 100\%$$ 式中 Q_e——针片状颗粒含量(%)； m_0——试验用的集料总质量(g)； m_1——针片状颗粒的质量(g)
	报告	试验要平行测定两次，计算两次结果的平均值，如两次结果之差小于平均值的 20%，取平均值为试验值；如大于或等于 20%，应追加测定一次，取三次结果的平均值为测定值。试验报告应报告集料的种类、产地、岩石名称、用途。

(四)试验记录

试验记录及结果整理填入《道路建筑材料实训报告》中。

实训 37　粗集料磨耗试验(洛杉矶法)

(一)试验目的与适用范围

1. 试验目的：测定标准条件下粗集料抵抗摩擦、撞击的能力，以磨耗损失(%)表示。

2. 适用范围：本方法适用于各种等级规格集料的磨耗试验。

(二)试验仪具与材料

1. 洛杉矶磨耗试验机：圆筒内径 710 mm±5 mm，内侧长 510 mm±5 mm，两端封闭，投料口钢盖通过紧固螺栓和橡胶垫与钢筒紧闭密封。筒的回转速率为 30～33 r/min。

2. 钢球：直径约 46.8 mm，质量为 390～450 g，大小稍有不同。

3. 台秤：感量 5 g。

4. 标准筛：符合要求的标准系列筛，以及 1.7 mm 的方孔筛一个。

5. 烘箱：温度控制在 105 ℃±5 ℃。

6. 容器：如搪瓷盘等。

(三)试验操作方法和步骤

粗集料洛杉矶试验条件见表 5-21。

表 5-21　粗集料洛杉矶试验条件

粒度类别	粒级组成/mm	试样质量/g	试样总质量/g	钢球数量/个	钢球总质量/g	回转次数/转	适用的粗集料	
							规格	公称粒径/mm
A	26.5～37.5 19～26.5 16～19 9.5～16	1 250±25 1 250±25 1 250±10 1 250±10	5 000±10	12	5 000±25	500		
B	19～26.5 16～19	2 500±10 2 500±10	5 000±10	11	4 850±25	500	S6 S7 S8	15～30 10～30 10～25
C	9.5～16 4.75～9.5	2 500±10 2 500±10	5 000±10	8	3 320±20	500	S9 S10 S11 S12	10～20 10～15 5～15 5～10
D	2.36～4.75	5 000±10	5 000±10	6	2 500±15	500	S13 S14	3～10 3～5

（续表）

粒度类别	粒级组成/mm	试样质量/g	试样总质量/g	钢球数量/个	钢球总质量/g	回转次数/转	适用的粗集料	
							规格	公称粒径/mm
E	63～75 53～63 37.5～53	2 500±50 2 500±50 5 000±50	10 000±100	12	5 000±25	1 000	S1 S2	40～75 40～60
F	37.5～53 26.5～37.5	5 000±50 5 000±25	10 000±75	12	5 000±25	1 000	S3 S4	30～60 25～50
G	26.5～37.5 19～26.5	5 000±25 5 000±25	10 000±50	12	5 000±25	1 000	S5	20～40

注：①表中 16 mm 也可用 13.2 mm 代替。

②A 级适用于未筛碎石混合料及水泥混凝土用集料。

③C 级中 S12 可全部采用 4.75～9.5 mm 颗粒 5 000 g；S9 及 S10 可全部采用 9.5～16 mm 颗粒 5 000 g。

④E 级中 S2 中缺少 63～75 mm 颗粒可用 53～63 mm 颗粒代替。

本实训的试验操作方法和步骤见表 5-22。

表 5-22　试验操作方法和步骤

序号	项目	内容与要求
1.试验准备		
(1)	洗净、烘干	将不同规格的集料用水冲洗干净，置烘箱中烘干至恒重
(2)	备料	对所使用的集料，根据实际情况按粗集料洛杉矶试验条件表选择最接近的粒级类别，确定相应的试验条件，按规定的粒级组成备料、筛分。其中沥青路面及各种基层、底基层的粗集料，表中的 16 mm 筛孔也可用 13.2 mm 筛孔代替
2.试验步骤		
(1)	称量、装筒	分级称量(精确至 5 g)，称取总质量 m_1，装入磨耗机圆筒中
(2)	加入钢球	选择钢球，使钢球的数量及总质量符合表中规定，将钢球加入钢筒中，盖好筒盖，紧固密封
(3)	设定转数，开机	将计数器调整到零位，设定要求的回转次数，对水泥混凝土集料，回转次数为 500 转，对沥青混合料集料，回转次数应符合上表的要求。开动磨耗机，以 30～33 r/min 转速转动至要求的回转次数为止
(4)	倒出试样	取出钢球，将经过磨耗后的试样从投料口倒入接受容器(搪瓷盘)中
(5)	过筛	将试样用 1.7 mm 的方孔筛过筛，筛去试样中被撞击磨碎的细屑
(6)	洗净、烘干、称量	用水冲干净留在筛上的碎石，置 105 ℃±5 ℃烘箱中烘干至恒重(通常不少于 4 h)，准确称量其质量 m_2
3.试验结果整理		
计算粗集料洛杉矶磨耗损失		计算粗集料洛杉矶磨耗损失，精确至 0.1%。 $$Q=\frac{m_1-m_2}{m_1}\times 100\%$$ 式中　Q——洛杉矶磨耗损失(%)； m_1——装入圆筒中试样质量(g)； m_2——试验后在 1.7 mm 筛上洗净烘干的试样质量(g)
试验报告		试验报告应记录所使用的粒级类别和试验条件
允许误差		粗集料的磨耗损失取两次平行试验结果的算术平均值为测定值，两次试验的差值应不大于 2%，否则须重做试验

（四）试验记录

试验记录及结果整理填入《道路建筑材料实训报告》中。

实训 38　细集料砂当量试验

（一）目的与适用范围

1. 试验目的：本方法适用于测定天然砂、人工砂、石屑等各种细集料中所含的黏性土或杂质的含量，以评定集料的洁净程度。砂当量用 *SE* 表示。

2. 适用范围：本方法适用于公称最大粒径不超过 4.75 mm 的集料。

（二）试验仪具与试剂

1. 仪具

透明圆柱形试筒、冲洗管、透明玻璃或塑料桶、橡胶管（或塑料管）、配重活塞、机械振荡器、天平（称量 1 kg，感量不大于 0.1 g）、烘箱、秒表、标准筛（筛孔为 4.75 mm）、温度计、广口漏斗（玻璃或塑料制，口的直径约为 100 mm）、钢板尺（长 50 cm，刻度 1 mm）、量筒（500 mL）、烧杯（1 L）、塑料桶（5 L）、刷子、盘子、刮刀、勺子等。

2. 试剂

(1)无水氯化钙（$CaCl_2$）：分析纯，含量 96%以上，分子量 110.99，纯品为无色立方结晶，在水中溶解度大，溶解时放出大量热，它的水溶液呈微酸性，具有一定的腐蚀性。

(2)丙三醇（$C_3H_8O_3$）：又称甘油，分析纯，含量 98%以上，分子量 92.09。

(3)甲醛（HCHO）：分析纯，含量 36%以上，分子量 30.03。

(4)洁净水或纯净水。

（三）试验操作方法和步骤

本实训的试验操作方法和步骤见表 5-23。

表 5-23　试验操作方法和步骤

序号	项目	内容与要求
1. 试样制备		
(1)	取样、润湿	将样品通过孔径 4.75 mm 筛，去掉筛上的粗颗粒部分，试样数量不少于 1 000 g。如样品过分干燥，可在筛分之前加少量水分润湿（含水率约为 3%），用包橡胶的小锤打碎土块，然后再过筛，以防止将土块作为粗颗粒筛除。当粗颗粒部分被在筛分时不能分离的杂质裹覆时，应将筛上部分的粗集料进行清洗，并回收其中的细粒放入试样中
(2)	测定试样含水率	测定试样含水率，试验用的样品，在测定含水率和取样试验期间不要丢失水分。由于试样是加水湿润过的，对试样含水率应按现行含水率测定方法进行，含水率以两次测定的平均值计，精确至 0.1%。经过含水率测定的试样不得用于试验
(3)	计算试样的湿重	根据测定的含水率按下式计算相当于 120 g 干燥试样的样品湿重，精确至 0.1 g： $m_1=\frac{120\times(100+\omega)}{100}$ 式中　ω——集料试样的含水率(%)； m_1——相当于干燥试样 120 g 时的潮湿试样的质量(g)
2. 配制冲洗液		
(1)	配制冲洗液	根据需要确定冲洗液的数量，通常一次配制 5 L，约可进行 10 次试验。如试验次数较少，可以按比例减少，但不宜少于 2 L，以减小试验误差。冲洗液的浓度以每升冲洗液中的氯化钙、甘油、甲醛含量分别为 2.79 g、12.12 g、0.34 g 控制。称取配制 5 L 冲洗液的各种试剂用量：氯化钙 14.0 g、甘油 60.6 g、甲醛 1.7 g

（续表）

序 号	项 目	内容与要求
(2)	溶解无水氯化钙	称取无水氯化钙14.0 g放入烧杯中，加洁净水30 mL充分溶解，此时溶液温度会升高，待溶液冷却至室温，观察是否有不溶的杂质，若有杂质必须用滤纸将溶液过滤，以除去不溶的杂质
(3)	加入甘油和甲醛	然后倒入适量洁净水稀释，加入甘油60.6 g，用玻璃棒搅拌均匀后再加入甲醛1.7 g，用玻璃棒搅拌均匀后全部倒入1 L量筒中，并用少量洁净水分别对盛过3种试剂的器皿洗涤3次，每次洗涤的水均放入量筒中，最后加入洁净水至1 L刻度线
(4)	稀释冲洗液	将配制的1 L溶液倒入塑料桶或其他容器中，再加入4 L洁净水或纯净水稀释至5 L±0.005 L。该冲洗液的使用期限不得超过2周，超过2周后必须废弃，其工作温度为22 ℃±3 ℃

3.试验步骤

(1)	加入冲洗液	用冲洗管将冲洗液加入试筒，直到最下面的100 mm刻度处(约需80 mL试验用冲洗液)
(2)	加入试样	把相当于120 g±1 g干料重的湿样用漏斗仔细地倒入竖立的试筒中
(3)	润湿试样	用手掌反复敲打试筒下部，以除去气泡，并使试样尽快润湿，然后放置10 min
(4)	静置	在试样静置10 min±1 min后，在试筒上塞上橡胶塞堵住试筒，用手将试筒横向水平放置，或将试筒水平固定在振荡机上
(5)	振荡	开动机械振荡器，在30 s±1 s的时间内振荡90次。用手振荡时，仅需手腕振荡，不必晃动手臂，以维持振幅230 mm±25 mm，振荡时间和次数与机械振荡器同。然后将试筒取下竖直放回试验台上，拧下橡胶塞
(6)	冲洗集料	将冲洗管插入试筒中，用冲洗液冲洗附在试筒壁上的集料，然后迅速将冲洗管插到试筒底部，不断转动冲洗管，使附着在集料表面的土粒杂质浮游上来
(7)	静置	缓慢匀速向上拔出冲洗管，当冲洗管抽出液面，且保持液面位于380 mm刻度线时，切断冲洗管的液流，使液面保持在380 mm刻度线处，然后开动秒表在没有扰动的情况下静置20 min±15 s
(8)	量测 h_1	在静置20 min后，用尺量测从试筒底部到絮状凝结物上液面的高度 h_1
(9)	量测 h_2	将配重活塞缓缓插入试筒里，直至碰到沉淀物时，立即拧紧试筒上的固定螺丝。将活塞取出，用直尺插入试筒开口中，量取试筒顶面至活塞底面的高度 h_2，精确至1 mm，同时记录试筒内的温度，精确至1 ℃

4.试验结果整理

砂当量	试样的砂当量值按下式计算： $$SE=\frac{h_2}{h_1}\times 100\%$$ 式中 SE——试样的砂当量(%)； h_2——试筒中用活塞测定的集料沉淀物的高度(mm)； h_1——试筒中絮凝物和沉淀物的总高度(mm)
试验报告	一种集料应平行测定两次，取两个试样的平均值，以活塞测得砂当量为准，并以整数表示

(四)试验记录

试验记录及结果整理填入《道路建筑材料实训报告》中。

实训39 矿粉亲水系数试验

(一)试验目的与适用范围

矿粉的亲水系数即矿粉试样在水(极性介质)中膨胀的体积与同一试样在煤油(非极性介质)中膨胀的体积之比，用于评价矿粉与沥青结合料的黏附性能。本方法也适用于测定供拌制沥青混合料用的其他填料如水泥、石灰、粉煤灰的亲水系数。

(二)试验仪具与材料

1.量筒:量程为 50 mL 两个,刻度值 0.5 mL。

2.研钵及有橡皮头的研杵。

3.天平:感量不大于 0.01 g。

4.煤油:在温度 270 ℃分馏得到的煤油,并经杂黏土过滤而得到(过滤用杂黏土应先经加热至 250 ℃并持续 3 h,待其冷却后使用)。

5.烘箱。

三、试验操作方法和步骤

本实训的试验操作方法和步骤见表 5-24。

表 5-24　试验操作方法和步骤

序号	项目	内容与要求
1.试验步骤		
(1)	矿粉加入蒸馏水	称取烘干至恒重的矿粉 5 g(精确至 0.01 g),将其放在研钵中,加入 15～30 mL 蒸馏水,用橡皮研杵仔细磨 5 min,然后用洗瓶把研钵中的悬浮液冲洗移入量筒中,使量筒中的液面恰为 50 mL。然后用玻璃棒搅和悬浮液
(2)	矿粉加入煤油	同上法将另一份同样重量的矿粉,用煤油仔细研磨后将悬浮液冲洗移入另一量筒中,液面亦为 50 mL
(3)	静置	将上两量筒静置,使量筒内液体中的颗粒沉淀
(4)	记录体积	每天两次记录沉淀物的体积,直至体积不变为止
2.试验结果整理		
	亲水系数	$$\eta=\frac{V_B}{V_H}$$ 式中 η——亲水系数,无量纲; V_B——水中沉淀物体积(mL); V_H——煤油中沉淀物体积(mL)
	试验报告	平行测定两次,以两次测定值的平均值作为试验结果

(四)试验记录

试验记录及结果整理填入《道路建筑材料实训报告》中。

实训 40　沥青与粗集料的黏附性试验

(一)试验目的与适用范围

本试验适用于检验沥青与粗集料表面的黏附性及评定粗集料的抗水剥离能力。对于最大粒径大于 13.2 mm 的集料应用水煮法,对于最大粒径小于或等于 13.2 mm 的集料应用水浸法。对同一种料源集料最大粒径既有大于又有小于 13.2 mm 的不同集料时,取大于 13.2 mm 水煮法试验为标准,对细粒式沥青混合料应以水浸法试验为标准。

(二)仪具与材料

天平(称量 500 g,感量不大于 0.01 g),恒温水槽,拌和用小型容器(500 mL),烧杯(1 000 mL),试验架,细线(尼龙线或棉线、铜丝线),铁丝网,标准筛,电炉、燃气炉,玻璃板(约为 200 mm×200 mm),搪瓷盘(约为 300 mm×400 mm),拌和铲,石棉网,纱布,手套等。

三、试验操作方法和步骤

本实训的试验操作方法和步骤见表 5-25。

表 5-25　　试验操作方法和步骤

序　号	项　目	内容与要求
1. 水煮法试验准备		
(1)	集料烘干	将集料过 13.2 mm、19 mm 的筛，取粒径 13.2～19 mm 形状接近立方体的规则集料 5 个，用洁净水洗净，置入温度为 105 ℃±5 ℃的烘箱中烘干，然后放在干燥器中备用
(2)	水煮沸	将大烧杯中盛水，并置加热炉的石棉网上煮沸
(3)	集料、沥青预热	将集料逐个用细线在中部系牢，再置入 105 ℃±5 ℃烘箱内烘 1 h。按规定方法准备沥青试样
2. 水煮法试验步骤		
(1)	沥青裹覆集料	逐个用线提起加热的集料颗粒，浸入预先加热的沥青(石油沥青 130～150 ℃)中 45 s 后，轻轻拿出，使集料颗粒完全为沥青膜所裹覆
(2)	悬挂冷却	将裹覆沥青的集料颗粒悬挂于试验架上，下面垫一张纸，使多余的沥青流掉，并在室温下冷却 15 min
(3)	浸入沸水中	待集料颗粒冷却后，逐个用线提起，浸入盛有煮沸水的大烧杯中央，调整加热炉，使烧杯中的水保持微沸状态，但不允许有沸开的泡沫
(4)	浸煮 3 min	浸煮 3 min 后，将集料从水中取出，适当冷却，然后放入一个盛有常温水的纸杯等容器中，在水中观察集料颗粒上沥青膜的剥落程度，并评定其黏附性等级
试验报告		同一试样应平行试验 5 个集料颗粒，并由两名以上经验丰富的试验人员分别评定后，取平均等级作为试验结果
3. 水浸法试验准备		
(1)	集料烘干	将集料过 9.5 mm、13.2 mm 筛，取粒径 9.5～13.2 mm 形状规则的集料 200 g，洗净并置温度为 105 ℃±5 ℃的烘箱中烘干，然后放在干燥器中备用
(2)	准备沥青	准备沥青试样，并加热至要求的沥青与集料的拌和温度
(3)	准备热水	将煮沸过的热水注入恒温水槽中，并保持温度 80 ℃±1 ℃
4. 水浸法试验步骤		
(1)	沥青和集料加热	按四分法称取集料颗粒(9.5～13.2 mm)100 g 置搪瓷盘中，连同搪瓷盘一起放入已升温至沥青拌和温度以上 5 ℃的烘箱中持续加热 1 h。按每 100 g 矿料加入沥青 5.5 g±0.2 g 的比例称取沥青，精确至 0.1 g，放入小型拌和容器中，一起置入同一烘箱中加热 15 min
(2)	拌和沥青和集料	将搪瓷盘中的集料倒入拌和容器的沥青中后，从烘箱中取出拌和容器，立即用金属铲均匀拌和 1～1.5 min，使集料完全被沥青薄膜裹覆。然后，立即取 20 个裹有沥青的集料，用小铲移至玻璃板上摊开，并置室温下冷却 1 h
(3)	浸水	将放有集料的玻璃板浸入温度为 80 ℃±1 ℃的恒温水槽中，保持 30 min，并将剥离及浮于水面的沥青，用纸片捞出
(4)	观察结果	由水中小心取出玻璃板，浸入水槽内的冷水中，仔细观察裹覆集料的沥青薄膜的剥落情况。由两名以上经验丰富的试验人员分别目测，评定剥离面积的百分率，评定后取平均值表示

5. 试验结果整理

	试验后集料表面上沥青膜剥落情况	黏附性等级
评定黏附性等级	沥青膜完全保存，剥离面积百分率接近于 0	5
	沥青膜少部分为水所移动，厚度不均匀，剥离面积百分率小于 10%	4
	沥青膜局部明显地为水所移动，基本保留在集料表面上，剥离面积百分率小于 30%	3
	沥青膜大部分为水所移动，局部保留在集料表面上，剥离面积百分率大于 30%	2
	沥青膜完全为水所移动，集料基本裸露，沥青全浮于水面上	1

(四)试验记录

试验记录及结果整理填入《道路建筑材料实训报告》中。

三、沥青混合料

沥青混合料是由矿料与沥青结合料拌和而成的混合料总称。

(一)沥青混合料特点、分类和使用性能的气候分区

1. 沥青混合料的特点

(1)沥青混合料是一种弹塑黏性材料,因而它具有一定的高温稳定性和低温抗裂性。无需设置施工缝和伸缩缝,路面平整且有弹性,行车比较舒服。

(2)沥青混合料路面有一定的粗糙度,雨天具有良好的抗滑性,而且沥青路面为黑色,无强烈反光,行车比较安全。

(3)施工方便,速度快,养护期短,能及时开放交通。

(4)沥青混合料路面可分期改造和再生利用。随着道路交通量的增大,可以对原有路面拓宽和加厚。对旧有的沥青混合料,可以运用现代技术,再生利用,以节约原材料。

(5)晴天无尘,雨天不泞,便于汽车高速行驶。

由于具有以上优点,沥青混合料广泛应用于各类道路路面。但是沥青混合料也有一些缺点:如老化现象引起路面破坏;另外,温度稳定性差,夏季高温时易软化,路面易产生车辙、波浪等现象。冬季低温时易脆裂,在车辆重复荷载作用下易产生裂缝。

2. 沥青混合料的分类

(1)按矿质混合料级配类型分类

①连续级配混合料:沥青混合料中的矿料从大到小各级粒径都有,按比例相互搭配组成的混合料,称为连续级配混合料。

②间断级配混合料:矿料中缺少一个或者几个粒径而形成的沥青混合料,称为间断级配混合料。

(2)按结合材料分类

①石油沥青混合料:以石油沥青为结合料的沥青混合料,包括黏稠石油沥青、乳化石油沥青及液体石油沥青。

②煤沥青混合料:以煤沥青为结合料的沥青混合料。

(3)按集料公称最大粒径分类

①特粗式沥青混合料:集料公称最大粒径等于或大于 31.5 mm 的沥青混合料。

②粗粒式沥青混合料:集料公称最大粒径等于或大于 26.5 mm 的沥青混合料。

③中粒式沥青混合料:集料公称最大粒径为 16 mm 或 19 mm 的沥青混合料。

④细粒式沥青混合料:集料公称最大粒径为 9.5 mm 或 13.2 mm 的沥青混合料。

⑤砂粒式沥青混合料:集料公称最大粒径等于或小于 4.75 mm 的沥青混合料。

(4)按矿料级配组成及空隙率大小分类

①密级配沥青混合料:按密实级配原理设计组成的各种粒径颗粒的矿料与沥青结合料拌和而成,设计空隙率较小的密实式沥青混凝土混合料(以 AC 表示)和密实式沥青稳定碎石混合料(以 ATB 表示)。按关键性筛孔通过率的不同又可分为粗型(C 型)和细型(F 型)密级配沥青混合料等。

②半开级配沥青碎石混合料：由适当比例的粗集料、细集料及少量填料(或不加填料)与沥青结合料拌和而成，剩余空隙率在6%～12%的半开式沥青碎石混合料(以AM表示)。

③开级配沥青混合料：矿料级配主要由粗集料嵌挤组成，细集料及填料较少，设计孔隙率为18%的混合料。

(5)按沥青混合料拌和及铺筑温度分类

①热拌热铺沥青混合料：采用黏稠沥青作为结合料，将沥青与矿料在热态下拌和、热态下铺筑施工的沥青混合料。由于在高温下拌和，沥青与矿质集料能形成良好的黏结，因而具有较高的强度。高等级公路和城市干道多采用这种沥青混合料。

②冷拌冷铺沥青混合料：采用乳化沥青、稀释沥青或者低黏度的沥青材料，在常温下与集料直接拌和成混合料，在常温下摊铺、碾压成路面。这种沥青混合料由于沥青与集料裹覆性差，黏结不良，路面成型慢，强度低，一般只适用于低交通道路，或者路面局部维修。

③热拌冷铺沥青混合料：用黏度较低的沥青与集料在热态下拌和成混合料，在常温下储存起来，使用时在常温下直接在路面上摊铺压实。这种混合料一般用作为沥青路面的养护材料。

3.沥青混合料使用性能的气候分区

沥青混合料的物理力学性质与使用环境，如气候温度和湿度关系密切。因此，在选择沥青胶结材料、进行沥青混合料配合比设计、检验沥青混合料的使用性能时，应考虑沥青路面工程所处的环境因素，尤其是温度和湿度。所以，应按照不同气候分区特点对沥青混合料的技术性能提出相应的要求。沥青路面使用性能气候分区见表5-26。

表5-26 沥青路面使用性能气候分区

<table>
<tr><td rowspan="3">高温分区</td><td>高温气候区</td><td colspan="4">1</td><td colspan="4">2</td><td colspan="4">3</td></tr>
<tr><td>气候区名称</td><td colspan="4">夏炎热区</td><td colspan="4">夏热区</td><td colspan="4">夏凉区</td></tr>
<tr><td>最热月平均最高气温/℃</td><td colspan="4">>30</td><td colspan="4">20～30</td><td colspan="4"><20</td></tr>
<tr><td rowspan="3">低温分区</td><td>低温气候区</td><td colspan="3">1</td><td colspan="3">2</td><td colspan="3">3</td><td colspan="3">4</td></tr>
<tr><td>气候区名称</td><td colspan="3">冬严寒区</td><td colspan="3">冬寒区</td><td colspan="3">冬冷区</td><td colspan="3">冬温区</td></tr>
<tr><td>极端最低气温/℃</td><td colspan="3"><-37.5</td><td colspan="3">(-37.5)～(-21.5)</td><td colspan="3">(-21.5)～(-9.0)</td><td colspan="3">>(-9.0)</td></tr>
<tr><td rowspan="3">雨量分区</td><td>雨量气候区</td><td colspan="3">1</td><td colspan="3">2</td><td colspan="3">3</td><td colspan="3">4</td></tr>
<tr><td>气候区名称</td><td colspan="3">潮湿区</td><td colspan="3">湿润区</td><td colspan="3">半干区</td><td colspan="3">干旱区</td></tr>
<tr><td>年降雨量/mm</td><td colspan="3">>1 000</td><td colspan="3">1 000～500</td><td colspan="3">500～250</td><td colspan="3"><250</td></tr>
</table>

(1)气候分区指标

采用工程所在地最近30年内最热月份平均日最高气温的平均值，作为反映沥青路面在高温和重载条件下出现车辙等流动变形的气候因子，并作为气候分区的一级指标，按照设计高温指标，一级区划分为3个区。

采用工程所在地最近30年内的极端最低气温，作为反映沥青路面由于温度收缩产生裂缝的气候因子，并作为气候分区的二级指标，按照设计低温指标，二级区划分为4个区。

采用工程所在地最近30年内的年降雨量的平均值，作为反映沥青路面受水影响的气候因子，并作为气候分区的三级指标，按照设计雨量指标，三级区划分为4个区。

(2)气候分区的确定

沥青路面使用性能气候分区由一、二、三级区划组合而成，以综合反映该地区的气候特征。每个气候分区用 3 个数字表示，第一个数字代表高温分区，第二个数字代表低温分区，第三个数字代表雨量分区。数字越小表示气候因素越严重。

(二)热拌沥青混合料强度理论、技术性质和技术标准

热拌沥青混合料是经人工组配的矿质混合料与黏稠沥青在专门设备中加热拌和而成，用保温运输工具运送至施工现场，并在热态下进行摊铺和压实的混合料，通称热拌热铺沥青混合料。

热拌沥青混合料适用于各种等级公路的沥青路面。其种类按集料最大公称粒径、矿料级配、空隙率划分，分类见表 5-27。

表 5-27　　热拌沥青混合料类型

混合料类型	密级配			开级配		半开级配	公称最大粒径/mm	最大粒径/mm
	连续级配		间断级配	间断级配		沥青稳定碎石		
	沥青混凝土	沥青稳定碎石	沥青玛蹄脂碎石	排水式沥青磨耗层	排水式沥青基层			
特粗式	—	ATB-40	—	—	ATPB-40	—	37.5	53
粗粒式	—	ATB-30	—	—	ATPB-30	—	31.5	37.5
	AC-25	ATB-25	—	—	ATPB-25	—	26.5	31.5
中粒式	AC-20	—	SMA-20	—	—	AM-20	19	26.5
	AC-16	—	SMA-16	OGFC-16	—	AM-16	16	19
细粒式	AC-13	—	SMA-13	OGFC-13	—	AM-13	13.2	16
	AC-10	—	SMA-10	OGFC-10	—	AM-10	9.5	13.2
砂粒式	AC-5	—	—	—	—	AM-5	4.75	9.5
设计空隙率/%	3～5	3～6	3～4	＞18	＞18	6～12	—	—

注：空隙率可按配合比设计要求调整。

1. 热拌沥青混合料组成结构

沥青混合料是由沥青、粗集料、细集料和矿粉以及外加剂所组成的一种复合材料。这些组成材料在混合料中，由于组成材料质量的差异和数量的多少，可形成不同的组成结构，并具有不同的力学性能。

热拌沥青混合料是沥青混合料中最典型的品种，其他各种沥青混合料均由其发展而来。

(1)结构理论

目前沥青混合料组成结构理论有两种：

第一种为表面理论，指沥青混合料由粗集料、细集料和填料组成密实的矿质骨架，沥青分布在矿质骨架的表面，将它们胶结成为具有一定强度的整体型材料。

第二种为胶浆理论，指沥青混合料是多级空间网络状结构的多级分散系，主要分为三分散系：粗分散系、细分散系和微分散系，如图 5-9 所示。

在这两种理论中，前一种理论强调的是矿质集料的骨架作用，起主导作用的是矿料的强度及其级配的密实度；后一种理论是强调沥青胶结物在混合料中的作用，起主导作用的是沥青与填料之间的关系。

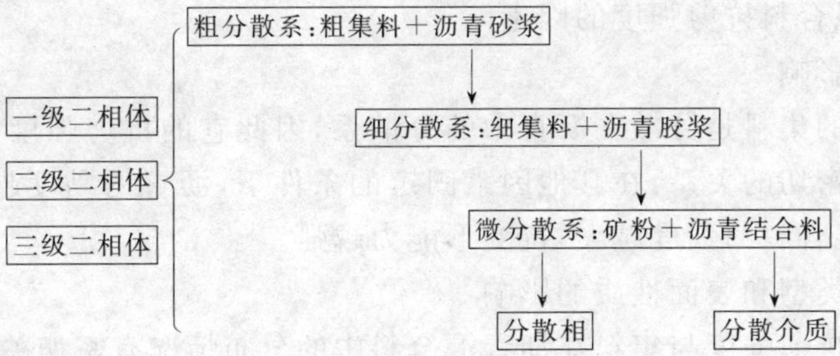

图 5-9　沥青混合料的三级分散系

(2)结构类型

①悬浮-密实结构：悬浮-密实结构是指密级配的混合料结构。混合料中粒径较大的颗粒被较小的颗粒挤开，不能直接形成骨架结构，彼此分离悬浮于较小颗粒和沥青胶浆之间，而较小颗粒与沥青胶浆较为密实，形成了悬浮-密实结构，如图 5-10(a)所示。这种结构的沥青混合料密实度较大，水稳定性、低温抗裂性和耐久性较好，但是热稳定性差。

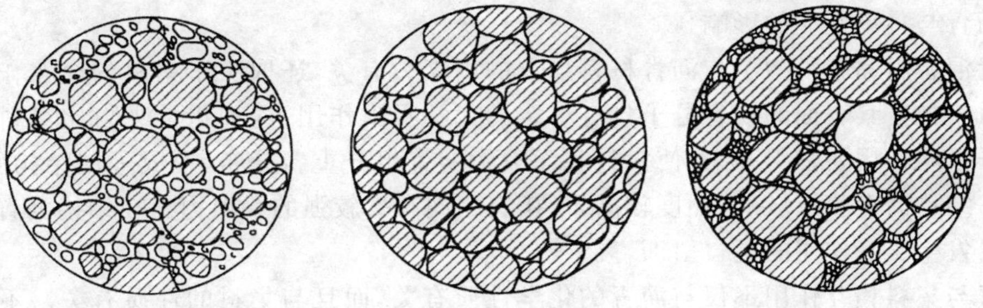

(a) 悬浮－密实结构　(b) 骨架－空隙结构　(c) 骨架－密实结构

图 5-10　沥青混合料的典型组成结构

②骨架-空隙结构：骨架-空隙结构是一种连续开级配的混合料。混合料中粗集料较多，彼此接触可以形成骨架，细集料较少不足以填满骨架空隙，压实后混合料中的空隙较大，形成骨架-空隙结构，如图 5-10(b)所示。该结构沥青混合料空隙率较大，渗透性较大，耐久性差，但是热稳定性好。

③骨架-密实结构：骨架-密实结构是一种间断级配的混合料。混合料中有足够的粗集料形成骨架，同时又有足够的细集料和沥青胶浆充填骨架空隙，形成骨架-密实结构，如图 5-10(c)所示。该结构沥青混合料具有上述两种结构的优点，是一种较为理想的结构类型。

2. 热拌沥青混合料结构强度及影响因素

(1)沥青混合料结构强度的构成

沥青混合料的抗剪强度主要由集料颗粒之间嵌锁力(内摩阻角)以及沥青与集料之间产生的黏聚力及沥青自身的黏聚力构成，一般采用库伦公式进行分析。

$$\tau = c + \sigma \tan\varphi \tag{5-5}$$

式中　τ——沥青混合料的抗剪强度(MPa)；

c——沥青混合料的黏聚力(MPa)；

φ——沥青混合料的内摩阻角(rad)；

σ——试验时的正应力(MPa)。

(2)影响沥青混合料抗剪强度的因素

①沥青黏度的影响

沥青混合料中的集料是分散在沥青中的分散系,因此它的抗剪强度与分散相的浓度和分散介质黏度有着密切的关系,在其他因素固定的条件下,沥青的黏度越大,则沥青混合料黏聚力越大,沥青混合料的强度越大,抗变形能力越强。

②矿料的级配类型和表面性质的影响

沥青混合料的抗剪强度与集料在沥青混合料中的分布情况有密切关系。沥青混合料有密级配、开级配和间断级配等不同组成结构类型,集料级配类型是影响沥青混合料抗剪强度的因素之一。

此外,集料的种类、粗度、颗粒形状和表面粗糙度等特性对沥青混合料的抗剪强度也有较大影响。通常具有棱角,形状接近立方体,表面有明显的粗糙度的集料,配制的沥青混合料的抗剪强度较高。集料越粗,配制的沥青混合料内摩阻角也越大,相同粒径组成的集料,卵石的内摩阻角比碎石的内摩阻角低。

③沥青与集料性质的影响

沥青混合料黏聚力除了与沥青材料自身的内聚力有关,还取决于集料的交互作用。集料颗粒对于包裹其表面的沥青分子具有一定的化学吸附作用,这种化学吸附比集料与沥青间的分子吸附作用要强得多,并使集料表面吸附沥青组分重新分布,形成一层结构膜,即结构沥青。结构沥青膜层较薄,黏度较高,与矿料之间有着较强的黏聚力。在结构沥青层之外未与矿料发生交互作用的是自由沥青。

沥青与集料相互作用不仅与沥青的化学性质有关,而且与集料的性质有关。不同性质集料表面形成不同组成结构和厚度的结构膜。石灰岩颗粒表面形成的结构膜较好,而在石英岩颗粒表面形成的结构膜发育较差。所以在沥青混合料中,当采用石灰石集料时,沥青混合料具有较高的黏聚力。

沥青混合料的黏聚力既取决于结构沥青的比例,也取决于集料颗粒之间的距离。当集料之间距离很近,并由黏度增加的结构沥青相互黏结时,如图 5-11(a)所示,沥青混合料具有较高的黏聚力,反之,如果集料颗粒以自由沥青相互黏结,如图 5-11(b)所示,则沥青混合料的黏聚力较低。

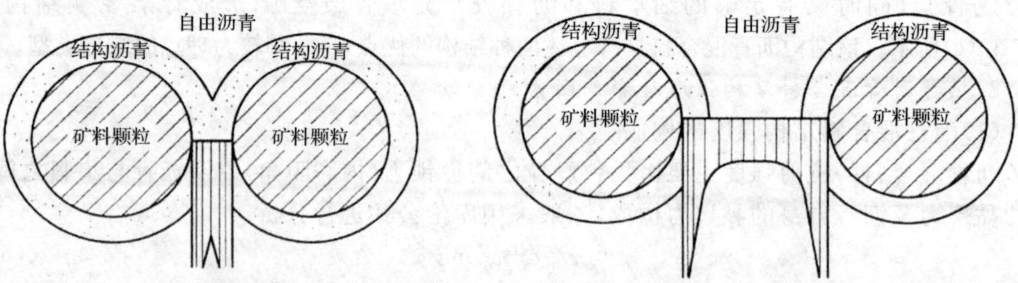

(a) 矿料颗粒之间为结构沥青黏结，黏聚力较大　　(b) 矿料颗粒之间为自由沥青黏结，黏聚力较小

图 5-11　沥青与矿料交互作用示意图

④沥青用量的影响

在沥青和集料的质量不变的情况下,沥青与集料的比例是影响沥青混合料抗剪强度的重要因素,不同沥青用量的沥青混合料结构图如图 5-12 所示。

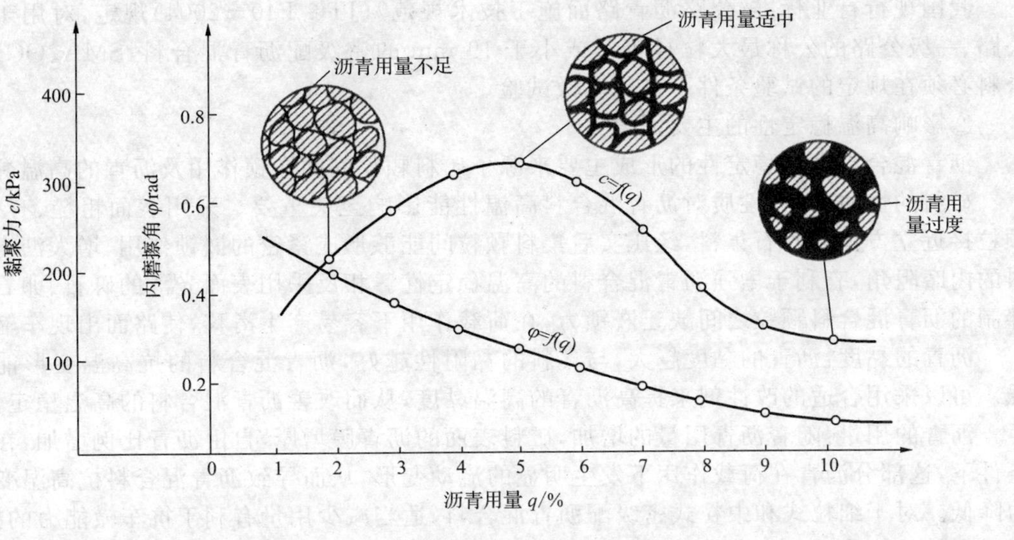

图 5-12　沥青用量对沥青混合料强度的影响

沥青用量过少，沥青不足在集料颗粒表面形成结构沥青，沥青混合料的黏聚力较低。随着沥青用量的增加，逐渐形成结构沥青，沥青混合料的黏聚力随着沥青用量的增加而增大，当沥青用量适宜时，沥青混合料具有最大的黏聚力。随后，如沥青用量继续增加，由于沥青用量过多，逐渐将集料颗粒推开，在矿料颗粒之间形成自由沥青，则沥青混合料的黏聚力随着沥青用量的增加而降低，此时，沥青不仅是黏结剂，而且起着润滑剂的作用，因此沥青混合料的黏聚力降低。

⑤温度和荷载作用速率的影响

温度的影响：随着温度的升高，沥青的黏度降低，沥青混合料的黏聚力显著降低，内摩阻角同时也受温度变化的影响，但变化幅度小。

变形速率的影响：沥青的黏度随着变形速率的增加而增加，沥青混合料的黏聚力也随着变形速率的增加而显著提高，而内摩阻角随变形速率的变化相对较小。

3. 沥青混合料的技术性质

(1)高温稳定性

沥青混合料的高温稳定性是指混合料在夏季高温（通常为 60 ℃）的条件下，经车辆荷载长期重复作用后，不产生车辙和波浪等病害的性能。

①高温稳定性的评价方法及评价指标

我国现行行业标准《公路沥青路面施工技术规范》(JTG F40－2004)规定，采用马歇尔稳定度试验来评价沥青混合料高温稳定性；对于高速公路、一级公路、城市快速路、主干路用沥青混合料，还应通过车辙试验检验其抗车辙能力。

马歇尔稳定度试验：马歇尔稳定度试验用于测定沥青混合料试件在规定温度和荷载速度下的破坏荷载和抗变形能力。目前普遍是测定马歇尔稳定度(*MS*)、流值(*FL*)两项指标。稳定度是指试件破坏时承受的最大荷载(kN)；流值是指达到最大破坏荷载时试件的垂直变形(mm)。

车辙试验：车辙试验是一种模拟车辆轮胎在路面上滚动形成车辙的工程试验方法，试验结果较为直观，且与沥青路面车辙深度之间有着较好的相关性。目前我国的车辙试验是用标准成型方法，制成 300 mm×300 mm×(50～100)mm 的沥青混合料试件，在 60 ℃的温度条件下，以一定荷载的轮子在同一轨迹上作一定时间的反复行走，形成一定的车辙深度，然后计算产生 1 mm 车辙变形所需要的行走次数，即为动稳定度(次/mm)。

我国现行行业标准《公路沥青路面施工技术规范》(JTG F40－2004)规定，对用于高速公路、一级公路的公称最大粒径等于或小于 19 mm 的密级配沥青混合料，SMA、OGFC 混合料必须在规定的试验条件下进行车辙试验。

②影响高温稳定性的主要因素

沥青混合料高温稳定性的形成主要来源于矿料颗粒间的嵌锁作用及沥青的高温黏度。

矿料的性质：矿料性质对沥青混合料高温性能影响至关重要。采用表面粗糙、有棱角、颗粒接近立方体的碎石集料，经压实后集料颗粒间能够形成紧密的嵌锁作用，增大沥青混合料的内摩阻角，有利于增强沥青混合料的高温稳定性。相反采用表面光滑的砾石、卵石集料拌制的沥青混合料颗粒之间缺乏嵌锁力，在荷载作用下容易产生滑移，使路面出现车辙。

沥青的黏度：沥青的黏度越大，与集料的黏附性越好，沥青混合料的抗高温变形能力越强。可以采用合适的改性剂来提高沥青的高温黏度，从而改善沥青混合料的高温稳定性。

沥青的用量：随着沥青用量的增加，矿料表面的沥青膜增厚，自由沥青比例增加，在高温条件下，这部分沥青在荷载作用下发生明显的流动变形，从而导致沥青混合料抗高温变形能力降低。对于细粒式和中粒式密级配沥青混合料，适当减少用量有利于抗车辙能力的提高。但对于粗粒式或开级配沥青混合料，不能简单地靠采用减少沥青用量来提高抗车辙能力。

(2)低温抗裂性

沥青混合料的低温抗裂性是指沥青混合料在低温下抵抗断裂破坏的能力。当冬季气温降低时，沥青面层将产生体积收缩，而在基层结构与周围材料的约束作用下，沥青混合料不能自由收缩。当降温速率较慢时，不会对沥青路面产生较大的危害。但当气温骤降时，导致沥青路面出现裂缝造成路面的损坏。因此要求沥青混合料具有一定的低温抗裂性。

我国现行行业标准《公路沥青路面施工技术规范》(JTG F40－2004)规定，采用低温弯曲试验的破坏应变指标作为评价改性沥青混合料的低温抗裂性的指标。

影响沥青混合料低温性能的主要因素是沥青黏度和温度敏感性。因此在沥青混合料组成设计中，应选用黏度和温度敏感性较低的沥青，以提高沥青混合料的低温抗裂能力。级配对沥青混合料的低温抗裂性能没有显著的影响。

(3)耐久性

沥青混合料的耐久性，是指其在长期使用过程中抵抗环境因素及行车荷载反复作用下保持正常使用状态而不出现剥落和松散等损坏的能力。

影响沥青混合料耐久性的因素很多，如沥青的化学性质、矿料的矿物成分、沥青混合料的组成结构(残留空隙率、沥青饱和度)等。沥青的化学性质和矿料的矿物成分对耐久性的影响如前所述。就沥青混合料的组成结构而言，影响其耐久性的首要因素是沥青混合料的空隙率。空隙率越小，可以越有效地防止水分渗入和日光紫外线对沥青的老化作用等，但一般沥青混合料中均应残留一定的空隙，以备夏季沥青材料膨胀。

我国现行行业标准《公路沥青路面施工技术规范》(JTG F40－2004)规定，采用空隙率、饱和度和残留稳定度等指标来表征沥青混合料的耐久性。

(4)抗滑性

沥青路面的抗滑性对于保障道路交通安全至关重要，沥青路面的抗滑性与所用矿料的表面性质、颗粒形状与尺寸、混合料的级配组成以及沥青用量等因素有关。为了提高沥青路面的抗滑性，配料时应选用表面粗糙、坚硬、耐磨、抗冲击性好、磨光值大的碎石和破碎砾石集料。此外应严格控制沥青混合料中的沥青用量，特别是应选用含蜡量低的沥青，以免沥青表层出现滑溜现象。

我国现行规范采用磨光值、磨耗值、冲击值 3 个指标来控制沥青路面的抗滑性。

(5)施工和易性

沥青混合料应具备良好的施工和易性，能够在拌和、摊铺与碾压过程中，集料颗粒保持分布均匀，表面被沥青膜完整地包裹，并被压实到规定的密度，这是保证沥青路面使用质量的必要条件。影响沥青混合料施工和易性的因素很多，诸如当地气温、施工条件及混合料性质等。我们主要从组成材料、施工条件两方面来分析。

①组成材料的影响：当组成材料确定后，沥青混合料和易性的主要影响因素是矿料级配和沥青用量。在间断级配的矿质混合料中，粗细集料的颗粒尺寸相差过大，缺乏中间尺寸颗粒，沥青混合料容易离析。如果细集料太少，沥青层就不容易均匀地分布在粗颗粒表面；反之，则使拌和困难。当沥青用量过少，或矿粉用量过多时，混合料容易产生疏松且不易压实；反之，则容易使混合料黏结成团块，不易摊铺。

②施工条件的影响：沥青混合料应在一定的温度下进行施工，以使沥青混合料达到要求的流动性，在拌和过程中能够充分均匀地黏附在矿料颗粒表面；沥青混合料需要一定的时间进行拌和，以保证各种组成材料在混合料中分布均匀，并使所有矿料颗粒全部被沥青所包裹。此外，拌和设备、摊铺机械和压实工具都对沥青混合料的施工和易性有一定的影响，应结合施工方式和施工条件考虑。

4. 沥青混合料的技术标准

我国的现行行业规范《公路沥青路面施工技术规范》(JTG F40—2004)，采用马歇尔试验配合比设计方法的沥青混合料的技术标准列于表 5-28 和表 5-29。

表 5-28　密级配沥青混凝土混合料马歇尔试验技术标准

<table>
<tr><td colspan="2" rowspan="3">试验指标</td><td colspan="4">高速公路、一级公路、城市快速路、主干道</td><td rowspan="3">其他等级公路</td><td rowspan="3">行人道路</td></tr>
<tr><td colspan="2">夏炎热区
(1-1、1-2、1-3、1-4)</td><td colspan="2">夏热区及夏凉区
(2-1、2-2、2-3、2-4、3-2)</td></tr>
<tr><td>中轻交通</td><td>重载交通</td><td>中轻交通</td><td>重载交通</td></tr>
<tr><td colspan="2">击实次数(双面)</td><td colspan="4">75</td><td>50</td><td>50</td></tr>
<tr><td colspan="2">马歇尔试件尺寸</td><td colspan="6">ϕ101.6 mm×63.5 mm</td></tr>
<tr><td rowspan="2">空隙率
VV/%</td><td>深约 90 mm 以上</td><td>3～5</td><td>4～6</td><td>2～4</td><td>3～5</td><td>3～6</td><td>2～4</td></tr>
<tr><td>深约 90 mm 以下</td><td colspan="2">3～6</td><td colspan="2"></td><td colspan="2"></td></tr>
<tr><td colspan="2">稳定度 MS(≥)/kN</td><td colspan="4">8</td><td>5</td><td>3</td></tr>
<tr><td colspan="2">流值 FL/mm</td><td>2～4</td><td>1.5～4</td><td>2～4.5</td><td>2～4</td><td>2～4.5</td><td>2～5</td></tr>
<tr><td rowspan="7">矿料间隙率
VMA(≥)
/%</td><td rowspan="2">设计空隙率/%</td><td colspan="6">相应于以下公称最大粒径(mm)的最小 VMA 及 VFA 技术要求/%</td></tr>
<tr><td>26.5</td><td>19</td><td>16</td><td>13.2</td><td>9.5</td><td>4.75</td></tr>
<tr><td>2</td><td>10</td><td>11</td><td>11.5</td><td>12</td><td>13</td><td>15</td></tr>
<tr><td>3</td><td>11</td><td>12</td><td>12.5</td><td>13</td><td>14</td><td>16</td></tr>
<tr><td>4</td><td>12</td><td>13</td><td>13.5</td><td>1</td><td>15</td><td>17</td></tr>
<tr><td>5</td><td>13</td><td>14</td><td>14.5</td><td>15</td><td>16</td><td>18</td></tr>
<tr><td>6</td><td>14</td><td>15</td><td>15.5</td><td>16</td><td>17</td><td>19</td></tr>
<tr><td colspan="2">沥青饱和度 VFA/%</td><td>55～70</td><td colspan="3">65～75</td><td colspan="2">70～85</td></tr>
</table>

注：①本表适应于公称最大粒径≤26.5 mm 的密级配沥青混凝土混合料。

②对空隙率大于 5%的夏炎热区重载交通路段，施工时应至少提高压实度 1 个百分点。

表 5-29　　沥青稳定碎石混合料马歇尔试验配合比设计技术标准

试验指标	单位	密级配基层(ATB)		半开级配面层(AM)	排水式开级配磨耗层(OGFC)	排水式沥青碎石基层(ATPB)
击实次数(双面)	次	75	112	50	50	75
公称最大粒径	mm	≤26.5	≥31.5	≤26.5	≤26.5	所有尺寸
马歇尔试件尺寸	mm	ϕ101.6×63.5	ϕ152.4×95.3	ϕ101.6×63.5	ϕ101.6×63.5	ϕ152.4×95.3
空隙率 *VV*	%	3～6		6～10	≥18	≥18
稳定度 *MS*(≥)	kN	7.5	15	3.5	3.5	
流值 *FL*	mm	1.5～4	实测	—		
沥青饱和度 *VFA*	%	55～70		40～70	—	—
密级配基层 ATB 的矿料间隙率 *VMA*(≥)/%		设计空隙率/%		ATB-40	ATB-30	ATB-25
		4		11	11.5	12
		5		12	12.5	13
		6		13	13.5	14

注：在干旱地区，可将密级配沥青稳定碎石的空隙率适当放宽到 8%。

(三)热拌沥青混合料对组成材料的要求

沥青混合料的技术性质决定于组成材料的性质、组成配合比的比例和混合料的制备工艺等因素。为保证沥青混合料的技术性质，首先是正确选择符合质量要求的组成材料。

1. 沥青材料

沥青是沥青混合料的重要组成材料，其性能直接影响沥青混合料的各种技术性质。沥青路面所用沥青应根据气候条件、道路等级、沥青混合料类型、交通条件、路面类型及在结构层中层位、施工方法等，结合当地的使用经验，经技术论证后确定。

(1)对于高速公路、一级公路、夏季温度高、高温持续时间长、重载交通、山区及丘陵区上坡路段、服务区、停车场等行车速度慢的路段，宜采用黏度大的沥青；对于冬季寒冷的地区或交通量小的公路、旅游公路宜采用稠度小、低温延度大的沥青；对于日温差、年温差较大的地区宜选用针入度指数较大、感温性较低的沥青。当高温要求与低温要求发生矛盾时应优先考虑满足高温性能的要求。

(2)当缺乏所需标号的沥青时，可采用不同标号掺配的调和沥青，其掺配比例由试验确定。

在沥青的使用上，一般上面层宜用较稠的沥青，下层或联结层宜用较稀的沥青。对于渠化交通的道路，宜采用较稠的沥青。随着沥青用量的增加，矿料颗粒之间的相互位移越容易，沥青混合料的内摩阻角也就越小。

2. 粗集料

粗集料通常采用碎石、卵石及冶金矿渣等。沥青混合料用粗集料应该洁净、干燥、无风化、无杂质，并且具有足够的强度和耐磨性，形状接近正立方体，且要求表面粗糙，有一定的棱角。粗集料应符合规范规定的质量要求和规格要求。

3. 细集料

沥青混合料的细集料包括天然砂、机制砂或石屑。细集料同样应洁净、干燥、无风化、不含杂质，质地坚硬、有棱角，并有适当的级配，且与沥青具有良好的黏结力。细集料与粗集料及填料配制成矿质混合料，其级配应符合要求。当一种细集料不能满足级配要求时，可采用两种或两种以上的细集料掺和使用。细集料应符合规范规定的质量要求和规格要求。

4. 填料

填料通常是矿粉。矿粉应具有足够的细度，并要求矿粉干燥、干净、疏松、不结团、含水率小于1%，符合规范规定的质量要求和规格要求。

用于沥青混合料的填料最好采用碱性岩石磨制，如石灰岩，也可以由石灰、水泥、粉煤灰代替，但用这些物质作填料时，其用量不宜超过规范规定的值。

(四)热拌沥青混合料配合比设计

热拌沥青混合料配合比设计包括三个阶段：目标配合比设计、生产配合比设计和生产配合比验证，后两个设计阶段是在目标配合比的基础上进行的，需借助于施工单位的拌和设备、摊铺和碾压设备完成。本节主要介绍沥青混合料的目标配合比设计过程。

1. 目标配合比设计

目标配合比设计可分为矿质混合料组成设计和确定最佳沥青用量两部分。

(1)矿质混合料组成设计

矿质混合料组成设计的目的是选用一个具有足够密实度和较大摩阻力的矿质混合料。

①确定沥青混合料类型和矿质混合料的级配范围：根据道路等级、路面类型，所处结构层按照表5-30选择沥青混合料类型，并按照表5-31确定相应的矿质混合料级配范围。

表5-30　沥青混合料类型

结构层次	高速公路、一级公路 城市快速路、主干道		其他等级公路		一般城市道路及其他道路工程	
	三层式沥青混凝土路面	两层式沥青混凝土路面	沥青混凝土路面	沥青碎石路面	沥青混凝土路面	沥青碎石路面
上面层	AC-13 AC-16	AC-13 AC-16	AC-13 AC-16	AC-13	AC-5 AC-10 AC-13	AM-5 AM-10
中面层	AC-20 AC-25	— —	— —	— —	— —	— —
下面层	AC-25 AC-30	AC-20 AC-30	AC-20 AC-25 AC-30	AM-25 AM-30	AC-20 AC-25	AM-25 AM-30 AM-40

表5-31　沥青混合料矿料级配及沥青范围表

级配类型	通过下列筛孔(方孔筛)(mm)的质量分数/%											
	31.5	26.5	19	16	13.2	9.5	4.75	2.36	1.18	0.6	0.3	0.15	0.075
AC-25	100	90～100	75～90	65～83	57～76	45～65	24～52	16～42	12～33	8～24	5～17	4～13	3～7
AC-20		100	90～100	78～92	62～80	50～72	26～56	16～44	12～33	8～24	5～17	4～13	3～7
AC-16			100	90～100	76～92	60～80	34～62	20～48	13～36	9～26	7～18	5～14	4～8
AC-13				100	90～100	68～85	38～68	24～50	15～38	10～28	7～20	5～15	4～8
AC-10					100	90～100	45～75	30～58	20～44	13～32	9～23	6～16	4～8
AC-5						100	90～100	55～75	35～55	20～40	12～18	7～18	5～10
AM-20			90～100	60～85	50～75	40～65	15～40	5～22	2～16	1～12	0～10	0～8	0～5

（续表）

级配类型	通过下列筛孔(方孔筛)(mm)的质量分数/%												
	31.5	26.5	19	16	13.2	9.5	4.75	2.36	1.18	0.6	0.3	0.15	0.075
AM-16			100	90～100	60～85	45～68	18～40	6～25	3～18	1～14	0～10	0～8	0～5
AM-13				100	90～100	50～80	20～45	8～28	4～20	2～16	0～10	0～8	0～6
AM-10					100	90～100	35～65	10～35	5～22	2～16	0～12	0～9	0～6
SMA-20		100	90～100	72～92	62～82	40～55	18～30	13～22	12～20	10～16	9～14	8～13	8～12
SMA-16			100	90～100	65～85	45～65	20～32	15～24	14～22	12～18	10～15	9～14	8～12
SMA-13				100	90～100	50～75	20～34	15～26	14～24	12～20	10～16	9～15	8～12
SMA-10					100	90～100	28～60	20～32	14～26	12～22	10～18	9～16	8～13

②矿质混合料配合比计算

组成材料的原始数据测定：根据现场取样，对粗集料、细集料和矿粉进行筛分试验，确定各集料的级配组成，同时测出各组成材料的密度。

确定组成材料的用量比例：根据各组成材料的筛分试验资料，采用试算法或图解法，(对于高速公路和一级公路沥青路面矿料配合比设计宜借助电子计算机的电子表格用试配法进行，其他等级公路也可以参照进行)计算出符合要求级配范围的各组成材料的用量比例。

调整配合比：计算的合成级配应根据下列要求作必要的配合调整。

通常情况下，合成级配曲线宜尽量接近设计级配中值，尤其是 0.075 mm、2.36 mm 和 4.75 mm 三个粒径，尽量接近设计级配范围中限。

对高速公路、一级公路、城市快速路等交通量大、车辆载重大的道路，宜偏向级配范围的下限(粗)；对一般道路、中小交通量和人行道路等宜偏向级配范围的上限(细)。

合成级配曲线不得有过多的锯齿形交错，且在 0.3～0.6 mm 范围内不出现“驼峰”。当反复调整仍不能满意时，宜更换原材料重新设计。

(2)确定最佳沥青用量

我国现行行业标准《公路沥青路面施工技术规范》(JTG F40—2004)规定的方法是采用马歇尔试验法确定沥青的最佳用量。具体步骤如下：

①制备试样

按确定的矿质混合料配合比，计算各种矿质材料的用量。

根据经验，估算适宜的沥青用量(或油石比)。以估计的沥青用量为中值或以推荐的沥青用量范围的中间值为中值，按 0.5%或 0.3%的间隔变化，取 5 个不同的沥青用量，拌制沥青混合料并按规定制备马歇尔试件。

②测定物理指标

按规定的试验方法测定马歇尔试件的毛体积密度等，并计算空隙率、沥青饱和度、矿料间隙率等。

③测定力学指标

用马歇尔稳定度仪测定沥青混合料的力学指标，如马歇尔稳定度、流值。

④确定最佳沥青用量

绘制沥青用量与物理-力学指标关系图。以沥青用量为横坐标，以马歇尔稳定度、空隙率、毛体积密度、沥青饱和度和流值为纵坐标，将试验结果绘制成沥青用量与各项指标的关系曲线如图 5-13 所示。

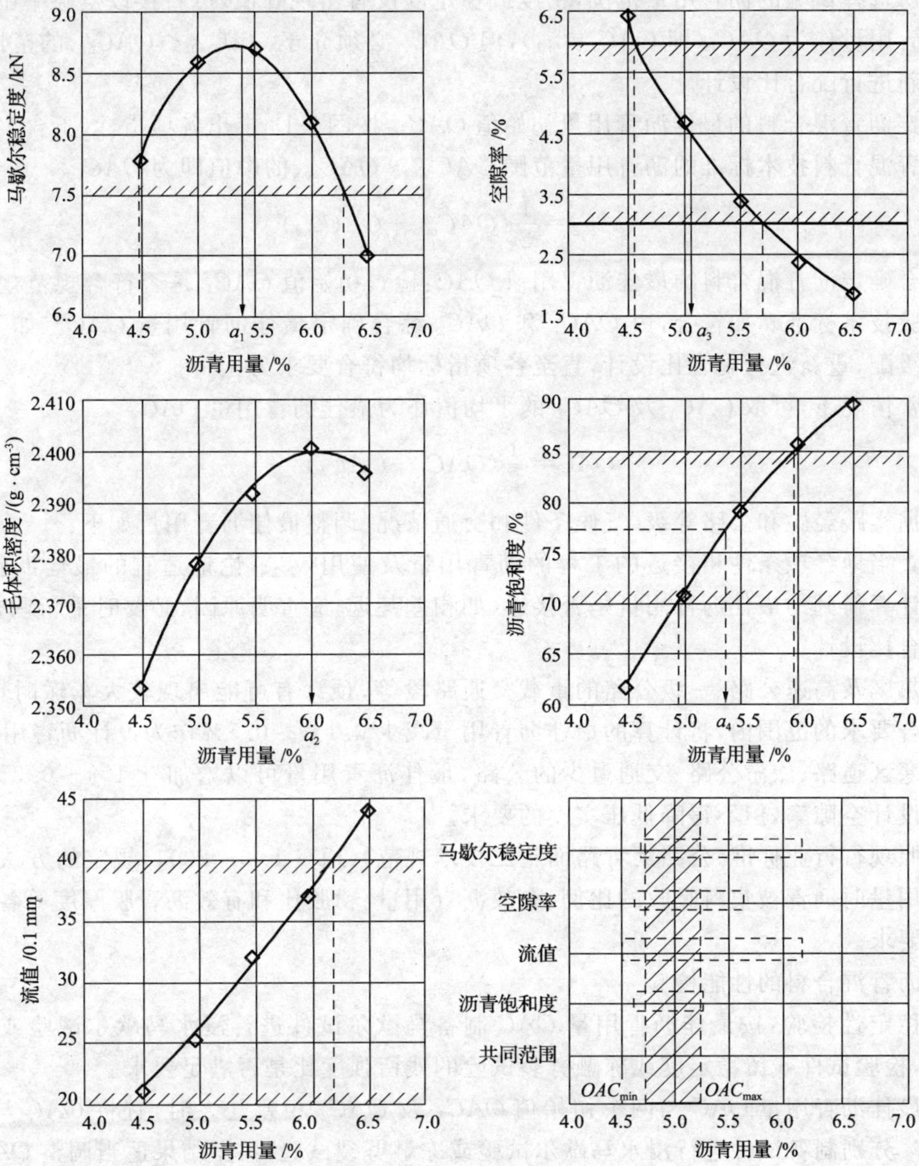

图 5-13　沥青用量与马歇尔试验结果关系图

确定沥青混合料的最佳沥青用量 OAC_1 的步骤如下：

根据图 5-13 取与稳定度最大值、密度最大值相对应的沥青用量 a_1 和 a_2，以及与空隙率范围的中值、沥青饱和度范围的中值对应的沥青用量 a_3 和 a_4，由式(5-6)计算四者的平均值作为最佳沥青用量初始值 OAC_1。

$$OAC_1=\frac{1}{4}(a_1+a_2+a_3+a_4) \tag{5-6}$$

如果在所选择的沥青用量范围未能涵盖沥青饱和度的要求范围，按式(5-7)取三者的平均值作为 OAC_1。

$$OAC_1=\frac{1}{3}(a_1+a_2+a_3) \tag{5-7}$$

对所选择试验的沥青用量范围，密度或稳定度没有出现峰值，可直接以空隙率中值所对应的沥青用量作为 OAC_1（即 $OAC_1=a_3$），但 OAC_1 必须介于 $OAC_{min}\sim OAC_{max}$ 的范围内，否则应重新进行配合比设计。

确定沥青混合料的最佳沥青用量初始值 OAC_2：按图 5-13 求出各项指标（不含 VMA）均符合沥青混合料技术标准的沥青用量范围 $OAC_{min}\sim OAC_{max}$ 的中值即为 OAC_2。

$$OAC_2=\frac{1}{2}(OAC_{min}+OAC_{max}) \tag{5-8}$$

综合确定沥青混合料的最佳沥青用量 OAC：检查初始值 OAC_1 是否符合规范规定的马歇尔试验技术标准。如符合，由 OAC_1 和 OAC_2 综合确定最佳沥青用量 OAC。如不符合，应调整级配，重新进行配合比设计，直至各项指标均符合要求为止。

通常情况下，可取 OAC_1 及 OAC_2 的平均值作为最佳沥青用量 OAC。

$$OAC=\frac{1}{2}(OAC_1+OAC_2) \tag{5-9}$$

根据实践经验和公路等级、气候条件和交通情况，调整最佳沥青用量如下：

调查当地各项条件相接近的工程的沥青用量及使用效果，论证适宜的最佳沥青用量。检查与计算得到的最佳沥青用量是否接近，如相差甚远，应查明原因，必要时重新调整级配，进行配合比设计。

对热区及高速公路、一级公路的重载交通路段等，预计有可能出现较大车辙时，宜在空隙率符合要求的范围内，将计算的最佳沥青用量减少 0.1%～0.5%作为设计沥青用量。

对寒区道路、旅游公路、交通量少的公路，最佳沥青用量可以增加 0.1%～0.3%，以适当减小设计空隙率，但不得降低压实度的要求。

按照现行行业标准《公路沥青路面施工技术规范》(JTG F40—2004)规定的方法检验最佳沥青用量时沥青被集料吸收的比例、有效沥青用量、粉胶比和有效沥青膜厚度等各指标是否符合要求。

⑤沥青混合料的性能检验

水稳定性检验：按最佳沥青用量 OAC 制备马歇尔试件进行浸水马歇尔试验或冻融劈裂试验，检验试件残留稳定度或冻融劈裂试验的残留强度比是否满足要求。

当最佳沥青用量 OAC 与两个初始值 OAC_1 及 OAC_2 相差甚大时，宜将 OAC 与 OAC_1 或 OAC_2 分别制备试件进行浸水马歇尔试验或冻融劈裂试验，根据结果适当调整 OAC。

《公路沥青路面施工技术规范》(JTG F40—2004)规定，对用于高速公路和一级公路的热拌沥青混合料，必须在规定的条件下进行浸水马歇尔试验或冻融劈裂试验来检验沥青混合料的水稳性。水稳性应符合表 5-32 中的要求。达不到要求时，应按规范要求采取抗剥落措施或调整最佳沥青用量后再次试验。

表 5-32　　沥青混合料水稳定性检验技术要求

气候条件与技术指标	相应于下列气候分区的技术要求/%			
年降雨量(mm)及气候分区	>1 000	500～1 000	250～500	<250
	1.潮湿区	2.湿润区	3.半干区	4.干旱区

（续表）

气候条件与技术指标	相应于下列气候分区的技术要求/%	
浸水马歇尔试验残留稳定度(≥)/%		
普通沥青混合料	80	75
改性沥青混合料	85	80
冻融劈裂试验的残留强度比(≥)/%		
普通沥青混合料	75	70
改性沥青混合料	80	75

抗车辙能力检验：按最佳沥青用量制备车辙试验试件，在 60 ℃的条件下进行车辙试验，检验其动稳定度是否合格。

当最佳沥青用量与两个初始值相差甚大时，宜将或分别制备试件进行车辙试验，根据结果适当调整，如不符合要求，应重新进行配合比设计。

《公路沥青路面施工技术规范》(JTG F40—2004)规定，对于高速公路、一级公路最大粒径等于或小于 19 mm 的热拌沥青混合料，必须在配合比的基础上，在规定的条件下进行车辙试验，其动稳定度应符合表 5-33 的要求。如不符合要求，应更新材料或重新进行配合比设计。其他公路也可参照此要求执行。

表 5-33　　沥青混合料车辙试验动稳定度技术要求

气候条件与技术指标	相应于下列气候分区所要求的动稳定度/(次·mm^{-1})								
七月平均最高气温(℃)及气候分区	>30				20～30				<20
	夏炎热区				夏热区				夏凉区
	1-1	1-2	1-3	1-4	2-1	2-2	2-3	2-4	3-2
普通沥青混合料(≥)	800		1 000		600	800			600
改性沥青混合料(≥)	2 400		2 800		2 000	2 400			1 800
SMA 非改性(≥)	1 500								
SMA 改性(≥)	3 000								
OGFC	1 500(一般交通路段)、3 000(重交通量路段)								

低温抗裂性检验：对公称最大粒径等于或小于 19 mm 的沥青混合料，应按照规定方法进行低温弯曲试验，检验其破坏应变是否符合表 5-34 要求。

表 5-34　　沥青混合料低温弯曲试验破坏应变技术要求

气候条件与技术指标	相应于下列气候分区所要求的破坏应变/μm								
年极端最低温度(℃)及气候分区	<−37.0		(−37.0)～(−21.5)			(−21.5)～(−9.0)		>9.0	
	冬严寒区		冬寒区			冬冷区		冬温区	
	1-1	2-1	1-2	2-2	3-2	1-3	2-3	1-4	2-4
普通沥青混合料	≥2 600		≥2 300			≥2 000			
改性沥青混合料	≥3 000		≥2 800			≥2 500			

渗水系数检验：利用轮碾机成型的车辙试验试件进行渗水试验，检验渗水系数是否符合要求。

经反复调整及综合以上试验结果，并参考以往工程实践经验，综合确定矿料级配和最佳沥青用量。

2. 生产配合比设计

在目标配合比确定之后，应利用实际施工的拌和机进行试拌以确定施工配合比。在试验前，应首先根据级配类型选择筛号，各级粒径筛孔通过量应符合设计范围要求。试验时，与目标配合比设计一样进行矿料级配计算，得出矿料用量比例，接着按此比例进行马歇尔试验。规范规定由此确定的最佳沥青用量与目标配合比设计的结果的差值，不宜超过±0.2%。

3. 生产配合比验证

此阶段即试拌试铺阶段。施工单位进行试拌试铺时，应报告监理部门和工程指挥部，会同设计、监理、施工人员一起进行鉴别。用拌和机按照生产配合比结果进行试拌，首先在场人员对混合料级配及沥青用量发表意见，如有不同意见，应适当调整再进行观察，力求意见一致。然后用此混合料在试验段上试铺，进一步观察摊铺、碾压过程和成型混合料的表面状况，判断混合料的级配和油石比。如不满意应适当调整，重新试拌试铺，直至满意为止；另一方面，试验室密切配合现场指挥在拌和厂或摊铺机房采集沥青混合料试样，进行马歇尔试验，检验是否符合标准要求。同时还应进行车辙试验及浸水马歇尔试验以及高温稳定性及水稳定性验证。在试铺试验时，试验室还应在现场取样进行抽提试验，再次检验实际级配和油石比是否合适。同时按照规范规定的试验段铺设要求，进行各种试验。当全部满足要求时，便可进入正常生产阶段。

【例题】 试设计某一级公路沥青混凝土路面用沥青混合料的配合比组成。

1. 原始资料

(1)道路等级：一级公路。

(2)路面类型：沥青混凝土。

(3)结构层位：三层式沥青混凝土的上面层(细粒式沥青混凝土)。

(4)气候条件：最低月平均气温−8 ℃，最高月平均气温 31 ℃。

(5)材料性能

①沥青材料：可供应 A 级 50 号、70 号和 90 号沥青，经检验技术性能均符合要求。

②矿质材料：石灰岩轧制碎石，饱水抗压强度 120 MPa，洛杉矶磨耗率 12%、黏附性Ⅴ级(水煮法)，表观密度 2 700 kg/m^3；洁净砂，属中砂，含泥量及泥块量均小于 1%，表观密度 2 650 kg/m^3；石灰岩磨细矿粉，粒度范围符合技术要求，无团粒结块，密度 2 580 kg/m^3。

2. 设计要求

(1)根据道路等级、路面类型和结构层位确定沥青混凝土的矿质混合料的级配范围。根据现有各种矿质材料的筛分结果，用图解法确定各种矿质材料的配合比。

(2)根据选定的矿质混合料相应的沥青用量范围，通过马歇尔试验，确定最佳沥青用量。

(3)根据高速公路用沥青混合料要求，对矿质混合料的级配进行调整，沥青用量按水稳定性检验和抗车辙能力校核。

3. 设计步骤

(1)矿质混合料组成设计

①确定沥青混合料类型

由于道路等级为一级公路，路面类型为沥青混凝土，路面结构为三层式沥青混凝土上面层，按表 5-30 选用细粒式 AC-13 沥青混凝土混合料。

②确定矿质混合料级配与范围

按表 5-31 将 AC-13 沥青混凝土的矿质混合料级配范围列于表 5-35 中。

表 5-35　　矿质混合料要求级配范围

级配类型 AC-13	筛孔尺寸(方筛孔)/mm									
	16	13.2	9.5	4.75	2.36	1.18	0.6	0.3	0.15	0.075
	质量通过百分率/%									
级配范围	100	95～100	70～88	48～68	36～53	24～41	18～30	12～22	8～16	4～8
级配中值	100	98	79	58	45	33	24	17	12	6

③矿质混合料配合比计算

组成材料筛分试验：根据现场取样，各组成材料的筛分结果列于表 5-36 中。

表 5-36　　组成材料筛分试验结果

材料名称	筛孔尺寸(方孔筛)/mm									
	16	13.2	9.5	4.75	2.36	1.18	0.6	0.3	0.15	0.075
	质量通过百分率/%									
碎　石	100	93	17	0						
石　屑	100	100	100	84	14	8	4	0		
砂	100	100	100	100	92	82	42	21	11	4
矿　粉	100	100	100	100	100	100	100	100	96	87

组成材料配合比计算：用图解法计算组成材料配合比，如图 5-14 所示。由图解法确定各种材料用量为：碎石：石屑：砂：矿粉＝31%：30%：31%：8%。各种材料组成配合比计算见表 5-37。将计算得到的合成级配绘于矿质混合料级配范围(图 5-15)中。

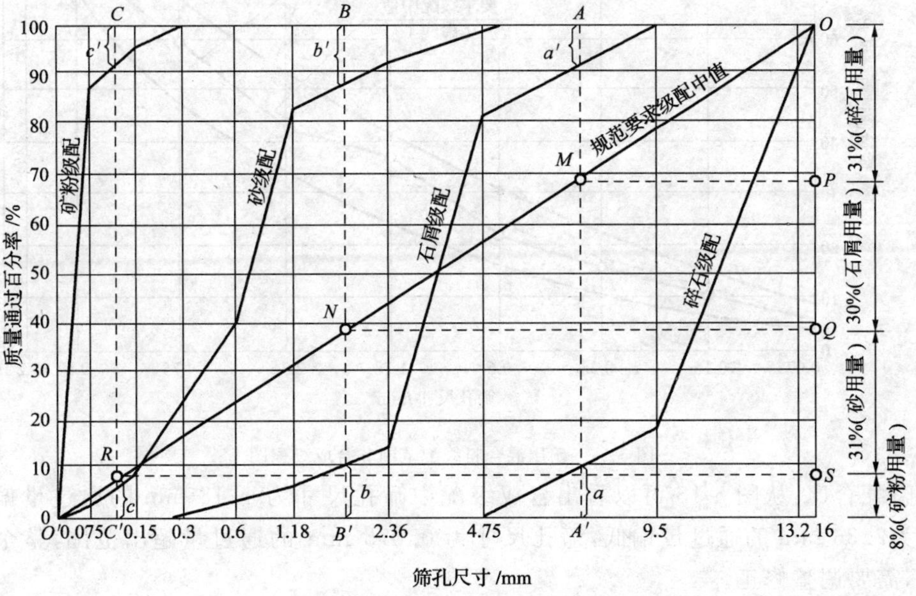

图 5-14　矿质混合料配合比计算图

表 5-37　　　　矿质混合料组成设计计算

材料组成		16	13.2	9.5	4.75	2.36	1.18	0.6	0.3	0.15	0.075
		筛孔尺寸/mm；质量通过百分率/%									
原材料级配	碎石 100%	100	93	17	0						
	石屑 100%	100	100	100	84	14	8	4	0		
	砂 100%	100	100	100	100	92	82	42	21	11	4
	矿粉 100%	100	100	100	100	100	100	100	100	96	87
各矿质材料在混合料中的级配	碎石 31% (31%)	31.0 (31.0)	28.8 (28.8)	5.3 (5.3)	0 (0)	0 (0)	0 (0)	0 (0)	0 (0)	0 (0)	0 (0)
	石屑 30% (26%)	30.0 (41)	30.0 (41)	30.0 (41)	25.2 (21.8)	4.2 (3.6)	2.4 (2.1)	1.2 (1.1)	0 (0)	0 (0)	0 (0)
	砂 31% (37%)	31.0 (37.0)	31.0 (37.0)	31.0 (37.0)	31.0 (37.0)	28.5 (34.0)	25.4 (30.3)	13.0 (15.5)	6.5 (7.8)	3.4 (4.1)	1.2 (1.5)
	矿粉 8% (6%)	8.0 (6.0)	8.0 (6.0)	8.0 (6.0)	8.0 (6.0)	8.0 (6.0)	8.0 (6.0)	8.0 (6.0)	8.0 (6.0)	7.9 (5.8)	7.0 (5.2)
合成级配		100 (100)	97.8 (97.8)	74.3 (74.3)	58.8 (64.2)	40.7 (43.6)	35.8 (38.4)	22.2 (22.6)	14.5 (13.8)	11.3 (9.9)	8.2 (6.7)
级配范围		100	95～100	70～88	48～68	36～53	24～41	18～30	12～22	8～16	4～8

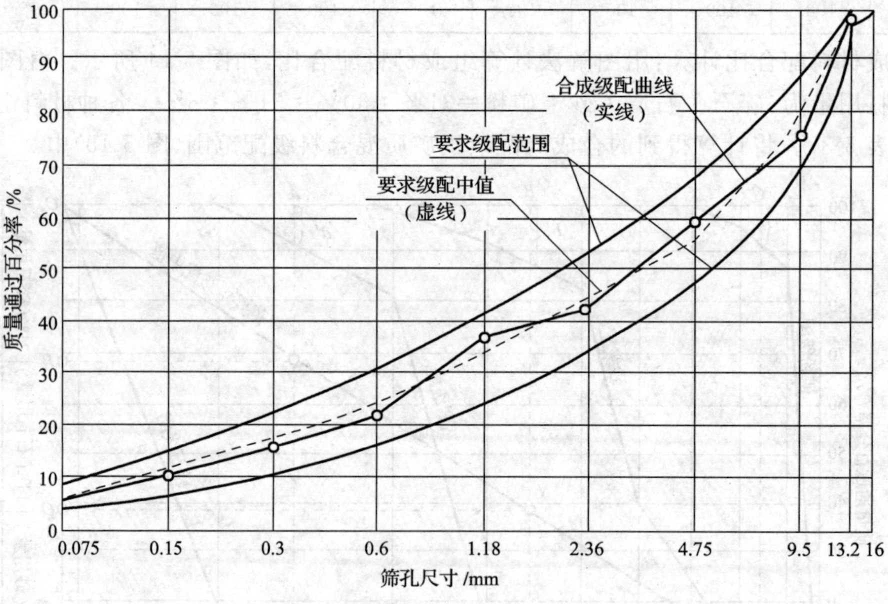

图 5-15　矿质混合料级配范围和合成级配图

调整配合比：从图 5-15 可以看出合成级配中筛孔尺寸为 1.18 mm 的通过量偏高而筛孔尺寸为2.36 mm 的通过量偏低，筛孔尺寸为 0.075 mm 的通过量超出范围，整个曲线呈锯齿状，需要调整修正。

经过组成配合比的调整，各材料的用量为碎石 ∶ 石屑 ∶ 砂 ∶ 矿粉＝31% ∶ 26% ∶ 37% ∶ 6%。此计算结果如表 5-37 中括号内数字。并将合成级配绘于图 5-15 中，由图中可看出，调整后的合成级配曲线为一光滑平顺接近级配范围中值的曲线。

(2)确定最佳沥青用量(最佳油石比)

①试件成型

根据当地气候条件属于1-4夏炎热冬冷区，采用70号沥青。

以预估的油石比4.7%为中值，采用0.3%间隔变化，与前计算的矿质混合料配合比制备5组试件，按规定每面击实75次的方法成型。

②马歇尔试验

物理指标测定：按规定方法成型的试件，经24 h后测定其毛体积密度、空隙率、矿料间隙率、沥青饱和度等物理指标。

力学指标测定：测定物理指标后的试件，在60 ℃下测定其马歇尔稳定度和流值。

马歇尔试验结果列于表5-38中，并将规范要求的一级公路用细粒式沥青混凝土的各项指标的技术标准列于表5-38中供对照评定。

表5-38　马歇尔试验物理-力学指标测定结果汇总表

油石比/%	技术性质					
	毛体积密度/$(g \cdot cm^{-3})$	空隙率/%	矿料间隙率/%	沥青饱和度/%	稳定度/kN	流值/0.1mm
4.1	2.456	5.1	13.8	63.0	10.3	16.9
4.4	2.458	4.5	14.0	67.9	11.4	19.5
4.7	2.452	4.3	14.4	70.1	10.8	22.0
5.0	2.450	4.0	14.7	72.8	10.5	22.2
5.3	2.448	3.7	15.1	75.5	10.0	23.2
技术标准	—	4~6	≥15	65~75	≥8	15~40

③马歇尔试验结果分析

绘制油石比与物理-力学指标关系图：根据表5-38马歇尔试验结果汇总表，绘制沥青用量与毛体积密度、空隙率、饱和度、矿料间隙率、稳定度、流值的关系图，如图5-16所示。

确定油石比初始值OAC_1：如图5-16所示，相应于毛体积密度最大值对应的油石比$a_1=4.3\%$，相应于稳定度最大值对应的油石比$a_2=4.45\%$，相应于空隙率范围的中值对应的油石比$a_3=4.1\%$，相应于沥青饱和度范围的中值对应的油石比$a_4=4.68\%$。

$$OAC_1=(a_1+a_2+a_3+a_4)/4=(4.3\%+4.45\%+4.1\%+4.68\%)/4=4.38\%$$

确定油石比初始值OAC_2：如图5-16所示，各指标符合沥青混合料技术指标的油石比范围如下：

$$OAC_{min}=4.2\%,OAC_{max}=4.94\%$$

$$OAC_2=\frac{1}{2}(OAC_{min}+OAC_{max})=\frac{1}{2}(4.2\%+4.94\%)=4.57\%$$

通常情况下取OAC_1及OAC_2的中值作为计算的最佳油石比OAC为

$$OAC=\frac{1}{2}(OAC_1+OAC_2)=\frac{1}{2}(4.38\%+4.57\%)=4.48\%$$

综合确定最佳油石比OAC：按上述方法确定的最佳油石比$OAC=4.48\%\approx4.5\%$，检查各项指标均能符合要求，根据实践经验和公路等级、气候条件、交通情况，预估的油石比为4.7%。

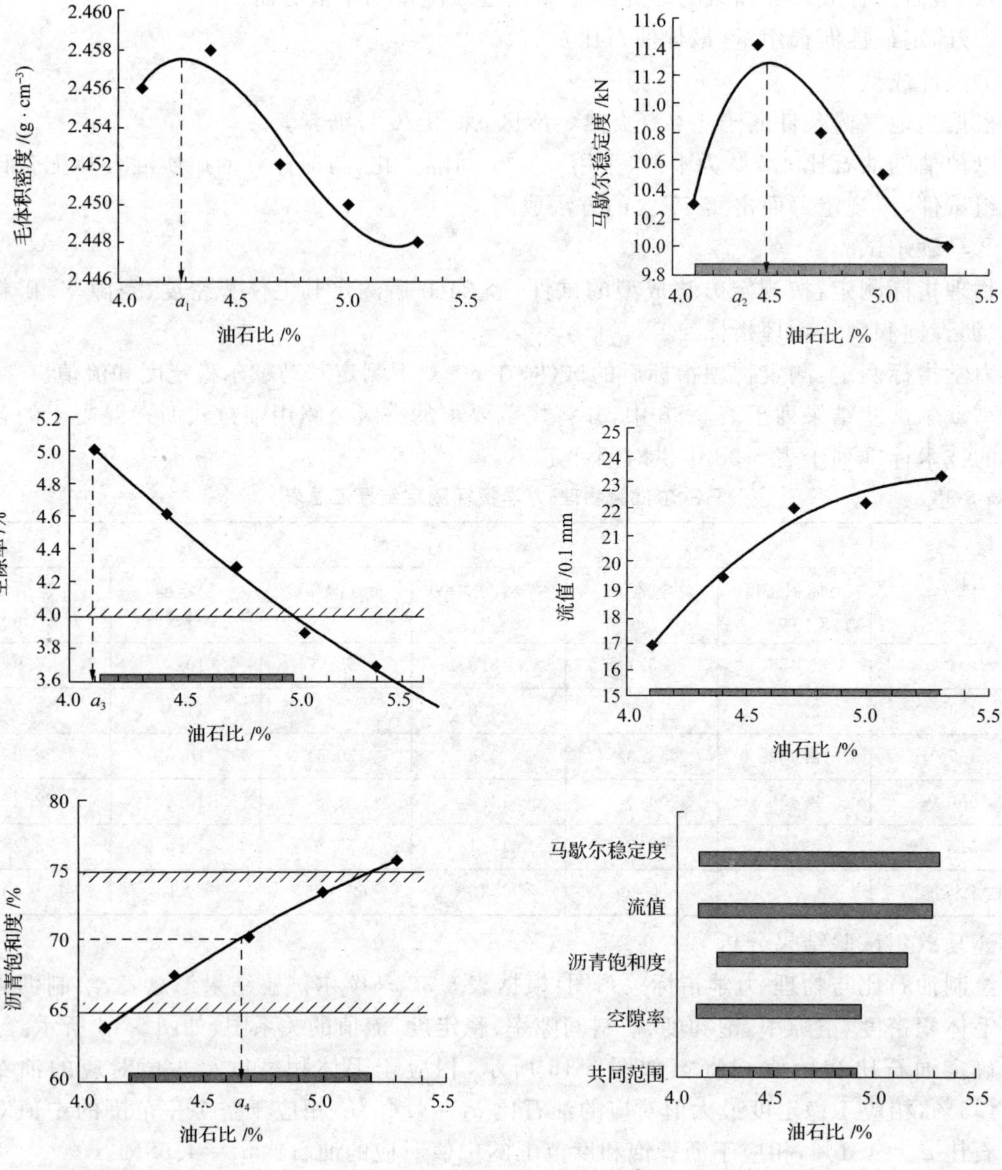

图 5-16　油石比与马歇尔试验物理-力学指标关系图

④水稳定性检验

以油石比 4.5%和 4.7%制备试件，按规定的试验方法进行浸水马歇尔试验和冻融劈裂试验，试验结果列于表 5-39。

表 5-39　　沥青混合料水稳定试验结果

油石比/%	浸水残留稳定度/%	动融劈裂强度比/%
4.5	83.2	86.3
4.7	85.1	89

从表 5-39 试验结果可知，OAC＝4.5%和 OAC＝4.7%两种油石比的浸水残留稳定度均大于 80%，冻融劈裂强度比均大于 75%，符合水稳定性的要求。

⑤抗辙能力校核

以油石比4.5%和4.7%制备试件，进行车辙试验，试验结果列于表5-40。

表5-40　　沥青混合料水稳定试验结果

油石比/%	试验温度 T/℃	试验轮压 P/MPa	试验条件	动稳定度 DS/(次·mm^{-1})
4.5	60 ℃	0.7	不浸水	3 125
4.7	60 ℃	0.7	不浸水	3 093

由表5-40试验结果可知，OAC=4.5%和OAC=4.7%两种油石比的动稳定度均大于1 000次/mm，符合一级公路抗车辙的要求。

综上所述，油石比为4.7%时耐久性较佳，油石比为4.5%时抗车辙能力较高。根据以往工程实践经验综合确定该路面的最佳油石比取4.7%。

(五)其他沥青混合料

1.冷拌沥青混合料

冷拌沥青混合料是指矿料与乳化沥青或液体沥青在常温状态下拌和、铺筑的沥青混合料。这种混合料一般比较松散，存放时间达3个月以上，可随时取料施工。

(1)组成材料

冷拌沥青混合料中对矿料的要求与热拌沥青混合料大致相同。冷拌沥青混合料中的沥青可采用液体石油沥青、乳化沥青等。

(2)技术性质

①混合料压实前的性质

冷拌沥青混合料在道路铺筑前，常温条件下应保持疏松，易于施工，不易结团。

冷拌沥青混合料不能在道路修筑时达到完全固结压实的程度，而在开放交通后，在车辆的作用下逐渐使路面固结起来，达到要求的密实度。

②铺筑压实后的性质

抗压强度：以标准试件(h=50 mm，d=50 mm)在温度20 ℃的极限抗压强度表示。

水稳定性：以标准试件在常温下，经真空抽气1 h后的饱水率表示。饱水率应为3%～6%。

(3)应用

冷拌沥青混合料适用于三级及三级以下的公路的沥青面层、二级公路的罩面层，以及各级公路沥青路面的基层、联结层或整平层。冷拌沥青混合料也可用于路面的坑槽冷补。

2.沥青玛蹄脂碎石混合料

沥青玛蹄脂碎石混合料(SMA)是一种新型沥青混合料结构。SMA是由沥青结合料与少量的纤维稳定剂、细集料以及较多的填料(矿粉)组成的沥青玛蹄脂填充于间断级配的粗集料骨架间隙中、组成一体的沥青混合料。

(1)SMA的技术性质

①优良的温度稳定性：在SMA的组成中，粗集料占到了70%以上，混合料中粗集料相互之间的接触面较多，其空隙主要由高黏度玛蹄脂填补。由于粗集料颗粒之间相互良好的嵌挤作用，传递荷载能力高，可以很快地把荷载传到下层，能承担较大轴载和高压轮胎；同时骨架结构增加了混合料的抗剪切能力，在高温条件下，即使沥青玛蹄脂的黏度下降，对路面结构的抵抗能力影响也会减小。因此，SMA具有较强的抗车辙能力及良好的高温稳定性。

在低温条件下，沥青混合料的抗裂性主要由结合料延伸性能决定。由于SMA的集料之间填充了相当数量的沥青玛蹄脂，沥青膜较厚，温度下降时，混合料收缩变形使集料被拉开，此时，沥青玛蹄脂起到较好的黏结作用，使得混合料能够抵抗低温变形。

②良好的耐久性：在SMA中，粗集料骨架空隙被玛蹄脂密实填充，集料颗粒黏结在一起，沥青在集料表面形成较厚的沥青膜。较厚的沥青膜能减少氧化、水分渗透、沥青剥落和集料破碎，从而使面层有较长的使用寿命。

③优良的表面特性：SMA的粗集料要求采用坚硬、粗糙、耐磨的优质石料，在级配上采用间断级配，抗滑性好；有良好的横向排水性能，雨天行车不会产生较大的水雾和溅水，能增加雨天行车的可见度；SMA路面行车时噪音低，提高了道路的行驶质量。

④投资效益高：由于SMA结构能全面提高沥青混合料的使用性能，使得SMA路面维修养护费用降低，使用寿命延长。尽管SMA初期费用比一般沥青混凝土高20%～25%，使用期延长约2年才能补偿其初期投资。但是，由于SMA使用寿命的延长，增加了投资效益，道路使用期间维修和养护工作减少，降低了维护费用，提高了社会效益。

(2)SMA的组成材料要求

①沥青：SMA要求沥青具有较高黏度，与集料有良好的黏结性。一般采用针入度90以下的道路石油沥青。对于高速公路、重交通路段、夏季特别炎热或冬季特别寒冷地区的道路，最好采用改性沥青配制SMA。

②集料与填料：SMA中的粗集料应是高质量的轧制碎石，为不吸水的硬质集料，表面粗糙，以便更好地发挥其骨架间的锁结摩擦作用及增强沥青与集料的黏结作用。应严格控制集料中的针片状颗粒含量，集料的颗粒形状应接近立方体，富有棱角，纹理粗糙。粗集料与沥青的黏附性不能符合规范要求时，必须采用有效的抗剥落措施。

细集料最好选用坚硬的机制砂。细集料质量除了满足普通热拌沥青混合料对细集料的要求外，棱角最好大于45%。当采用普通石屑作为细集料时，宜采用石灰岩石屑，且不得含有泥土类杂质。当与天然砂混用时，天然砂的含量不宜超过机制砂或石屑的比例。

填料必须采用石灰岩等碱性岩石的矿粉。矿粉的质量应满足热拌沥青混合料对矿粉的要求。粉煤灰不得作为SMA的填料使用。

③纤维稳定剂：SMA中的纤维稳定材料有木质素纤维、矿质纤维、腈纶纤维、涤纶纤维、玻璃纤维等聚合物化学纤维。纤维在SMA中的作用：一是稳定沥青，二是增强并提高沥青混合料的抗拉强度和抗滑能力。

(3)SMA的应用

SMA广泛地用于高速公路、城市快速路、干线道路的抗滑表层、公路重交通路段、重载及超载车多的路段、城市道路的公交汽车专用道、城市道路交叉口等。

3.再生沥青混合料

再生沥青路面就是利用已破坏的旧沥青路面材料，通过添加再生剂、新沥青和新集料，合理设计配合比，重新铺筑的沥青路面。再生沥青混合料有表面处治型再生混合料、再生沥青碎石以及再生沥青混凝土三种形式；按集料最大粒径的尺寸，可以分成粗粒式、中粒式和细粒式三种；按施工温度分成热拌再生混合料和冷拌再生混合料两种。

(1)组成材料

再生沥青混合料由再生沥青和集料组成。再生沥青由旧沥青、再生剂以及新沥青材料组成，集料包括旧集料和新集料。

(2)技术要求

①必须具有足够的强度和热稳定性。

②应具有良好的低温抗裂性，低温下表现为较低的收缩系数，较高的抗弯强度和较低的弯拉模量。

③应具有足够的抗滑性和防渗性。

④具有良好的耐久性。

⑤尽可能地使用旧路面材料，最大限度节约沥青和砂石材料。

职业活动训练 沥青混合料试验

实训41 沥青混合料试件制作方法(击实法)

(一)试验目的与适用范围

1.本方法适用于标准击实法或大型击实法制作沥青混合料试件，以供试验室进行沥青混合料物理力学性能试验使用。

2.标准击实法适用于标准马歇尔试验、间接抗拉试验(劈裂法)等所使用的 ϕ101.6 mm×63.5 mm 圆柱体试件的成型。大型击实法适用于大型马歇尔试验和 ϕ152.4 mm×95.3 mm 的大型圆柱体试件的成型。

3.沥青混合料试件制作时的条件及试件数量应符合下列规定：

(1)当集料公称最大粒径小于等于 26.5 mm 时，采用标准击实法。一组试件中的数量不少于 4 个。

(2)当集料公称最大粒径大于 26.5 mm 时，采用大型击实法。一组试件中的数量不少于 6 个。

(二)试验仪具和材料

1.自动击实仪：击实仪应具有自动记数、控制仪表、按钮设置、复位及暂停等功能。按其用途分为以下两种：

(1)标准击实仪：由击实锤、ϕ98.5 mm±0.5 mm 平圆形压实头及带手柄的导向棒组成。用机械将击实锤举起，至 457.2 mm±1.5 mm 高度沿导向棒自由落下击实，标准击实锤质量 4 536 g±9 g。

(2)大型击实仪：由击实锤、ϕ149.4 mm±0.1 mm 平圆形压实头及带手柄的导向棒组成。用机械将击实锤举起，至 457.2 mm±2.5 mm 高度沿导向棒自由落下击实，标准击实锤质量 10 210 g±10 g。

2.温度计：量程 0～300 ℃，分度值 1 ℃。宜采用有金属杆的插入式数显温度计，金属插杆的长度不小于 150 mm。

3.试验室用沥青混合料拌和机：能保证拌和温度并充分搅和均匀，可控制拌和时间，容量不小于 10 L。

4.脱模器：电动或手动，应无破损地推出圆柱体试件，备有标准圆柱体试件及大型圆柱体试件尺寸的推出环。

5. 试模：由高碳钢或工具钢制成。

(1)标准击实仪的内径 101.6 mm±0.2 mm，高 87 mm 的圆柱体金属筒、底座直径约 120.6 mm，套筒内径 104.8 mm，高 70 mm。

(2)大型击实仪的套筒外径 165.1 mm，内径 155.6±0.3 mm，总高 83 mm。试模内径 152.4±0.2 mm，总高 115 mm 的圆柱体金属筒，底座板厚 12.7 mm，直径 172 mm。

6. 烘箱：大、中型各一台，应有温度调节器。

7. 天平或电子秤：用于称量矿料的，感量不大于 0.5 g；用于称量沥青的，感量不大于 0.1 g。

8. 布洛克菲尔德黏度计。

9. 其他：电炉或煤气炉、沥青熔化锅、拌和铲、标准筛、滤纸（或普通纸）、胶布、卡尺、秒表、粉笔、棉纱、插刀或大螺丝刀等。

(三)试验操作方法和步骤

本实训的试验操作方法和步骤见表 5-41。

表 5-41　试验操作方法和步骤

序号	项目	内容与要求
1. 试验准备		
(1)	确定混合料拌和温度与击实温度	按规定的方法测定沥青的黏度，绘制黏温曲线。按要求确定适宜于沥青混合料拌和及击实的等黏温度，见表 5-42
		当缺乏沥青黏度测定条件时，试件的拌和与击实温度可按表 5-43 选用，并根据沥青品种和标号作适当调整。针入度小、稠度大的沥青取高限，针入度大、稠度小的沥青取低限，一般取中值
		对改性沥青，应根据实践经验、改性剂的品种和用量，适当提高混合料的拌和和击实温度，对大部分聚合物改性沥青，需要在基质沥青的基础上提高 15～30 ℃，掺加纤维时，尚需再提高约 10 ℃
(2)	材料准备	将各种规格的矿料置于 105 ℃±5 ℃的烘箱中烘干至恒重（一般不少于 4～6 h）
		将烘干分级的粗细集料，按每个试件设计级配要求称其质量，在一金属盘中混合均匀，矿粉单独加热，然后置烘箱中预热至沥青拌和温度以上约 15 ℃（采用石油沥青时通常为 163 ℃；采用改性沥青时需 180 ℃）备用。一般按一组试件（每组 4～6 个）备料，但进行配合比设计时，宜对每个试件分别备料
		将按规定方法采集的沥青试样，用烘箱加热至规定的沥青混合料拌和温度，但不得超过 175 ℃。当不得已采用燃气炉或电炉直接加热时，必须使用石棉垫隔开
(3)	试模擦黄油	用蘸有少许黄油的棉纱擦净试模、套筒及击实座等，置于约 100 ℃烘箱中加热 1 h 备用
2. 拌制沥青混合料		
(1)	黏稠石油沥青混合料	将沥青混合料拌和机提前预热至拌和温度以上约 10 ℃。将每个试件预热的粗细集料置于拌和机中，用小铲子适当混合，然后加入需要数量的沥青，开动拌和机一边搅拌一边将拌和叶片插入混合料中拌和 1～1.5 min；暂停拌和，加入单独加热的矿粉，继续拌和至均匀为止，并使沥青混合料保持在要求的拌和温度范围内。标准的总拌和时间为 3 min
(2)	液体石油沥青混合料	将每组（或每个）试件的矿料置于已加热至 55～100 ℃的沥青混合料拌和机中，注入要求数量的液体沥青，并将混合料边加热边拌和，使液体沥青中的溶剂挥发至 50%以下。拌和时间应事先试拌决定
(3)	乳化沥青混合料	将每个试件的粗细集料置于沥青混合料拌和机（不加热，也可用人工炒拌）中；注入计算的用水量（阴离子乳化沥青不加水）后，拌和均匀并使矿料表面完全湿润；再注入设计的沥青乳液用量，在 1 min 内使混合料拌匀；然后加入矿粉后迅速拌和，使混合料拌成褐色为止

（续表）

序　号	项　目	内容与要求
3. 试件成型方法		
(1)	称取试件用量	将拌好的沥青混合料，用小铲适当拌和均匀，称取一个试件所需的用量(标准马歇尔试件约 1 200 g，大型马歇尔试件约 4 050 g)。当已知沥青混合料的密度时，可根据试件的标准尺寸计算并乘以 1.03 得到要求的混合料数量。当一次拌和几个试件时，宜将其倒入经预热的金属盘中，用小铲适当拌和均匀分成几份，分别取用。在试件制作过程中，为防止混合料温度下降，应连盘放在烘箱中保温
(2)	将试样装入试模	从烘箱中取出预热的试模及套筒，用蘸有少许黄油的棉纱擦拭套筒、底座及击实锤底面，将试模装在底座上，垫一张圆形的吸油性小的纸，用小铲将混合料铲入试模中，用插刀或大螺丝刀沿周边插捣 15 次，中间插捣 10 次。插捣后将沥青混合料表面整平。对大型马歇尔试件，混合料分两次加入，每次插捣次数同上
(3)	测温度	插入温度计，至混合料中心附近，检查混合料温度
(4)	第一面击实	待混合料温度达到要求的击实温度后，将试模连同底座一起放在击实台上固定。在装好的混合料上面垫一张吸油性小的圆纸，再将装有击实锤及导向棒的压实头放入试模中，开启电动机，使击实锤从 457 mm 的高度自由落下到击实规定的次数(75 或 50 次)。对大型马歇尔试件，击实次数为 75 次(相应于标准击实的 50 次)或 112 次(相应于标准击实的 75 次)
(5)	翻面击实	试件击实一面后，取下套筒，将试模翻面，装上套筒，然后以同样的方法和次数击实另一面
(6)	乳化沥青混合料成型	乳化沥青混合料在两面击实后，将一组试件在室温下横向放置 24 h；另一组试件置温度 105 ℃±5 ℃的烘箱中养生 24 h，将养生试件取出后锤击各 25 次
(7)	测试件高度	试件击实结束后，立即用镊子取掉上下面的纸，用卡尺量取试件离试模上口的高度并由此计算试件高度。高度不符合要求时，试件应作废，并按下式调整试件的混合料质量，以保证高度符合 63.5 mm±1.3 mm(标准试件)或 95.3 mm±2.5 mm(大型试件)的要求
4. 试件冷却脱模和贮存		
(1)	试件冷却并脱模	卸去套筒和底座，将装有试件的试模横向放置冷却至室温后(不少于 12 h)，置脱模机上脱出试件。用于现场马歇尔指标检验的试件，在施工质量检验过程中如急需试验，允许采用电风扇吹冷 1 h 或浸水冷却 3 min 以上的方法脱模；但浸水脱模法不能用于测量密度、空隙率等各项物理指标
(2)	试件贮存	将试件仔细置于干燥洁净的平面上，供试验用

表 5-42　　沥青混合料拌和及击实的等黏温度

沥青结合料种类	黏度与测定方法	适宜于拌和的沥青结合料黏度/(Pa·s)	适宜于击实的沥青结合料黏度/(Pa·s)
石油沥青	表观黏度，T0625	0.17±0.02	0.28±0.03

表 5-43　　沥青混合料拌和及击实温度参考表

沥青结合料种类	拌和温度/℃	击实温度/℃
石油沥青	140～160	120～150
改性沥青	160～175	140～170

实训 42　沥青混合料理论最大相对密度试验(真空法)

(一)试验目的与适用范围

本方法适用于采用真空法测定沥青混合料理论最大相对密度，供沥青混合料配合比设计、路况调查或路面施工质量管理计算空隙率、压实度等使用。

本方法不适用于吸水率大于 3%的多孔性集料的沥青混合料。

(二)试验仪具与材料

1.天平:称量 5 kg 以上,感量不大于 0.1 g;称量 2 kg 以下,感量不大于 0.05 g。

2.真空负压装置:由真空泵、真空表、调压装置、压力表及干燥或积水装置等组成。真空泵应使负压容器产生 3.7 kPa±0.2 kPa(27.5 mm Hg±2.5 mm Hg)负压;真空表分度值不得大于 2 kPa。

3.负压容器:为便于抽真空时观察气泡情况,负压容器至少有一面透明或采用透明的密封盖。

4.恒温水槽:水温控制在 25 ℃±0.5 ℃。

5.温度计:分度值 0.5 ℃。

6.其他:玻璃板、平底盘和镜子等。

(三)试验方法和步骤

本实训的试验操作方法和步骤见表 5-44。

表 5-44　　试验方法和步骤

<table>
<tr><th>序号</th><th>项目</th><th>内容与要求</th></tr>
<tr><td colspan="3">1.试验准备</td></tr>
<tr><td>(1)</td><td>取样</td><td>按规定沥青混合料取样方法或从沥青路面上钻芯取样。试样数量不少于如下规定数量:
<table><tr><td>集料公称最大粒径/mm</td><td>37.5</td><td>26.5</td><td>13.2,16</td><td>9.5</td><td>4.75</td></tr><tr><td>最少试样数量/g</td><td>4 000</td><td>2 500</td><td>1 500</td><td>1 000</td><td>500</td></tr></table></td></tr>
<tr><td>(2)</td><td>分散沥青混合料</td><td>将沥青混合料团块仔细分散,粗集料不破碎,细集料团块分散到小于 6.4 mm。若混合料坚硬时可用烘箱适当加热后分散,一般加热温度不超过 60 ℃,分散试样应用手掰开,不得用锤打碎,防止集料破碎。当试样是从施工现场采取的非干燥混合料时,应用电风扇吹干至恒重后再操作</td></tr>
<tr><td>(3)</td><td>负压容器标定</td><td>按规定方法对 A、B、C 类容器进行标定</td></tr>
<tr><td>(4)</td><td>称取容器干燥质量</td><td>将负压容器干燥,编号、称取其干燥质量</td></tr>
<tr><td colspan="3">2.试验步骤</td></tr>
<tr><td>(1)</td><td>试样装入容器并称质量</td><td>将沥青混合料试样装入干燥的负压容器中,称容器及沥青混合料总质量,得到试样的净质量 m_a。试样质量应不小于上述规定的最小数量</td></tr>
<tr><td>(2)</td><td>注水浸没</td><td>在负压容器中注入 25 ℃±0.5 ℃的水,将混合料全部浸没,并高出混合料顶面约 2 cm</td></tr>
<tr><td>(3)</td><td>抽真空除气泡</td><td>将负压容器放到试验仪上,与真空泵、压力表等连接,开动真空泵,使负压容器内负压在 2 min 达到 3.7 kPa±0.2 kPa(27.5 mm Hg±2.5 mm Hg)时,开始计时,同时开动振动装置和抽真空,持续 15 min±2 min。为使气泡容易除去,试验前可在水中加有 0.01% 浓度的表面活性剂(如每 100 mL 水中加 0.01 g 洗涤灵)</td></tr>
<tr><td>(4)</td><td>称总质量</td><td>当负压容器采用 A 类容器时,将盛试样的容器浸入保温至 25 ℃±0.5 ℃的恒温水槽,恒温 10 min±1 min 后,称取负压容器与沥青混合料的水中质量 m_2 当负压容器采用 B、C 类容器时,将装有沥青混合料试样的容器浸入保温至 25 ℃±0.5 ℃的恒温水槽,恒温 10 min±1 min 后,注意容器中不得有气泡,擦净容器外的水分,称取容器、水和沥青混合料试样的总质量 m_c</td></tr>
</table>

（续表）

序号	项目	内容与要求
3.试验结果整理		
(1)	A类容器沥青混合料理论最大相对密度计算	采用A类容器时，沥青混合料的理论最大相对密度 γ_t 按下式计算： $$\gamma_t=\frac{m_a}{m_a-(m_2-m_1)}$$ 式中 m_a——干燥沥青混合料的空气中质量(g)； m_2——负压容器与沥青混合料在25 ℃水中的质量(g)； m_1——负压容器在25 ℃水中的质量(g)
(2)	B、C类容器沥青混合料理论最大相对密度计算	采用B、C类容器作负压容器时，沥青混合料的最大相对密度 γ_t 按下式计算： $$\gamma_t=\frac{m_a}{m_a+m_b-m_c}$$ 式中 m_a——干燥沥青混合料的空中质量(g)； m_b——装满25 ℃水的负压容器质量(g)； m_c——25 ℃时试样、水与负压容器的总质量(g)
(3)	25 ℃时的理论最大密度计算	沥青混合料25 ℃时的理论最大密度 ρ_t 按下式计算： $$\rho_t=\gamma_t\cdot\rho_w$$ 式中 ρ_w——25 ℃时水的密度，取0.997 1 g/cm³
报告		同一试样至少平行试验两次，取平均值作为试验结果，取3位小数
允许误差		重复性试验的允许误差为0.011 g/cm³；再现性试验的允许误差为0.019 g/cm³

(四)试验记录

试验记录及结果整理填入《道路建筑材料实训报告》中。

实训43 压实沥青混合料密度试验(表干法)

(一)试验目的与适用范围

1.本方法适用于测定吸水率不大于2%的各种沥青混合料试件，包括密级配沥青混凝土、沥青玛蹄脂碎石混合料(SMA)和沥青稳定碎石等沥青混合料试件的毛体积相对密度和毛体积密度。标准温度为25 ℃±0.5 ℃。

2.本方法测定的相对密度和毛体积密度适用于计算沥青混合料试件的空隙率、矿料间隙率等各项体积指标。

(二)试验仪具与材料

1.浸水天平或电子天平：应有测量水中重的挂钩。量程在3 kg以下时，感量不大于0.1 g；量程在3 kg以上时，感量不大于0.5 g。

2.水中重称重装置：网篮、溢流水箱和试件悬吊装置。

3.其他：秒表、毛巾、电风扇或烘箱。

(三)试验操作方法和步骤

本实训的试验操作方法和步骤见表5-45。

表5-45 试验操作方法和步骤

序号	项目	内容与要求
1.试验步骤		
(1)	选择适宜的浸水天平	选择适宜的浸水天平或电子天平，满足试件质量要求

（续表）

序　号	项　目	内容与要求
(2)	称取空气中质量 m_a	除去试件表面的浮粒，称取干燥试件的空气中质量 m_a，根据选择的天平的感量读数，精确至 0.1 g 或 0.5 g
(3)	称取水中质量 m_w	将溢流水箱水温保持在 25 ℃±0.5 ℃。挂上网篮，浸入溢流水箱中，调节水位，将天平调平并复零，把试件置于网篮中(注意不要晃动水)，浸水约 3～5 min，称取水中质量 m_w。若天平读数持续变化，不能很快达到稳定，说明试件吸水较严重，不适用于此法测定，应改用蜡封法测定
(4)	称取表干质量 m_f	从水中取出试件，用洁净柔软的拧干湿毛巾轻轻擦去试件的表面水(不得吸走空隙内的水)，称取试件的表干质量 m_f。从试件拿出水面到擦拭结束不宜超过 5 s，称量过程中流出的水不得再擦拭
(5)	非干燥试件的处理	对从工程现场钻取的非干燥试件，可先称取水中质量 m_w 和表干质量 m_f，然后用电风扇将试件吹干至恒重(一般不少于 12 h，当不需进行其他试验时，也可用 60 ℃±5 ℃烘箱烘干至恒重)，再称取空气中质量 m_a
2.试验结果整理		
(1)	计算试件吸水率	计算试件吸水率，取 1 位小数，试件的吸水率即试件吸水体积占沥青混合料毛体积的百分率，按下式计算： $S_a=\frac{m_f-m_a}{m_f-m_w}\times 100\%$ 式中　S_a——试件的吸水率(%)； m_a——干燥试件的空气中质量(g)； m_w——试件的水中质量(g)； m_f—试件的表干质量(g)
(2)	计算试件的毛体积相对密度和毛体积密度	计算试件的毛体积相对密度和毛体积密度，取 3 位小数，当试件的吸水率符合 Sa＜2% 要求时，试件的毛体积相对密度和毛体积密度按下式计算，当吸水率 Sa＞2%要求时，应改用蜡封法测定。 $\gamma_f=\frac{m_a}{m_f-m_{ww}}$，$\rho_f=\frac{m_a}{m_f-m_{ww}}\rho_w$ 式中　γ_f—用表干法测定的试件毛体积相对密度，无量纲； ρ_f——用表干法测定的试件毛体积密度(g/cm³)； ρ_w——25 ℃时水的密度，取 0.997 1 g/cm³
(3)	计算试件的空隙率	试件的空隙率按下式计算，取 1 位小数： $VV=(1-\frac{\gamma_f}{\gamma_t})\times 100\%$ 式中　VV——试件的空隙率(%)； γ_f—试件的毛体积相对密度； γ_t——沥青混合料理论最大相对密度
报告		应在试验报告中注明沥青混合料的类型及采用的测定密度的方法

(四)试验记录

试验记录及结果整理填入《道路建筑材料实训报告》中。

实训 44　沥青混合料马歇尔稳定度试验

(一)试验目的与适用范围

1.本方法适用于马歇尔稳定度试验和浸水马歇尔稳定度试验，以进行沥青混合料的配合比设计或沥青路面施工质量检验。浸水马歇尔稳定度试验供检验沥青混合料受水损害时抵抗剥落的能力时使用，通过测试其水稳定性检验配合比设计的可行性。

2.本方法适用于按击实法成型的标准马歇尔试件圆柱体和大型马歇尔试件圆柱体。

(二)试验仪具和材料

1. 沥青混合料马歇尔试验仪:分为自动式和手动式。对用于高速公路和一级公路的沥青混合料宜采用自动马歇尔试验仪,应具备控制装置、自动测定荷载与试件的垂直变形,能自动显示和有存储或打印试验结果等功能。

2. 恒温水槽:控温准确度为1 ℃,深度不小于150 mm。

3. 真空饱水容器:包括真空泵及真空干燥器。

4. 烘箱。

5. 天平:感量不大于0.1 g。

6. 其他:卡尺、温度计、棉纱,黄油。

(三)试验操作方法和步骤

本实训的试验操作方法和步骤见表5-46。

表5-46　试验操作方法和步骤

序号	项目	内容与要求
1. 试验准备		
(1)	准备马歇尔试件	按标准击实法成型马歇尔试件,标准马歇尔试件的尺寸应符合直径101.6 mm±0.2 mm、高63.5 mm±1.3 mm的要求。对大型马歇尔试件,尺寸应符合直径152.4 mm±0.2 mm,高95.3 mm±2.5 mm的要求。一组试件的数量不得少于4个,并符合规定
(2)	测试件高度和直径	用卡尺测量试件中部的直径,用马歇尔试件高度测定器或用卡尺在十字对称的4个方向量测离试件边缘10 mm处的高度,精确至0.1 mm,并以其平均值作为试件的高度。如试件高度不符合63.5 mm±1.3 mm或95.3±2.5 mm的要求或两侧高度差大于2 mm,此试件应作废
(3)	测密度,计算物理指标	按规定方法测定试件的密度,并计算空隙率、沥青体积百分率、沥青饱和度、矿料间隙率等体积指标
(4)	调节恒温水槽温度	将恒温水槽调节至要求的试验温度:对黏稠石油沥青或烘箱养生过的乳化沥青混合料为60 ℃±1 ℃,对煤沥青混合料为33.8 ℃±1 ℃,对空气养生的乳化沥青或液体沥青混合料为25 ℃±1 ℃
2. 试验步骤		
(1)	试件恒温	将试件置于已达规定温度的恒温水槽中保温,保温时间对标准马歇尔试件需30～40 min,对大型马歇尔试件需45～60 min。试件之间应有间隔,底下应垫起,距水槽底部不小于5 cm
(2)	压头恒温、涂油、放试件	将马歇尔试验仪的上下压头放入水槽或烘箱中达到同样温度。将上下压头从水槽或烘箱中取出擦拭干净内面。为使上下压头滑动自如,可在下压头的导棒上涂少量黄油。再将试件取出置于下压头上,盖上上压头,然后装在加载设备上
(3)	压头对准	在上压头上的球座上放妥钢球,并对准荷载测定装置的压头。
(4)	传感器就位	当采用自动马歇尔试验仪时,将自动马歇尔试验仪的压力传感器、位移传感器正确连接,调整好适宜的放大比例,压力传感器和位移传感调零
(5)	开始加载	启动加载设备,使试件承受荷载,加载速度为50 mm/min±5 mm/min。计算机或X-Y记录仪自动记录传感器压力和试件变形曲线并将数据自动存入计算机
(6)	读取数据	当试验荷载达到最大值的瞬间,取下流值计,同时读取压力环中百分表计数及流值计的流值计数
(7)	时间要求	从恒温水槽中取出试件至测出最大荷载值的时间,不得超过30 s

（续表）

序号	项 目	内容与要求
(8)	浸水马歇尔试验	浸水马歇尔试验方法与标准马歇尔试验方法的不同之处在于，试件在已达规定温度恒温水槽中的保温时间为 48 h，其余步骤均与标准马歇尔试验方法相同
3.试验结果整理		
(1)	稳定度及流值	当采用自动马歇尔试验仪时，将计算机采集的数据绘制成压力和试件变形曲线，或求由 X-Y 记录仪自动记录的荷载-变形曲线。曲线上最大荷载为稳定度(MS)，以 kN 计，准确到 0.01 kN；曲线上相应于荷载最大值时的变形作为流值(FL)，以 mm 计，准确到0.1 mm
		当采用压力环和流值计测定时，根据压力环标定曲线，将压力环中百分表的读数换算为荷载值，或者由荷载测定装置读取的最大值即为试样的稳定度(MS)，以 kN 计，精确至 0.01 kN。由流值计及位移传感器测定装置读取的试件垂直变形，即为试件的流值(FL)，以 mm 计，精确至 0.1mm
(2)	马歇尔模数	$T=\frac{MS}{FL}$ 式中 T——试件的马歇尔模数(kN/mm)； MS——试样的稳定度(kN)； FL——试件的流值(mm)
(3)	浸水残留稳定度	$MS_0=\frac{MS_1}{MS}\times 100\%$ 式中 MS_0——试件的浸水残留稳定度(%)； MS_1——试件浸水 48 h后的稳定度(kN)。
	报告	当一组测定值中某个测定值与平均值之差大于标准差的 k 倍时，该测定值应予舍弃，并以其余测定值的平均值作为试验结果。当试件数目 n 为 3、4、5、6 时，k 值分别为1.15、1.46、1.67、1.82
		采用自动马歇尔试验时，试验结果应附上荷载-变形曲线原件或自动打印结果
		报告需列出马歇尔稳定度、流值、马歇尔模数，以及试件尺寸、密度、空隙率、沥青用量、沥青体积百分率、沥青饱和度、矿料间隙率等各项物理指标

（四）试验记录

试验记录及结果整理填入《道路建筑材料实训报告》中。

实训 45　沥青混合料车辙试验

（一）试验目的与适用范围

1.本方法适用于测定沥青混合料的高温抗车辙能力，供沥青混合料配合比设计时的高温稳定性检验使用，也可用于现场沥青混合料的高温稳定性检验。

2.本方法适用于用轮碾成型机碾压成型的长 300 mm、宽 300 mm、厚 50～100 mm 的板块状试件，根据工程需要也可采用其他尺寸的试件。也适用于现场切割板块状试件，切割试件的尺寸根据现场面层的实际情况由试验确定。

（二）试验仪具与材料

1.车辙试验机：主要由下列部分组成，如图 5-17 所示。

(1)试件台：可牢固地安装两种宽度(300 mm 及 150 mm)规定尺寸试件的试模。

(2)试验轮：橡胶制的实心轮胎，外径 200 mm，轮宽 50 mm，橡胶层厚 15 mm。橡胶硬度(国际标准硬度)20 ℃时为 84±4，60 ℃时为 78±2。试验轮行走距离为 230 mm±10 mm，往返碾压速度为 42 次/min±1 次/min(21 次往返/min)。采用曲柄连杆驱动加载轮往返运行方式。

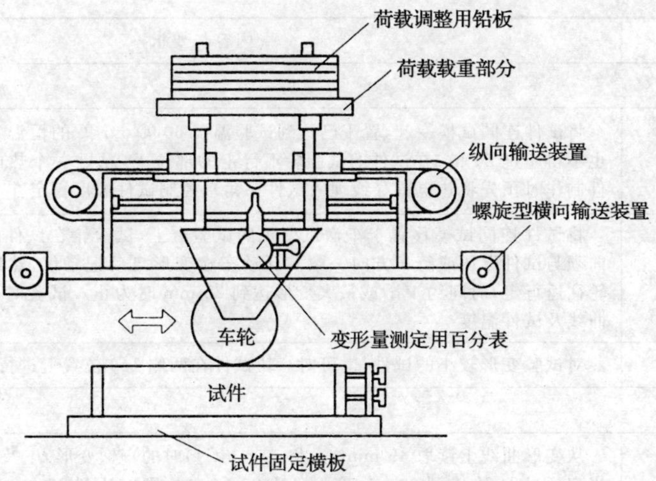

图 5-17 车辙试验机的组成

注：轮胎橡胶硬度应注意检验，不符合要求者应及时更换。

(3)加载装置：通常情况下试验轮与试件的接触压强在 60 ℃时为 0.7 MPa±0.05 MPa，施加的总荷重为 780 N 左右，根据需要可以调整接触压强大小。

(4)试模：钢板制成，由底板及侧板组成，试模内侧尺寸长为 300 mm，宽为 300 mm，厚为 50～100 mm，也可根据需要对厚度进行调整。

(5)试件变形测量装置：自动采集车辙变形并记录曲线的装置，通常用位移传感器 LVDT 或非接触位移计。位移测量范围 0～130 mm，精度±0.01 mm。

(6)温度检测装置：自动检测并记录试件表面及恒温室内温度的温度传感器，精度±0.5 ℃。温度应能自动连续记录。

2.恒温室：恒温室应具有足够的空间。车辙试验机必须整机安放在恒温室内，装有加热器、气流循环装置及装有自动温度控制设备，同时恒温室还应有至少能保温 3 块试件并进行试验的条件。保持恒温室温度 60 ℃±1 ℃（试件内部温度 60 ℃±0.5 ℃），根据需要亦可采用其他试验温度。

3.台秤或电子天平：称量 15 kg，感量不大于 5 g。

三、试验操作方法和步骤

本实训的试验操作方法和步骤见表 5-47。

表 5-47　试验操作方法和步骤

序号	项目	内容与要求
1.试验准备		
(1)	接地压强测定与调整	测定在 60 ℃时进行，在试验台上放置一块 50 mm 厚的钢板，其上铺一张毫米方格纸，上铺一张新的复写纸，以规定的 700 N 荷载后试验轮静压复写纸，即可在方格纸上得出轮压面积，并由此求得接地压强。当接地压强不符合 0.7 MPa±0.05 MPa 时荷载应予适当调整
(2)	准备试验试块	用轮碾成型法制作车辙试验试块。在试验室或工地制备成型的车辙试件，板块状试件尺寸为 300 mm×300 mm×(50～100)mm。也可从路面切割得到需要尺寸的试件
(3)	试件冷却	试件成型后，连同试模一起在常温条件下放置的时间不得少于 12 h。对聚合物改性沥青混合料，放置的时间以 48 h 为宜，使聚合物改性沥青充分固化后方可进行车辙试验，但室温放置时间不得长于一周

序 号	项 目	内容与要求
2. 试验步骤		
(1)	试件恒温	将试件连同试模一起，置于已达到试验温度 60 ℃±1 ℃的恒温室中，保温不少于 5 h，也不得超过 24 h。在试件的试验轮不行走的部位上，粘贴一个热电耦温度计（也可在试件制作时预先将热电耦导线埋入试件一角），控制试件温度稳定在 60 ℃±0.5 ℃
(2)	碾压并记录变形	将试件连同试模移置于车辙试验机的试验台上，试验轮在试件的中央部位，其行走方向须与试件碾压或行车方向一致。开动车辙变形自动记录仪，然后启动试验机，使试验轮往返行走，时间约 1 h，或最大变形达到 25 mm 时为止。试验时，记录仪自动记录变形曲线及试件温度
(3)	特殊情况	对试验变形较小的试件，也可对一块试件在两侧 1/3 位置上进行两次试验取平均值
3. 试验结果整理		
(1)	读取数值	从变形曲线上读取 45 min(t_1)及 60 min(t_2)时的车辙变形 d_1 及 d_2，精确至 0.01 mm。当变形过大，在未到 60 min 变形已达 25 mm 时，则以达到 25 mm(d_2)时的时间为 t_2，将其前 15 min 为 t_1，此时的变形量为 d_1
(2)	计算	沥青混合料试件的动稳定度按下式计算： $$DS=\frac{(t_2-t_1)\cdot N}{d_2-d_1}C_1C_2$$ 式中 DS——沥青混合料的动稳定度（次/mm）； d_1——对应于时间 t_1 的变形量(mm)； d_2——对应于时间 t_2 的变形量(mm)； C_1——试验机类型修正系数，曲柄连杆驱动试件往返运行方式为 1.0； C_2——试件系数，试验室制备的宽 300 mm 的试件为 1.0； N——试验轮往返碾压速度，通常为 42 次/min
	报告	同一沥青混合料或同一路段路面，至少平行试验 3 个试件。当 3 个试件动稳定度变异系数不大于 20%时，取其平均值作为试验结果。变异系数大于 20%时应分析原因，并追加试验。如计算动稳定度值大于 6 000 次/mm 时，记作“>6 000 次/mm” 试验报告应注明试验温度、试验轮接地压强、试件密度、空隙率及试件制作方法等

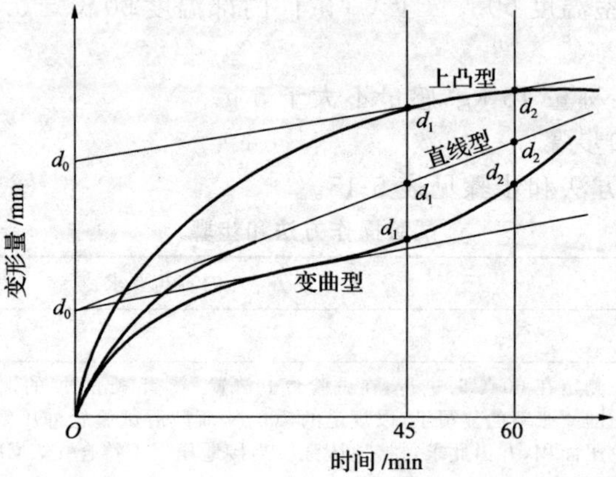

图 5-18　车辙试验自动记录的变形曲线

(四)试验记录

试验记录及结果整理填入《道路建筑材料实训报告》中。

项目 10　水泥路面材料

基础知识

(一)水泥路面的原材料

道路水泥混凝土:满足混凝土路面摊铺机工作性、抗弯拉强度、耐久性与经济性要求的水泥混凝土材料。

1.水泥

(1)水泥品种

水泥是直接影响混凝土施工性质、强度和耐久性、早期干缩和抗磨性的重要材料。

①特重、重交通等级的水泥混凝土宜采用旋窑道路硅酸盐水泥,也可采用旋窑硅酸盐水泥或普通硅酸盐水泥。中、轻交通的路面可采用矿渣硅酸盐水泥。

②低温施工、有快凝要求的路段可采用 R 型水泥,一般情况宜采用普通硅酸盐水泥。

③水泥用量不得小于 300 kg /m^3(非冰冻地区)或 320 kg /m^3(冰冻地区)。

(2)强度等级

应正确选择水泥的强度,使水泥的强度等级与所配制的混凝土的强度等级相匹配。见表 5-48。

表 5-48　各交通等级路面水泥各龄期的抗弯拉强度和抗压强度

交通等级	特　重		重		中、轻	
龄期/d	3	28	3	28	3	28
抗压强度(≥)/MPa	25.5	57.5	22.0	52.5	16.0	42.5
抗弯拉强度(≥)/MPa	4.5	7.5	4.0	7.0	3.5	6.5

2.粉煤灰

(1)在路面混凝土中可以采用技术符合规定的电收尘Ⅰ、Ⅱ级干排或磨细低钙粉煤灰。

(2)不得采用湿排或潮湿粉煤灰,严禁使用已经结块的湿排粉煤灰。

混凝土用粉煤灰质量标准见表 5-49。

表 5-49　混凝土用粉煤灰质量标准

粉煤灰等级	细度($a_{0.45mm}$)/%	烧失量/%	需水量比/%	含水率/%	SO_3 含量/%
Ⅰ	≤12	≤5	≤95	≤1.0	≤3
Ⅱ	≤20	≤8	≤105	≤1.0	≤3
Ⅲ	≤45	≤15	≤115	≤1.5	≤3

3.粗集料

(1)质量要求:坚硬、耐久、洁净的碎石和卵石,是混凝土的主要组成材料,也是影响混凝土强度的重要因素之一。

粗集料在混凝土中起骨架作用，必须具有足够的强度和坚固性。不同强度等级混凝土选用不同技术等级的集料；其有害杂质：含泥量、泥块、硫化物、硫酸盐、有机质等必须控制。重要结构物应进行碱活性检验。

(2)级配与最大粒径

①为了提高路面混凝土抗弯拉强度，防止混凝土拌合物离析，减少摊铺机的机械磨损，提高混凝土的抗冻性及耐磨性，粗集料的最大粒径不宜过大。

②碎石公称最大粒径不宜大于 31.5 mm；卵石公称最大粒径不宜大于 19 mm；碎卵石公称最大粒径不宜大于 26.5 mm。

③粒径小于 0.075 mm 的石粉含量不宜大于 1%，控制针片状颗粒含量。要保证粗集料能形成骨架密实结构，保证抗弯拉强度、干缩变形等。

水泥路面用粗集料级配要求见表 5-50。

表 5-50　粗集料级配范围

级配类型	粒　径	筛孔尺寸(方孔筛)/mm							
		2.36	4.75	9.5	16	19	26.5	31.5	37.5
		累计筛余百分率/%							
连续级配	4.75～16	95～100	85～100	40～60	0～10	—	—	—	—
	4.75～19	95～100	85～100	60～75	30～45	0～5	0	—	—
	4.75～26.5	95～100	90～100	70～90	50～70	25～40	0～5	0	—
	4.75～31.5	95～100	90～100	75～90	60～75	40～60	20～35	0～5	0
单粒级	4.75～9.5	95～100	80～100	0～15	0	—	—	—	—
	9.5～16	—	95～100	80～100	0～15	0	—	—	—
	9.5～19	—	95～100	85～100	40～60	0～15	0	—	—
	16～26.5	—	95～100	85～100	55～70	25～40	0～10	0	—
	16～31.5	—	95～100	90～100	85～100	55～70	25～40	0～10	0

4. 细集料

(1)混凝土细集料应采用级配良好、质地坚硬、颗粒洁净的天然砂、机制砂或混合砂。

(2)特重和重交通混凝土路面使用河砂，砂的细度模数不宜小于 2.5，砂的硅质含量不应低于 25%。

(3)机制砂不得使用软质岩石破碎；淡化海砂只能用于二级以下素混凝土面层和基层。

5. 外加剂

(1)外加剂应达到规定的要求。

(2)高效减水剂减水率应达到 15%，引气减水剂减水率应达到 12%。路面、桥面应选用减水率大、坍落度损失小、可调控凝结时间的复合减水剂，必须进行水泥适应性检验。

(3)冰冻地区的混凝土中必须掺加引气剂。

6. 拌和用水

(1)可用饮用水、清洁的天然水、地下水、海水及经适当处理后的工业废水。

(2)水中有害杂质如：油脂、糖类等会影响水泥正常凝结和硬化。

(3)海水不得用于拌制钢筋混凝土和预应力混凝土。当水质有疑问时应检验符合指标后方可使用，路面水泥混凝土用水的质量要求见表 5-51。

表 5-51　　路面水泥混凝土用水的质量要求

指　标	要　求
pH	≥4
硫酸盐含量(按 SO_4^{2-} 计)/($mg \cdot mm^{-3}$)	<0.002 7
含盐量/($mg \cdot mm^{-3}$)	≤0.005

(二)道路水泥混凝土的配合比设计

水泥混凝土路面用混凝土配合比设计方法，按《公路水泥混凝土路面施工技术规范》(JTG F30—2003)的规定，以抗弯拉强度(也称抗折强度)为主要强度指标，抗压强度作为参考指标。

路面用水泥混凝土配合比设计应满足四项基本要求：抗弯拉强度；工作性；耐久性和经济性。

1. 混凝土配合比设计步骤

(1)初步配合比的计算

①确定混凝土的配制抗弯拉强度

各交通等级路面的 28 d 设计混凝土抗弯拉强度标准值 f_r 应符合《公路水泥混凝土路面设计规范》(JTG D40—2002)的规定。按式(5-10)计算配制 28 d 抗弯拉强度的均值。

$$f_c=\frac{f_r}{1-1.04C_v}+ts \tag{5-10}$$

式中　f_c——混凝土配制 28 d 抗弯拉强度的均值(MPa)；

f_r——设计混凝土抗弯拉强度标准值(MPa)；

C_v——混凝土抗弯拉强度的变异系数，按表 5-52 取用；

s——混凝土抗弯拉强度试验样本的标准差(MPa)；

t——保证率系数，样本数 n 和判别概率 p 按表 5-53 取用。

表 5-52　　各级公路混凝土路面抗弯拉强度变异系数

公路等级	高速公路	一级公路		二级公路	三、四级公路	
混凝土弯拉强度变异水平等级	低	低	中	中	中	高
弯拉强度变异系数 C_v 允许变化范围	0.05～0.10	0.05～0.10	0.10～0.15	0.10～0.15	0.10～0.15	0.15～0.20

表 5-53　　保证率系数

公路等级	判别概率 p	样本数 n				
		3	6	9	15	20
高速公路	0.05	1.36	0.79	0.61	0.45	0.39
一级公路	0.10	0.95	0.59	0.46	0.35	0.30
二级公路	0.15	0.72	0.46	0.37	0.28	0.24
三、四级公路	0.20	0.56	0.37	0.29	0.22	0.19

②计算水灰比

混凝土拌合物的水灰比，根据粗集料类型、混凝土的配制抗弯拉强度和水泥的实际抗弯拉强度，碎石或碎卵石混凝土按式(5-11)计算，卵石混凝土按式(5-12)计算。

$$\frac{W}{C}=\frac{1.5684}{f_c+1.0097-0.3595f_s} \tag{5-11}$$

$$\frac{W}{C}=\frac{1.2618}{f_c+1.5492-0.4709f_s} \tag{5-12}$$

式中　f_c——设计混凝土抗弯拉强度标准值(MPa)；

f_s——水泥的实际抗弯拉强度(MPa)。

掺用粉煤灰时，应计入超量取代法中代替水泥的那一部分粉煤灰用量(代替砂的超量部分不计入)，用水胶比$\frac{W}{W+F}$代替水灰比$\frac{W}{C}$。水灰比不得超过表5-54规定的最大值。在满足抗弯拉强度计算值和耐久性两者要求的水灰(胶)比中取小值。

表5-54　　混凝土满足耐久性要求的最大水灰(胶)比和最小水泥用量

公路技术等级		高速公路、一级公路	二级公路	三、四级公路
最大水灰(胶)比		0.44	0.46	0.48
抗冰冻要求最大水灰(胶)比		0.42	0.44	0.46
抗盐冻要求最大水灰(胶)比		0.40	0.42	0.44
最小单位水泥用量/(kg·m^{-3})	42.5级	300	300	290
	32.5级	310	310	305
抗冰(盐)冻最小单位水泥用量/(kg·m^{-3})	42.5级	320	320	315
	32.5级	330	330	325
掺粉煤灰时最小单位水泥用量/(kg·m^{-3})	42.5级	260	260	255
	32.5级	280	270	265
抗冰(盐)冻掺粉煤灰最小单位水泥用量(42.5级)/(kg·m^{-3})		280	270	265

③计算单位用水量

混凝土拌合物每1 m^{3}的用水量，根据坍落度，对碎石混凝土按经验公式(5-13)计算单位用水量，卵石混凝土按经验公式(5-14)计算单位用水量(砂石料以自然风干状态计)。

碎石混凝土：

$$W_0=104.97+0.309S_L+11.27\frac{C}{W}+0.61S_P \tag{5-13}$$

卵石混凝土：

$$W_0=86.89+0.370S_L+11.24\frac{C}{W}+1.00S_P \tag{5-14}$$

式中　W_0——不掺外加剂与掺合料混凝土的单位用水量(kg/m^3)；

S_L——坍落度(mm)；

S_P——砂率(%)，参考表5-55选取；

$\frac{C}{W}$——灰水比。

表 5-55　　砂的细度模数与最优砂率关系

砂细度模数		2.2～2.5	2.5～2.8	2.8～3.1	3.1～3.4	3.4～3.7
砂率 S_P/%	碎石	30～34	32～36	34～38	36～40	38～42
	卵石	28～32	30～34	32～36	34～38	36～40

注：碎卵石可在碎石和卵石混凝土之间内插取值。

④计算单位水泥用量

单位水泥用量按式(5-15)计算，并取计算值与表 5-54 规定值两者中的大值，并同时满足最大单位水泥用量不宜大于 400 kg/m³，最大单位胶材总用量不宜大于 420 kg/m³ 的规定。

$$C_0 = W_0 \cdot \frac{C}{W} \tag{5-15}$$

式中　C_0——单位水泥用量(kg/m³)。

⑤计算砂石用量

砂石用量可按密度法或体积法计算。按密度法计算时，混凝土单位质量可取 2 400～2 450 kg/m³；按体积法计算时，应计入设计含气量。采用超量取代法掺用粉煤灰时，超量部分应代替砂，并折减用砂量。经计算得到的配合比，应验算单位粗集料填充体积率，且不宜小于 70%。

(2)配合比调整

①试拌调整

按初步配合比配制混凝土拌合物。测定混凝土拌合物的稠度，同时观察拌合物的黏聚性和保水性。当不符合要求时，应进行调整。调整的基本原则是：在水灰比不变的条件下增减水泥浆用量或砂率，相应减增粗细集料的用量，直到符合要求为止。此时，工作性满足要求的配合比称为基准配合比。当试拌调整工作完成后，应测出混凝土拌合物的实际表观密度。

②强度校核

工作性满足要求的基准配合比，混凝土的强度不一定符合要求，所以应对混凝土强度进行检验。混凝土强度进行检验时至少采用 3 个不同的配合比。其中一个是基准配合比，另两个配合比的水灰比则分别增加及减少 0.03 或 0.02，用水量应与基准配合比相同，砂率可分别增加及减少 1%。三组试件经标准养护 28d，测其抗弯拉强度，选定既满足设计要求，又节约水泥的配合比为试验室配合比。

③施工配合比的换算

根据现场砂石的含水率将试验室配合比换算为施工配合比。

2.混凝土配合比设计实例(以抗弯拉强度为指标)

【例题】 某高速公路拟采用水泥混凝土路面，试设计路面用混凝土的配合比。

(1)原始资料

①混凝土抗弯拉强度等级为 5.0 MPa，施工要求混凝土抗弯拉强度样本的标准差为 0.4 MPa，样本数 $n=9$，混凝土拌合物的坍落度为 30～50 mm，路面所在地无冻害。

②组成材料：可供应强度等级为 42.5 的普通硅酸盐水泥，密度为 3.1 g/cm³，实测 28 d 胶砂抗弯拉强度为 8.7 MPa；砂为中砂，细度模数为 2.64，表观密度为 2.63 g/cm³；碎石最大粒径为 31.5 mm，表观密度为 2.70 g/cm³；水为饮用水。

(2)设计步骤

①确定混凝土的试配强度

$$f_c=\frac{f_r}{1-1.04C_v}+ts=\frac{5}{1-1.04\times0.075}+0.61\times0.4=5.67(\text{MPa})$$

②计算水灰比

$$\frac{W}{C}=\frac{1.5684}{f_c+1.0097-0.3595f_s}=0.44$$

查表 5-54，$(\frac{W}{C})_{max}=0.44$，取$\frac{W}{C}=0.44$。

③计算用水量

查表 5-55，$S_P=32\%\sim36\%$，取 34%，混凝土拌合物每 1 m^3 的用水量为

$$W_0=104.97+0.309S_L+11.27\frac{C}{W}+0.61S_P=164(\text{kg/m}^3)$$

④计算水泥用量

单位水泥用量为

$$C_0=W_0\cdot\frac{C}{W}=373(\text{kg/m}^3)$$

查表 5-54，$C_{min}=300\ \text{kg/m}^3$，取 373 kg/m^3。

⑤计算砂石用量

路面混凝土含气量为 3.5%，则砂石用量为

$$\frac{373}{3.1}+\frac{S_0}{2.63}+\frac{G_0}{2.70}+\frac{164}{1.0}+10\times3.5=1000$$

$$\frac{S_0}{S_0+G_0}=0.34$$

解得：$S_0=620\ \text{kg/m}^3$，$G_0=1203\ \text{kg/m}^3$。

验算单位粗集料填充体积率=1 203/1 700=70.8%，且不宜小于 70%，符合要求，则路面混凝土的初步配合比为 373∶164∶620∶1 203，即 1∶1.66∶3.23；$W/C=0.44$。

路面混凝土的基准配合比、试验室配合比和施工配合比的设计内容与抗压强度为指标的普通混凝土相同。

职业活动训练　道路水泥混凝土试验

实训 46　水泥混凝土抗弯拉强度试验方法

(一)试验目的与适用范围

测定水泥混凝土抗弯拉强度，可作为评定混凝土路面品质的主要指标和确定抗弯拉弹性模量试验加荷标准，本试验方法适用于各类水泥混凝土棱柱体试件。

(二)试验仪器设备

压力试验机或万能试验机、混凝土抗弯拉试验装置(如图 5-19 所示)。

(三)试件制备和养护

1.试件制备和养护应符合相关规定。

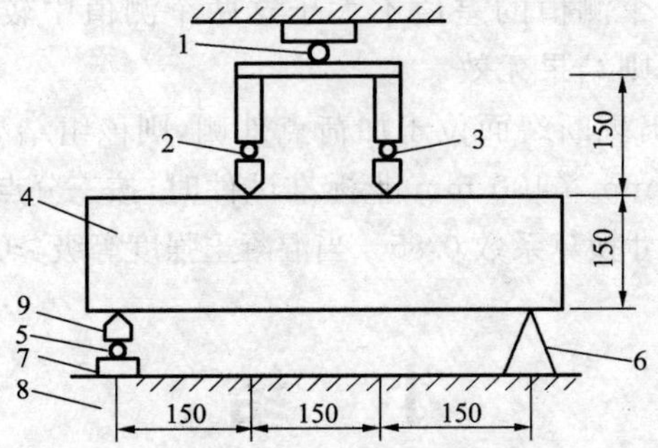

图 5-19　抗弯拉试验装置(尺寸单位:mm)

1、2—一个钢球;3、5—两个钢球;4—试件;6—固定支座;

7—活动支座;8—机台;9—活动船形垫块

2. 混凝土抗弯拉强度试件尺寸应符合相关规定,同时在试件长向中部 1/3 区段内表面不得有直径超过 5 mm、深度超过 2 mm 的孔洞。

3. 混凝土抗弯拉强度试件应取同龄期者为一组,每组为 3 根同条件制作和养护的混凝土试件。

(四)试验操作方法和步骤

1. 至试验龄期时,自养护室取出试件,应尽快试验,用湿毛巾覆盖避免其湿度变化。在试件中部量出其宽度和高度,精确至 1 mm;

2. 调整两个可移动支座,将试件安放在支座上,以试件成型时侧面作为受力面,几何对中后,务必使支座及承压面与活动船形垫块的接触面平稳、均匀,否则应垫平。

3. 加荷时,应保持均匀、连续。当混凝土的强度等级小于 C30 时,加荷速度为 0.02～0.05 MPa/s;当混凝土的强度等级大于 C30 小于 C60 时,加荷速度为 0.05～0.08 MPa/s;当混凝土的强度等级大于等于 C60 时,加荷速度为 0.08～0.10 MPa/s。当试件接近破坏而开始迅速变形时,应停止调整试验机油门,直至试件破坏,记下破坏极限荷载 F(N)。

4. 记录下最大荷载和试件下边缘断裂的位置,断面位置在试件断块短边一侧的底面中轴线上量得。

(五)试验结果整理

1. 当断面发生在两个加荷点之间时,抗弯拉强度 f_f 按式(5-16)计算。

$$f_f=\frac{FL}{bh^2} \tag{5-16}$$

式中　f_f——抗弯拉强度(MPa);

F——试件极限荷载(N);

L——支座间距离(mm);

b——试件宽度(mm);

h——试件高度(mm)。

2. 以 3 个试件测值的算术平均值为测定值,计算精确至 0.01 MPa。3 个测值中的最大值或最小值中如有一个与中间值之差超过中间值的 15%,则取中间值为测定值;如最大值和最小值与中间值之差均超过中间值的 15%,则该组试验结果无效。

3. 3 个试件中如有一个断裂面位于加荷点外侧,则混凝土抗弯拉强度按另外两个试件的试验结果计算，如果这两个测值的差值不大于这两个测值中较小值的15%，则以两个测值的平均值为测试结果，否则结果无效。

4. 如果有两根试件均出现断裂面位于加荷点外侧，则该组结果无效。

5. 采用100 mm×100 mm×400 mm非标准试件时，按三分点加荷的试验方法同前，但所得的抗弯拉强度值应乘以尺寸换算系数0.85。当混凝土强度等级≥C60时，应采用标准试件。

小 结

石油沥青是石油(原油)经加工得到的一种胶结材料，在道路路面结构工程中应用非常广泛。

石油沥青是复杂的化合物，可分离成油分、树脂和地沥青质三个组分，由于这些组分的化学组成和相对含量不同，可将沥青分为溶胶、溶凝胶和凝胶三种胶体结构。沥青中腊的含量对沥青的高温稳定性、低温抗裂性及集料的黏附性有较大的影响，与沥青路面抗滑性也密切相关。

沥青具有黏滞性、感温性、塑性等一系列特性，了解和掌握沥青的技术性质及其指标的测定方法，才能更好地应用沥青材料，沥青的三大指标是指针入度、延度和软化点。

乳化沥青也是沥青路面工程中应用比较广泛的一种建筑材料，它具有可冷态施工、节约能源、保护环境等方面的优越性。

改性沥青随着现代交通的发展，成为较为热门的研究领域，其发展前景较广。

沥青混合料是现代高等级路面最主要，也是最常用的一种路面材料，广泛应用于高速公路、城市快速路、主干路、和其他各类道路的面层。

沥青组成结构分悬浮-密实结构、骨架-空隙结构、密实-骨架结构三种类型，每一种结构分别具有不同性能，适用于不同的道路结构。

沥青混合料的抗剪强度取决于材料之间的黏聚力和内摩阻角，主要受沥青黏度、矿质混合料性能、沥青与矿料之间的吸附作用、沥青用量、矿粉比表面、温度和荷载等因素的影响。

沥青混合料的主要技术性质有高温稳定性、低温抗裂性、水稳定性、耐久性、抗滑性和施工和易性。

沥青混合料的组成材料应符合规范的要求。沥青材料应根据道路等级、交通特性、气候条件、施工方法等因素选择类型和标号。粗集料的力学性质、矿粉的粒度、矿料的级配及其与沥青的黏附性等都是组成材料选择中要考虑的问题。

沥青混合料配合比设计采用马歇尔试验方法。主要指标有稳定度、流值、空隙率、沥青饱和度、残留稳定度、矿料间隙率等。配合比设计内容包括目标配合比设计、生产配合比设计、生产配合比验证三个阶段。目标配合比设计包括矿料组成设计和最佳沥青用量确定两部分。

冷拌沥青混合料可在常温状态下拌和、铺筑，可以节省能源，保护环境。

沥青玛蹄脂碎石混合料(SMA)是一种间断级配的沥青混合料，具有较好的高温稳定性、低温抗裂性、水稳定性和抗滑性等特性。因此，SMA在我国的应用越来越受到重视。

再生沥青混合料对旧路面材料进行再利用，能有效节约沥青和砂石材料。

道路水泥混凝土的配合比设计内容包括原材料的选择和配合比设计。水泥混凝土组成材料的性能，直接影响混凝土的性能。在配合比设计前，首先应选用合适的原材料；配合比设计时，应满足四项基本要求，正确处理三个重要的参数。

复习思考题

(一)填空题

1.石油沥青的三组分分析法是将石油沥青分离为________、________、________三个部分。

2.按针入度指数可将沥青划分为三种胶体状态，________为凝胶结构。

3.非经注明，沥青针入度仪标准针、连杆加砝码的总质量是________，试验温度是________，贯入时间是________。

4.沥青软化点测定升温速度大于5.5 ℃/min，测得的结果将偏________。

5.当沥青的相对密度明显大于1或明显小于1时，测定沥青延度为避免沥青沉入水底或浮于水面，应在水中加入________或________来调整水的密度。

6.沥青蒸发损失试验非经注明，蒸发时间为________ h，温度为________ ℃。

7.沥青老化后，在物理力学性质方面，表现为针入度________，延度________，软化点________，绝对黏度________，脆点________等。

8.黏稠石油沥青的三大技术指标是________、________、________，它们分别表示石油沥青的________性、________性和________性。

9.沥青与集料的黏附性试验根据矿料的最大粒径决定，大于13.2 mm者采用________，小于13.2 mm者采用________。

10.沥青混合料配合比设计主要包括________、________、________三个阶段。

11.沥青混合料的强度主要取决于材料之间的________与________。

12.沥青混合料密度试验的四种方法有________、________、________、________。

13.某地夏季炎热，冬季温暖且雨量充沛，则该地气候分区可划分为________。

14.路面用水泥混凝土配合比设计应满足________、________、________、________四项基本要求。

(二)判断题

1.针入度指数是表征沥青的温度稳定性指标，针入度指数较大，路用性能较优。(　　)

2.沥青延度测试选择不同试验温度时，可以采用相同的拉伸速度，当低温采用1 cm/min±0.05 cm/min拉伸速度时，应在报告中注明。(　　)

3.沥青中蜡的存在使得沥青路面的抗滑性降低，影响行车安全性。(　　)

4.软化点既是反映沥青感温性的指标，也是沥青黏度的一种量度。(　　)

5.通常较热的气候区，较繁重的交通，细粒式或砂粒式的混合料则应采取稠度较低的沥青；反之，则采用稠度较高的沥青。(　　)

6.对于测定针入度大于200的沥青试样，应做3次平行试验，在同时试验数量较多、标准针不够时，允许使用一个标准针，但必须洗干净才能进行下一个平行试验检验。(　　)

7.对于同种料源既有大于又有小于13.2 mm的不同粒径集料时，其与沥青的黏附性试验可只取大于13.2 mm的集料，以水煮法为准。(　　)

8. 测得两种沥青的黏度分别为：A. 沥青 $C_{5,60}=50$ s，B. 沥青 $C_{5,60}=100$ s，则 A 的黏聚力大。（ ）

9. 黏稠石油沥青针入度越大，软化点越高，延度越大。（ ）

10. 沥青混合料试件的高度变化不影响所测流值，仅对稳定度的试验结果有影响。（ ）

11. 沥青路面施工时，若混合料的加热温度过高或过低时，易造成沥青路面的泛油。（ ）

12. 沥青混合料中粗集料是指粒径大于 2.36 mm 的碎石、破碎砾石等。（ ）

13. 若 SMA 沥青用量较高，为防止施工时混合料中沥青偏离，应向混合料中加入纤维等稳定剂。（ ）

14. 沥青与矿料的黏附等级越高，说明沥青与矿料的黏附性越好。（ ）

15. 连续型密级配的沥青混合料的黏聚力和内摩阻角都较小。（ ）

16. 水泥混凝土路面用混凝土配合比设计方法以抗弯拉强度（也称抗弯拉强度）为主要强度指标，抗压强度作为参考指标。（ ）

（三）单选题

1. 沥青与矿料黏附性试验试用于评定集料的（ ）。

A. 抗压能力　B. 抗拉能力　C. 抗水剥离能力　D. 吸附性

2. 试验测得沥青软化点为 47.3 ℃，试验结果应记为（ ）。

A. 47.3 ℃　B. 47 ℃　C. 48 ℃　D. 47.5 ℃

3. 评定沥青塑性的指标是（ ）。

A. 针入度　B. 软化点　C. 闪点　D. 延度

4. 针入度表示黏稠沥青的（ ）性能。

A. 柔度　B. 溶解度　C. 稠度　D. 硬度

5. 当沥青针入度试验结果等于或大于 50(0.1 mm)时，重复性试验和复现性试验的允许差是平均值分别为（ ）。

A. 2%　B. 4%　C. 5%　D. 8%

6.（ ）指标表征黏稠沥青的使用安全性。

A. 闪点　B. 软化点　C. 脆点　D. 溶解度

7. 黏稠石油沥青的密度试验过程中，将准备好的热熔沥青试样仔细注入比重瓶中，加入高度约至瓶高的（ ）。

A. 1/3　B. 1/2　C. 2/3　D. 3/4

8. 沥青密度试验温度为（ ）。

A. 10 ℃　B. 25 ℃　C. 15 ℃　D. 20 ℃

9. 造成沥青混合料拌合物出现花白料、结团的原因是（ ）。

A. 粗集料用量大　B. 矿粉用量多　C. 沥青用量小　D. 拌和温度低

10. 水煮法是将沥青裹覆后的集料在蒸馏水中浸煮 3 min，按沥青膜剥落的情况分为（ ）个等级。

A. 3　B. 4　C. 5　D. 6

11. 具有骨架-密实结构的沥青混合料与其他结构的沥青混合料相比，它的黏聚力 c、内摩阻角φ的差别为(　　)。

A. c与φ均较大　　B. c较大、φ较小　　C. c、φ均较小　　D. c较小、φ较大

12. 热拌沥青混合料马歇尔试验的技术标准中对,二级公路路面试验击实次数应为(　　)次。

A. 75　　B. 150　　C. 100　　D. 50

13. 影响沥青路面抗滑性的因素是(　　)。

A. 集料耐磨光性　　B. 沥青用量　　C. 沥青含蜡量　　D. 前三个均是

14. 对于集料吸水率不大于3%的沥青混合料,其理论最大相对密度采用(　　)测定。

A. 蜡封法　　B. 水中重法　　C. 真空法　　D. 表干法

15. 随沥青含量增加,沥青混合料试件空隙率将(　　)。

A. 增加　　B. 出现谷值　　C. 减少　　D. 保持不变

16. 一组马歇尔试件的个数为5个,则5个测定值中,某个数值与其平均值之差大于标准差(　　)倍时,该测定值应予舍弃。

A. 1.15　　B. 1.46　　C. 1.67　　D. 1.82

(四)多选题

1. 延度试验条件有(　　)。

A. 拉断长度　　B. 拉伸速度　　C. 试验温度　　D. 试件大小

2. 软化点的试验条件有(　　)。

A. 加热温升速度5 ℃/min　　B. 试件直径

C. 加热起始温度5 ℃　　D. 软化温度

3. 沥青路面试验路铺筑属于(　　)阶段。

A. 施工准备　　B. 沥青混合料摊铺

C. 沥青混合料压实　　D. 沥青混合料运输

4. 沥青混凝土和沥青碎石的区别是(　　)。

A. 压实后剩余空隙率不同　　B. 矿粉用量不同

C. 集料最大粒径不同　　D. 油石比不同

5. 车辙试验检验沥青混合料(　　)性能。

A. 变形　　B. 抗裂　　C. 抗疲劳　　D. 热稳定

6. 沥青混合料水稳定性试验检测方法有(　　)。

A. 浸水马歇尔试验　　B. 真空浸水马歇尔试验

C. 水煮法　　D. 冻融劈裂试验

7. 通过配合比设计,可以决定沥青混合料的(　　)。

A. 材料品种　　B. 矿料级配　　C. 沥青用量　　D. 碾压温度

8. 在沥青与粗集料的黏附性试验中,水煮法试验宜将集料过(　　)筛,水浸法试验宜将集料过(　　)筛。

A. 13.2～19 mm;9.5～13.2 mm　　B. 9.5～13.2 mm;13.2～19 mm

C. 13.2～16 mm;9.5～13.2 mm　　D. 9.5～13.2 mm;13.2～16 mm

9. 按沥青混合料压实后空隙率的大小分类,沥青混合料可以分为(　　)。

A. 密级配沥青混合料　　B. 开级配沥青混合料

C. 半开级配沥青混合料　　　　　　D. 连续级配沥青混合料

10. 测定马歇尔稳定度，指在规定的(　　)条件下，标准试件在马歇尔仪中最大的破坏荷载。

A. 温度　　B. 湿度　　C. 变形　　D. 加荷速度

11. 确定最佳沥青用量初始值 OAC_1 与(　　)指标有关。

A. 空隙率　　B. 饱和度　　C. 稳定度　　D. 毛体积密度

12. 沥青混合料中沥青用量可以采用(　　)来表示。

A. 沥青含量　　B. 粉胶比　　C. 油石比　　D. 沥青膜厚度

13. 通常(　　)地区应选用稠度较高的沥青。

A. 较热　　B. 交通较繁重　　C. 冬季寒冷　　D. 温度日差大

14. 沥青混合料目标配合比设计阶段，经马歇尔试验确定 OAC 后，还应进行(　　)检验。

A. 水稳定性　　B. 高温抗车辙能力　　C. 低温抗裂性能　　D. 渗水系数

15. 下列(　　)混合料属于密级配沥青混合料类型。

A. AC　　B. AM　　C. SMA　　D. ATB

16. 沥青混合料马歇尔试验测定的指标是(　　)。

A. 稳定度　　B. 饱和度　　C. 流值　　D. 动稳定度

17. 沥青混合料稳定度和残留稳定度的单位分别是(　　)。

A. MPa　　B. kN　　C. %　　D. mm

(五)试设计某高速公路沥青面层用沥青混凝土混合料配合比组成。

1. 设计资料

(1)道路等级：高速公路。

(2)路面类型：沥青混凝土。

(3)结构层位：三层式沥青混凝土的上面层，设计厚度 4.5 cm。

(4)气候条件：最高月平均最高气温 20～30 ℃，年极端最低气温＞－7 ℃。

(5)材料性能

①沥青材料：可供应 A 级 50 号和 70 号沥青，经检验各项指标符合技术要求。

②碎石和石屑：石灰岩轧制碎石，饱水抗压强度 120 MPa，洛杉矶磨耗率 12%，黏附性Ⅰ级，表观密度 2.70 kg/m³。

③细集料：洁净河砂，属中砂，含泥量小于 1%，表观密度 2.65 kg/m³。

④矿粉：石灰石磨细石粉，粒度范围符合要求，无团粒结块，表观密度 2.58 kg/m³。

粗细集料和矿粉级配组成经筛析，试验结果见下表 5-56。

表 5-56　　组成材料筛析结果

材料名称	筛孔尺寸(方筛孔)/(mm)质量通过百分率/%									
	16	13.2	9.5	4.75	2.36	1.18	0.6	0.3	0.15	0.075
碎石	100	93	17	0	—	—	—	—	—	—
石屑	100	100	100	84	14	8	4	0	0	0
砂	100	100	100	100	92	82	42	21	11	4
矿粉	100	100	100	100	100	100	100	100	96	87

2. 设计要求

(1)根据道路等级、路面类型和结构层次确定沥青混凝土的类型和矿质混合料的级配范围。根据集料的筛析结果(表 5-56),用图解法确定矿质混合料的配合比,根据高速公路路面用沥青混合料要求,对矿质混合料的级配进行调整。

(2)根据推荐的相应沥青混凝土类型的沥青用量范围,通过马歇尔试验物理-力学指标,确定最佳沥青用量,并对沥青最佳用量按水稳定性和抗车辙能力进行校核。

沥青混合料马歇尔试验结果汇总于表 5-57,供分析评定参考用。

(3)重复性试验动稳定度变异系数的允许差为 20%。

表 5-57　　马歇尔试验物理-力学指标测定结果汇总表

沥青用量 /%	技术性质					
	表观密度 /(g·cm⁻³)	空隙率 /%	矿料间隙率 /%	沥青饱和度 /%	马歇尔稳定度 /kN	流值 /0.1 mm
5.0	2.328	5.8	17.9	64.5	6.7	21
5.5	2.346	4.7	17.6	71.8	7.7	23
6.0	2.354	3.6	17.4	79.5	8.3	25
6.5	2.353	2.9	17.7	82.0	8.2	28
7.0	2.348	2.5	18.4	85.5	7.8	37
技术标准	—	3~6	≥15	70~85	>7.5	20~40

参考文献

1. 中华人民共和国国家标准. 通用硅酸盐水泥(GB 175－2007). 北京:中国标准出版社,2007

2. 中华人民共和国行业标准. 建筑用砂(GB/T 14684—2001). 北京:中国标准出版社,2001

3. 中华人民共和国行业标准. 建筑用卵石、碎石(GB/T 14685—2001). 北京:中国标准出版社,2001

4. 中华人民共和国国家标准. 混凝土外加剂(GB 8076—2008). 北京:中国标准出版社,2008

5. 中华人民共和国国家标准. 用于水泥和混凝土中的粉煤灰(GB/T 1596—2005). 北京:中国标准出版社,2005

6. 中华人民共和国国家标准. 钢筋混凝土用钢 第1部分:热轧光圆钢筋(GB 1499.1—2008). 北京:中国标准出版社,2008

7. 中华人民共和国国家标准. 钢筋混凝土用钢 第2部分:热轧带肋钢筋(GB 1499.2—2007). 北京:中国标准出版社,2007

8. 中华人民共和国国家标准. 冷轧带肋钢筋(GB 13788—2008). 北京:中国标准出版社,2008

9. 中华人民共和国行业标准. 普通混凝土配合比设计规程(JGJ 55—2011). 北京:中国建筑工业出版社出版,2011

10. 中华人民共和国行业标准. 砌筑砂浆配合比设计规程(JGJ 98—2010). 北京:中国建筑工业出版社出版,2010

11. 中华人民共和国行业标准. 公路桥涵施工技术规范(JTG/T F50—2011). 北京:人民交通出版社,2011

12. 中华人民共和国行业标准. 公路沥青路面施工技术规范(JTG F40—2004). 北京:人民交通出版社,2004

13. 中华人民共和国行业标准. 公路水泥混凝土路面施工技术规范(JTG F30—2003). 北京:人民交通出版社,2003

14. 中华人民共和国国家标准. 水泥细度检验方法 筛析法(GB/T 1345—2005). 北京:中国标准出版社,2005

15. 中华人民共和国国家标准. 水泥比表面积测定方法 勃氏法(GB/T 8047—2008). 北京:中国标准出版社,2008

16. 中华人民共和国国家标准. 水泥标准稠度用水量、凝结时间、安定性检验方法(GB/T 1346—2001). 北京:中国标准出版社,2001

17. 中华人民共和国国家标准. 水泥胶砂强度检验方法(ISO法)(GB/T 17671—1999). 北京:中国标准出版社,1999

18. 中华人民共和国国家标准. 水泥胶砂流动度测定方法(GB/T 2419—2005). 北京:中国标准出版社,2005

19. 中华人民共和国国家标准. 金属材料 室温拉伸试验方法(GB/T 228—2002). 北京：中国标准出版社，2002

20. 中华人民共和国国家标准. 金属材料 弯曲试验方法(GB/T 232—1999). 北京：中国标准出版社，1999

21. 中华人民共和国行业标准. 建筑砂浆基本性能试验方法标准(附条文说明)(JGJ/T 70—2009). 北京：中国建筑工业出版社，2009

22. 中华人民共和国国家标准. 普通混凝土拌合物性能试验方法标准(GB/T 50080—2002). 北京：中国建筑工业出版社，2002

23. 中华人民共和国国家标准. 普通混凝土力学性能试验方法标准(附条文说明)(GB/T 50081—2002). 北京：中国建筑工业出版社，2002

24. 中华人民共和国行业标准. 公路工程水泥及水泥混凝土试验规程(JTG E30—2005). 北京：人民交通出版社，2005

25. 中华人民共和国行业标准. 公路土工试验规程(JTG E40—2007). 北京：人民交通出版社，2007

26. 中华人民共和国行业标准. 公路工程岩石试验规程(JTG E41—2005). 北京：人民交通出版社，2005

27. 中华人民共和国行业标准. 公路工程集料试验规程(JTC E42—2005)北京：人民交通出版社，2005

28. 中华人民共和国行业标准. 公路工程土工合成材料试验规程(JTG E50—2006). 北京：人民交通出版社，2006

29. 中华人民共和国行业标准. 公路工程无机结合料稳定材料试验规程(附条文说明)(JGJ E51—2009). 北京：人民交通出版社，2009

30. 中华人民共和国行业标准. 沥青及沥青混合料试验规程(JTJ 052—2000). 北京：人民交通出版社，2000

31. 刘存柱. 道路建筑材料[M]. 3 版. 北京：人民交通出版社，2010

32. 陈晓明主著. 道路建筑材料[M]. 北京：人民交通出版社，2005